Kristallnacht in Hessen

Schriften der Kommission
für die Geschichte der Juden in Hessen X

Wolf-Arno Kropat

Kristallnacht in Hessen

Der Judenpogrom vom November 1938

Eine Dokumentation

Kommission für die Geschichte der Juden in Hessen
Wiesbaden 1988

Herausgegeben von der Kommission für die Geschichte der Juden in Hessen
in Verbindung mit dem Hessischen Hauptstaatsarchiv Wiesbaden

Gedruckt mit Unterstützung des Landes Hessen

CIP-Titelaufnahme der Deutschen Bibliothek
Kropat, Wolf-Arno:
Kristallnacht in Hessen: d. Judenpogrom vom November 1938; e. Dokumentation / Wolf-Arno Kropat. [Hrsg. von d. Komm. für d. Geschichte d. Juden in Hessen in Verbindung mit d. Hess. Hauptstaatsarchiv Wiesbaden]. - Wiesbaden: Komm. für d. Geschichte d. Juden in Hessen, 1988
(Schriften der Kommission für die Geschichte der Juden in Hessen; 10)
ISBN 3-921434-11-4
NE: Kommission für die Geschichte der Juden in Hessen: Schriften der Kommission …

Der Einband zeigt die brennende Synagoge am Michelsberg in Wiesbaden

Wiesbaden, Mosbacher Straße 55
Einbandentwurf: Karen Borberg, Wiesbaden
Gesamtherstellung: Zechnersche Buchdruckerei, Speyer

Inhalt

Einleitung

Vielen Juden wurde angesichts ihrer brennenden Synagogen, ihrer zerstörten Geschäfte und Wohnungen nach dem 9. November 1938 bewußt, daß der Untergang des deutschen Judentums bevorstand.

In der Tat stellte die „Kristallnacht" nicht nur einen Pogrom dar, wie man ihn in diesem Ausmaß selbst unter der NS-Diktatur bis dahin nicht erlebt hatte; auch die unmittelbar nachfolgenden antijüdischen Gesetze leiteten endgültig die Vernichtung der Lebensgrundlage der Juden in Deutschland ein. Auf die brutalen Ausschreitungen während des Pogroms folgte bereits am 12. November die Verordnung über die Ausschaltung der Juden aus dem deutschen Wirtschaftsleben, die die selbständige wirtschaftliche Existenz der noch in Deutschland lebenden Juden zerstörte. 1939 wurden die deutschen Juden gezwungen, in bestimmten Häusern und Wohnungen zusammenzuziehen und dadurch in einer Art Ghetto zu leben. Ferner wurden sie zur Zwangsarbeit in Arbeitskolonnen verpflichtet, bis dann seit Herbst 1941 die Deportation in die Konzentrations- und Vernichtungslager im Osten zur Ermordung fast aller noch in Deutschland lebenden Juden führte.

Der Novemberpogrom lief als ein zentral organisiertes Verbrechen ab, das selbst für die Verhältnisse unter der NS-Diktatur einmalig und ungewöhnlich war. Zwar sind die Gewalttaten, die an diesem Tag gegenüber den deutschen Juden begangen wurden, an Brutalität später noch durch die Euthanasie sowie durch die millionenfachen Massenmorde überboten worden, die durch die Einsatzgruppen im Osten und in den Vernichtungslagern erfolgten. Aber während diese Taten abgeschirmt von der Außenwelt und unter größtmöglicher Geheimhaltung durchgeführt wurden, fand die Zerstörung der Synagogen, der jüdischen Geschäfte und Wohnungen am 10. November größtenteils am hellichten Tag in Anwesenheit von Hunderten, ja oft Tausenden von Menschen statt. Zu fragen ist daher nicht nur nach den politischen Hintergründen dieses Pogroms, sondern auch, wie die nichtjüdische Bevölkerung auf diese Gewalttaten reagiert hat.

Ein Schwerpunkt des Novemberpogroms lag im hessischen Raum. Hier haben die Ausschreitungen nicht nur bereits am 7. und 8. November begonnen – Goebbels konnte sich in seiner provokatorischen Rede am Abend des 9. November unter anderem auf vorhergehende Pogrome in Kurhessen berufen –, sie haben hier auch besonders weitreichende und schwerwiegende Auswirkungen gehabt. Dies mag teilweise darin begründet sein, daß hier die jüdische Bevölkerung im Durchschnitt zahlreicher war als in den übrigen Ländern und Provinzen des Deutschen Reiches. Im Jahr 1933 hatte der Volksstaat Hessen unter den deutschen Ländern mit 1,25% den zweitgrößten Anteil jüdischer Bevölkerung nach dem Stadtstaat Hamburg mit

1,39%. Innerhalb Preußens hatte die Provinz Hessen-Nassau sogar einen jüdischen Bevölkerungsanteil von 1,82%. Hier ist nicht nur die Stadt Frankfurt zu nennen, die mit 26158 jüdischen Bürgern die zweitgrößte jüdische Gemeinde in Deutschland nach Berlin besaß, darüber hinaus gab es vor allem in Nieder- und Oberhessen sowie in Starkenburg ein bedeutendes Landjudentum. In manchen Landgemeinden betrug der jüdische Bevölkerungsanteil mehr als 10%. Vor allem im Handel und im geistig-kulturellen Leben der Großstädte spielten die Juden eine wichtige Rolle.

Die erste große Welle des „modernen" - nämlich eines wirtschaftlich orientierten - Antisemitismus erlebte Hessen bereits in den beiden letzten Jahrzehnten des vorigen Jahrhunderts. Seit den 80er Jahren des 19. Jahrhunderts betrieb der Marburger Bibliothekar und Volksliedforscher Otto Böckel eine heftige Agitation gegen die jüdische Minderheit, die vor allem in Oberhessen und Kurhessen als Viehhändler und Kreditgeber eine starke wirtschaftliche Stellung gegenüber den kleinen Bauern besaß. Böckel forderte unter anderem, die in Deutschland soeben erst im Rahmen der Reichsgründung vollzogene staatsbürgerliche Gleichstellung der Juden wieder aufzuheben und diese unter Fremdenrecht zu stellen.[1] Ein Antisemit wie Böckel war auch der Reichstagsabgeordnete Ludwig Werner, der in Kassel die Zeitschrift „Das Reichsgeldmonopol" herausgab. Auf dem Titelblatt trug sie die Parole: „Die Judenfrage ist die soziale Frage". Damit wurde Werner zum Vorreiter aller jener Demagogen einschließlich Hitlers, die die Juden mit dem Kapitalismus identifizierten und ihnen die Schuld an den sozialen Spannungen und Konflikten des modernen Wirtschaftslebens gaben.

Die Böckelbewegung fand im hessischen Raum vor allem auf dem Lande massenhaft Anhänger, namentlich in Kurhessen und Oberhessen. Böckels Agitationsreisen durch die Dörfer glichen oft einem Triumphzug. Enthusiastisch wurde er als Befreier begrüßt und als „Hessischer Bauernkönig" oder gar als „zweiter Luther" gefeiert.[2] Gewiß, Böckel war nicht nur Antisemit, er war auch eine Art Poujadist, der sich der wirtschaftlichen Sorgen und Nöte der armen Landbevölkerung annahm. Aber ebenso unzweifelhaft richtete sich seine Agitation gegen die Juden in ihrer Funktion als Viehhändler und Kreditgeber auf dem Lande. Die damalige Welle des Antisemitismus brachte in Kurhessen und Oberhessen - ein damals einzigartiges Phänomen im Deutschen Reich - eine ganze Reihe von antisemitischen Abgeordneten in den Reichstag, dies ein erster Hinweis, daß die intensiven, aber auch konfliktträchtigen Beziehungen zwischen der meist armen Landbevölkerung und den Juden als Viehhändlern und Kreditgebern auch politisch nutzbar zu machen waren.

Mit dem Ende der Monarchie im Jahr 1918 - ein Ereignis, das oft von Landbevölkerung und Ortsgeistlichem gemeinsam betrauert worden war - hatte die Bauernschaft ihren traditionellen Bezugspunkt im politischen Leben verloren. Stärker als die katholischen, weitgehend dem Zentrum verhafteten Bauern gehörte nun die evangelische Landbevölkerung in der Weimarer Republik zum Wählerpotential der Deutschnationalen Partei und der Landvolkbewegung. Als dann zu Beginn der

30er Jahre Lastwagen mit SA-Männern in den Dörfern erschienen und Agitatoren in zündenden Reden die Not der Bauern und die Hoffnung auf nationale Erneuerung beschworen, ging die Landbevölkerung mit fliegenden Fahnen zur Hitlerbewegung über. Die NSDAP erreichte in zahlreichen hessischen Landkreisen schon bei den Reichstagswahlen vom 31. Juli 1932 Ergebnisse zwischen 60 und 77%.[3] Nur in katholischen Gebieten wie der Gegend um Fulda und Limburg dominierte das Zentrum noch bei den Reichstagswahlen vom 5. März 1933.

Nach der Machtergreifung blieben die Beziehungen zu den Juden ambivalent, unterschiedlich auch in einzelnen Dörfern und Regionen. Wenn die NS-Führung geglaubt hatte, die Landbevölkerung wollte möglichst rasch von jüdischen Viehhändlern und „Wucherern" befreit werden, mußte sie nun enttäuscht feststellen, daß die Bauern weiterhin eifrig mit diesen Handel trieben. Selbst Parteigenossen, denen dies von der NSDAP streng untersagt war, haben - oft bei Nacht und Nebel - weiterhin Vieh an Juden verkauft.

Aber die teilweise fortbestehenden wirtschaftlichen Beziehungen zwischen Juden und Nichtjuden auf dem Lande garantierten nicht ohne weiteres eine gute Nachbarschaft. Sie schützten die jüdische Bevölkerung nicht vor Unbill und Repressalien, vor Spott und öffentlicher Verhöhnung und nicht davor, Aggressionsobjekt für jeden zu sein, der an ihnen seinen Zorn und seinen Haß austoben wollte. SA- und HJ-„Einzelaktionen" gegen Juden fanden kaum Kritik, geschweige denn Widerstand bei der nichtjüdischen Bevölkerung. Wie in der Böckel-Zeit waren antisemitische Vorurteile und Ressentiments politisch aktivierbar.

Wichtigstes Anliegen der folgenden Dokumentation ist es, anhand von Quellen aus dem hessischen Raum aufzuzeigen, wie sich der Novemberpogrom 1938 in Hessen vor dem Hintergrund eines seit langem tiefverwurzelten Antisemitismus abspielte und wie sich eine christliche Bevölkerung verhielt, die in vielen Orten auf dem Lande mit der jüdischen Minderheit seit Jahrhunderten in enger Nachbarschaft lebte.

Zwar besteht an der zentralen Steuerung der Pogrome, die auf die Rede von Goebbels am Abend des 9. November folgten, kein Zweifel. Diese Tatsache, die schon aufmerksamen Zeitgenossen deutlich war, ist auch von den beiden grundlegenden Darstellungen des Novemberpogroms, die bereits in den 50er Jahren erschienen, bestätigt worden. Als deutschsprachiges Standardwerk ist noch immer die Studie von Hermann Graml anzusehen, deren erste Auflage 1954 herauskam. Wenige Jahre später erschien dann die scharfsinnige englische Untersuchung von Lionel Kochan. Da beide Arbeiten die Inszenierung der „Kristallnacht" durch Goebbels bestätigten und auch der weitere Ablauf des Pogroms im wesentlichen geklärt war, schienen der Forschung weitere gründliche Untersuchungen offenkundig nicht notwendig. Auch kürzlich erschienene Darstellungen wie z. B. von Thalmann/Feinermann bauen weitgehend auf diesen beiden Standardwerken der 50er Jahre auf.

Wenig beachtet wurde dabei, daß es im Umfeld des von Goebbels provozierten Novemberpogroms durchaus noch offene Probleme gibt, die bis heute nicht recht geklärt sind. Schon Hermann Graml hat anhand von hessischen Quellen die Frage aufgeworfen, wieweit im Zusammenhang mit den befohlenen NS-Aktionen auch eine spontane Beteiligung der Bevölkerung stattgefunden hat[4] - eine Problemstellung, die anderen Autoren in den 50er Jahren noch wenig opportun erschien. Ungeklärt ist bisher auch, ob die Pogrome in den Gauen Kurhessen und Magdeburg-Anhalt, auf die sich Goebbels in seiner verhängnisvollen Rede vom Abend des 9. November bezieht, tatsächlich von örtlichen NS-Führern auf eigene Faust begonnen[5] oder in größerem - zumindest regionalem - Rahmen inszeniert worden sind. Nicht geklärt ist auch, ob Goebbels wirklich als einziger nach Bekanntwerden des Attentats von Herschel Grünspan auf den Legationssekretär Ernst vom Rath am 7. November Überlegungen angestellt hat, wie dieses Attentat zu einem Schlag gegen das deutsche Judentum ausgenutzt werden könne. Die Forschung geht zwar im allgemeinen davon aus, daß der großangelegten Verhaftungsaktion, die Heydrich und der Chef des Geheimen Staatspolizeiamtes Müller in der Nacht vom 9. zum 10. November eilig in die Wege leiteten, „Eventualpläne" zugrundegelegen haben müssen.[6] Von wann diese jedoch stammen, ist bisher ebensowenig untersucht wie die Frage, ob hier ein Zusammenhang mit den auffallenden SS- und SD-Aktivitäten in Nordhessen in den beiden Tagen vor der Goebbelsrede am Abend des 9. November besteht.[7]

Daß noch eine Reihe von Fragen offen ist, liegt zweifellos auch an der in mancher Hinsicht unbefriedigenden Quellensituation. Fortschritte sind daher am ehesten zu erwarten, wenn eine Verbindung zwischen allgemeiner, regional- und ortsgeschichtlicher Forschung hergestellt wird.

Zur Quellenlage

Über die Vorgänge in der „Kristallnacht" steht nur wenig zeitgenössisches Quellenmaterial zur Verfügung, und meist handelt es sich hier um Berichte von Verwaltungs- und Parteistellen, die hauptsächlich eine Bilanz der angerichteten Schäden ziehen, indessen über den Hergang des örtlichen Geschehens aus politischen Gründen oft bewußt wenig aussagen. Trotzdem ist eine erste gründliche Aufarbeitung des Geschehens während des Novemberpogroms in Hessen schon in den ersten Nachkriegsjahren erfolgt - nicht von Historikern, sondern von der Justiz, die zwischen 1946 und 1954 über zweihundert Verfahren wegen Straftaten in der Kristallnacht einleitete.

Zwar stießen die Ermittlungsbehörden oft auf eine Mauer des Schweigens, konnten die damaligen Vorgänge in vielen Städten und Gemeinden mangels ausreichender Zeugenaussagen nur bruchstückhaft aufgedeckt werden. Aber in ihrer Gesamtheit geben diese Prozesse doch ein aufschlußreiches Bild von den Ereignissen, die sich an diesen Tagen in hessischen Städten und Gemeinden abspielten. Denn die Ermittlungen konnten nicht nur an zahlreichen Orten die zentrale Steuerung des Pogroms, die Wege der Befehlsübermittlung und die Namen der Rädelsführer feststellen. Der besondere Quellenwert der Gerichtsverfahren liegt darin, daß sie aus strafrechtlichen Gründen vor allem um den Nachweis bemüht waren, wieweit sich über die Aktivität der braunen Einsatztrupps hinaus auch Teile der Bevölkerung spontan an den Ausschreitungen beteiligt haben. Da die Anklage meist auf Landfriedensbruch lautete,[8] war von entscheidender rechtlicher Bedeutung oft die Frage, wie viele Menschen sich um den Tatort versammelt hatten und in welchem Umfang sie sich an den Aktionen gegen die Juden beteiligten. Insgesamt sind wir über den Hergang des Novemberpogroms im Jahr 1938 in Hessen weitaus besser unterrichtet als etwa über die „Einzelaktionen" der SA gegen die Juden in den vorhergehenden Jahren.

Nachdem bereits Hermann Graml für seine Studie über den „9. November 1938" eine Reihe von Gerichtsurteilen herangezogen hatte, wurden die hessischen Strafprozeßakten erstmals von Klaus Moritz in der von ihm gemeinsam mit Ernst Noam herausgegebenen Dokumentation „NS-Verbrechen vor Gericht 1945–1955" systematisch ausgewertet. Im Mittelpunkt dieser wichtigen Studie stand die Frage, wie die hessischen Justizbehörden in der Nachkriegszeit die Verbrechen aufgearbeitet und gesühnt haben, die in Hessen während der NS-Zeit bei SA-Einzelaktionen, bei den Deportationen und namentlich im Rahmen der „Kristallnacht" geschehen sind. In diesem Werk sind zugleich Gerichtsurteile über die Ereignisse während des Novemberpogroms in mehr als 20 hessischen Städten und Gemeinden wiedergegeben worden, die leider von der Ortsgeschichtsforschung bisher zu wenig beachtet worden sind.

War in dem Werk von Moritz/Noam die kritische Betrachtung der Aufarbeitung der NS-Verbrechen durch die Justiz in der Nachkriegszeit das Hauptanliegen, so will die vorliegende Dokumentation vor allem die politische Steuerung und den Ablauf des Novemberpogroms in zahlreichen hessischen Städten und Gemeinden darstellen. Neben Quellen aus Verwaltungs- und Parteiakten bilden auch hier Ausschnitte aus den überlieferten Gerichtsurteilen das wesentliche Material; diese beschränken sich hier im allgemeinen auf die gerichtliche Feststellung des Sachverhaltes, da die Probleme der rechtlichen Würdigung der Straftaten sowie der Strafzumessung bereits in dem Werk von Moritz/Noam eingehend behandelt worden sind.

Auch wenn die Strafprozeßakten die wichtigste Quelle für die Vorgänge während der „Kristallnacht" in Hessen darstellen, bedarf ihre Auswertung mancher quellenkritischen Überlegung. Einmal lagen die Vorgänge von 1938 schon mehrere Jahre zurück, als sie Gegenstand der im allgemeinen zwischen 1946 und 1954 geführten Prozesse waren. Dies brachte nicht nur für die Zeugen, sondern auch für die Justizbehörden erhebliche Probleme bei der Datierung und Einordnung der Ereignisse mit sich. Anders als etwa bei dem Auschwitzprozeß oder den Einsatzgruppenprozessen der 60er Jahre hatten Staatsanwaltschaft und Gericht in den ersten Nachkriegsjahren weder die Zeit noch die Möglichkeit, die Verfahren ausführlich unter gründlicher Einarbeitung in die historischen Abläufe und politischen Hintergründe vorzubereiten. Daher bereitete schon die genaue Datierung der Vorgänge manchen

Strafkammern Schwierigkeiten. Ähnlich wie sich die Teilnehmer von örtlichen Gedenkveranstaltungen heute oft nicht im klaren sind, daß der 9. November nicht der Jahrestag des Pogroms ist – dieser fand im allgemeinen am 10. November statt –, sondern der Jahrestag der Goebbelsrede, so haben auch die Richter manchmal aus Unkenntnis der genauen Chronologie der Ereignisse die Tatzeit irrtümlich um einen oder zwei Tage vorverlegt. Auch war es für Justizbehörden unter den damaligen Umständen leichter, einen Bürger zu überführen und zu bestrafen, der von einem Zeugen beim Zerschlagen einer Fensterscheibe oder beim Umwerfen eines Küchenschrankes beobachtet worden war, als einen NS-Funktionär, der zwar offenkundig an den Brennpunkten der Aktionen anwesend war, dem aber durch keine Zeugenaussage eine konkrete Straftat oder die Erteilung entsprechender Anordnungen nachgewiesen werden konnte.[9] Selbst wenn ein starker Verdacht auf Rädelsführerschaft gegeben war, konnte der Betreffende doch nach dem Grundsatz „in dubio pro reo" nicht bestraft werden.

Ein anderer Grund, weshalb oft nur sozusagen „Randtäter" als Angeklagte vor Gericht standen, war, daß die eigentlich Verantwortlichen für die örtlichen Ausschreitungen inzwischen verstorben, im Krieg gefallen oder noch in Kriegsgefangenschaft waren. Auch wenn der Prozeß nur gegen einfache „Randtäter" geführt wurde, die während des Pogroms eine verhältnismäßig unbedeutende Straftat begangen haben, hat das Gericht aus strafrechtlichen Gründen geprüft, ob diese Tat aus einer größeren Menschenmenge heraus geschehen ist. Aus dem Umstand, daß dann in einem Urteil nur von „Randtätern" und größeren Menschenansammlungen die Rede ist, aber keine Rädelsführer genannt werden, darf der Historiker nicht ohne weiteres schließen, daß es keine solchen gegeben habe und der Pogrom ohne Beteiligung von NS-Funktionären sozusagen spontan entstanden sei. Dies sollte auch bei einigen der nachstehend abgedruckten Dokumente beachtet werden.

Zur Edition

Ein besonderes Problem stellt in zeitgeschichtlichen Dokumentationen die Wiedergabe der Personennamen dar. Das Bedürfnis nach historischer Authentizität steht hier im Widerstreit mit der Verpflichtung, den Persönlichkeits- und Datenschutz im Interesse der in den Dokumenten genannten Personen zu wahren. Der einfachste und noch immer häufig beschrittene Weg, alle Personennamen aus dem örtlichen Bereich zu anonymisieren, erschien mir im Interesse der historischen Forschung nicht vertretbar und wegen des erheblichen zeitlichen Abstandes der Vorgänge auch nicht notwendig zu sein. Daher ist bei der Wiedergabe der Namen in den Dokumenten eine differenzierte Lösung angestrebt worden. Ungekürzt blieben die Namen der jüdischen Einwohner, ferner die Namen zeitgeschichtlich bedeutender Persönlichkeiten sowie aller sonstigen bereits seit längerem verstorbenen Personen. Entsprechend wird auch in den Urteilsauszügen verfahren, in denen Angeklagte – in Übereinstimmung mit der Dokumentation von

Moritz/Noam[10] – überdies mit vollem Namen erwähnt werden, wenn sie mit Zuchthaus bestraft worden waren. Die Namen von Zeugen und Amtspersonen werden erwähnt, sofern ihre Persönlichkeitsrechte dadurch nicht berührt werden.

Bei den Quellen wurden Schreib- und Grammatikfehler, wie sie gerade in der Nachkriegszeit bei flüchtig abgefaßten amtlichen Schriftstücken auftreten, im allgemeinen korrigiert, weitergehende Berichtigungen in eckige Klammern gesetzt und in den Anmerkungen erläutert. Einfügungen und Auslassungen sind in der Regel ebenfalls durch eckige Klammern gekennzeichnet worden. Nur wenn es sich hier um längere Ausführungen handelt, wurden sie der besseren Übersichtlichkeit wegen kursiv gesetzt.

*

Die Dokumentation hätte in dieser Form ohne die Unterstützung und die Anregungen vieler Mitarbeiter und Freunde nicht entstehen können. Der Kommission für die Geschichte der Juden in Hessen und ihrem Vorsitzenden, Herrn Staatsminister a. D. Dr. Johannes Strelitz, danke ich für die Aufnahme dieses Bandes in die Schriftenreihe der Kommission. Mein herzlicher Dank gilt insbesondere Frau Dr. Christiane Heinemann, die mir bei der Redaktion des Manuskripts und beim Lesen der Korrekturen unermüdlich mit Rat und Tat zur Seite gestanden und auch die Drucklegung betreut hat. Herr Dr. Dieter Rebentisch, Frankfurt a. M., hat liebenswürdigerweise die Durchsicht großer Teile des Manuskriptes übernommen. Ihm verdanke ich ebenso den Hinweis auf wichtige Dokumente wie meinen Mitarbeitern Dr. Volker Eichler und Dr. Bernhard Post vom Hessischen Hauptstaatsarchiv, Herrn Dr. Rudolf Summa in Hünfeld sowie den Kollegen der hessischen Staatsarchive in Marburg und Darmstadt. Für tatkräftige Unterstützung bei der Beschaffung von Literatur danke ich Frau Eva Bock und Frau Helene Bayer-Spahl, für die Ausführung der mühevollen Schreibarbeiten vor allem Frau Gudrun Fertig und Frau Inge Kunkler.

Wiesbaden, im Juni 1988 Wolf-Arno Kropat

I. Die nationalsozialistische Judenpolitik bis 1938

In der nationalsozialistischen Propaganda spielte der Haß auf das Judentum von Anfang an eine zentrale Rolle, der Antisemitismus wurde zum Kern der sonst schwach entwickelten NS-Ideologie. Hitler betonte schon in „Mein Kampf", daß es der NSDAP gelungen sei, die „Judenfrage ... aus dem engbegrenzten Kreis oberer und kleinbürgerlicher Schichten herauszuheben und zum treibenden Motiv einer großen Volksbewegung umzuwandeln" und dadurch „dem deutschen Volk in dieser Frage den großen, einigenden Kampfgedanken" zu schenken.[1]
Wenn die nationalsozialistische Propaganda mit ihren Mitteln der Massenbeeinflussung den latenten Antisemitismus weiter Bevölkerungskreise zu mobilisieren suchte, so geschah dies nicht nur aus taktischen Gründen. Radikaler als andere Antisemiten vor ihm stützte Hitler seinen „wissenschaftlichen" Antisemitismus allein auf die Rassentheorie und lehnte jeden Ausgleich durch Assimilation der jüdischen Minderheit ab.[2] Stattdessen verlangte er schon seit dem Beginn seiner politischen Tätigkeit im Jahr 1919 die „Entfernung" der Juden aus Deutschland, worunter man damals wohl ihre Auswanderung oder Ausweisung zu verstehen hatte.[3] Wenige Jahre später aber und kaum verhüllt empfahl er in „Mein Kampf" bereits Maßnahmen zur Tötung von Juden.[4] Wenn er im Jahr 1934 im Gespräch mit Rauschning auf die angebliche Gefahr einer slawischen Überfremdung hinwies und daraus die Notwendigkeit ableitete, „eine Technik der Entvölkerung" zu entwikkeln, um „Millionen einer minderwertigen, sich wie das Ungeziefer vermehrenden Rasse zu beseitigen",[5] so ließ dies ahnen, daß er zu gegebener Zeit solche Maßnahmen auch gegenüber den Juden erwägen könnte.[6] Wenige Wochen nach dem Novemberpogrom verkündete er im Januar 1939 drohend im „Reichstag": „Wenn es dem internationalen Finanzjudentum inner- und außerhalb Europas gelingen sollte, die Völker noch einmal in einen Weltkrieg zu stürzen, dann wird das Ergebnis nicht die Bolschewisierung der Erde und damit der Sieg des Judentums sein, sondern die Vernichtung der jüdischen Rasse in Europa." Als dann im Laufe des Jahres 1941 die „Endlösung", die planmäßige Ermordung von Millionen europäischer Juden einsetzte, bedeutete dies nur die Verwirklichung seiner langgehegten Pläne zur Vernichtung des Judentums.[7]
Hitler war freilich von Anfang seiner politischen Laufbahn an instinktsicher genug gewesen, um zu erkennen, daß ihm weder sein Glaube an die Erlösungsaufgabe der „arischen Rasse" noch gar sein Judenhaß dazu verhelfen würde, an die Macht zu kommen.[8] Auch nach der „Machtergreifung" im Jahr 1933 hatte sich Hitler zunächst darauf beschränken müssen, zwei Ziele zu verfolgen: Einmal suchte er durch vielfältigen Druck die Auswanderung der Juden aus Deutschland zu erzwingen, zum anderen wies er den verbleibenden Juden durch diskriminierende Ge-

setze und Verordnungen einen unterprivilegierten Status am Rande der „Volksgemeinschaft" zu. Von den zahllosen Gesetzen und Verordnungen, die die Juden diskriminierten, sie ausgrenzten und nach und nach ihrer staatsbürgerlichen Rechte[9] beraubten, können im folgenden nur einige der wichtigsten genannt werden.

Diskriminierung auf gesetzlichem Wege

In taktisch geschickter Weise beschränkten sich die ersten Maßnahmen der nationalsozialistischen Regierung im Frühjahr 1933 im wesentlichen darauf, Juden weitgehend aus dem öffentlichen Dienst und einigen freien Berufen zu entfernen und die Zahl der jüdischen Studenten und höheren Schüler zu begrenzen. Damit entsprach die Regierung einem auch in bürgerlichen Kreisen oft geäußerten Wunsch, den Einfluß der Juden im öffentlichen Leben und bestimmten Berufen - wie dem Rechtsanwaltsstand - zu beschränken. Wenn hohe Partei- und Regierungsstellen andererseits in den Jahren 1933/1934 ausdrücklich versicherten, daß an eine Ausschaltung jüdischer Unternehmer und Angestellter in der Wirtschaft keineswegs gedacht sei,[10] entsprach dies zwar nur dringenden außenpolitischen und ökonomischen Rücksichten, wurde aber in der Öffentlichkeit und zunächst auch bei vielen Juden als Beweis für die relativ maßvollen Ziele der nationalsozialistischen Politik gegenüber den Juden gewertet. Nachdem sich die Situation im Jahr 1934 in diesem Sinne zunächst zu normalisieren schien, erreichte die Diskriminierung der Juden mit den Nürnberger Gesetzen vom 15. September 1935 einen neuen Höhepunkt: Das Reichsbürgergesetz schuf ein neues, nur Menschen „deutschen oder artverwandten Blutes" zugängliches Reichsbürgerrecht und stempelte die Juden dadurch zu Staatsangehörigen zweiter Klasse.[11] Das „Gesetz zum Schutz des deutschen Blutes und der deutschen Ehre" verbot Juden, Mischehen mit „deutschblütigen" Partnern einzugehen, und stellte auch den außerehelichen Geschlechtsverkehr unter Strafe.[12]

Während die Juden immer mehr entrechtet wurden, war der NS-Regierung bis zum Jahr 1936 die weitere wirtschaftliche Betätigung jüdischer Firmen in Deutschland aus ökonomischen Gründen durchaus erwünscht. Insbesondere schätzte das Wirtschaftsministerium die internationalen Verbindungen exportorientierter jüdischer Firmen. Binnenwirtschaftlich hätte im übrigen eine rasche Liquidation aller jüdischen Firmen katastrophale Rückwirkungen nicht nur auf den Arbeitsmarkt, sondern auch auf den Hypotheken- und Grundstücksmarkt gehabt.

1936 aber begann sich die Situation für die deutschen Juden auch auf wirtschaftlichem Gebiet grundlegend zu ändern. Denn nun waren die negativen Folgen der Weltwirtschaftskrise in Deutschland weitgehend überwunden, zugleich betrieb die nationalsozialistische Regierung mit dem Vierjahresplan die rasche Umstellung auf die Rüstungs- und Kriegswirtschaft. Die deutsche Wirtschaft, der die NS-Regierung möglichste Autarkie verordnete, sollte - so Hitler in seiner Denkschrift zum

Vierjahresplan - am Ende dieser vier Jahre „kriegsfähig" sein.[13] Angesichts der inzwischen erreichten Vollbeschäftigung glaubte man auch auf die weitere Tätigkeit jüdischer Firmen nicht mehr angewiesen zu sein. Der Druck auf jüdische Unternehmen, ihren Betrieb einzustellen oder zu verkaufen, nahm in den Jahren 1937 und 1938 erheblich zu. Nach den Feststellungen Genschels ist bereits vor dem Novemberpogrom 1938 ein großer Teil der bedeutenderen jüdischen Firmen in „arische" Hände übergegangen bzw. liquidiert worden.[14] Am 25. Juli 1938 stellte Karl Kimmich, Vorstandsmitglied der Deutschen Bank, fest, daß von 700 in der Zentrale der Deutschen Bank erfaßten jüdischen Unternehmen ca. 200 bereits „arisiert" seien. Täglich liefen Mitteilungen ein, daß weitere Objekte in deutsche Hände übergegangen seien. In einigen Branchen, so Kimmich, lasse bereits das Angebot „an wirklich guten Objekten stark nach".[15]

Obwohl die „Arisierung" jüdischer Firmen wie auch die Auswanderung von Juden stetig weitergingen - von rund 525 000 Glaubensjuden im Jahr 1933 sind vor dem Novemberpogrom 1938 etwa 225 000 (also rund 40 Prozent) emigriert -, drohte die nationalsozialistische Politik gegenüber den Juden in eine Sackgasse zu geraten. Dies zeigte sich besonders deutlich, nachdem Göring in einer Ministerratsbesprechung vom 28. April 1938 erklärt hatte, daß nun die Judenfrage gelöst werden müsse. Als vorrangig hatte er in diesem Zusammenhang die endgültige Ausschaltung der Juden aus dem deutschen Wirtschaftsleben gefordert; dies sollte durch Umwandlung jüdischer Firmen und Betriebsvermögen in Renten und andere Werte erfolgen, die „keinen wirtschaftlichen Einfluß mehr gestatten."[16]

Demgemäß formulierte der Reichsinnenminister am 14. Juni 1938 einen entsprechenden Maßnahmenkatalog, der u.a. vorsah, daß das Betriebsvermögen jüdischer Unternehmen von einer zentralen Gesellschaft übernommen und die jüdischen Firmeninhaber in Form von Anleihemitteln entschädigt werden sollten.[17] Dem widersprach indessen der Reichsfinanzminister. Er sah bei diesem Verfahren erhebliche Risiken auf die öffentlichen Finanzen zukommen, da er befürchtete, ein „Auszahlen" jüdischer Firmeninhaber könnte über kurz oder lang dazu führen, daß sie mittellos dastehen und unterstützungsbedürftig sein würden.[18]

Die Stellungnahme des Reichsfinanzministers berührte den wunden Punkt der bisherigen Politik der NS-Regierung gegenüber den Juden, die ja im Kern darauf abzielte, sie zur Emigration aus Deutschland zu veranlassen. Ausgewandert waren meist die jüngeren, tatkräftigeren und vermögenderen Juden, während die älteren und ärmeren zurückblieben. Ihre wirtschaftliche Lage wurde zusehends schlechter, da beispielsweise Geschäftsleute meist keine öffentlichen Aufträge mehr erhielten, Parteigenossen bei ihnen nicht kaufen durften, auch Nichtparteimitglieder dies zunehmend vermieden und der Stamm jüdischer Kunden immer kleiner wurde.

Wenn Göring jetzt auf eine endgültige Ausschaltung der Juden aus dem deutschen Wirtschaftsleben drängte, so würde dies zwar den Auswanderungsdruck weiter verstärken, aber ebenso gewiß war, daß auch dann nicht alle Juden würden auswandern wollen bzw. mangels Geld auch gar nicht können. Und so warnte der Reichsfinanzminister sicherlich nicht zu Unrecht davor, daß später die öffentliche Hand für den Unterhalt der älteren und verarmten Juden aufkommen müsse.

Angesichts solcher Meinungsverschiedenheiten tat sich die Ministerialbürokratie schwer, die Forderungen Görings in gesetzliche Regelungen umzusetzen. Zwar war schon am 26. April 1938 eine Anmeldepflicht für alle jüdischen Vermögenswerte angeordnet worden,[19] die offenkundig als Vorbereitung zur späteren Zwangsarisierung jüdischer Betriebe dienen sollte. Eine Änderung der Gewerbeordnung vom 6. Juli 1938 ermöglichte die Ausschaltung jüdischer Vertreter aus dem Wandergewerbe.[20] Aber noch Anfang November 1938 war nicht abzusehen, wann es Göring tatsächlich gelingen würde, die endgültige Ausschaltung der Juden aus dem Wirtschaftsleben durchzusetzen.

Dabei waren die jüdischen Unternehmen auch aus einem weiteren Grund aufs äußerste gefährdet. Die seit 1936 auf Hochtouren laufende wirtschaftliche und militärische Vorbereitung auf einen künftigen Krieg mußte den Druck auf die deutschen Juden zusätzlich verschärfen. Wenn man die Angriffe ernst nahm, die Hitler und andere Nationalsozialisten gegen die deutschen Juden wegen ihres angeblichen „Defaitismus" im 1. Weltkrieg zu richten pflegten, so war im Zuge der Aufrüstung mit weiteren Zwangsmaßnahmen zu rechnen, um sie zu rascher Auswanderung oder zumindest zur Aufgabe ihrer Betriebe zu veranlassen; denn Hitler und Göring mußte im Rahmen einer nationalsozialistischen Kriegswirtschaft die Zusammenarbeit mit jüdischen Betrieben erst recht undenkbar erscheinen.[21] Aber noch etwas anderes kam hinzu. Da die forcierte Aufrüstung die deutsche Wirtschaft finanziell überforderte und sich der Mangel an Devisen als zusätzlicher Hemmschuh erwies, ging es Göring als Beauftragtem für den Vierjahresplan nicht nur um die Ausschaltung der Juden aus der Wirtschaft, sondern auch um ihre finanzielle Ausplünderung. Dies wurde auf einer wehrwirtschaftlichen Besprechung im Reichsluftfahrtministerium am 14. Oktober 1938 deutlich, als Göring unter Berufung auf eine Anordnung Hitlers eine weitere „abnorme" Steigerung der Rüstungsproduktion verlangte und in diesem Zusammenhang davon sprach, daß „die Judenfrage jetzt mit allen Mitteln angefaßt werden" solle, denn „sie müßten aus der Wirtschaft raus!" Offenbar hatten sich Hitler und Göring darauf verständigt, die bei der „Arisierung" jüdischer Firmen übliche finanzielle Ausplünderung zu benutzen, um den Fortgang der Aufrüstung zu finanzieren.[22] Zusammen mit den hohen finanziellen Abgaben, die man den Juden bei der Auswanderung ohnehin auferlegte, mußten die bei der „Arisierung" entstehenden Vermögensverluste ihre Chancen, ein aufnahmebereites Land zu finden, allerdings empfindlich schmälern.

So war die nationalsozialistische Judenpolitik in diese Sackgasse letztlich durch die für den NS-Staat charakteristische Unfähigkeit geraten, unterschiedliche politische Zielsetzungen und Interessen durch Abstimmung der verschiedenen mit der Judenfrage befaßten Instanzen zu klären und sich auf ein wenn schon nicht humanes, so doch rationales Verfahren zu verständigen. Stattdessen verfolgten die verschiedenen Instanzen unterschiedliche Ziele und Wege: „Göring", so Adam, „wollte das Judentum aus der Wirtschaft eliminieren, der SD betrieb seine Auswanderungspläne, und die Ministerialbürokratie engte den Bewegungsspielraum der in Deutschland verbliebenen Juden durch gesetzliche Maßnahmen sukzessive ein."[23]

Die politischen Widersprüche, die durch das planlose Gegeneinanderarbeiten verschiedener Instanzen entstanden, wurden - wie so häufig im NS-Staat - nicht durch einen sinnvollen Kompromiß gelöst, vielmehr kam es gerade in der Judenfrage zu ebenso hektischen wie brutalen Maßnahmen und Aktionen.

Parallel zu den Bestrebungen Görings, die Juden aus ihren Firmen und Betrieben zu drängen, hatte der fränkische Gauleiter Streicher im Frühsommer 1938 eine antijüdische Hetzkampagne in Gang gesetzt, wie er dies schon früher vor den Berufsverboten vom April 1933 und den Nürnberger Gesetzen vom September 1935 getan hatte. Auch Goebbels veranstaltete im Juni 1938 eine große Kundgebung in Berlin und kündigte dort an, man werde „im übrigen schon durch gesetzliche Maßnahmen dafür sorgen, in absehbarer Zeit den jüdischen Einfluß auch in der Wirtschaft zu brechen".[24] Schaufensterschmierereien und gewalttätige Überfälle waren die Folge.[25] Offensichtlich waren es nur taktische Rücksichten auf die politische Großwetterlage, die verhinderten, daß es damals schon zu Schlimmerem kam. Denn die Entrechtung der Juden durch diskriminierende Gesetze und Verordnungen war für die Staats- und Parteiführung nur ein Weg, um das Ziel, die Entfernung der Juden aus Deutschland, zu erreichen.

Die SA als Kampforganisation

Das Doppelgesicht des NS-Staates hatte sich von Anfang an auch gegenüber den Juden gezeigt. War die Verbindung von Propaganda und Terror für die NSDAP schon zur Zeit ihres Aufstiegs zur stärksten Partei vor 1933 charakteristisch gewesen, so beschränkte sich auch die Machtausübung Hitlers nicht nur auf den Erlaß neuer Gesetze und Verordnungen, selbst wenn diese schon oft genug dem Gedanken des Rechtsstaates Hohn sprachen. Neben die Entrechtung der Juden durch diskriminierende Gesetze und Verordnungen trat von Anfang an der Terror.

Die erbarmungslose Menschenjagd, die schon bald nach der Machtergreifung einsetzte, richtete sich nicht nur gegen wirkliche oder vermeintliche politische Gegner, sondern von Anfang an auch gegen die Juden. Träger willkürlicher Ausschreitungen und brutaler „Einzelaktionen" war vor allem die SA.

Daß die SA, wie wir auch bei dem Novemberpogrom 1938 sehen werden, schneller und oft auch brutaler agieren konnte als der übrige Parteiapparat, hing mit ihrer Entstehung und Funktion innerhalb der NS-Bewegung zusammen. Als Saalschutztruppe gegründet, war die SA wie keine andere Organisation vor 1933 bei Saalschlachten und Straßenkämpfen in Erscheinung getreten. Von ihrem brutalen Auftreten erwartete die Partei nicht nur den Schutz ihrer eigenen Veranstaltungen, sondern auch die Störung von gegnerischen Parteiversammlungen und die Eroberung der „Straße" überhaupt, die sich bis dahin in Arbeitervierteln sozusagen in kommunistischer oder sozialdemokratischer Hand befand. Durch die Verbindung von Terror und Propaganda wollte die Parteiführung auf autoritär eingestellte Wähler Eindruck machen, die ihr dadurch eher als anderen nationalen Parteien zutrauen sollten, mit dem „System von Weimar" aufzuräumen. Selbst brutale Terrorakte wie der Mord von Potempa - ein Trupp von fünf SA-Männern war in die Wohnung eines Kommunisten eingedrungen und hatte ihn vor den Augen seiner Mutter in viehischer Weise totgetrampelt - konnte dem keinen Abbruch tun; für die Begnadigung der Täter setzten sich damals zahlreiche nationale Organisationen, z.B. auch der Königin-Luise-Frauenbund, ein.[26]

Von der Reichswehr als paramilitärische Organisation geschätzt und zeitweise auch gefördert, erhielt die SA wenige Wochen nach der Machtergreifung durch den Reichs- und preußischen Innenminister Göring die Funktion einer Hilfspolizei zugewiesen.[27] Damit wollte Göring nicht nur die Moral der bis dahin weitgehend republikanisch gesinnten preußischen Polizei untergraben; zugleich verlieh er der SA dadurch die Legitimation, rücksichtslos und brutal unter den politischen Gegnern des Nationalsozialismus „aufzuräumen". Die SA war somit gleich nach der Machtergreifung eine gewissermaßen staatlich anerkannte Terrortruppe geworden, konnte sie doch nun an dem Gewaltmonopol teilhaben, das im zivilisierten Rechtsstaat nur der Staatsgewalt und ihren Polizei- und Justizorganen zusteht. Daß Hitler von der von Röhm geführten SA eine radikale Wendung gegen seine eigene Politik in Form einer „zweiten Revolution" befürchtete, war die Ursache zu dem Blutbad unter höheren SA-Führern am 30. Juni 1934, dem sogenannten „Röhm-Putsch". Danach wurde die SA unter dem neuen Stabschef Viktor Lutze wieder fest in das Hitlerregime integriert; zugleich verbürgerlichte die SA durch den Zustrom von Millionen neuer SA-Männer seit der Machtergreifung. Dennoch blieb vielerorts die Terror- und Bandenmentalität der „alten Kämpfer" erhalten, die sich namentlich in Übergriffen und Gewalttaten gegenüber der jüdischen Bevölkerung äußerte.

Bemerkenswert ist in diesem Zusammenhang, daß die SA durch ein besonderes Gelöbnis praktisch außerhalb der geltenden Rechtsordnung stand. Schon 1930 hatte der damalige interimistische SA-Stabschef Otto Wagener - von Hitler autorisiert - von jedem SA-Führer „ein unbedingtes Treuegelöbnis der Person des Partei- und Obersten SA-Führers Adolf Hitler" gegenüber gefordert.[28] In gleichem Sinne verlangte eine Dienstvorschrift Röhms von 1932 von allen SA-Leuten praktisch unbedingten Gehorsam; der SA-Mann mußte bei seinem Eintritt geloben, Adolf Hitler und den von ihm bestellten SA-Führern zu gehorchen und „alle Befehle unverdrossen und gewissenhaft zu vollziehen, da ich weiß, daß meine Führer nichts Ungesetzliches von mir fordern."[29] Mit diesem Gelöbnis wurde die Grundlage dafür gelegt, daß die SA als Kampftruppe von Recht und Gesetz losgelöst agieren konnte.

Während noch § 7 des Deutschen Beamtengesetzes vom 26. Januar 1937 bestimmte, daß die Bindung des Beamten an das Gesetz jeder anderen Gehorsamsbindung, auch der gegenüber dem Vorgesetzten, vorgeht,[30] während auch § 47 Abs. 2 des

Militärstrafgesetzbuchs vom 10. Oktober 1940 den Soldaten mit Strafe bedrohte, wenn er den verbrecherischen Befehl eines Vorgesetzten ausführt,[31] wurde der SA-Mann durch das Gelöbnis voll und ganz in die Willkürherrschaft des „Führers" Adolf Hitler eingebunden. Damit war die Voraussetzung dafür gegeben, daß die SA auch nach der zunehmenden Verbürgerlichung ihrer Mitglieder und dem Machtverlust, den sie nach der Ermordung Röhms und anderer hoher SA-Führer im Juni 1934 hinnehmen mußte, weiterhin ein jederzeit aktivierbares Instrument des NS-Terrors blieb, das je nach der örtlichen Situation und der Mentalität ihrer lokalen Führer namentlich zu Willkürakten und Ausschreitungen gegenüber den Juden genutzt werden konnte.

SA-Terror gegen die Juden

Die Verfolgung der Juden begann sofort nach der Machtergreifung. Soweit Juden Mitglieder sozialistischer Parteien oder des Reichsbanners Schwarz-Rot-Gold gewesen waren, gehörten sie zu den frühesten Opfern der erbarmungslosen Menschenjagd, die vor allem die SA schon wenige Tage nach dem 30. Januar 1933 begann und die sich nach dem Reichstagsbrand in der Nacht vom 27. zum 28. Februar und den Reichstagswahlen vom 5. März 1933 verstärkt fortsetzte. Politisch aktive Juden wurden überfallen und mißhandelt oder in „Schutzhaft" genommen und in die ersten, zunächst provisorisch errichteten Konzentrationslager verbracht. Aber auch Juden, die in der Weimarer Republik keiner politischen Partei angehört hatten, wurden seit Mitte März 1933 zunehmend das Opfer antisemitischer Ausschreitungen. Im Volksstaat Hessen wurde der Regierungswechsel am 13. März 1933 - hier wurde die demokratische Regierung Adelung durch eine neue nationalsozialistische Regierung unter dem bisherigen Landtagspräsidenten Werner abgelöst - in zahlreichen Gemeinden von SA-Leuten genutzt, um mit jüdischen Bürgern „abzurechnen".[32] SA-Trupps erpressen jüdische Kaufleute und Viehhändler und zwingen sie unter Drohungen, Erklärungen zu unterschreiben, in denen sie auf geschäftliche Forderungen verzichten.[33] Aber auch schlimmere Exzesse finden statt. Man treibt die Juden eines Dorfes zusammen, zwingt sie, vor höhnischen Zuschauern Kniebeugen zu machen, oder demütigt sie in der Öffentlichkeit auf andere Weise.[34] SA-Trupps dringen unter einem Vorwand in die Wohnungen von Juden ein und fügen ihnen mit Gummiknüppeln und Motorradketten zum Teil schwere und schwerste Verletzungen zu.[35]

Öffentliche Proteste ausländischer jüdischer Organisationen beantwortet die NS-Parteiführung mit dem zentral gesteuerten Boykott jüdischer Geschäfte am 1. April 1933. Dieser läuft zwar befehlsmäßig als „disziplinierte Aktion" ab - auch wenn örtliche Ausschreitungen keineswegs ausbleiben -, demonstriert aber öffentlich, daß die Parteiführung die jüdische Minderheit als Geiseln betrachtet, um ein Wohlverhalten der ausländischen Juden gegenüber dem Deutschen Reich zu erzwingen.

Wenige Tage später schon folgen auf den Terror der Märztage die Berufsverbote vom April 1933, die viele Juden aus dem öffentlichen Dienst und aus bestimmten freien Berufen drängen.

Trotz öffentlicher Erklärungen der Staats- und Parteiführung, daß man die deutschen Juden im Rahmen der Gesetze behandeln werde, wurden diese weiterhin Opfer örtlicher Übergriffe und Terrorakte. Typisch für die SA blieben die teils rüpelhaften, teils brutalen „Einzelaktionen" gegenüber den Juden, die vielerorts vor dauernden Anpöbelungen, Beschimpfungen, Demütigungen und Gewalttaten nicht sicher waren. Es ist fast unmöglich, ein Bild des physischen und psychischen Terrors zu gewinnen, dessen Opfer die hessischen Juden nach 1933 wurden. Die überlieferten Akten von Behörden und Gerichten geben hier ein nur völlig unzureichendes Bild wieder. Einmal wagten Juden in der damaligen Situation begreiflicherweise nur selten, über Gewalttaten und Übergriffe örtlicher NS-Organisationen bei staatlichen Stellen Beschwerde zu führen. Erstatteten Juden dennoch Anzeige bei Polizeirevieren, so führten diese kaum zu weitergehenden Ermittlungen und sind deshalb auch in Archiven nur selten überliefert. Nur in Ausnahmefällen schritten Polizei, Staatsanwaltschaft und Gestapo bei Gewaltakten gegen Juden ein, wenn nämlich die Übergriffe so verbrecherisch waren, daß sie parteischädigend erschienen.

In den Städten kam es häufig auch zum „Kidnapping" jüdischer Geschäftsleute, was oft zu Erpressungen und Mißhandlungen, mitunter aber auch zu Zwischenfällen mit tödlichem Ausgang führte.[36] Trupps von SA-Leuten und Pg.s sprengen Viehmärkte, an denen jüdische Viehhändler teilnehmen, wie z. B. im Frühjahr 1935 in Fulda.[37]

Besonders schwierig war die Situation der Juden in vielen hessischen Dörfern, auch wenn die Verhältnisse hier in den ersten Jahren nach der „Machtergreifung" noch recht unterschiedlich gewesen sein mögen. Es gab sicherlich Orte, an denen Juden noch einige Jahre unter relativ friedlichen Bedingungen leben konnten; auch die ständigen Klagen von Parteidienststellen über Parteigenossen, die - oft bei Nacht und Nebel - weiterhin Geschäfte mit jüdischen Viehhändlern trieben, zeigen an, daß keineswegs alle Geschäftsverbindungen mit jüdischen Kaufleuten mit einem Schlag beendet waren. Andererseits behandelten jedoch nicht wenige Dorfbewohner die Juden mehr oder weniger als „vogelfrei". So kam es, daß die Juden in vielen Orten immer wiederkehrenden Anpöbelungen und Übergriffen ausgesetzt waren. Besonders schlimm erging es ihnen in Gemeinden, in denen Ortsgruppenleiter oder SA-Funktionäre herrschten, die sich durch eine scharfe antisemitische Einstellung und besondere Brutalität hervortaten. Dies führte dazu, daß in nicht wenigen hessischen Orten sämtliche Juden schon vor 1938 ausgewandert oder in Großstädte fortgezogen waren, in denen das Leben im Schutze einer gewissen Anonymität erträglich war. Zeitweise verdichteten sich die Terrorakte wie beispielsweise im Frühjahr 1935, als fanatische Judenhasser wie der fränkische Gauleiter Streicher antisemitische Hetzkampagnen auslösten[38] und dadurch den Eindruck vermittelten, daß Ausschreitungen gegenüber Juden höheren Orts erwünscht waren. Die

Parteiführung würdigte Hetzkampagnen und Einzelaktionen als Ausdruck der „dynamischen“ Kraft der Partei und benutzte den Nürnberger Parteitag, um ihrerseits am 15. September die berüchtigten Nürnberger Gesetze zu erlassen. Danach suchte zwar die Staats- und Parteiführung zunächst den Eindruck zu erwecken, als sei nun ein neuer gesetzlicher Rahmen geschaffen, der eine weitere, wenn auch stark eingeschränkte Existenz der jüdischen Minderheit in Deutschland möglich mache. In Wirklichkeit war den deutschen Juden nur eine vorübergehende Atempause vergönnt; nach der Berliner Olympiade im August 1936 wurde der Druck auf die deutschen Juden wieder stärker, lebten auch die örtlichen „Einzelaktionen“ wieder auf.

Dies war charakteristisch für den NS-Staat: Auf eine Welle antisemitischer Propaganda und „Einzelaktionen“ folgt der gesetzliche Akt, der die Initiative der Parteibasis aufnimmt,[39] und die neuen gesetzlichen Diskriminierungen werden von der Partei- und Staatsführung als „abschließend“ verkündet. Dies freilich stellt sich für die betroffenen Juden alsbald als trügerisch heraus: Auf das neue Stadium der Entrechtung folgen nach kurzer Zeit weitere Etappen der Verfolgung. Ohne die ständige, in den „Einzelaktionen“ dokumentierte Kampf- und Terrorbereitschaft der SA wäre auch die plötzliche Durchführung des Novemberpogroms in dieser Form kaum denkbar gewesen.

Die Judenpolitik von Gestapo und SD

Während die SA je nach Fanatismus und Brutalität ihrer örtlichen Führer die jüdische Bevölkerung mit „Einzelaktionen“ bedrängte und verfolgte und auf diese Weise erreichte, daß viele jüdische Einwohner ihre Heimat verließen, in Großstädte oder ins Ausland abwanderten und manche Orte dadurch frühzeitig „judenfrei“ wurden, betrieben Gestapo und SD ihre eigene planmäßige Judenpolitik. In ihrem Bemühen um allumfassende Überwachung und Kontrolle hatte die Gestapo schon frühzeitig ein besonderes Judenreferat eingerichtet. Dieses teilte die von ihm kontrollierten jüdischen Aktivitäten in „erwünschte“ und „unerwünschte“ ein. Unerwünscht waren Aktivitäten aller jener jüdischen Organisationen, die verdächtig waren, an der weiteren Existenz jüdischer Gemeinden auf deutschem Boden festzuhalten oder gar „assimiliatorischen“ Tendenzen zu huldigen. Diese Organisationen mußten mit Zwangsauflösung oder anderen Schikanen, ihre Repräsentanten unter anderem mit Rednerverbot rechnen. Erwünscht war der Gestapo dagegen die Tätigkeit zionistischer Organisationen und aller Vereinigungen, deren Ziel die Vorbereitung und Organisation der Auswanderung von Juden aus Deutschland war.[40]

Seit Ende 1935 befaßte sich auch das Judenreferat des SD mit dem Plan einer gelenkten Auswanderung deutscher Juden nach Palästina. Unbekümmert um Bedenken und Einwände des Auswärtigen Amtes spekulierte der SD unter anderem damit, die Gründung eines „Judenstaates“ in Palästina zu fördern.[41]

Nachdem der Reichsführer SS Heinrich Himmler im Jahr 1936 auch Chef der Deutschen Polizei geworden war, profitierten die bis dahin wenig bedeutenden Judenreferate bei Gestapo und Sicherheitsdienst von der Machterweiterung, die der Verbund zwischen Gestapo, Kriminalpolizei, Schutzpolizei und SS in der Person Himmlers mit sich brachte. Himmler und Heydrich sahen ihre Aufgabe nicht allein in der möglichst totalen polizeilichen Überwachung der Nation, sondern setzten sich darüber hinaus die „Sanierung des deutschen Volkskörpers" zum Ziel.[42] In der Praxis richtete sich ihre Politik vor allem gegen unerwünschte Minderheiten und Randgruppen der Bevölkerung.

Nachdem die SS die alleinige Zuständigkeit für die Konzentrationslager erlangt hatte, wollte sie diese auch als staatliche Besserungsanstalten und „Arbeitserziehungslager" nutzen. In einer umfassenden Polizeiaktion wurden Anfang 1937 Berufs- oder Gewohnheitsverbrecher festgenommen und in die Konzentrationslager verbracht. Eine weitere Aktion richtete sich im Frühjahr 1938 gegen „Arbeitsscheue", die mit Hilfe der Arbeitsämter ermittelt worden waren. Ihnen folgten im Juni 1938 Tausende von „Asozialen".[43] Bei dieser letzteren Aktion wurden jedoch auch „alle mit Gefängnisstrafe vorbestraften männlichen Juden" in Konzentrationslager deportiert, auch wenn sie z. B. nur einmal gegen die schikanöse Devisengesetzgebung verstoßen hatten.

Mit dem Anschluß Österreichs entwickelte die Gestapo neue und wesentlich brutalere Methoden, um die dortige jüdische Bevölkerung zur Auswanderung zu veranlassen. An die Stelle des „mittelbaren Zwanges", der bis dahin die Judenpolitik kennzeichnete, trat nun die „Anwendung unmittelbarer Gewalt".[44] Der nach Wien entsandte SS-Untersturmführer Eichmann errichtete in Wien unter anderem eine „Zentralstelle für jüdische Auswanderung".[45] Damit die Auswanderung forciert werden konnte, mußten wohlhabende Juden eine Zwangsabgabe an die jüdischen Kultusgemeinden zahlen, die ärmeren Juden die Auswanderung ermöglichen sollte.

Solchen Methoden ist es zuzuschreiben, daß die Hälfte der jüdischen Bevölkerung Österreichs binnen eines Jahres zur Auswanderung gezwungen war.[46] In diesem Sinne nutzte die Gestapo auch den Novemberpogrom, um durch Festnahme von Zehntausenden von Juden und ihre Verbringung in Konzentrationslager ihre rasche Auswanderung zu erzwingen.

II. Die „Kristallnacht" in Hessen

Erste Pogrome vom 7. bis 9. November 1938

Am 7. November 1938 wird auf den Legationssekretär Ernst vom Rath in der Deutschen Botschaft in Paris ein Attentat verübt. Täter ist der siebzehnjährige Herschel Grünspan (Grynszpan). Er wohnt seit über einem Jahr in Paris und ist der Sohn jüdischer Eltern, die als polnische Staatsangehörige in Deutschland gelebt haben, aber nun wie Tausende anderer polnischer Juden im Oktober 1938 von den deutschen Behörden über die polnische Grenze abgeschoben worden sind.[1]

Den äußeren Anlaß für diese Aktion hatte die polnische Regierung gegeben, die am 6. Oktober 1938 eine Verordnung erlassen hatte, nach der die Pässe aller im Ausland lebenden polnischen Staatsangehörigen ungültig wurden, wenn sie nicht bis zum 30. Oktober 1938 mit einem Prüfvermerk versehen worden waren. Hatte ein polnischer Staatsangehöriger länger als fünf Jahre im Ausland gewohnt, konnte dieser Prüfvermerk verweigert und der Betreffende ausgebürgert werden. Dieser Aktion der polnischen Regierung, die sich offenkundig vor allem gegen die im Ausland lebenden polnischen Juden richtete, wollte die NS-Regierung nicht tatenlos zusehen und beschloß ihrerseits, sich von diesen „rassisch unerwünschten Elementen" zu trennen, ehe ihnen die Regierung in Warschau die polnische Staatsangehörigkeit entzog und damit die Rückkehrmöglichkeit nach Polen verwehrte.[2]

Am 26. Oktober ordnete daher Heinrich Himmler als Reichsführer SS und Chef der Deutschen Polizei an, daß alle Juden mit polnischer Staatsangehörigkeit binnen drei Tagen das Reichsgebiet verlassen müßten.[3] Sie wurden daraufhin von der Gestapo in ihren Wohnungen festgenommen, an bestimmte Verladebahnhöfe gebracht und in Eisenbahnwaggons und Viehwagen an die polnische Grenze transportiert. Die polnische Regierung weigerte sich indessen, die ausgewiesenen Juden aufzunehmen. Zwar gab sie schließlich teilweise dem deutschen Druck nach, doch mußten die Juden in der Zwischenzeit oft unter den elendsten Bedingungen im Niemandsland an der polnischen Grenze auf freiem Feld kampieren.[4]

Am 3. November erfährt Herschel Grünspan in Paris, daß sich seine Eltern und Geschwister mittellos in einem Lager nahe Lodz befinden. In tiefer Verzweiflung über das Schicksal seiner Familie erwirbt der junge Herschel am 6. November eine Pistole, verschafft sich am folgenden Tag unter einem Vorwand Zutritt zur deutschen Botschaft und gibt mehrere Schüsse auf den Legationssekretär Ernst vom Rath ab, der zwei Tage nach dem Attentat an den Folgen der schweren Verletzungen stirbt.[5]

Dieses Attentat diente der nationalsozialistischen Parteiführung zum Anlaß für eine brutale Terroraktion. War der Boykott jüdischer Geschäfte vom 1. April 1933 als erste zentral gesteuerte Aktion gegen die Juden aus taktischen Gründen verhältnismäßig „diszipliniert" durchgeführt worden, waren die vielfältigen Ausschreitungen gegenüber Juden, die in den folgenden Jahren stattfanden, noch örtlich oder regional begrenzt geblieben, so inszenierte die nationalsozialistische Führung nun einen Pogrom im ganzen Reichsgebiet, der an Brutalität alle vorhergehenden Ausschreitungen und „Einzelaktionen" gegenüber den deutschen Juden bei weitem übertraf. Dabei war das Attentat - wie die späteren gerichtlichen Untersuchungen bestätigten - die Tat eines Einzelgängers gewesen. Von daher gab es für eine „Vergeltungsaktion" gegenüber dem deutschen Judentum nicht den geringsten Anlaß. Es ist jedoch für die nationalsozialistische Politik charakteristisch, daß Staats- und Parteiführung gar nicht daran dachten, das Ergebnis der polizeilichen und gerichtlichen Untersuchung des Attentats abzuwarten. Vielmehr wurde mitten im Frieden und ohne erkennbaren Grund eine unliebsame Minderheit das Opfer einer furchtbaren Terroraktion, wurden Tausende von Wohnungen und Geschäften verwüstet, unzählige Menschen verhaftet und mißhandelt, Hunderte von Synagogen in Brand gesteckt oder zerstört. Die erschreckende Brutalität des Vorgehens gegenüber den deutschen Juden ist für den NS-Staat nicht weniger symptomatisch wie die Art und Weise der Inszenierung des Pogroms.

Hatten die Abendzeitungen vom 7. November dem Attentat nur wenige Zeilen gewidmet, so wiesen die deutschen Zeitungen am folgenden Tag - gemäß einem Rundruf des offiziösen „Deutschen Nachrichtenbüros"[6] - auf der ersten Seite in großer Aufmachung auf das Attentat hin und kündigten die schwersten Folgen für das Judentum an. So schrieb der „Völkische Beobachter", das Zentralorgan der NSDAP, am 8. November:

„Es ist klar, daß das deutsche Volk aus dieser Tat seine Folgerungen ziehen wird. Es ist ein unmöglicher Zustand, daß in unseren Grenzen Hunderttausende von Juden noch ganze Ladenstraßen beherrschen, Vergnügungsstätten bevölkern und als „ausländische" Hausbesitzer das Geld deutscher Mieter einstecken, während ihre Rassegenossen draußen zum Krieg gegen Deutschland auffordern und deutsche Beamte niederschießen. Die Linie von David Frankfurter[7] zu Herschel Grynszpan ist klar gezeichnet. Wir können heute schon in der jüdischen Weltpresse erleben, daß man sich auch diesmal bemüht, den Täter reinzuwaschen und zu verherrlichen und den Niedergeschossenen zu verdächtigen.

Wir werden uns die Namen jener merken, die sich zu dieser feigen Meucheltat bekennen, so wie wir auch die Namen jener nicht vergessen haben, die in der kritischen Septemberwoche[8] das französische Volk zum Krieg gegen Deutschland aufhetzen wollten. Es sind dieselben Kräfte wie in Kairo und Davos, es sind J u d e n und keine Franzosen. Die Schüsse in der Deutschen Botschaft in Paris werden nicht nur den Beginn einer neuen deutschen Haltung in der Judenfrage bedeuten, sondern hoffentlich auch ein Signal für diejenigen Ausländer sein, die bisher nicht

Abb. 1 Die Synagoge in Kassel in der Unteren Königstraße wurde als erste hessische Synagoge in der Nacht vom 7. zum 8. November 1938 demoliert

erkannten, daß zwischen der Verständigung der Völker letzten Endes nur der internationale Jude steht."

Zwar stellten dieser und ähnliche Zeitungsartikel noch keine direkte Aufforderung zu Gewalttaten gegen die jüdische Bevölkerung dar. Und dennoch befand sich diese schon jetzt in höchster Gefahr. Zu oft hatte es schon in früheren Jahren das Zusammenspiel zwischen Hetzkampagnen der Parteipresse und darauf folgenden „Einzelaktionen" von Parteifunktionären oder SA-Trupps gegen Juden gegeben, als daß man nicht auch jetzt damit rechnen mußte, daß es zu Gewalttaten kommen würde.

Bereits am Abend des 7. November kam es in drei nordhessischen Städten zu schweren Ausschreitungen. In Kassel dringen ungefähr 30 Mann in Zivil – „alle mit den gleichen Stiefeln", wie sich ein Augenzeuge erinnert – in die Synagoge in der Unteren Königstraße ein, schleppen Gebetsrollen und andere Kultgegenstände, Vorhänge und Teile des Gestühls auf den Vorplatz vor dem Gebäude.[9] Draußen sammeln sich inzwischen Neugierige in großer Zahl. Sie schauen zu, wie die herausgetragenen Einrichtungs- und Kultgegenstände angezündet und verbrannt werden. Zuvor schon war das jüdisch-orthodoxe Café Heinemann zerstört worden, das gleiche Schicksal erlitt das jüdische Schul- und Gemeindezentrum in der Gro-

ßen Rosenstraße. Im Verlauf der Ausschreitungen, die von ca. 22 Uhr bis 1 Uhr nachts dauerten, wurden ferner 20 jüdische Geschäfte zerstört (Dok. 1). Um Mitternacht beginnt auch in der nordhessischen Kleinstadt Bebra ein Pogrom, in dessen Verlauf die Synagoge, die jüdische Schule sowie jüdische Wohn- und Geschäftshäuser demoliert werden (Dok. 2A und B). Ebenfalls in dieser Nacht kommt es vermutlich in Zierenberg zu schweren Ausschreitungen.[9a]
Bemerkenswert ist, daß der Auftakt zu den hessischen Pogromen in Kassel erfolgt. Anders als die Forschung früher annahm,[10] geht diese „Initialzündung“ also nicht von SA-Einzelaktionen in kleinen Orten aus, und sie wird auch nicht erst von der Goebbels'schen Hetzkampagne in der Morgenpresse des 8. November ausgelöst. Und mit dem außerordentlichen Umfang dieser Ausschreitungen, die sich gegen die Synagoge wie die jüdischen Geschäfte gleichermaßen richten - und sich schon nach Mitternacht in ähnlichem Ausmaß in Bebra wiederholen - setzt der Kasseler Pogrom vom 7. November den Maßstab für die am nächsten Tage sich fortsetzenden Exzesse in der Provinz.
Über die Ereignisse in Kassel gibt es einen Gestapobericht,[11] der der Forschung bisher unbekannt geblieben ist, weil er nur in der privatdienstlichen Korrespondenz des Chefs der Reichskanzlei Lammers überliefert ist.[12] An dem Bericht fällt zweierlei auf: Einmal ist er außerordentlich dramatisierend abgefaßt; der Hinweis auf eine etwa tausendköpfige Menschenmenge, die von dem zerstörten jüdischen Café zur Synagoge unterwegs gewesen sei, sowie auf die unzureichenden Polizeikräfte, die offenbar die Ausschreitungen nur mit Mühe eindämmen können, gibt dem Bericht eine bedrohliche, sozusagen staatsgefährliche Dimension, die mit dem Hinweis auf möglicherweise hier in Erscheinung tretende staatsfeindliche Kräfte unterstrichen wird. Zum anderen gibt die Gestapo vor, daß sie nicht wisse, wer die Ausschreitungen in Kassel inszeniert hat. Dies bedeutet für eine Staatspolizeibehörde eigentlich ein Armutszeugnis, da ihr das Funktionärskorps der örtlichen NS-Organisationen natürlich bekannt sein muß. Wenn die Kasseler Gestapo ihrer vorgesetzten Dienststelle in Berlin derartige Berichte erstattet, ist dies - nach den Gepflogenheiten im NS-Staat - als verdeckter Hinweis darauf zu verstehen, daß eine oder mehrere Kasseler NS-Organisationen auf eigene Faust eine rechtswidrige Aktion gegen die Juden durchgeführt haben, von der im Augenblick noch nicht abzusehen ist, ob sie die nachträgliche Billigung der NS-Führung findet.
Das Geheime Staatspolizeiamt in Berlin hält den Bericht für wichtig genug, um ihn sogleich an den schon in München weilenden Chef der Sicherheitspolizei Heydrich weiterzuleiten, dieser wiederum informiert umgehend den Chef der Reichskanzlei Lammers. Niemand - so scheint es - will versäumen, die „heiße“ Meldung über die schweren Ausschreitungen in Kassel, die sich auch gegen die dortige Synagoge richten, sogleich der nächsthöheren Instanz mitzuteilen, womit diese zugleich an der Verantwortung beteiligt wird; niemand aber auch - dies läßt die kommentarlose Weiterleitung der Meldung durch Heydrich an den Chef der Reichskanzlei vermuten - trifft irgendwelche Gegenmaßnahmen. Die Juden in Hessen - so die Situation schon am 7. und 8. November - sind eigenmächtigen Aktionen regionaler oder örtlicher NS-Organisationen schutzlos ausgesetzt, solange nicht

Abb. 2 In der Nacht vom 7. zum 8. November 1938 wurde in Kassel auch das jüdische Gemeindehaus in der Großen Rosenstraße zerstört

etwa die NS-Führung eindeutig zu erkennen gibt, daß sie solche Ausschreitungen mißbilligt.

Davon aber kann am 8. November keine Rede sein. Vielmehr erscheinen an diesem Morgen in allen Tageszeitungen - weisungsgemäß auf der ersten Seite und in großer Aufmachung - scharfe antisemitische Artikel, die das Attentat Herschel Grünspans an vom Rath als Resultat einer Verschwörung des Judentums gegen das deutsche Volk darstellen. Und an diesem Tag häufen sich die antijüdischen Ausschreitungen im nordhessischen Raum. Es ist der Vorabend des 9. November, an dem 15 Jahre zuvor der Putschversuch Hitlers vor der Feldherrnhalle in München gescheitert war. Bereits an diesem Tage finden üblicherweise an zahlreichen Orten Gedenkveranstaltungen der lokalen NS-Organisationen statt, auch wird eine Rede Hitlers im Rundfunk übertragen. An diesem Abend kommt es in Kurhessen an einer ganzen Reihe von Orten zu Ausschreitungen: Im Raum um Kassel in Felsberg[13], Grebenstein[13a], Witzenhausen (Dok. 3), Rotenburg a.d. Fulda (Dok. 2C) und möglicherweise auch in Guxhagen, Hoof, Borken[13b], Melsungen[13c] und Hersfeld[13d], ferner in Mittelhessen in Kirchhain (Dok. 4A und B), Ziegenhain und Neustadt[14] und vermutlich auch schon in Wachenbuchen bei Hanau (Dok. 6).

Fast immer ist das erste Ziel die Synagoge, deren Inneneinrichtung samt den darin befindlichen rituellen Gegenständen zerstört wird; das gleiche Schicksal trifft, soweit vorhanden, auch die jüdische Schule. Überfallen werden aber auch jüdische Häuser, Wohnungen und Geschäfte. Überall wird die Inneneinrichtung gründlich zerstört; in Bebra zerschlägt man auf Anordnung des Kreisleiters Erich Braun sogar die Steintreppen, die von dem Bürgersteig in die jüdischen Häuser führen, und in Wachenbuchen beginnt eine große Menschenmenge, das jüdische Schulhaus abzureißen (Dok. 6). In Felsberg werden alle Juden aus ihren Wohnungen vertrieben, unter ihnen auch der schwerkranke Robert Weinstein. Wenige Minuten später erliegt er auf der Straße einem Herzschlag und wird so zum ersten Todesopfer des Pogroms.[13]

Was auffällt, sind Heftigkeit und Ausmaß der antijüdischen Ausschreitungen. Zwar hatten sich auch schon in den vergangenen Jahren an manchen Orten - wie z.B. in Gladenbach oder Rhina[15] - zeitweise schlimme Gewalttaten gegenüber den dort ansässigen Juden gehäuft. Aber kaum je zuvor sind an einem einzigen Abend Synagoge und Schule ebenso wie die Geschäfte und Wohnungen der jüdischen Einwohner auf einen Schlag zerstört worden. Die totale Zerstörung alles dessen, was Juden gehört und was ihnen heilig ist, stellt eine Eskalation der Gewalt gegenüber der jüdischen Bevölkerung dar, die trotz aller schlimmen Vorkommnisse der vergangenen Jahre beispiellos ist.

Insbesondere fällt auf, daß in allen diesen Orten auch die Inneneinrichtung der Synagogen zerstört wird. Zwar hatte es auch in der Vergangenheit gelegentlich Zwischenfälle in jüdischen Gotteshäusern gegeben. So hatte beispielsweise in Rhina im Jahr 1935 ein auswärtiges SA-Kommando jüdische Gottesdienstbesucher überfallen und mißhandelt,[15] waren im Mai bzw. Juni 1938 in Hanau und in Gelnhausen die Eingänge der Synagogen von „unbekannten" Tätern zugemauert und im

Oktober 1938 die Inneneinrichtung der Synagoge in Langen von Angehörigen der HJ teilweise zerstört worden.[16] Aber die Zerstörung der Synagogen am gleichen Abend und in mehreren Orten stellt einen Terrorakt dar, der bisher in Hessen ohne Beispiel war. Allerdings ist in diesem Zusammenhang zu erwähnen, daß der als Judenhasser berüchtigte fränkische Gauleiter Julius Streicher wenige Monate zuvor ein Beispiel dafür gegeben hatte, daß auch die Zerstörung von Synagogen für die nationalsozialistische Führung kein Tabu mehr war. In demonstrativer Weise hatte Streicher am 10. August 1938 selbst den Kran in Bewegung gesetzt, der den Davidstern von der Synagoge in Nürnberg entfernte, die anschließend als „undeutsches Bauwerk" dem völligen Abbruch anheimfiel. Auch der im gleichen Jahr von der örtlichen Parteiführung erpreßte Zwangsverkauf der Synagogen in München und Dortmund zeigte an, daß die Synagogen, bisher die wichtigste Zufluchtsstätte der bedrängten jüdischen Gemeinden, zur bevorzugten Zielscheibe der antijüdischen Politik des NS-Regimes zu werden drohten.[17]

Trotz solcher jeweils mit großem Presse- und Propagandaaufwand im ganzen Reich bekanntgemachten judenfeindlichen Aktivitäten bleibt es überraschend, daß die antijüdischen Ausschreitungen gleich in mehreren hessischen Orten am 7. und 8. November von einer ganz ungewöhnlichen Heftigkeit sind und in die totale Zerstörung des Wohn- und Lebensbereichs der jüdischen Einwohner auch die örtlichen Synagogen einbeziehen. Und die verhängnisvolle Bedeutung dieser Vorgänge geht weit über den lokalen Bereich hinaus. Denn die Pogrome, die sich an einzelnen hessischen Orten abgespielt haben, ermöglichen es Goebbels, in seiner Rede am 9. November in München auf die bereits in Gang befindlichen „Demonstrationen" gegen Juden in den Gauen Kurhessen und Magdeburg-Anhalt zu verweisen (Dok. 77). Damit werden die Aktionen, die schon ab November in Hessen stattgefunden haben, zum Modell und Maßstab der Pogrome, die nach der Rede von Goebbels im ganzen Reich stattfinden werden.

Umfang und Verlauf der Pogrome, die sich bereits am 7. und 8. November in den erwähnten hessischen Orten abspielen, sind indessen so ähnlich, daß die Vermutung naheliegt, diese Aktionen seien aufeinander abgestimmt, ja vielleicht sogar von höchster Stelle zentral gesteuert worden. Allerdings scheinen zwei Tatsachen dagegen zu sprechen, daß es sich hier um zentral angeordnete Aktionen gehandelt haben könnte. Einmal herrscht offenkundig bei den Bürgermeistern und Ortsgruppenleitern Unsicherheit, ob die Gewalttaten, die in ihrem Ort stattfinden, von der Staats- und Parteiführung tatsächlich gebilligt werden; hatten sie doch bei früheren Gelegenheiten auch erlebt, daß aus außenpolitischen oder sonstigen taktischen Gründen plötzlich alle „Einzelaktionen" untersagt und stattdessen an die „Parteidisziplin" appelliert worden war. Und so beteuern die Bürgermeister in ihren Berichten, daß sie im Bett gelegen hätten[18] oder aber selbst gar nicht im Ort anwesend gewesen seien[14], als die „erregte Menge" jüdische Synagogen und Wohnungen zerstörte. So jedenfalls der Tenor der Berichte, die sie dem zuständigen Landratsamt erstatten; spätere Gerichtsverfahren nach 1945 haben indessen in der Regel festgestellt, daß hier keineswegs eine anonyme Menschenmasse „spontan" das Zerstörungswerk begann, sondern daß NS-Funktionäre die Aktionen inszeniert haben.

Dies ist schon in den vergangenen Jahren nichts Ungewöhnliches gewesen. Es gehörte zu den Gepflogenheiten vor allem der SA, antisemitische Hetzkampagnen in Presse und Rundfunk oder irgendwelche Ereignisse, die als vermeintliche „Herausforderungen“ durch das Judentum gedeutet wurden, zum Anlaß zu nehmen, um auf eigene Faust Aktionen gegen die jüdische Bevölkerung durchzuführen. Die Initiative wurde dabei im allgemeinen von „Führern“ ergriffen, die besonders fanatische Nationalsozialisten und Antisemiten waren oder persönlich zu Gewalttätigkeiten neigten. Es war ja für den NS-Staat charakteristisch, daß jeder örtliche SA-Führer Aktionen gegen Juden oder wirkliche und vermeintliche politische Gegner durchführen konnte, wobei er im allgemeinen damit rechnen durfte, daß er straffrei blieb, sofern er sich nicht allzu grobe Disziplinlosigkeiten und Durchstechereien zuschulden kommen ließ.

Die oberste Parteiführung pflegte, wie wir sahen, auf solche Aktionen je nach politischer Großwetterlage positiv oder restriktiv zu reagieren. Entweder ermutigte sie - und sei es auch nur durch Stillschweigen - solche Aktionen und benutzte sie anschließend als Vorwand, um weitere gesetzliche Diskriminierungen gegen die deutschen Juden zu verhängen. Oder aber sie untersagte sofort strikt alle „Einzelaktionen“, weil sie ihr aus politischen oder taktischen Gründen derzeit unerwünscht schienen. Dies war zum Beispiel der Grund dafür, daß die Ermordung des Schweizer Landesleiters der NSDAP Wilhelm Gustloff durch den Juden David Frankfurter im Februar 1936 in der Schweiz keine Racheakte gegenüber den deutschen Juden zur Folge hatte. Um die Durchführung der Olympiade nicht zu gefährden, ordnete die Parteiführung damals ein striktes Verbot aller „Einzelaktionen“ an und begnügte sich damit, ein KdF-Schiff nach dem Toten zu benennen. Im November 1938 aber diente die Ermordung Gustloffs dem Reichspropagandaministerium - so schon die Leitartikel der nationalsozialistischen Presse vom 8. November - als Beleg dafür, daß das Attentat auf vom Rath kein Einzelfall, sondern ein erneuter feindseliger Akt des Judentums gegenüber dem deutschen Volk sei.

Als weiterer Hinweis darauf, daß die Pogrome vom 7. und 8. November auf die Initiative örtlicher SA und NS-Führer und nicht etwa auf Weisungen höherer Parteistellen zurückgehen, ist bisher die Tatsache angesehen worden, daß am 9. November sowohl der Gauleiter des Gaues Hessen-Nassau Sprenger (Dok. 24) als auch der stellvertretende Gauleiter des Gaues Kurhessen Solbrig (Dok. 9) anordnen, daß „ab sofort sämtliche antijüdischen Demonstrationen zu unterbleiben“ haben. Offenkundig wollen sie mit diesem Befehl eine drohende Ausweitung der antijüdischen Aktionen verhindern, nachdem sich die Kunde von den Ereignissen am 7. und 8. November in Parteikreisen zweifellos wie ein Lauffeuer verbreitet hat und zu befürchten steht, daß es in weiteren hessischen Orten zu schweren Ausschreitungen kommen kann.

Doch sind die Bemühungen der beiden Gauleitungen um eine Beendigung der Pogrome nur teilweise erfolgreich. Denn ungeachtet ihrer Interventionen, die den Kreisleitungen schriftlich am 9. November zugehen (Dok. 9 und 24), möglicherweise aber in Kurhessen schon am Abend des 8. November fernmündlich übermittelt worden sind (Dok. 3), kommt es in einer Reihe von hessischen Orten auch am 9. November zu schweren Ausschreitungen. In Bebra setzt sich der Kreisleiter Erich Braun bewußt über die Anweisung der Gauleitung hinweg und veranlaßt, daß die jüdischen Häuser, die nach dem Pogrom vom 7. November notdürftig mit Brettern versperrt worden waren, wieder geöffnet werden, damit Bebraer SA-Leute dort nach Geschäftsbüchern und „Geheimakten" suchen können; anschließend schleppen sie das schon am 7. November teilweise beschädigte Mobiliar auf den „Adolf-Hitler-Platz" und verbrennen es dort öffentlich.

Auch örtliche SA-Führer unternehmen nun Aktionen gegen die jüdische Bevölkerung, wobei im einzelnen offen bleiben muß, ob sie jeweils auf eigene Faust aktiv oder auch aus Nachbarorten unterstützt werden. So kommt es in Abterode zu Ausschreitungen gegen die Juden unter Beteiligung der SA und der Bevölkerung auch aus Nachbargemeinden.[19] Am gleichen Abend bricht ein Trupp SA-Leute aus Denzberg auf, um sich an einer Aktion gegen die Juden in Jesberg zu beteiligen;[19a] sie fahren in die Nachbargemeinde, weil es in ihrem eigenen Ort keine jüdischen Einwohner mehr gibt. Ebenso kommt es in Südhessen in Rimbach im Odenwald zu schweren Ausschreitungen und Mißhandlungen der einheimischen Juden (Dok. 8). Mag es an letzterem Ort zweifelhaft sein, ob der örtliche SA-Führer hier tatsächlich auf Anordnung eines Vorgesetzten handelte, so gibt es andere Hinweise, die jetzt auf eine gezielte Ausdehnung der Pogrome in Kurhessen hindeuten und den Rahmen von „SA-Einzelaktionen" überschreiten.

Am Morgen des 9. November wird der Führer der Marburger SA, Standartenführer Stollberg, von zwei SS-Männern aufgesucht. Sie geben sich als Angehörige des SD in Kassel zu erkennen und fordern Stollberg auf, die Marburger Synagoge in Brand zu setzen.[20] Stollberg erwidert zunächst, er habe von ihnen keine Befehle entgegenzunehmen; gleichwohl leitet er um Mitternacht die Brandlegung der Marburger Synagoge in die Wege (Dok. 5). Dies geschieht noch zu einem Zeitpunkt, bevor die zentralen Anweisungen der SA-Führung aus München, die durch die Goebbelsrede am Abend des 9. November ausgelöst werden, in Marburg eingetroffen sind.

Ungewöhnlich frühzeitig wird auch die Zerstörung der Synagoge in Fulda, dem Mittelpunkt des östlichen Kurhessen, eingeleitet. Hier findet eine erste - wenn auch zunächst erfolglose - Brandstiftung in der Nacht vom 9. zum 10. November gegen 2 Uhr durch den Fuldaer SS-Sturmbannführer Grüner und einige weitere SS-Leute statt. Vorangegangen war bereits im Verlauf des 9. November eine Demonstration gegen die Juden, bei der nicht nur die Fensterscheiben der Synagoge, sondern wohl auch schon die Bänke im Innenraum zerschlagen worden waren, was auch an anderen Orten häufig der erste Schritt zu einer Brandlegung war. Grüner berief sich später darauf, daß er den Befehl zur Brandstiftung von der SS-Standarte in Gießen erhalten habe, die ihn in der Nacht vom 9. zum 10. November um Mitternacht angerufen habe.[21] In jedem Fall deuten sowohl der frühe Zeitpunkt als auch die SS-Täterschaft darauf hin, daß diese erste Brandstiftung in der Fuldaer Synagoge unabhängig von der aus München zentral gesteuerten Aktion in die Wege geleitet worden ist.

Bemerkenswert ist auch der Hintergrund, vor dem sich am 9. November die schweren Ausschreitungen in Wolfhagen, einem kleinen Städtchen unweit Kassel, abgespielt haben. Ausgelöst wurde der dortige Pogrom durch Arolser SS-Leute in Zivil, die am Vormittag mit Kraftfahrzeugen in Wolfhagen erschienen, in die jüdische Schule und das Haus des jüdischen Einwohners Krohn eindrangen und beide Gebäude durch Sprengsätze in Brand zu stecken versuchten. Im Zuge der Ausschreitungen, die den ganzen Tag über dauerten, wurden weitere jüdische Häuser zerstört und am Abend auch die Synagoge und ein weiteres Gebäude in Brand gesteckt. Offenkundig war der dortige Pogrom von Arolser SS gemeinsam mit dem Leiter des SD-Unterabschnitts in Wolfhagen, Zorn, inszeniert worden.[22] Diese Tatsache gibt der Frage nach den Verantwortlichen für die Ausschreitungen in Nordhessen eine neue Dimension. Denn in Arolsen befand sich bekanntlich der Sitz des SS-Oberabschnitts Fulda-Werra, der Hessen und Thüringen von Frankfurt über Gießen und Kassel bis Erfurt und Meiningen umfaßte. Daß hier am Dienstsitz des SS-Führers Josias Prinz von Waldeck und Pyrmont etwa SS-Unterführer „Judenaktionen“ auf eigene Faust und ohne Wissen ihrer Vorgesetzten unternahmen, erscheint kaum denkbar.

Es ist auf Grund der Quellenlage und des gegenwärtigen Forschungsstandes noch nicht möglich, schon jetzt zu einer endgültigen Bewertung und Einordnung der Vorgänge in Nordhessen zu kommen. Sicher ist indessen, daß die frühere Auffassung, die Pogrome am 8. und 9. November seien in kleinen Landgemeinden begonnen und von örtlichen SA-Führern und politischen Leitern in Gang gesetzt worden, nicht aufrechtzuerhalten ist, zumal sie teilweise auf falscher Datierung der Vorgänge beruhte.[10] Bemerkenswert ist, daß die Pogrome im Gegenteil ihren Ausgangspunkt am Abend des 7. November in Kassel haben. Hier befindet sich nicht nur der Verwaltungsmittelpunkt der Provinz Hessen-Nassau, hier haben nicht nur der Oberpräsident und der Regierungspräsident, sondern auch die Gauleitung des Gaues Kurhessen, der SS-Abschnitt XXX sowie auch ein SD-Unterabschnitt ihren Sitz. Von dieser Mittelpunktfunktion Kassels her mußten die dortigen Vorgänge eine Signalwirkung auf die übrige Provinz ausstrahlen.

Wer für die Kasseler Ausschreitungen am 7. November verantwortlich war, ist aus der schriftlichen Überlieferung nicht bekannt; spätere Aussagen von Zeitzeugen machen eine Beteiligung von Arolser SS-Leuten und Angehörigen der Kasseler Gestapo – ausgerechnet der Urheber des ominösen Berichts über den Kasseler Pogrom (Dok. 1) – wahrscheinlich.[23] Hinweise auf die Täter können ferner die Vorgänge in Bebra und Marburg geben. In Bebra, wo zwei Stunden später als in Kassel in der Nacht vom 7. zum 8. November der erste Pogrom in der Provinz beginnt, sind auswärtige Einsatztrupps am Werk; Zeugen erkennen in einem Pkw SS-Leute aus Kassel[23a].

Während bei den SS-Aktionen in Grebenstein bei Kassel und in Kirchhain am 8. November Beziehungen zur Kasseler SS nicht sicher belegt werden können,[24] sind die Vorgänge vom 9. November von um so größerer Bedeutung. Denn hier deutet die zweifelsfrei überlieferte Nachricht von dem brutalen Auftreten der Arolser SS in Wolfhagen darauf hin, daß auch die dortige Zentrale des SS-Oberabschnitts Fulda-Werra in die Inszenierung der nordhessischen Pogrome verwickelt war.

In Marburg wiederum sind es Kasseler SD-Männer, die die Brandlegung der dortigen Synagoge betreiben. Marburg ist für Oberhessen ein ebenso zentraler Ort wie Fulda für das östliche Kurhessen, wo SS-Männer auf Anordnung der zuständigen SS-Standarte Gießen - auch diese untersteht dem SD-Oberabschnitt Fulda-Werra in Arolsen - am 10. November kurz nach Mitternacht die dortige Synagoge in Brand zu stecken suchen. Das Anzünden von Synagogen in diesen beiden Städten sollte offenkundig - ähnlich wie die Kasseler Ausschreitungen vom 7. November - eine Pogromstimmung in der Umgebung provozieren.

Angesichts der insgesamt sehr spärlichen Überlieferung über die Novemberpogrome in Nordhessen - hier fanden nach 1945 weit weniger Gerichtsverfahren als in Südhessen statt - erscheinen die Nachrichten über SS- und SD-Aktionen von besonderer Bedeutung, zumal sie sich teilweise in zentralen Orten abspielen. Von Gewicht ist aber auch ein weiterer Gesichtspunkt.

Schon vom Abend des 7. November an zerstörten die Pogrome den jüdischen Sakral-, Geschäfts- und Wohnbereich in einem Umfang, der sie grundlegend von früheren „Einzelaktionen" unterscheidet, wie sie von örtlichen SA- oder HJ-Führern in den vergangenen Jahren auf eigene Faust unternommen worden waren. Hier hatte es sich häufig um private Racheakte oder gezielte Aktionen wie z. B. die Sprengung eines jüdischen Viehmarktes gehandelt. So brutal die SA dabei auch oft vorging, so schlimm die physischen und psychischen Folgen dieser Gewaltakte für die betroffenen Juden auch waren, so sind doch diese „Einzelaktionen" nicht zu vergleichen mit der fast totalen Zerstörung des jüdischen Lebensbereiches, wie er sich jetzt in Nordhessen seit dem Abend des 7. November in mehreren Städten und Gemeinden vollzieht.

Am 9. November ist darüber hinaus eine weitere Steigerung des Terrors zu verzeichnen. Waren an den beiden vorhergehenden Tagen die Synagogen demoliert und geschändet worden, so schreiten die Täter jetzt zur Brandstiftung. Nachdem in der am 7. November zerstörten Kasseler Synagoge nachträglich - wenn auch erfolglos - Brandherde gelegt worden sind, verwendet die Arolser SS bei ihrem Überfall in Wolfhagen Sprengsätze, die sie in jüdischen Gebäuden detonieren läßt. Am Abend geht die Wolfhagener Synagoge ebenso in Flammen auf wie die Synagoge und die jüdische Schule in Witzenhausen, die unbekannte Täter in Uniform in Brand stecken.[25] Gezielte Brandstiftungen werden am gleichen Tag, wie wir sahen, auch in Marburg und Fulda von SD- und SS-Männern in die Wege geleitet.

Mit der Brandlegung der Synagogen, die auch zum Fanal des von Goebbels am Abend des 9. November inszenierten Pogroms werden sollten, hat der Terror gegen die Juden eine neue Qualität erreicht. Anders als das Demolieren der Inneneinrichtung von Synagogen erfordern Brandstiftungen, wenn sie Erfolg haben sollen, eine längere Vorbereitungszeit und das Ausschalten der Feuerwehr; dies bedeutet indessen zugleich eine größere Brandgefahr für die Umgebung und ein höheres Risiko für die Täter. Daß am 9. November an mehreren Orten durch Sprengsätze oder Brandstiftung Synagogen und jüdische Gebäude in Brand gesteckt werden, erscheint ohne den Befehl oder zuminderst die Rückendeckung höherer Stellen kaum denkbar, worauf insbesondere die Vorgänge in Wolfhagen, Marburg und Fulda hindeuten.

Die genannten Umstände und Indizien machen es wahrscheinlich, daß die nordhessischen Pogrome, die am 7. November von Kassel ihren Ausgang nehmen, auf einem Komplott der regionalen SS sowie des Kasseler SD und der dortigen Gestapo beruhen und diese Stellen zumindest für die schweren Ausschreitungen in Kassel, Bebra, Wolfhagen, Marburg und Fulda ganz oder teilweise verantwortlich sind, wobei Kooperationen mit Kreisleitern wie in Bebra und Fulda oder der örtlichen SA wie in Marburg schon im Hinblick auf den Umfang der Aktionen geboten scheinen.

Nicht beantwortet werden kann bisher die Frage, wie weit diese Aktionen in der nordhessischen Region im vorherigen Einverständnis mit oder gar auf Anweisung der Führung von SS und SD erfolgten und ob diese Terrorakte und die durch sie provozierte Pogromstimmung nach oft erprobtem NS-Muster zugleich der politischen und psychologischen Vorbereitung jener Verhaftungsaktion von Zehntausenden von Juden dienen sollte, die der Chef des Geheimen Staatspolizeiamtes Müller in der Nacht vom 9. zum 10. November anordnete und deren Vorgeschichte bis heute nicht geklärt ist.[26] Daß Heydrich am 9. November den Kasseler Gestapobericht kommentarlos an die Reichskanzlei weiterleitet, ohne irgendwelche Gegenmaßnahmen zu erwähnen, und am gleichen Tage die Brandlegung von Synagogen und anderen jüdischen Gebäuden eine neue brutale Steigerung der Terrorakte ankündigt, läßt zumindest sein stillschweigendes Einverständnis mit den Ereignissen in Nordhessen vermuten.

Nicht nur in Nordhessen bestand nunmehr die Gefahr, daß sich die an den beiden Vorabenden begonnenen Aktionen gegen die jüdische Bevölkerung ausbreiten und sich auch die an „Einzelaktionen“ gewöhnten SA-Führer jetzt die Pogrome in Kassel, Bebra, Witzenhausen und Kirchhain zum Vorbild nehmen würden. Denn eben an diesem Abend steht ja die Masse der Gedenkveranstaltungen zu Ehren der „Gefallenen der Bewegung“ vom 9. November 1923 an, und eben an diesem Abend wird auch die Nachricht verbreitet, daß Ernst vom Rath am Nachmittag seinen schweren Verletzungen erlegen ist. Tatsächlich werden nach den abendlichen Gedenkveranstaltungen der SA in Hinterzimmern vielerorts Pläne geschmiedet, wie man gegen die Juden vorgehen könne, und in einigen Orten werden, wie wir sahen, tatsächlich Aktionen in Gang gesetzt. Doch noch waren an diesem Abend im hessischen Raum starke Gegenkräfte wirksam, die verhinderten, daß sich die Einzelaktionen zu einem Flächenbrand ausweiteten. Dafür dürfte neben den Rundverfügungen der Gauleiter ausschlaggebend gewesen sein, daß in einer Reihe von Orten Verwaltung und Polizei Vorsorge gegen ein Pogrom treffen. In Heldenbergen zum Beispiel steht der Bürgermeister selbst mit dem Ortsgendarmen vor der Synagoge

Wache, um eine Aktion der örtlichen SA zu verhindern (Dok. 25). Auch in Nordhessen sind vielerorts Bürgermeister und Ortspolizei wachsam und versuchen, Ausschreitungen zu verhindern, wobei sie von der motorisierten Gendarmeriebereitschaft aus Kassel unterstützt werden (Dok. 7). Um 23 Uhr läßt auch der Regierungspräsident in Wiesbaden einen dringenden Funkspruch „An Alle!" ausstrahlen, der die Polizeidienststellen auffordert, „Ausschreitungen gegen Juden, auch Sachschäden, unbedingt zu verhindern" (Dok. 10).

Als diese Anordnung gegen 23 Uhr bei den Polizeidienststellen im Regierungsbezirk eintrifft, sind indessen bereits in München die Weichen für jene Nacht einer beispiellosen Barbarei gestellt, die in die Geschichte als die „Kristallnacht" einging - ein Ausdruck, den der Berliner Volksmund angesichts der zersplitterten Schaufensterscheiben jüdischer Geschäfte prägte.

Dokumente

1. Kassel: Der Pogrom beginnt

Der Chef der Sicherheitspolizei Heydrich an Reichsminister Lammers, z.Zt. in München

z.Zt. München, den 9. November 1938

Betr.: Ausschreitungen gegen jüdische Geschäfte und die jüdische Synagoge in Kassel

Sehr verehrter Herr Reichsminister!

Anliegend übersende ich Abschrift einer mir soeben zugegangenen Meldung mit der Bitte um Kenntnisnahme.

Heil Hitler!
gez. Heydrich

Anlage

Bericht über die Ausschreitungen in Kassel am 7. und 8. November 1938

Von der Staatspolizeistelle Kassel wird folgendes gemeldet: Am Montag, den 7. November 1938, kam es gegen 21.45 Uhr in Kassel vor dem jüdischen Café Heinemann zu einer größeren Zusammenrottung, wobei die Menge in das Café eindrang und dieses restlos zerstörte. Von dem Café aus begab sich die Menge, die inzwischen auf etwa 1000 Personen angewachsen war, zu der Synagoge, drang in diese ein und verwüstete die gesamte Inneneinrichtung vollständig. Ein großer Teil der zertrümmerten Einrichtung wurde auf die Straße geworfen und hier angezündet. Die vorhandene Schutzpolizei reichte wegen Abordnung der in Kassel liegenden Hundertschaft nach München in keiner Weise aus, um dem Treiben Einhalt zu gebieten. Nachdem die Polizei an der Synagoge die Ausschreitungen eingedämmt hatte, verzog sich die Menge in mehreren größeren Trupps in die verschiedenen angrenzenden Straßen und demolierte die Schaufenster jüdischer Geschäfte. Die Ausschreitungen hielten um 1 Uhr nachts noch an. An verschiedenen Stellen ist es auch zu Plünderungen gekommen. So sind z. B. Läufer aus der Synagoge von der Menge fortgeschleppt worden. Der Regierungspräsident hat die motorisierte Gendarmeriebereitschaft zur Verstärkung des Polizeidienstes eingesetzt. Unter der Menge zeigten sich auffällig viele Gestalten, die nach ihrem Äußeren und ihrem Verhalten der Bewegung fernstehen, so daß angenommen werden kann, daß staatsfeindliche Elemente an der Aktion maßgeblich beteiligt waren.

Die Staatspolizeistelle Kassel meldet ergänzend, daß die Nacht vom 7. zum 8. November 1938 verhältnismäßig ruhig verlaufen ist. Insgesamt sind 20 jüdische Geschäfte beschädigt worden, dabei ist es teilweise zu Plünderungen kleineren Umfangs gekommen. Im Laufe des heutigen Vormittags (8. November) sind weiterhin Beschädigungen jüdischer Geschäfte, insbesondere durch Jugendliche, festgestellt worden. Ebenso haben sich heute am hellen Tage an verschiedenen Stellen Plünderungen ereignet, deren Umfang noch nicht feststeht. Mehrere an den Plünderungen beteiligte Personen konnten festgenommen werden. Wie bekannt geworden ist, sollen die Ausschreitungen heute nacht fortgesetzt werden. Zur Aufrechterhaltung der Ruhe und Sicherheit sind neben den vorhandenen außerordentlich geringen Kräften der Schutzpolizei vom Regierungspräsidenten die Beamten der motorisierten Gendarmeriebereitschaft eingesetzt worden, die insbesondere in den kommenden Nächten Streifendienst versehen sollen. Die Kriminalpolizei in Kassel ist vom Regierungspräsidenten angewiesen worden, mit allen Mitteln gegen die Plünderungen und sonstigen Ausschreitungen vorzugehen. In der vergangenen Nacht war auch versucht worden, die Synagoge selbst in Brand zu stecken. Es wurden in ihrem Innern mehrere Brandherde festgestellt. Falls die Synagoge, die in der Altstadt gelegen ist, in Brand gesetzt worden wäre, hätte bei der baulichen Eigenart der Altstadt die Gefahr bestanden, daß der Brand auf die gesamte Altstadt übergegriffen und diese vernichtet hätte.

2. Bebra/Rotenburg a. d. F.: Die ersten Ausschreitungen in der Provinz

A

Bericht des Bürgermeisters der Stadt Bebra an den Landrat des Kreises Rotenburg über die antijüdischen Ausschreitungen in Bebra vom 7. bis 10. November 1938

B[ebra, den] 23. November 1938

Als am 7. November 1938 durch den Nachrichtendienst des Deutschen Rundfunks bekanntgegeben wurde, daß von einem Juden auf den deutschen Gesandtschaftsrat

Abb. 3 Hunderte von Menschen schauten bei den Aufräumungsarbeiten vor dem jüdischen Gemeindehaus in Kassel zu

vom Rath in Paris ein Attentat verübt worden sei, löste diese Nachricht überall Empörung aus.

Gegen 24 Uhr zogen einzelne Gruppen durch die Straßen der Stadt und zerstörten Fenster und Türen der Wohn- und Geschäftshäuser der Juden sowie die Inneneinrichtungen. Auch das Innere der Synagoge und der Judenschule wurde vollkommen vernichtet. Bei diesen Zerstörungen wurden auch zwei Grundstücke in Mitleidenschaft gezogen, die in den Besitz von deutschblütigen Volksgenossen übergegangen, aber noch von Juden bewohnt waren.

Die Zerstörungen dauerten die ganze Nacht hindurch an und fanden erst in den frühen Morgenstunden ihr Ende. Als dann die Wahrnehmung gemacht wurde, daß die offenliegenden Warenbestände vor Diebstählen nicht gesichert waren, wurde polizeilich eingeschritten. Das Betreten der Judenhäuser wurde durch entsprechende Aufschriften untersagt, und es wurden Vorkehrungen getroffen, daß keine Plünderungen erfolgen konnten.

Am 8. November 1938 gegen 10 Uhr war der polizeiliche Zustand wiederhergestellt. Es sammelten sich wohl noch den ganzen Tag über Neugierige vor den Häusern an, jedoch trugen diese Ansammlungen keinen demonstrativen Charakter. Die in Bebra ansässigen Juden verließen zum größten Teil Bebra.

Um Plünderungen zu unterbinden, wurde durch den Einsatz des verstärkten Polizeischutzes während der Nacht ein Posten- und Streifendienst durchgeführt. Im Laufe des 9. November wurden die Zugänge zu den jüdischen Häusern notdürftig mit Brettern zugesperrt. Der verstärkte Polizeischutz wurde außerdem noch einmal eingesetzt, um Diebstähle zu vermeiden. Zu irgendwelchen Mißhandlungen von Juden während der antisemitischen Kundgebung ist es nicht gekommen.

Als das Ableben des Botschafters vom Rath bekannt wurde, setzte eine erneute Kundgebung gegen die Juden ein. Diese erfolgte in der Nacht vom 9. zum 10. November. Diesmal wurden von den betreffenden Gruppen aus den Wohnungen der Juden Möbel herausgeholt und öffentlich auf dem Adolf-Hitler-Platz verbrannt. Die Warenbestände (Textilwaren) blieben jedoch verschont.

Die Juden Hugo Oppenheim und Ludwig Levi aus Bebra und der zu Besuch hier weilende Jude Klebe aus Fulda wurden auf Veranlassung des Kreisleiters Braun in Schutzhaft genommen. Oppenheim ist kriegsbeschädigt und nach ärztlichem Gutachten nur noch zu 50% erwerbsfähig, er wurde aus der Schutzhaft wieder entlassen. Die anderen beiden Juden sind am nächsten Tage der Stapo zugeführt worden. [...]

Da durch die Vorkommnisse in der Nacht sämtliche Judenhäuser wieder geöffnet worden waren und es infolgedessen zu Plünderungen kommen konnte, übernahm die Polizeileitung zunächst die Sicherung der Judengrundstücke; auch der verstärkte Polizeischutz wurde hierzu herangezogen. Zur Verhütung weiterer Diebstähle ordnete ich dann an, daß die noch vorhandenen Warenbestände (Manufaktur- und Textilwaren) polizeilich sichergestellt wurden. So konnten große Mengen an Stoffen usw. amtlicherseits in Verwahrung genommen werden. Daraufhin wurden sämtliche Judenhäuser und Wohnungen erneut zugenagelt und versiegelt. In der Nacht vom 11. zum 12. November 1938 übernahmen Angehörige der SS den Sicherheitsdienst.

Der Schaden beläuft sich nach überschläglicher Schätzung auf etwa 120 000,— RM. Der Wert der sichergestellten Waren dürfte etwa 60 000,— RM betragen. Bei den letzten Kundgebungen wurden nur Sachschäden verursacht, Mißhandlungen bzw. Körperverletzungen erfolgten nicht.

Zu vermeiden war nicht, daß mehrere Diebstähle begangen wurden. Zum Teil konnte das Diebesgut wieder herbeigeschafft werden. Von der Parteileitung sind Gold- und Silbergegenstände der Polizei zur Aufbewahrung übergeben worden.

Inzwischen haben mehrere Familien ihren Wohnsitz in Bebra aufgegeben und sich polizeilich abgemeldet. Mehrere Juden beabsichtigen, in Kürze auszuwandern. Die aus Bebra geflüchteten männlichen arbeitsfähigen Juden sind, soviel hier bekannt geworden ist, aufgegriffen und einem Konzentrationslager zugeführt worden. Zwei über 60 Jahre alte Juden wurden inzwischen wieder entlassen.

Zum Teil kehren Familien nach Bebra zurück, um die Instandsetzung der Gebäude und Wohnungen vornehmen zu lassen bzw. den Verkauf an deutschblütige Volksgenossen zu tätigen. Es ist damit zu rechnen, daß sämtliche Häuser veräußert und Bebra in nicht allzulanger Zeit hundertprozentig judenfrei werden wird.

Insgesamt wurden 20 Gebäude (einschließlich der Synagoge und der Judenschule) beschädigt. [...]

gez. Schwichtenberg

B

Aus dem Urteil des Landgerichts Kassel vom 17. Dezember 1946

In der Nacht vom 7./8. und in der Nacht vom 9./10. November 1938 haben in Bebra Judenverfolgungen stattgefunden. Während in der ersten Nacht unkontrollierbare Mengen durch die Straßen zogen und lärmend vor den ihnen bekannten Judenwohnungen sich zusammenfanden, war es in der zweiten Nacht in erster Linie ein systematisches Durchsuchen der Wohnungen jüdischer Bürger, wozu seitens der damaligen örtlichen Parteileitung die SA-Männer herangezogen worden waren. Bei der Parteiversammlung, die am Abend des 7. November im Hessischen Hof stattfand, hatte der stellvertretende Kreisleiter[a] die Judenaktion angekündigt und zur Vergeltung aufgefordert. Um dieser sogenannten Vergeltungsaktion die gewünschte Richtung und das erstrebte Ausmaß zu geben, hatte die Parteileitung auswärtige Einsatztrupps herangezogen, die die Bebraer Bürger aufputschen sollten. So hatte der als Zeuge vernommene Schuhmachermeister Hardt, der seinerzeit nach Feierabend als Hilfspolizist Dienst machte, am Abend des 7. November bei seinem Rundgang ein von außerhalb Bebra stammendes Auto mit SS-Leuten festgestellt. Er, der an seiner Armbinde als diensttuender Hilfspolizist kenntlich war, wurde von einem der Insassen aufgefordert, „zu verschwinden". Am 9. November, nachdem die Vergeltungsaktionen von Parteiseite abgeblasen waren[b], wurden die SA-Männer in Trupps zu 8 Mann eingeteilt und in die ihnen namentlich benannten Judenwohnungen vom Standartenführer geschickt, um dort nach Geschäftsbüchern und angeblichen Geheimakten zu suchen. An diesem Abend wurden auch jüdische Bürger aus ihren Wohnungen geholt und einem sogenannten parteiamtlichen Verhör unterzogen. Während dieses zweiten Teils wurden auch die in der ersten Phase dieser Verfolgungsaktion bei den Juden beschädigten bzw. zerstörten Möbel und sonstigen Sachen aus den Wohnungen geholt und auf dem damaligen Adolf-Hitler-Platz, jetzige Ochsenwiese, verbrannt. [...]

C

Aus dem Urteil des Landgerichts Kassel vom 26. Mai 1948

Um nach außen hin den Anschein zu erwecken, daß nicht die NSDAP und ihre Gliederungen die Urheber dieser Aktion seien, zogen sich die einzelnen Täter Zivilkleidung an. So drang man auch in Rotenburg a. d. F. in der Nacht vom 8. zum 9. November in mehrere Häuser und Wohnungen von jüdischen Einwohnern ein.

Sämtliche Juden wurden verhaftet, aufs Rathaus gebracht und dort eingesperrt. Die Einrichtungsgegenstände der Wohnungen, Hausrat und Möbel wurden mit Äxten und anderen Werkzeugen zerschlagen und durch die Fenster auf die Straße geworfen. Die Fensterscheiben der Geschäfte wurden zertrümmert und die Waren geplündert. Auch die Synagoge wurde z.T. beschädigt und die Gerätschaften auf die Straße geworfen. Die Kultgegenstände wurden in lächerlicher Weise zur Schau getragen. Die auf den Straßen liegenden Trümmer wurden dann zusammengetragen, an die Fulda geschafft und dort öffentlich verbrannt. Zu Mißhandlungen der Juden selbst ist es in Rotenburg nicht gekommen. Unter anderem sind in Rotenburg die jüdischen Häuser und Wohnungen von Speyer, Döllefeld, Gans, Neuhaus, Sommer, Brandes, Katzenstein, Rotschild, Blaut und Falkenstein zerstört und geplündert worden.

Die Angeklagten sind an diesen Ausschreitungen wie folgt beteiligt:

Der Angeklagte M. war bei der SA Obertruppführer, gleichzeitig war er seinerzeit stellvertretender Sturmführer. Ihm unterstand die gesamte SA von Rotenburg. Der Angeklagte hatte am 8. November 1938 an einer Vorfeier zum 9. November in einem Lokal in Rotenburg teilgenommen. Diese Feier hatte er bereits um 23 Uhr verlassen und war nach Hause gegangen. Gegen 2 Uhr nachts am 9. November 1938 wurde er von dem damaligen Ortsgruppenleiter von Bebra, Spengler, geweckt und in das Lokal Stölzing bestellt. Dort traf er den Kreisleiter Braun an. Bereits vor dieser Zeit waren von nicht festgestellten Personengruppen Zerstörungen in einzelnen jüdischen Wohnungen vorgenommen worden, was der Angeklagte M. auf dem Wege zum Lokal Stölzing auch bemerkt hatte. Bei Stölzing unterrichtete der Kreisleiter Braun den Angeklagten M. von der Erschießung des deutschen Botschafters[a] in Paris und erklärte ihm, daß darauf Maßnahmen gegen die Juden erfolgen sollten. Er beauftragte ihn, seinen Sturm zu alarmieren. Der Angeklagte M. weckte darauf seine Truppführer und ließ durch diese seinen Sturm in das SA-Heim bestellen. Dort kamen etwa 30 SA-Leute zusammen. Den Mitangeklagten D. hatte M. selbst aus dem Kurhaus geholt, wo dieser sich noch zusammen mit seiner Frau bei einem Tanzabend befand. Er teilte seine SA-Leute in mehrere Trupps ein und schickte sie los mit dem Befehl, die Juden festzunehmen und aufs Rathaus zu bringen. Er selbst begab sich ebenfalls in die Straßen von Rotenburg und betrat auch einige Judenwohnungen, in denen seine SA-Leute mit der Zerstörung der Wohnungseinrichtungen beschäftigt waren. An den Zerstörungen selbst hat er sich nicht beteiligt, hat aber auch keinerlei Maßnahmen ergriffen, um seine SA-Leute von ihrem Tun abzuhalten. [...]

3. Witzenhausen: Die Synagoge ging in Flammen auf

Bericht des Kreisleiters an das Gaupropagandaamt in Kassel über die Ausschreitungen in Witzenhausen am 8. und 9. November 1938

[Witzenhausen, den] 10. November 1938

Obwohl die Kreisleitung den Befehl des Gauleiters an die in Frage kommenden Dienststellen weitergegeben hat des Inhalts, daß irgendwelche Sonderaktionen in Judenangelegenheiten zu unterbleiben haben, sammelten sich in der Nacht vom 8. auf 9. November in den Straßen Witzenhausens Tausende von Volksgenossen, um ihrem Unwillen an dem feigen Mord des jüdischen Bengels Grünspan (Grynszpan) Ausdruck zu verleihen. Es konnte einem Ansturm auf die Synagoge, die Judenschule und das Privathaus eines bekannten frechen Juden aus Witzenhausen, namens Hecht, nicht Einhalt geboten werden. Innerhalb kürzester Zeit lagen die Fensterscheiben auf den Höfen; ein Teil der Inneneinrichtungen der genannten Häuser ist erheblich beschädigt worden. Der Ortsgruppenleiter Pg. Dr. Pfalzgraf und der Kreisgeschäftsführer Pg. Schröder aus Witzenhausen forderten die Menge auf, nach Hause zu gehen, was schließlich auch geschah.

Gestern abend waren im Kreis allgemein Gedenkfeiern zum 9. November angesetzt. So auch in der Kreisstadt Witzenhausen. Die SA hatte von mir Anweisung, dafür zu sorgen, daß keinerlei weitere Einzelaktionen durchgeführt würden. Ebenso ließ ich die Polizei anweisen, ihr Augenmerk auf Einzelaktionen zu richten. Während der Feierstunde vor dem Kriegerdenkmal in Witzenhausen fing die am Tage vorher zerstörte Synagoge an, in Flammen aufzugehen. Da einige Stunden vorher der jüdische Rabbiner noch in der Synagoge gesehen wurde, muß angenommen werden, daß die Brandstiftung von ihm selbst ausging. Meine Feststellungen haben jedenfalls ergeben, daß die Partei oder eine ihrer Gliederungen dafür keinesfalls in Frage kommt.

Ich habe soeben nochmals den Herrn Landrat, den Herrn Bürgermeister, den zuständigen SS- und SA-Führer angewiesen, nunmehr dafür besorgt zu sein, daß Einzelaktionen dieser Art zu unterbleiben haben und für den Kreis Witzenhausen diese Angelegenheit abgeschlossen ist.

Die männlichen Juden jeglichen Alters, die in Witzenhausen ansässig sind, verließen gestern Abend nachweislich zwischen 7 und 9 Uhr die Stadt. Als heute Vormittag ihre Sicherstellung veranlaßt werden sollte, war kaum mehr einer aufzufinden. Es ist im Augenblick nicht bekannt, in welcher Richtung sie das Weite suchten.

Der Bürgermeister aus Witzenhausen ist veranlaßt worden, mit den Aufräumungsarbeiten sofort beginnen zu lassen, damit die Merkmale des Volkszornes möglichst schnell wieder verschwinden.

Heil Hitler!
gez. Sponsel

4. Kirchhain: „Die Menschenmengen hatten fürchterlich gehaust“

A

Bericht des Gendarmerieobermeisters Mai an den Kommandeur der Gendarmerie in Kassel über die Ausschreitungen in Kirchhain am 8. November 1938

Kirchhain, den 9. November 1938

[...] Auf Grund der Ankündigungen in der Kurhessischen Landeszeitung und in der Oberhessischen Zeitung waren große Teile der hiesigen Bevölkerung durch den vorgestern ausgeführten feigen Mordanschlag in Paris in größter Empörung. Schon in den Abendstunden des 8. November hörte ich das Klirren von Fensterscheiben. Ich war hier der Überzeugung, daß hier der feige Mordanschlag von vorgestern, wie in allen anderen Städten, zur Auswirkung kam. Größere Zusammenrottungen stellte ich an Judenhäusern fest. Von einem Einschreiten sah ich vorläufig ab, da ich auch keinerlei Kräfte zur Verfügung hatte. Die Gemeindeschutzpolizei war auch nicht anwesend, da ich diese mit der Aufklärung eines Verkehrsunfalls beauftragt hatte.

Da die Ausschreitungen jedoch größere Formen annahmen, machte ich dem Landrat gegen 21.30 Uhr über die Vorfälle Mitteilung und erbat weitere Anordnung. Ich erhielt den Auftrag, mit stärkeren Kräften in Zivil die Ordnung herzustellen. Lediglich erhielt ich den Auftrag, das Leben der Juden zu schützen und etwaige Brandstiftungen zu verhindern. Dieser Auftrag wurde unmittelbar durchgeführt, jedoch war es schon zu spät, da die Menschenmengen an einzelnen Gebäuden fürchterlich gehaust hatten.

Die Synagoge wurde schwer in Mitleidenschaft gezogen. Die gesamte Inneneinrichtung wurde vollkommen zerstört. Sämtliche auf der Empore stehenden Bänke wurden in die Mitte der Synagoge herabgeworfen. Sämtliche Beleuchtungsquellen wie auch ein großer Kronleuchter wurden zertrümmert.

Von anderen jüdischen Gebäuden wurden an zweien Gewalttaten verübt, die Inneneinrichtung vollkommen zertrümmert. Schränke wurden durchwühlt und alles, was aus Glas war, war zerschlagen. An einer Stelle sind Plünderungen vorgekommen. So wurde eine Schreibmaschine aus ihrem Kasten erbrochen, Wäschestücke in Packen fortgeschafft und versteckt. Anschließende Durchsuchungen in den anliegenden Gärten schafften viele der gestohlenen Gegenstände wieder bei. Ein junger Mann wurde festgenommen, weil er sich eine Lederjacke angeeignet hatte. Es handelt sich um eine Person von 18 Jahren, die sich in einem Wohnwagen, der sich in der Nähe des Judengrundstückes aufgestellt hatte, aufhielt.

Sämtliche Grundstücke der hier ansässigen Juden wurden nun durch Gendarmerie und Feuerwehr bewacht und so gegen jeden weiteren Angriff gesichert. Alle Straßen wurden von versammelten, neugierigen Personen geräumt. Da immer noch damit zu rechnen war, daß Feuer gelegt werden könnte, wurden die Grundstücke bis zum Anbruch des Tages scharf bewacht. Bis gegen 24 Uhr war die Ruhe hergestellt, und so konnte mit den Aufräumungsarbeiten begonnen werden. Die demolierten Gebäude werden auch am Tage bewacht, um jegliches Photographieren zu verhindern. Nach den noch bis jetzt andauernden Ermittlungen werden immer weitere neue Diebstähle bekannt. Aus einem Judenhaus wurden sehr hohe Werte entwendet. Der Kreisleiter der NSDAP Marburg sowie der Vertreter des Landrats waren anwesend. Weiteres kann zur Zeit nicht mitgeteilt werden, da die Ermittlungen noch im Gange sind.

gez. Mai
Gendarmerieobermeister

B

Aus dem Urteil des Bundesgerichtshofs vom 25. Februar 1954 gegen die Beteiligten an den Ausschreitungen in Kirchhain und Umgebung

Die Ausschreitungen nahmen ihren Ursprung auf einer Dienstbesprechung der örtlichen SS, die hierzu vor dem sogenannten Biertunnel am Bahnhof in bürgerlicher Kleidung angetreten war. Auf dieser Besprechung wurde nämlich – wie die Strafkammer feststellt – vereinbart, daß die jüdischen Einwohner Plaut und Wertheim verprügelt werden sollten. Urheber der Zusammenrottung war der Angeklagte B., der ehrenamtlich als Schulungsleiter der SS tätig war; denn er veranlaßte den Angeklagten T. als örtlichen Einheitsführer, die Angehörigen der SS zur Dienstbesprechung zu bestellen, weil er in seiner Eigenschaft als Schulungsleiter über die anderwärts veranstaltete „Aktion" gegen die jüdische Bevölkerung sprechen wollte. [...]

Daß der Angeklagte B. bei der Zusammenrottung als ihr Urheber und Hauptwortführer eine leitende Rolle gespielt hat, bedarf keiner Darlegung. Der Sachverhalt ergibt ferner, daß er die Mißhandlung der jüdischen Einwohner Plaut und Wertheim gebilligt hat, wenn er auch größeren Ausschreitungen entgegenzuwirken suchte; diese Billigung war angesichts seiner Stellung als Schulungsleiter und Hauptredner geeignet, die SS-Leute zur Aufrechterhaltung der Zusammenrottung und zur Teilnahme an den Gewalttätigkeiten zu bestimmen. [...]

5. Marburg: SD-Männer aus Kassel befehlen, die Synagoge anzuzünden

Aus dem Urteil des Landgerichts Marburg vom 16. September 1952

Bereits im Laufe des 8. November 1938 waren von unbekannten Tätern die Fenster der Marburger Synagoge eingeworfen worden. Es war auch versucht worden, die Synagoge in Brand zu setzen. Am Morgen des 9. November 1938 erschienen bei dem damaligen Standartenführer Stollberg zwei Angehörige des Sicherheitsdienstes (SD) aus Kassel in SS-Uniform, deren Namen nicht bekannt geworden sind,

und gaben Stollberg den Befehl, die Synagoge in Brand zu setzen. Als Stollberg darauf hinwies, daß er von ihnen keinen Befehl entgegenzunehmen brauche, ließen sie erkennen, daß die Synagoge in jedem Falle, also auch ohne seine Mitwirkung, zerstört werden würde.
Am Abend desselben Tages fand neben anderen Gedenkfeiern eine Feierstunde mit dem Dichter Annacker statt, an der auch der Angeklagte Steih mit seinen Sturmangehörigen teilnahm. Nach dieser Gedenkfeier führte der Angeklagte als damaliger Sturmführer in dem im oberen Stockwerk des Fronhofs gelegenen Sturmlokal einen Appell seines Sturmes, des Reservesturmes III, durch. Im Anschluß an diesen Appell blieb eine Anzahl der Sturmangehörigen in der Gaststube des Fronhofs kameradschaftlich zusammen. Zu diesen SA-Leuten gesellten sich im Laufe der Nacht noch Angehörige anderer SA-Stürme, unter ihnen verschiedene Angehörige des SA-Nachrichtensturms, so auch die Zeugen Pe. und S. Im Verlauf des Abends wurde angeordnet, daß alles dazubleiben habe. Auch der Genuß von Alkohol wurde verboten. Nach Mitternacht erschien der damalige SA-Standartenführer Stollberg, der zuvor schon verschiedene andere Stürme in ihren Sturmlokalen aufgesucht hatte, im Fronhof. Er sagte dem Angeklagten Steih: „Heute abend geht die Synagoge hoch, suchen Sie mal Männer aus.“ Der Angeklagte wandte sich daraufhin an die anwesenden SA-Leute und forderte diejenigen, die sich an der Brandstiftung beteiligen wollten, auf, sich in das Nebenzimmer der Gaststätte zu begeben. Auf diese Aufforderung hin gingen 15 bis 20 SA-Leute - nicht nur Angehörige des Sturmes Steih, sondern auch Angehörige anderer SA-Stürme - mit Steih zusammen in den Nebenraum, wo sie über die Inbrandsetzung der Synagoge berieten. Dabei forderte Steih den Zeugen G. auf, mit ihm zusammen zu erkunden, wie man am besten an die Synagoge, die nur etwa 50 m vom Fronhof entfernt schräg gegenüber an der Universitätsstraße neben dem Landgrafenhaus stand, herankommen könnte. Beide führten dann auch gemeinsam den Erkundungsgang durch und gingen über das Lahntor und die Untergasse zum Plan und kehrten dann zum Fronhof zurück. Inzwischen hatten einzelne der Anwesenden den Befehl erhalten, nach Hause zu gehen und sich „Räuberzivil“ anzuziehen. Auch der Zeuge G. zog sich um und wurde bei seiner Ankunft im Fronhof aufgefordert, zusammen mit anderen SA-Leuten von der Westseite her in die Synagoge einzudringen. Da die Vorbereitungen einem nicht bekanntgewordenen SA-Führer zu langsam vor sich gingen, rief dieser dem G. und seinen Begleitern zu: „Nun mal los, mal los!“ Als diese Gruppe von etwa sechs Mann den Fronhof durch den zur Straße am Grün führenden Nebenausgang verließ, stieß der Zeuge P., der wie andere SA-Leute telefonisch herbeigerufen war, zu ihnen. Die Gruppe nahm eine im Hofe des Fronhofs liegende Leiter mit, mit deren Hilfe die Gruppe den eisernen Zaun zum Synagogengrundstück, der eine Höhe von über zwei Metern hatte, von der Straße her überstieg. Darauf zogen sie die Leiter nach und legten sie an ein Fenster auf der Westseite der Synagoge an. G. stieg hinauf, zerschlug die Scheibe und drang durch die so entstandene Öffnung in die Synagoge ein. P. und die übrigen SA-Leute folgten ihm. Als sich G. und P. im Innern des Synagogengebäudes befanden, hörte G. den Ruf: „Raus, raus, es brennt, es brennt!“ Daraufhin versuchte jeder, so schnell

Abb. 4 Die Synagoge in Marburg an der Lahn, erbaut 1896/97

wie möglich die Synagoge zu verlassen. G. trat eine Türfüllung ein, durch die er in den Haupteingang gelangte, so daß er und P. ins Freie gelangen konnten.

Im Laufe der Nacht brannte die Synagoge vollständig aus. Die Grundmauern wurden am nächsten Abend gesprengt.

Einige Zeit nach dem Brand behauptete der Angeklagte gesprächsweise seinen Kajeraden gegenüber, er besitze noch die Streichholzschachtel, mit deren Streichhölzern er die Synagoge in Brand gesteckt habe. [...]

6. Wachenbuchen: Auch das Dach der jüdischen Schule wird abgetragen

Aus dem Urteil[a] *des Landgerichts Hanau vom 17. Dezember 1947*

Der am 7. November 1938 in Paris erfolgte Anschlag auf den Legationssekretär Ernst vom Rath an der dortigen deutschen Botschaft wurde von den damaligen Machthabern in Deutschland zum willkommenen Anlaß genommen, um einen

„entscheidenden Schlag" gegen das innerdeutsche Judentum zu führen. Dabei wußte man an maßgeblicher Stelle, daß alle diese Maßnahmen seitens des allergrößten Teiles der deutschen Bevölkerung eindeutig abgelehnt wurden. Man ging daher zunächst einmal bewußt daran, die öffentliche Meinung unter dem Vorwand des obigen Anschlages hemmungslos aufzuputschen; hierzu spannte man „zweckmäßigerweise" die deutsche Autoritätsgläubigkeit für die dunklen Absichten ein, die man andernfalls niemals hätte offen herausstellen dürfen; man war folgerichtig bemüht, der ganzen Sache einen sozusagen offiziellen Anstrich zu geben, der seinerseits wieder in dem künstlich aufgeputschten „Volkszorn" so etwas wie eine innere Begründung finden sollte. Doch schreckte man vor diesem Unterfangen dann doch wieder zurück, einmal, weil man damals auf die Wirkungen derartiger Aktionen im Ausland doch noch einige Rücksicht nehmen zu müssen glaubte, zum anderen und hauptsächlich aber auch deswegen, weil man doch nicht so recht wußte, ob es gelingen würde, den einmal angestachelten „Volkszorn" einwandfrei zu meistern und sein Übergreifen in „unerwünschte" Richtung sicher zu verhindern. - Daraus ergab sich vielfach eine scheinbare Inkonsequenz in der Anlage und Durchführung aller dieser „Unternehmungen", die unter der Bezeichnung „Judenaktionen" eine traurige Berühmtheit erlangt haben. Auch in dem hier zur Aburteilung stehenden Sachverhalt ist diese innere Unsicherheit unverkennbar.

Der Angeklagte Seng war seit Oktober 1937 kommissarischer Ortsgruppenleiter der NSDAP in Wachenbuchen und seit 1. April 1938 in Personalunion damit auch Bürgermeister. Er gehörte der Partei seit 1931 an, der SA von 1933 bis 1934, der NSV ab 1938. Als Ortsgruppenleiter war er „Hoheitsträger" der Partei; diese Stellung im Verein mit seiner Position als Bürgermeister gab ihm für die damalige Zeit im Orte die höchstmögliche Machtfülle.

Am 8. November 1938[b] abends, somit am Vorabend des „9. Novembers", fand in der Gastwirtschaft Müller in Wachenbuchen eine von der NSDAP veranstaltete öffentliche, demnach nicht auf Parteimitglieder beschränkte Versammlung statt, bei welcher der Angeklagte die Festrede hielt. Er benutzte diese Gelegenheit, um unter Hinweis auf den Pariser Anschlag gegen „die Juden" Stimmung zu machen. Diese Versammlung begann etwa um 20.30 Uhr und dauerte etwa eine Stunde.

Nach Schluß der Versammlung, als die Teilnehmer eben daran waren, den Saal zu verlassen, veranlaßte der Angeklagte den Zeugen W. als den damaligen Führer (Truppführer) der örtlichen SA, die anwesenden SA-Angehörigen noch zurückzuhalten. W. gab darauf die entsprechenden Befehle, und etwa 20 bis 30 SA-Angehörige blieben infolgedessen zurück. Nach dem Verlassen des Saales, in welchem die Feier stattgefunden hatte, sammelten sie sich im Hofe der Gastwirtschaft Müller und begaben sich darauf in einen Nebenraum der Gaststube. Währenddessen war der Angeklagte mit dem Zeugen Karl W. zunächst noch im Saal zurückgeblieben, zumal sich am Ausgang die Versammlungsteilnehmer zeitweilig gestaut hatten. Im Saale noch erklärte nun Seng dem Zeugen W., aus welchem Grunde er die Zurückhaltung der SA veranlaßt habe; er sagte: „Das Haus Sonneberg wird abgerissen und

Abb. 5 In der Pogromnacht vom 9. zum 10. November 1938 ging die Marburger Synagoge als eine der ersten hessischen Synagogen in Flammen auf

Sonneberg bekommt eine Abreibung.“ Sonneberg war der Lehrer der jüdischen Schule in Wachenbuchen, das „Haus Sonneberg“ war das jüdische Schulgebäude, welches im Eigentum der jüdischen Gemeinde stand. Im Erdgeschoß des Gebäudes befanden sich die Schulräume, im ersten Stock die Wohnung der Familie Sonneberg.

Es ging dem Angeklagten also um die praktische Durchführung der in der Versammlung mehr theoretisch vorgetragenen judenfeindlichen Einstellung. Der Angeklagte beabsichtigte dabei nicht etwa eine Beschränkung der Aktion auf die SA, sondern er wollte im Gegenteil die SA bei den von ihm angezettelten Gewalttätigkeiten nur als „Kader“ benutzen, welcher weitere Kreise der Bevölkerung in der gleichen Richtung mitreißen sollte. Damit mußte der Angeklagte auch rechnen, weil eine derartige Aktion bei den kleinen dörflichen Verhältnissen in Wachenbuchen daselbst, wie voraussehbar war, großes Aufsehen erregen mußte und nicht auf die zahlenmäßig verhältnismäßig kleine SA beschränkt bleiben konnte. Dem Angeklagten kam es deshalb darauf an, mit Hilfe der infolge der Parteigebundenheit seinem Einflusse als Ortsgruppenleiter unterliegenden SA Ausschreitungen der breiten Masse herbeizuführen, deren psychologische Voraussetzungen er durch seine Ansprache bei der öffentlichen Versammlung am 8. November 1938 geschaffen hatte. Wie sich aus dem Wortlaut der Aufforderung weiter ergibt, hatte der Angeklagte dabei sowohl die Gewalttätigkeiten gegen die Person des jüdischen Lehrers Sonneberg wie auch gegen dessen Hausrat und überdies die Zerstörung des jüdischen Schulhauses von vornherein bewußt in seine Absicht und in seinem Vorsatz billigend mit aufgenommen.

Inzwischen hatte sich der Saal geleert, und Seng mit W. begaben sich nunmehr ebenfalls in das allgemeine Gastzimmer der Wirtschaft Müller, während die SA unterdessen in dem benachbarten Nebenraum wartete. W. begab sich in diesen Nebenraum und teilte seinen SA-Angehörigen mit, um was es gehe. Da einige Einsichtige immerhin Bedenken und Hemmungen zeigten, gab W. die Beteiligung an der Aktion schließlich frei. Die Teilnehmer an der Aktion wurden nach Hause geschickt, um sich entsprechend umzukleiden und die erforderlichen Brech- und sonstigen Werkzeuge mitzunehmen. Sie sollten sich knapp vor 23 Uhr an dem jüdischen Schulhaus wieder treffen. Während alle diese Sachen von W. mit seinen SA-Leuten verhandelt wurden, stand der Angeklagte Seng zuhörend in der offenen Tür zwischen der Gaststube und dem Nebenraum, in welchem die Besprechung stattfand. Nach deren Beendigung fragte er den Zeugen W.: „Karl, geht das in Ordnung?“, was W. ihm ausdrücklich bestätigte.

Sich an der von ihm gestarteten Aktion selbst mittätig zu beteiligen, dazu war der Angeklagte doch zu vorsichtig, zumal er sich in diesem Zeitpunkt noch nicht darüber im klaren war, wie man die ganze Sache „oben“ aufnehmen würde. Er wählte daher eine Form der Beteiligung, die ihm, wenn alles gut ging, die „Vorteile“ zubringen mußte, die es ihm aber andererseits gestattete, sich „herauszuhalten“, wenn die Folgen doch noch unangenehm werden sollten. Daher verblieb der Angeklagte Seng zunächst scheinbar unbeteiligt in der Gaststube Müller und trank mit einigen anderen Gästen sein Bier. Er wurde erst von seiner Ehefrau herausgeholt, als die Aktion in Gang gekommen war. Die Frau des Angeklagten hatte sich nämlich verpflichtet gefühlt, den Angeklagten als Bürgermeister und Ortspolizeibehörde zu verständigen, als man den Lärm und die Schreie vom Schulhause her in ihrer Wohnung zu hören bekam. Frau Seng hatte an der Versammlung nicht teilgenommen, sie wußte nicht, was eigentlich vorging. Von seiner Frau herausgeholt, verließ Seng endlich die Gaststube und begab sich an den Tatort.

Dort hatte sich zunächst die aufgebotene SA befehlsgemäß kurz vor 23 Uhr um das „Haus Sonneberg" herum gesammelt. Mit dem Schlage 23 Uhr schlug dann der SA-Mann Wilhelm Schäfer VI mit seiner Axt die versperrte Haustür ein, und der Haufen stürmte unter seiner Führung in das Haus hinein. Der bereits zu Bett liegende Sonneberg und sein Sohn wurden aufgescheucht, bedroht und mißhandelt. Schäfer ging gegen Sonneberg sogar mit der Axt tätlich vor. Vater und Sohn konnten sich schließlich nach erheblichen Mißhandlungen nur durch schleunige Flucht ihren Peinigern entziehen.

Ferner wandte sich die Menschenmenge gegen die Wohnungseinrichtung und das Gebäude selbst. Einrichtungsgegenstände wurden beschädigt und vernichtet oder verschleppt und gestohlen, zum Teil auch auf die Straße gestellt. Fensterscheiben wurden eingeschlagen, das Treppengeländer abgerissen, und sogar die tragenden Balken des Hauses versuchte man durch Axthiebe zu zerstören, was aber zunächst nicht gelang. Einige Teilnehmer an dem Tumult hatten gleichzeitig das Dach des Hauses erstiegen und versuchten, das Haus von oben her abzutragen, konnten jedoch zunächst nur ein paar Dachziegel herunterreißen.

Täter dieser Ausschreitungen waren nicht nur die aufgebotenen SA-Männer allein. Durch den Lärm angelockt, hatten sich nämlich wahllos andere hinzugekommene Leute angeschlossen und höchst aktiv mitgewirkt, ohne daß es bei der herrschenden Dunkelheit und Verwirrung überhaupt möglich war, eine Übersicht über die Teilnehmer zu behalten oder sie auch nur annähernd alle zu erkennen. Als der Angeklagte Seng am Tatort erschien, waren jedenfalls die „Zivilisten" bereits weit in der Überzahl. Die SA in Wachenbuchen zählte damals etwa 30 Mitglieder. Seng fand jedoch allein schon im Hause Sonneberg schätzungsweise 50 Mann vor, während sich draußen noch eine weitere erhebliche Menschenmenge befand und an den Ereignissen beteiligte. Man hatte um den Tatort herum einen Absperrdienst eingerichtet (es hat sich nicht mehr feststellen lassen, ob der Angeklagte oder der Zeuge W.), aber nicht etwa zum Schutze der betroffenen Juden und ihres Eigentums, sondern im Gegenteil, um bei der „Arbeit" nicht gestört zu werden und um vor etwa doch eintreffender Polizei rechtzeitig gewarnt zu sein. Man fühlte sich im Augenblick auch vor letzterer Eventualität gar nicht so sicher.

Deshalb hielt es auch der Angeklagte, als er am Tatort angekommen war, für angezeigt, sich zumindest in formeller Beziehung zu decken; er konnte dies um so leichter, als inzwischen fürs erste das Zerstörungswerk fast beendet war, soweit es sich im Augenblick durchführen ließ; daher ließ der Angeklagte das Judenhaus nunmehr „räumen“ und stellte sogar eine Wache am Eingang auf. Eine an anderer Stelle eben anlaufende ähnliche Aktion gegen die jüdische Familie Reinhardt stoppte der Angeklagte ab. Es war ihm doch ziemlich angst und bange geworden vor der Verantwortung, die er mit der Aktion gegen Sonneberg auf sich genommen hatte. Es ging ihm darum, diese Verantwortung nicht auf sich sitzen zu lassen, sondern sie „für alle Fälle“ auf andere abzuwälzen. Kurz entschlossen setzte sich daher der Angeklagte in seinen Kraftwagen, nahm „sicherheitshalber“ den Zeugen E. mit und fuhr nach Hanau zur Kreisleitung. Er traf den damaligen Kreisleiter Else im Hotel Adler in Hanau in größerer Gesellschaft, in welcher sich unter anderem auch der damalige Landrat Löser befand.

Auch bei der Kreisleitung wußte man zunächst nicht recht, wie man sich zu dem von Seng gemeldeten Vorfall verhalten sollte. Denn am gleichen Abend war die Verfügung des Propagandaministers[c] durchgegeben worden, daß Einzelaktionen gegen Juden nicht zu dulden seien (die berüchtigte gegenteilige Verfügung, welche dem „Volkszorn“ freie Bahn gab, erging erst am 10. November 1938 morgens); andererseits wußte man aber schon damals, daß ein ernsthaftes Einschreiten gegen die Tumulte nicht beabsichtigt sei. Daher entschloß man sich auch seitens der Kreisleitung zu hinhaltender Behandlung unter möglichst eigener Deckung; der Angeklagte merkte jedenfalls aus allem, daß er ernstliche persönliche Unannehmlichkeiten nicht zu erwarten habe, und darauf war es ihm vor allem angekommen.

Else, Löser und „Kreispropagandaleiter“ Mankel begaben sich anschließend in ihren Kraftwagen selbst nach Wachenbuchen an den Tatort. Seng und E. folgten ihnen in ihrem Wagen unmittelbar nach. An Ort und Stelle fanden sie verhältnismäßige Ruhe vor, zumal man die Wagen für herankommende Polizei gehalten hatte. Die aus Hanau Erschienenen besahen sich infolgedessen die Situation, ohne Stellung zu nehmen. Unter den Leuten erkannte man daraus (wie auch aus einem kurz vorher erfolgten Besuch des damaligen SA-Standartenführers Richards aus Hanau) sehr richtig, daß die Aktion von maßgeblicher Seite stillschweigend gebilligt wurde. Klar ließ diesen Standpunkt der Zeuge Löser erkennen, der gleich nach seiner Ankunft bedauerte, daß man Sonneberg nicht festgehalten oder totgeschlagen habe: wenn er ins Ausland entkäme, gebe es die größte „Schweinerei“. Das jüdische Schulhaus sei „wegen Baufälligkeit einzureißen“. Der ganze Besuch dauerte im übrigen nur etwa 10 Minuten, dann fuhren Else, Löser und Mankel wieder nach Hanau zurück.

Auf diese Weise der unmittelbaren Verantwortung überhoben, setzte der Angeklagte seine Absichten auch weiter in die Tat um. Er ließ für den 9. November abends, nach Eintritt der Dunkelheit, die SA neuerlich aufrufen, um das am vorhergehenden Tage nicht zu Ende gebrachte Zerstörungswerk fortzusetzen. Es fand sich wieder ein verhältnismäßig kleiner „Kader“ der SA ein, dem sich alsbald wieder eine im einzelnen unkontrollierbare anderweitige Menschenmenge anschloß, die zahlenmäßig diesmal noch stärker war als am Tage vorher und die SA mengenmäßig ganz erheblich übertraf. Diesmal ging man systematischer vor. Während ein Teil der Menschenmenge die verbliebene Wohnungseinrichtung auf die Straße stellte, waren alle irgendwie in Betracht kommenden Handwerker auf dem Dach mit der Abtragung des Dachstuhls beschäftigt, die schließlich auch gelang. Der Angeklagte hatte sich auch hier auf die Rolle des mehr im Hintergrunde wirkenden Initiators beschränkt.

Mit der beabsichtigten vollständigen Abtragung des Schulhauses kam der Menschenhaufen allerdings nicht zu Rande. Das Schulhaus blieb als des Daches beraubte offene Ruine längere Zeit stehen und wurde schließlich später von Fachkräften vollständig abgetragen. [...]

7. Burghaun: Bürgermeister und Polizei bemühen sich, Ausschreitungen zu verhindern

Bericht des Gendarmerie-Postens II Burghaun, Kreis Hünfeld

Burghaun, den 12. November 1938

Am 9. November 1938 gegen 22.30 Uhr sammelten sich nach der Gefallenenehrung im Lokal Altstadt auf dem Marktplatz und anderen Straßen in Burghaun mehrere Menschengruppen in Stärke von etwa 50 bis 80 Personen. Aus der Haltung und Äußerung dieser Personen war zu entnehmen, daß sie Gewalttätigkeiten gegen jüdische Personen und deren Wohnungen vornehmen wollten. Um 22.45 Uhr traf in Burghaun der Inspektionskommandant mit Gendarmerie-Hauptwachtmeister D. ein. Gendarmerie-Obermeister K. erteilte D. und mir den Auftrag, Gewalttätigkeiten gegen Juden und deren Wohnungen zu unterbinden. Da sich die Menschenmenge nicht beruhigte und die Juden aus ihren Wohnungen holen wollte, traf aufgrund fernmündlicher Rücksprache der Bürgermeister K., im Laufe der Nacht der Herr Landrat ein. Nach einer kurzen Besprechung auf dem Bürgermeisteramt wurde die Menschenmenge aufgefordert, Gewalttätigkeiten zu unterlassen und die Straße zu verlassen. Trotzdem wurden in einigen Judenwohnungen die Fensterscheiben von unbekannten Tätern durch Steine eingeworfen. Zwecks Verhinderung von Gewalttätigkeiten waren in Burghaun auch Gendarmerie-Hauptwachtmeister A. und D. anwesend sowie auch längere Zeit eine Streife der motorisierten Gendarmerie-Bereitschaft aus Kassel.

Am 10. November 1938 gegen 7.15 Uhr wurde durch Gendarmerie-Obermeister K. fernmündlich mitgeteilt, daß sämtliche männlichen gesunden Juden festzunehmen sind. Bei meinem Eintreffen um 7.45 Uhr auf dem Bürgermeisteramt wurden folgende Juden, welche durch Angehörige der politischen Formationen bereits aus ihren Wohnungen geholt waren, angetroffen: 1. Anschelm Braunschweiger, 2. Moses Blumenthal, 3. Nathan Strauß, 4. Salomon Braunschweiger, 5. Abraham Levi, 6.

Abraham Strauß, 7. Hermann Adler, 8. Hirsch Stern, 9. David Nußbaum, 10. Moses Botgorowitz, 11. Feiber Stern, 12. Levi Stern, 13. Nathan Stern, 14. Milian Braunschweiger, 15. Manfred Braunschweiger, 16. Julius Braunschweiger und 17. David Braunschweiger.

Die Vorgenannten wurden von mir und dem inzwischen eingetroffenen Gendarmerie-Hauptwachtmeister D. auf Grund des § 15 PVG festgenommen.

Als ich gemeinsam mit Gendarmerie-Hauptwachtmeister D. auf dem Bürgermeisteramt die Personalien der Juden schriftlich aufnahm, wurde gegen 10.30 Uhr mitgeteilt, daß die Synagoge und ein in der Nähe stehender Holzschuppen in Brand stehe. Bei unserem Eintreffen an der Brandstelle stellten wir fest, daß die Synagoge und ein der jüdischen Gemeinde gehöriger Schuppen vollständig ausgebrannt waren. Die Ermittlung nach dem Täter war ergebnislos. Anzeige wegen dem Brand ist besonders beigefügt. Gleichzeitig wurde festgestellt, daß die Inneneinrichtung der Schule (Bänke, Stühle und dergleichen) vollständig zerstört und entfernt worden war. Soviel nachträglich bekannt wurde, sind diese Gegenstände in die brennende Synagoge geworfen worden. Bei dem Brande sind Personen nicht verletzt worden.

Bei einem anschließenden Dienstgang durch den Standort wurde weiter festgestellt, daß an den Wohnhäusern der Juden sämtliche Fensterscheiben zertrümmert waren.

Die festgenommenen Juden wurden gegen 17 Uhr vom Bürgermeisteramt in das Obdachlosenasyl überführt. Vor der Unterbringung im Obdachlosenasyl wurden die kriegsbeschädigten Juden Feiber Stern und Julius Braunschweiger sowie der 76jährige Jude Daniel Braunschweiger in ihre Wohnungen entlassen. Gegen 16.30 Uhr wurden durch die Gendarmerie-Hauptwachtmeister Sch. und W. zwölf Juden von Rhina und Wehrda auf dem Bürgermeisteramt abgeliefert. Diese wurden ebenfalls im Obdachlosenasyl untergebracht.

Es wird hier angenommen, daß der Brand der Synagoge sowie die Beschädigungen an den Wohnhäusern der Juden und der jüdischen Schule auf die Ermordung eines Mitglieds der deutschen Botschaft in Paris durch einen Juden zurückzuführen sind.

Am 11. November 1938 gegen 8 Uhr wurde noch der Jude Milian Braunschweiger, da er krank war, in seine Wohnung entlassen. Die übrigen festgenommenen Juden wurden am 11. November 1938 gegen 10.30 mittels Kraftwagens von Burghaun nach Kassel transportiert. Zu Mißhandlungen von Juden ist es in keinem Fall gekommen.

Am 12. November 1938 gegen 14.45 Uhr hat die Staatspolizeistelle in Kassel fernmündlich nach hier mitgeteilt, daß der Jude Hirsch Stern von Burghaun wegen Haftunfähigkeit nach Burghaun entlassen worden ist.

gez. W.
Gendarmerie-Hauptwachtmeister

8. Rimbach i. O.: Mißhandlung jüdischer Männer und Frauen

Aus dem Urteil des Landgerichts Darmstadt vom 6. Januar 1949

Am Morgen des 9. November 1938 erschien der SA-Führer des Ortes Rimbach, der inzwischen verstorbene Sturmführer Treusch, bei dem Angeklagten T. [damaliger NS-Ortsgruppenleiter] und teilte diesem mit, er habe von der vorgesetzten SA-Führung den Befehl erhalten, in der kommenden Nacht die Judenschule in Rimbach in Brand zu setzen und die jüdischen Einwohner zu belästigen. Trotz der Einwände, die der Angeklagte T. erhob, beschloß Treusch die Aktion durchzuführen mit der Begründung, er könne den Befehl nicht verweigern.[a] Am Abend desselben Tages fand gegen 20 Uhr eine Gedächtnisfeier der NSDAP und ihrer Gliederungen statt aus Anlaß des Marsches zur Feldherrnhalle im Jahre 1923. Diese Versammlung wurde von dem Angeklagten T. eröffnet und geschlossen. Der Angeklagte J. hielt die Gedächtnisrede. Nach Schluß der Feier wurde der Tod des Legationsrates vom Rath bekannt. Gleichzeitig wurde die Parole herausgegeben, alles habe sich um 12 Uhr [nachts[b]] in Zivil auf dem Schulhof der Realschule einzufinden. Zu der genannten Zeit versammelten sich auf dem Schulhofe etwa 60 bis 80 Personen. Weitere kamen noch nach 12 Uhr hinzu. Es handelte sich zum überwiegenden Teil um Angehörige der NSDAP oder ihrer Gliederungen, aber auch um andere Personen, die keine Mitglieder waren [...]. Auch der Angeklagte T. war in Zivil erschienen. Er veranlaßte, daß die anwesende Menschenmenge in kleinere Trupps zu 5 bis 10 Mann eingeteilt wurde. Jede Gruppe erhielt die Anweisung, sich zu einem bestimmten Wohnhaus jüdischer Bewohner des Ortes zu begeben. [...]

Im Rahmen dieser Aktion wurden von einer größeren Anzahl im Orte umherziehender Menschenhaufen weitgehende Zerstörungen an Gebäuden und Tätlichkeiten gegen die jüdischen Einwohner begangen. So begab sich ein Trupp unter Anleitung eines gewissen A. zur Synagoge, deren Tor bereits erbrochen war. Während vor der Synagoge eine große Menschenmenge stand, wurde im Innern die Einrichtung mittels herbeigeschaffter Werkzeuge völlig zerstört. Ein weiterer Trupp, dem insbesondere der Rimbacher Einwohner Philipp Sch. angehörte, erhielt den Auftrag, das Haus des David Weichsel heimzusuchen. Die verschlossene Haustür wurde gewaltsam geöffnet. Der Haufen drang in das Haus und in das Schlafzimmer der Eheleute Weichsel ein. Das Licht wurde ausgelöscht und die beiden Eheleute Weichsel, nur leicht bekleidet, wurden unter Stößen und Schlägen in den unteren Hausflur und in den Hof getrieben. Hier wurde die Frau Weichsel, obwohl sie nur das Nachthemd anhatte, unter einen Wasserstrahl gehalten. Die Truppe G. drang mit etwa fünf bis sechs Mann in das Anwesen des Jakob Westheimer ein, wo bereits andere Trupps Zerstörungen angerichtet hatten. Sie stieß im Hof auf die Familie Westheimer, die gerade in den Garten flüchten wollte. Es kam zu einem Wortwechsel, in dessen Verlauf Jakob Westheimer drei Ohrfeigen versetzt erhielt. Die Gruppe S. mit etwa fünf Mann drang in das bereits zerstörte Haus Aschenbrand ein. Die verbarrikadierte Haustür wurde eingedrückt und auf Aschenbrand Jagd gemacht, der sich auf den Speicher hinter einen Kamin geflüchtet hatte. Dort wurde er aufgespürt und übel zugerichtet. Die Gruppen Sch., S. und G. gemeinsam drangen in das Haus des jüdischen Einwohners Wetterhahn ein. Dieser wurde aus seiner bereits zerstörten Wohnung vor den Hauseingang geschleppt. Einer der Täter riß ihm die Hose herunter, und er wurde gezwungen, sich etwa vier Minuten auf einen Eisblock niederzusetzen. [...]

[*Wie der praktische Arzt Dr. Ungeheuer im Jahre 1946 der Staatsanwaltschaft mitteilte, hat er im Anschluß an die Ausschreitungen mindestens zwölf jüdische Männer und Frauen behandelt, die teilweise schwere Verletzungen erlitten hatten.*]

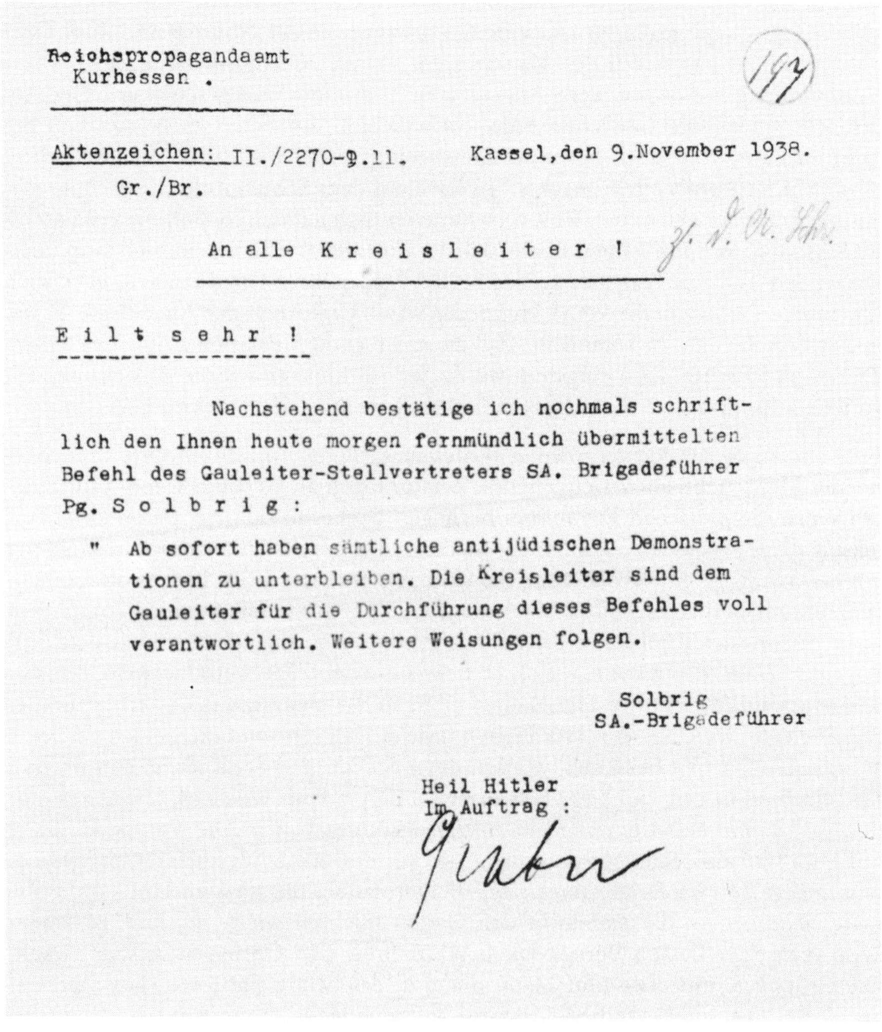

Reichspropagandaamt
Kurhessen.

197

Aktenzeichen: II./2270-9.11. Kassel,den 9.November 1938.
Gr./Br.

An alle K r e i s l e i t e r !

E i l t s e h r !

Nachstehend bestätige ich nochmals schriftlich den Ihnen heute morgen fernmündlich übermittelten Befehl des Gauleiter-Stellvertreters SA. Brigadeführer Pg. S o l b r i g :

" Ab sofort haben sämtliche antijüdischen Demonstrationen zu unterbleiben. Die Kreisleiter sind dem Gauleiter für die Durchführung dieses Befehles voll verantwortlich. Weitere Weisungen folgen.

Solbrig
SA.-Brigadeführer

Heil Hitler
Im Auftrag :

Dok. 9 Antijüdische Demonstrationen haben ab sofort zu unterbleiben!

Der 10. November 1938

Goebbels, Heydrich und die Gestapo

Am Abend des 9. November 1938 fand im „Alten Rathaus" in München das alljährliche Treffen hoher SA- und Parteiführer statt, das der Erinnerung an den gescheiterten Putschversuch im Jahr 1923 gewidmet war. Auch Hitler und Goebbels waren anwesend. Gegen 21 Uhr wurde Hitler die Nachricht übermittelt, daß vom Rath seinen Verletzungen erlegen sei. Nach kurzem Gespräch mit Goebbels verließ Hitler den Saal - offenbar in der Absicht, als Reichskanzler bei den nun folgenden Ereignissen im Hintergrund zu bleiben.[27] Kurz darauf erhob sich Goebbels, gab den Tod vom Raths bekannt und hielt eine scharfe antisemitische Rede. Er hob hervor, daß es in den Gauen Kurhessen und Magdeburg-Anhalt zu judenfeindlichen Kundgebungen gekommen, daß jüdische Geschäfte zertrümmert und Synagogen in Brand gesteckt worden seien. Der Führer, so erklärte Goebbels weiter, habe auf seinen Vortrag entschieden, „daß derartige Demonstrationen von der Partei weder vorzubereiten noch zu organisieren seien; soweit sie spontan entstünden, sei ihnen aber auch nicht entgegenzutreten" (Dok. 77). Was Goebbels hier in sibyllinischer Form vortrug, mochte allenfalls für den Außenstehenden unklar sein. Für die versammelten hohen SA- und NS-Führer ging aus seinen Ausführungen eindeutig hervor, daß die „Demonstrationen" offensichtlich nicht nur erwünscht waren, sondern auch von ihnen selbst organisiert werden konnten und sollten - wer anders kam denn in dem perfekten Polizei- und Überwachungsstaat der NS-Diktatur dafür in Frage?

Goebbels hatte auch gleich das Vorbild genannt, an dem sich die Aktionen ausrichten sollten: nämlich die Ausschreitungen der vergangenen Tage in den Gauen Kurhessen und Magdeburg-Anhalt, und er hatte in diesem Zusammenhang erwähnt, daß dort Synagogen in Brand gesteckt und jüdische Geschäfte zertrümmert worden seien. Die Gewalttaten, die an den vorangegangenen Tagen in einer Reihe hessischer Orte stattgefunden und dort den jüdischen Lebensbereich total zerstört hatten, wurden dadurch zum Maßstab für den von Goebbels gewollten Pogrom auf Reichsebene.[27a]

Goebbels wandte hier eine Taktik an, die den versammelten hohen NS-Führern schon aus der „Kampfzeit" vor 1933 vertraut war. So wie die um den Nachweis ihrer „Legitimität" bemühte Partei damals mitunter Aktionen gegen politische Gegner nicht ausdrücklich befahl, sondern den Unterführern gewissermaßen nur das Einverständnis mit einem bestimmten Vorgehen signalisierte und ihnen im übrigen weitgehende Handlungsfreiheit bei der Durchführung im einzelnen überließ, so lag es auch jetzt in der Hand der Führer und Unterführer von SA und NSDAP, die von Goebbels erwähnten „Demonstrationen“ gegen die Juden zu gestalten. Dieses Verfahren ermöglichte es der Staats- und Parteiführung, nachträglich die Hände in Unschuld zu waschen, trug aber andererseits das hohe Risiko in sich, daß die Aktion gegen die Juden in wüste Disziplinlosigkeiten ausarten könnte. Dies um so mehr, als eine solche Terroraktion, deren Durchführung von einer raschen Befehlsübermittlung an eine Vielzahl von höheren und niederen SA-Führern, Kreisleitern und Ortsgruppenleitern abhing, selbst in der NS-Diktatur noch nie stattgefunden hatte. Auch bei dem Boykott jüdischer Geschäfte am 1. April 1933 – der wohl am ehesten vergleichbaren Maßnahme – hatte es einer tagelangen Vorbereitung und präziser Anordnungen bedurft, um wenigstens einigermaßen den Charakter einer diszipliniert verlaufenden Aktion zu wahren. Jetzt freilich ging es nicht nur um das demonstrative Aufmarschieren von SA-Posten vor jüdischen Geschäften, sondern um eine Terroraktion, die die Schändung jüdischer Gotteshäuser und die Demolierung jüdischer Geschäfte und Wohnungen zum Ziel hatte und überdies in äußerster Eile durchgeführt werden sollte. Wer konnte angesichts des Mangels an präziser Planung und eindeutigen Befehlen sicher sein, daß die Aktion nicht vielerorts noch darüber hinausgehen und in eine hemmungslose Orgie der Gewalt ausarten würde? Zumal schon das Anzünden von Synagogen und das Demolieren jüdischer Geschäfte und Wohnungen eine erhebliche kriminelle Energie erforderte und die Neigung der braunen Horden zu Disziplinlosigkeiten mit schlimmen Folgen für die Opfer aus den Erfahrungen mit früheren „Einzelaktionen“ von SA-Trupps gegen Juden bekannt war. Aber war dies von Goebbels als dem eigentlichen Urheber des Pogroms nicht vielleicht sogar gewollt? War von ihm nicht von vornherein kaltblütig einkalkuliert worden, daß es bei der Zerstörung von Gebäuden und Geschäften nicht bleiben, sondern auch zu Gewalttaten gegen die Juden selbst kommen würde? Goebbels hat es zumindest billigend in Kauf genommen, daß eben der Mangel an präzisen Anweisungen zu einer Bartholomäus-Nacht führen könnte. Denn er ist in der Nacht vom 9. zum 10. November darauf aufmerksam gemacht worden, welche Folgen der Pogrom haben könne. Ihm war morgens gegen 2 Uhr die Ermordung eines polnischen Juden – es war der erste bekanntgewordene Fall der Tötung eines Juden während des Pogroms – gemeldet worden, und man hatte ihm gegenüber geäußert, daß „etwas geschehen müsse, um zu verhindern, daß die ganze Aktion auf eine gefährliche Ebene abglitte.“ Goebbels aber hat dies abgelehnt und sinngemäß geantwortet, man solle sich nicht wegen eines toten Juden aufregen, denn „in den nächsten Tagen würden Tausende von Juden daran glauben müssen“ (Dok. 77).

Zu diesem Zeitpunkt hatte in Hessen der von Goebbels initiierte Pogrom noch nicht begonnen – die ersten Aktionen der SA-Gruppe Kurpfalz gegen Synagogen sollten am Morgen des 10. November gegen 4 Uhr beginnen. Doch war bereits auf verschiedenen Befehlssträngen die Durchführung der antijüdischen Aktionen vorbereitet worden. Gleich nachdem Goebbels seine Rede im „Alten Rathaus“ in München beendet hatte, eilten die anwesenden Gauleiter und Gaupropagandaleiter gegen 23 Uhr zu den Telefonen und instruierten ihre Dienststellen bzw. die um diese Zeit erreichbaren Mitarbeiter. Diese sollten entsprechende Anweisungen an die Kreisleiter, letztere wiederum an die Ortsgruppenleiter weitergeben. Um sicherzugehen, daß es tatsächlich überall zu Pogromen käme, sandte Goebbels in der gleichen Nacht noch um 12.30 bzw. 1.40 Uhr Fernschreiben an die Gaupropagandaleiter. Der Text dieser Fernschreiben ist nicht bekannt, doch faßten sie offenbar lediglich die Goebbelsrede sinngemäß zusammen und verzichteten daher ebenfalls darauf, für die Aktionen, die die Kreisleiter und Ortsgruppenleiter in die Wege leiten sollten, genaue Anweisungen zu erteilen.[28]

Die in München anwesenden SA-Führer hatten sich dagegen nach der Rede Goebbels' zunächst um Stabschef Viktor Lutze versammelt. Lutze scheute offenbar ebenfalls die Verantwortung und war nicht bereit, eine klare Anweisung zu erteilen.[29] Gleichwohl faßten die versammelten hohen SA-Führer seine vorsichtigen Ausführungen als Aufforderung zum Handeln auf und gaben zwischen 23 und 24 Uhr fernmündlich an ihre Heimatdienststellen die Anweisung durch, antijüdische Aktionen gegen die Juden zu organisieren.

Die Befehle, die den einzelnen SA-Gruppen erteilt wurden, waren in Umfang und Inhalt sehr unterschiedlich. Während sich die für den südhessischen Raum zuständige SA-Gruppe Kurpfalz darauf beschränkte, die Sprengung (!) oder Inbrandsetzung der Synagogen anzuordnen, wurde von anderen SA-Gruppen auch die Zerstörung jüdischer Geschäfte und von der SA-Gruppe Nordsee sogar die Räumung jüdischer Wohnhäuser befohlen, „da Arier in den nächsten Tagen dort einziehen werden".[30]

Die telefonische Weitergabe dieser Befehle an die nachgeordneten SA-Führer und Unterführer, die oft in rüdem und haßerfülltem Ton erfolgte, konnte indessen fatale Folgen haben. So ordnete – am Ende einer solchen Befehlskette – die Führung der SA-Standarte 411 Wesermünde telefonisch die „Vernichtung" der Juden an; dieser Befehl hatte die Ermordung von drei Juden in Lesum durch SA-Leute zur Folge.[31]

Während also Goebbels in offenkundigem Einverständnis mit Hitler den Anstoß zu dem Pogrom gegeben hatte, oblag die örtliche Durchführung den regionalen und lokalen Funktionären von NSDAP und SA. Himmler und Heydrich dagegen wurden von den Ereignissen offenbar überrascht.[32] Gestapo, Polizei und auch die SS – soweit sich nicht örtliche SS-Funktionäre auf eigene Initiative am Pogrom beteiligten – traten nicht als Vollstrecker der Terroraktionen gegenüber der jüdischen Bevölkerung in Erscheinung, „begleiteten" sie aber auf ihre Weise. Darüber hinaus benutzte die Gestapo den Pogrom, um in massiver Weise eigene Ziele zu verfolgen. Den Schwerpunkt ihrer eigenen Aktionen bildete die Verhaftung von mehreren Zehntausend Juden.

Von der Gestapo und den Chefs der Sicherheits- und Ordnungspolizei liegen auch die einzigen präzisen Befehle vor, die in dieser Nacht für das ganze Reichsgebiet erlassen wurden. Die Berliner Zentrale der Gestapo reagierte dabei so rasch und so umfassend, daß die Forschung nicht zu Unrecht vermutet, daß bei ihr bereits Eventualpläne für den Fall einer künftigen Aktion gegen die Juden bestanden haben.[33] Denn noch vor Mitternacht - genau um 23.55 Uhr - sendet der Chef der Geheimen Staatspolizei Heinrich Müller ein Fernschreiben an alle Gestapostellen im Reich. Er teilt darin mit, daß „in kürzester Frist" eine Aktion gegen Juden und insbesondere gegen ihre Synagogen in ganz Deutschland stattfinden würde, und erteilt in diesem Zusammenhang genaue Weisungen (Dok. 11 A).

Dreierlei fällt an Müllers Rundverfügung auf. Einmal der überraschend frühe Zeitpunkt: Sie ergeht um 23.55 Uhr, nur 25 Minuten, nachdem Müllers oberster Dienstherr Heinrich Himmler überhaupt erst von dem vorstehenden Pogrom erfahren hat.[34] Zweitens der Inhalt: Die Gestapo soll sich keineswegs nur auf die staatspolizeiliche Überwachung und Kontrolle der Aktionen beschränken, die zur Stunde von den Gauleitern und hohen SA-Führern angeordnet werden. Zwar wird der Gestapo in Absatz 1 aufgetragen, „im Benehmen mit der Ordnungspolizei sicherzustellen, daß Plünderungen und sonstige besondere Ausschreitungen unterbunden werden können". Aber in den folgenden Absätzen 2-4 ordnet Müller selbständige Aktionen der Gestapo an. Während Goebbels eine blindwütige Zerstörungsaktion gegen Synagogen und jüdische Geschäfte und Wohnungen in Gang setzt, nutzt die Gestapo die Situation, um kaltblütig ihre eigene Judenpolitik voranzutreiben:

- Als folgenschwerste Maßnahme ordnet Müller eine umfassende Verhaftungsaktion an. Es sollen 20000-30000 Juden festgenommen werden, die möglichst vermögend sind.
- Ferner soll, ehe noch die jüdischen Gotteshäuser ein Opfer der Flammen werden, durch eine Sofortaktion Archivmaterial sichergestellt werden, das sich in den Synagogen befindet.
- Schließlich droht Müller den Juden, bei denen während der kommenden Aktion Waffen gefunden werden, schärfste Maßnahmen an. Auch dies ist ein Willkürakt, der jeder rechtsstaatlichen Grundlage entbehrt. Denn Juden ist bis dahin der Besitz von Waffen nicht verboten; eine Verordnung, die ihnen den Erwerb und das Führen von Waffen untersagt, ergeht erst zwei Tage später am 11. November.[35]

Drittens fällt auf, daß Müller in dem Fernschreiben darauf hinweist, auch die Verfügungstruppen der SS sowie die Allgemeine SS könnten zu der „Gesamtaktion" herangezogen werden. Dies ist nicht ohne vorherige Absprache mit Himmler möglich, denn Müller untersteht die SS ja gar nicht. Himmler aber erfährt, wie wir wissen, erst um 23.30 Uhr überhaupt von dem bevorstehenden Pogrom und ist im übrigen gleich danach wieder beschäftigt, weil er um 24 Uhr gemeinsam mit Hitler auf dem Odeonsplatz in München die Vereidigung der SS-Rekruten vornimmt.[36] Als er endlich um 1.25 Uhr die anwesenden Führer der Allgemeinen SS um sich versammeln kann, verbietet er den Einsatz und die Beteiligung der Allgemeinen SS an den Aktionen gegen die Juden. Auch dies spricht für die Vermutung, daß Müllers Fernschreiben an die Gestapostellen auf einer früheren Planung beruhte, die der SS eine erheblich größere Rolle zugedacht hatte und die der Gestapochef in Gang setzte, sobald er von dem bevorstehenden Pogrom erfuhr.

Kurz zuvor hat Heydrich – als Chef der Sicherheitspolizei ist er der Vorgesetzte Müllers – um 1.20 Uhr ein Blitzfernschreiben an Gestapo und Sicherheitsdienst hinausgehen lassen (Dok. 11 B). Ebenso wie Müller ist Heydrich bestrebt, einerseits den bevorstehenden Aktionen gegen die Juden den Weg zu ebnen, andererseits sie in gewisser Weise zu kanalisieren und im übrigen kaltblütig für eigene Ziele auszunutzen. Seine Weisungen sind mit dem inzwischen in das Hotel „Vierjahreszeiten" zurückgekehrten Himmler abgesprochen, sie entsprechen in den Grundzügen den Anordnungen Müllers, sind aber ausführlicher und präziser.

Auch aus Heydrichs Schreiben wird deutlich, daß die Gestapo die Pogrome nicht organisieren soll. Die Leiter der Stapostellen werden lediglich von den bevorstehenden Pogromen gegen die Juden in Kenntnis gesetzt und aufgefordert, mit den für ihren Bezirk zuständigen Gauleitungen und Kreisleitungen Verbindung aufzunehmen sowie Besprechungen über die Durchführung der „Demonstrationen" zu vereinbaren, bei denen auf bestimmte polizeiliche Aspekte hinzuweisen sei. Heydrich stellt in diesem Zusammenhang klar, daß Angehörige der SS – wie auch des Sicherheitsdienstes und der Kriminalpolizei – lediglich zur Durchführung sicherheitspolitischer Maßnahmen herangezogen werden können, was gegenüber dem Fernschreiben des Gestapochefs Müller zweifellos eine Einschränkung bedeutet. Gestapo, Sicherheitsdienst und Polizei sollen zwar einerseits dem Terror freien Lauf lassen, andererseits aber auch unerwünschte Exzesse verhindern. Nichtjüdische Geschäfte sollen unbedingt gegen Schäden gesichert, ausländische Staatsangehörige, auch wenn sie Juden sind, nicht belästigt werden. Vor allem aber sollen Plünderungen unterbunden werden – hier kam wohl vor allem die Sorge vor Disziplinlosigkeiten zum Ausdruck, wie sie sich schon bei früheren „Einzelaktionen" der SA gegen Juden gezeigt hatten.

Heydrich aber tat im Lauf des Tages noch ein übriges, um einen rechtsfreien Raum für diese Aktionen zu schaffen: Er vereinbarte mit dem Reichsjustizministerium, daß die Staatsanwaltschaft keine Ermittlungen in Angelegenheiten der Judenaktion vornehmen solle (Dok. 14). Damit war für die braunen Einsatztrupps jedes rechtsstaatliche Hindernis außer Kraft gesetzt; der Terror, den die NSDAP und die SA gegen die jüdische Bevölkerung inszenierten, konnte sich ungehindert entfalten.

Als folgenschwerste Maßnahme löste die Gestapo eine eigene Aktion gegen Zehntausende von Juden aus. Wie schon erwähnt, ordnete der Leiter des Geheimen Staatspolizeiamtes in Berlin, Müller, schon in dem Fernschreiben vom 9. November, 23.55 Uhr, die Festnahme von 20000–30000 Juden an (Dok. 11 A). Heydrich dagegen nannte in seiner Rundverfügung vom 10. November, 1.20 Uhr, keine bestimmte Zahl, sondern verlangte, „so viele Juden – insbesondere wohlhabende – festzunehmen, als in den vorhandenen Hafträumen untergebracht werden können". Offenbar zog er hier eine praktische Konsequenz aus der Tatsache, daß angesichts des schon in Gang befindlichen Pogroms keine Abstimmung der verschiedenen Gestapoleitstellen über die genaue Zahl der festzunehmenden Juden mehr möglich war. Im Anschluß an die Verhaftungsaktion sei die Überführung der festgenommenen Juden in Konzentrationslager vorzubereiten.

Und diese umfassende Verhaftungsaktion ist es vor allem, die die Vermutung nährt, daß Heydrich und Müller, wenn auch zweifellos von der Rede Goebbels' und dem dadurch initiierten Pogrom überrascht, durchaus vorbereitet waren, bestimmte Zwangsmaßnahmen gegen die jüdische Bevölkerung zu ergreifen.[37] Daß „vor allem vermögende“ Juden festgenommen werden sollten, hängt offenbar mit zwei Zielen zusammen, die die Gestapo mit der Verhaftungsaktion verfolgte: Nämlich einmal die rasche Emigration weiterer Juden aus Deutschland zu erzwingen, was für vermögende Juden in der Regel leichter zu bewerkstelligen war; damit ordnet sich diese Aktion in die schon seit mehreren Jahren von der Gestapo betriebene Politik gegenüber den deutschen Juden ein, durch vielfältige Schikanen ihre Auswanderung aus Deutschland zu erzwingen. Zum anderen sollte es die Deportation in die Konzentrationslager ermöglichen, äußersten Druck auf wohlhabende Juden auszuüben, ihre Unternehmen und Grundstücke zu verkaufen und dadurch zu „arisieren“. Nachdem die Juden durch eine Verordnung vom 26. April 1938 zur detaillierten Anmeldung aller ihrer Vermögenswerte gezwungen worden waren,[38] hatten die Finanzämter den Auftrag erhalten, unter Mitarbeit der Handelskammern und Gauwirtschaftsberater bis zum 30. September Listen vermögender Juden zu erstellen, um - so ein Schnellbrief des Reichswirtschaftsministeriums vom 19. August 1938 - „nach Möglichkeit eine etwaige Erfassung einzelner Teile des jüdischen Vermögens für die Zwecke der deutschen Wirtschaft vorzubereiten“.[39] Diese Listen lagen inzwischen sicherlich auch der Gestapo vor. Tatsächlich wurden in den folgenden Wochen und Monaten Juden vorzeitig aus der KZ-Haft entlassen, wenn sie ein Visum für die Einreise in einen ausländischen Staat vorweisen konnten oder aber ihre Anwesenheit dringend für die „Arisierung“ ihrer Firma notwendig war (Dok. 62 und 63). Daß indessen auch die Verhaftungsaktion viele Todesopfer fordern sollte, hängt mit Mißhandlungen bei Verhaftung und Transport sowie den katastrophalen Bedingungen zusammen, unter denen die Festgenommenen in den Konzentrationslagern leben mußten.[40]

Daß bei der Gestapo offenbar schon Eventualpläne für eine großangelegte Verhaftungsaktion bestanden, bedeutet natürlich nicht, daß die „Kristallnacht“ selbst bereits von langer Hand vorgeplant war. Der Pogrom vom 9./10. November ist in dieser Form von Goebbels auf Grund des Pariser Attentats spontan provoziert worden; diese Aktion war „charakterisiert durch die bewußte, klug inszenierte und gewissenlos betriebene Ausnutzung einer Situation, die weitere Perspektiven eröffnete.“[41] Nur daß sich diese Perspektiven - anders als nach früheren Hetzkampagnen und „Einzelaktionen“ - jetzt nicht allein auf neue diskriminierende Verordnungen beschränkten, die eine weitere Entrechtung der Juden bedeuteten, sondern daß auch die Gestapo diesen Pogrom für eine umfassende Verhaftungsaktion nutzte, mit der Heydrich und Müller in erpresserischer Weise die baldige Emigration der Juden und die rasche „Arisierung“ ihres Besitzes erzwingen wollten.

Die Frage, seit wann Gestapo und Sicherheitsdienst eine solche Aktion geplant haben könnten, hat die Forschung schon seit längerem beschäftigt, ohne daß bisher darauf eine befriedigende Antwort gefunden wurde. Schon Kochan hat auf den Bau neuer Baracken in Buchenwald im Sommer 1938 und auf das Annähen von Judensternen auf neue Häftlingskleidung in den Monaten zuvor hingewiesen;[42] mögen diese Indizien auch strittig sein,[43] unbezweifelbar ist, daß die Aktionen der SS und der Gestapo gegen Randgruppen und Außenseiter der „Volksgemeinschaft" und insbesondere gegen die Juden im Lauf des Jahres 1938 immer massiver wurden. Wir sahen schon, daß das Vorgehen Eichmanns gegen die österreichischen Juden nach dem „Anschluß" im März 1938 Formen einer Zwangsaustreibung annahm, daß von der Verhaftungsaktion gegen „Asoziale" im Juni 1938 auch solche jüdischen Bürger betroffen und ins Konzentrationslager deportiert wurden, die lediglich gegen eine der zahllosen Devisenbestimmungen verstoßen hatten.[44]

Denkbar wäre auch, daß in den 48 Stunden, die zwischen dem Attentat Herschel Grünspans und der Goebbelsrede in München lagen, der möglicherweise schon länger gehegte Plan einer umfassenden Verhaftungsaktion von Gestapo und SD konkreter erörtert wurde. Denn die Welle örtlicher Pogrome in hessischen Städten und Gemeinden, die schon am Abend des 7. November begann und sich am 8. November verstärkt fortsetzte, die mit den Morgenzeitungen des 8. November auf Weisung des Reichspropagandaministeriums in Gang gesetzte Hetzkampagne, die dem „Judentum" tiefgreifende Konsequenzen androhte, mußte den mit der Judenfrage befaßten Führern des NS-Staates die Frage nahelegen, welche neuen Möglichkeiten des Vorgehens gegen die jüdische Bevölkerung diese Situation eröffnen könnte. Dies darf auch für die Führung von SS, SD und Gestapo vermutet werden, insbesondere da bisher nicht geklärt ist, ob die auffallenden SS- und SD-Aktivitäten in Nordhessen nur auf Initiative der regionalen oder örtlichen Führung erfolgt sind.

Nur vor diesem politischen Hintergrund war es möglich, daß Gestapochef Müller am 9. November um 23.55 Uhr von Berlin aus überraschend früh eine umfassende Festnahmeaktion anordnete. Während die brennenden Synagogen und die zerstörten Geschäfte im Blickpunkt der Öffentlichkeit standen, führte die Gestapo mit Unterstützung von Polizei und Gendarmerie planmäßig Massenverhaftungen durch und deportierte Zehntausende von Juden in Konzentrationslager.

Die Aktionen von SA und SS

Als sich am 10. November morgens Gestapoleute, Polizei- und Gendarmeriebeamte in Städten und Gemeinden auf den Weg machen, um jüdische Männer zwischen 16 und 60 Jahren zu verhaften, hat auf Grund der Anweisungen der höheren SA-Führer und der Gaupropagandaleiter in vielen Orten längst das Zerstörungs-

Abb. 6 Die Synagoge in Darmstadt, ein monumentaler Zentralbau von 1905/06

werk begonnen. Synagogen stehen in Flammen, jüdische Geschäfte und Wohnungen werden zerstört und nicht selten auch ihre Bewohner mißhandelt. Zuerst hatte in Hessen die SA in den frühen Morgenstunden des 10. November mit Aktionen gegen die Synagogen begonnen. Die höheren SA-Führer trafen die entsprechenden Anordnungen über Telefon oder fuhren nachts persönlich mit dem Kraftwagen zu SA-Dienststellen, um die Aktion in Gang zu setzen.

Auf welcher Befehlsgrundlage die SA agierte und wie die Befehlsstränge verliefen, läßt sich für den südhessischen Raum am Beispiel der SA-Gruppe Kurpfalz aufzeigen, die ihren Sitz in Mannheim hatte und zu deren Zuständigkeitsbereich neben der Pfalz und Nordbaden auch Starkenburg und Wiesbaden mit dem Rheingau gehörten.

Ungefähr um Mitternacht war von München aus auch der Dienststelle der SA-Gruppe Kurpfalz in Mannheim fernmündlich der Befehl übermittelt worden, alle Synagogen im Gruppenbereich zu zerstören.[45] Offenbar löste dieser Befehl hektische Aktivitäten der Dienststelle aus, die nun versuchte, möglichst bald die nachgeordneten SA-Brigadeführer zu erreichen. Dies gelang nicht immer sofort. Während der SA-Brigadeführer Kraft in Mainz bereits bald nach Mitternacht alarmiert wurde (Dok. 39), erreichte den SA-Brigadeführer Lucke in Darmstadt erst um 3 Uhr morgens folgender Befehl:

„Auf Befehl des Gruppenführers sind sofort innerhalb der Brigade 50 sämtliche jüdischen Synagogen zu sprengen oder in Brand zu setzen. Nebenhäuser, die von arischer Bevölkerung bewohnt werden, dürfen nicht beschädigt werden. Die Aktion ist in Zivil auszuführen. Meutereien oder Plünderungen sind zu unterbinden. Vollzugsmeldung bis 8.30 Uhr an Brigadeführer oder Dienststelle." (Dok. 53).

Im Gegensatz zu anderen SA-Gruppen wurden also im Bereich der SA-Gruppe Kurpfalz zunächst nur Aktionen gegen die Synagogen befohlen. Zu den Merkwürdigkeiten jenes Tages gehört, daß in dem Befehl alternativ auch von der Sprengung der Synagogen die Rede war, die doch meist inmitten von Wohngebieten standen; im übrigen sollte sich rasch herausstellen, daß häufig schon die Inbrandsetzung von Synagogen nicht möglich war, weil sie zu einer Gefährdung der angrenzenden Gebäude geführt hätte.

Nachdem die Benachrichtigung der SA-Brigade- und Standartenführer gelungen ist, wird die Aktion rasch in die Wege geleitet, wobei die Synagogen in den Städten das erste Ziel sind. Nicht selten werden die Einsatztrupps von den Standartenfüh-

Abb. 7 Die brennende Darmstädter Synagoge

rern persönlich angeführt. Der SA-Brigadeleiter Kraft fährt noch in der Nacht nach Wiesbaden, um dort die Inbrandsetzung der Synagoge am Michelsberg und weiterer Synagogen in dem Bereich der dortigen SA-Standarte anzuordnen (Dok. 39).

Auch der SA-Standartenführer Gethöffer, dem die SA-Standarte 224 Niederwald mit Sitz Wiesbaden untersteht, hat gegen 2 Uhr nachts von Kraft fernmündlich den Befehl erhalten, die im Standartenbereich befindlichen jüdischen Gotteshäuser zu zerstören. Gethöffer fährt persönlich in Begleitung von drei SA-Funktionären in Zivil mit einem Dienstwagen nach Rüdesheim. Dort zünden sie die Synagoge an und fahren anschließend nach Idstein weiter, um auch die dortige Synagoge in Brand zu stecken. Als ortsansässige SA-Führer darauf hinweisen, daß bei einer Inbrandsetzung der Synagoge auch die angrenzenden Häuser gefährdet würden, beschränken sie sich darauf, die Inneneinrichtung des Gotteshauses zu demolieren. In den Vormittagsstunden werden dann die Synagoge von einheimischen Bürgern vollständig ausgeräumt und Kult- und Einrichtungsgegenstände auf dem Marktplatz öffentlich verbrannt.[46]

In ähnlicher Eile sind auch im Bereich anderer Standarten Einsatztrupps in Zivil unterwegs, um Synagogen zu zerstören, zumal die Führung der SA-Gruppe Kurpfalz Vollzugsmeldung bis 8.30 Uhr morgens befohlen hatte. Nach dem Bericht des SA-Brigadeführers Lucke wurden allein in Starkenburg in den frühen Morgenstunden des 10. November über dreißig Synagogen in Brand gesteckt oder demoliert (Dok. 53).

Es ist indessen nur ein Teil der rund 400 hessischen Synagogen, der bereits am frühen Morgen des 10. November von SA-Trupps zerstört wird. Vor allem waren es die Synagogen in den Städten, die dem SA-Einsatz in den frühen Morgenstunden als erste zum Opfer fielen, während die meisten Synagogen in den Landgemeinden zunächst noch verschont blieben.

Doch blieben die SA-Aktionen auch im hessischen Raum nicht auf die frühen Morgenstunden beschränkt. Vielmehr schwärmten im Laufe des Tages SA-„Rollkommandos“ von den Städten auch in kleinere Gemeinden aus, um hier die Synagogen oder jüdischen Geschäfte und Wohnungen zu zerstören, sofern dort nicht schon der Ortsgruppenleiter der NSDAP den Pogrom inszeniert hatte. Auch in den von den lokalen Parteifunktionären organisierten Einsatztrupps wirkten meist örtliche SA-Angehörige mit, wie wir im folgenden sehen werden.

Im Gegensatz zur SA sollte sich die SS nach der schon erwähnten Anweisung Himmlers nicht an dem Pogrom beteiligen. Himmler und Heydrich waren, obwohl selbst in München anwesend, von der Goebbelsrede überrascht worden und wollten die Verantwortung für den von Goebbels inszenierten Pogrom nicht mittragen. Indessen hielten sich die örtlichen SS-Führer keineswegs immer an Himmlers Anordnung. Eine besondere Situation bestand in Nordhessen. Wie wir sahen, war die SS dort schon zwischen dem 7. und 9. November an der Inszenierung örtlicher Pogrome beteiligt gewesen. Am 10. November haben sich SS-Kommandos vor allem in Starkenburg in außerordentlich brutaler Weise an den Pogromen beteiligt, wobei ihnen die nordhessischen Vorgänge vom 7. bis 9. November als Beispiel gedient haben mögen; besonders verheerend war ihr Auftreten im Raum Bensheim.[47] Auch im Limburger Raum haben SS-Kommandos Synagogen und Gebäude zerstört (Dok. 51). Im Rheingau sind SS-Leute als Rädelsführer bei Ausschreitungen in Geisenheim und in Mittelheim in Erscheinung getreten.[48] Bei der straffen Kommandostruktur der SS ist kaum anzunehmen, daß die betreffenden SS-Führer in Unkenntnis von Himmlers Anordnung gehandelt haben, die SS solle sich nicht an dem Pogrom beteiligen, wie die Forschung teilweise annimmt.[49] Schließlich hat Himmler die entsprechende Anweisung schon am 10. November um 1.25 Uhr erteilt. Vielmehr wird hier die mangelnde Disziplin örtlicher SS-Führer sichtbar. Angesichts des überall in Gang befindlichen Pogroms beschlossen offenbar besonders aggressive Antisemiten unter den SS-Führern, auf eigene Faust tätig zu werden.[49a]

Die Initiative der Kreisleiter

Die Zerstörung der Synagogen war nur der Auftakt zu einer weiteren Welle von Gewalttaten. Es folgte die massenhafte Zerstörung jüdischer Geschäfte und Wohnungen, die häufig mit der Mißhandlung ihrer Bewohner verbunden war. Hier vor allem wurden im Laufe des 10. November auch die Kreisleiter und Ortsgruppenleiter der NSDAP aktiv, die von den Gaupropagandaämtern über den Inhalt der Goebbelsrede informiert worden waren und sich dadurch veranlaßt sahen, Ausschreitungen gegen die örtliche jüdische Bevölkerung zu organisieren. Wenn dies mit einer gewissen zeitlichen Verzögerung geschah, so hängt das vor allem damit zusammen, daß die SA straffer und militärischer organisiert war als die NSDAP und die SA-Männer schneller zu mobilisieren waren. Dies bedeutet indessen, daß in Hessen von einer „Pogromnacht" eigentlich nicht gesprochen werden kann, jedenfalls nicht, soweit es die Nacht vom 9. zum 10. November angeht.[50] Denn auch die ersten SA-Aktionen, die sich gegen die Synagogen richteten, liefen ja erst in den frühen Morgenstunden des 10. November an. Sofern sich schon in der Nacht vom 9. zum 10. November Pogrome in einzelnen hessischen Orten ereigneten, handelte es sich - wie wir sahen - um Aktionen der örtlichen SS oder SA, die teilweise nach den örtlichen Gedenkveranstaltungen zum 15. Jahrestag des Münchener Putschversuchs am 9. November 1923 stattfanden und nicht auf eine Anweisung der Parteizentrale, sondern auf die Initiative regionaler oder lokaler „Führer" zurückgingen.[51]

Während die Kreisleiter in den größeren Städten wie Frankfurt und Wiesbaden schon am frühen Vormittag größere „Demonstrationen" - d.h. Ausschreitungen und Terrorakte - organisierten, kamen entsprechende Aktionen in den Landkreisen erst später in Gang. Dort mußte sich der Kreisleiter erst mit den Ortsgruppenleitern der einzelnen Gemeinden in Verbindung setzen. Dies ist nicht immer telefonisch geschehen. Vermutlich wegen des wenig konkreten Inhalts der Mitteilungen, die die Kreisleiter von den Gaupropagandaämtern erhalten hatten, konnte sich nur ein Teil von ihnen entschließen, den Ortsgruppenleitern konkrete Anweisungen für die Durchführung von Aktionen gegen die Juden zu erteilen.[52] Andere Kreisleiter zogen es vor, die Ortsgruppenleiter erst zu Besprechungen auf die jeweilige Kreisleitung zu laden, die meist am späten Vormittag, im Kreis Erbach sogar erst nachmittags um 15 Uhr, stattfanden (Dok. 22). Hier erörterte der Kreisleiter mit den Ortsgruppenleitern die Mitteilungen des Reichspropagandaministeriums, die ähnlich sibyllinisch waren wie die Goebbelsrede vom Vorabend selbst. Die Parteifunktionäre konnten ihnen entnehmen, daß „Demonstrationen" gegenüber den Juden erwünscht waren. Da es aber in der NS-Diktatur keine wirklich spontanen Demonstrationen geben durfte, war den Beteiligten klar, daß solche „Demonstrationen" natürlich von der Partei zu organisieren seien. Welcher Art die „Demonstrationen" sein sollten, konnte im übrigen angesichts der in den großen Städten schon in den frühen Morgenstunden begonnenen Brandlegung der Synagogen und der Zerstörung jüdischer Geschäfte um so weniger zweifelhaft sein, als ja Rundverfügungen der Regierungspräsidenten an die Bürgermeister und die Polizeidienststellen Aktionen gegen jüdisches Eigentum ausdrücklich billigten (Dok. 13). Dies war den Ortsgruppenleitern, die auf dem Land häufig auch in Personalunion als Bürgermeister fungierten, natürlich ebenso bekannt wie den Kreisleitern.

Gleichwohl sind die Ortsgruppenleiter von den Besprechungen auf der Kreisleitung bisweilen mit unterschiedlichen Eindrücken und Weisungen zurückgekehrt. So berief sich der Ortsgruppenleiter von Lengfeld i. O. später darauf, der zuständige Kreisleiter habe genaue Anweisungen erteilt, wie eine „spontane Volkserhebung" zu organisieren sei (Dok. 31). Dagegen waren die Ausführungen des Kreisleiters Schwinn in Erbach offenbar so unbestimmt, daß ein Teil der Ortsgruppenleiter glaubte, einen Auftrag zur Organisation einer „Volksbewegung" erhalten zu haben, in deren Verlauf der „Besitz der Juden demoliert" werden solle, bei der jedoch die Partei als Organisation nicht in Erscheinung treten dürfe. Andere Ortsgruppenleiter hingegen blieben nach der Besprechung untätig, weil sie den Eindruck hatten, Schwinn habe sie lediglich über die Ereignisse informieren wollen und sei im übrigen über das von „Auswärtigen in seinem Kreis angerichtete Durcheinander" verärgert gewesen (Dok. 22).

Auch der Ortsgruppenleiter von Klein-Auheim erklärte später vor Gericht, er habe von der Kreisleitung in Hanau keine Anweisung erhalten, daß in Klein-Auheim eine Aktion einzuleiten sei und wie sie zu verlaufen habe. Nach seiner Rückkehr unternahm er nichts gegen die jüdische Bevölkerung, sondern ließ vielmehr einige zuverlässige Leute auf den Straßen patrouillieren, die verhindern sollten, daß es zu Brandstiftungen komme (Dok. 28).

Es mag hier dahingestellt bleiben, ob es nur das Fehlen eines klaren Befehls war, das den Ortsgruppenleiter in manchen Gemeinden von einer Initiative abhielt, oder ob er untätig blieb, weil er überhaupt wenig Geschmack an einer solchen Aktion fand. Im ganzen ist ein derart passives Verhalten eher die Ausnahme geblieben, und die jüdischen Einwohner bewahrte es im übrigen selten vor Schaden, denn am Nachmittag des 10. November fuhren „Rollkommandos" der SA über

Land, um zu sehen, ob die Zerstörung von Synagogen und jüdischen Wohnungen und Geschäften überall durchgeführt sei. Sie setzten entweder den Ortsgruppenleiter unter Druck, endlich etwas zu unternehmen, oder begannen selbst, jüdische Geschäfte und Wohnungen zu zerstören. Auch die Häuser der Klein-Auheimer Juden wurden am Abend durch „randalierende Gruppen" zerstört, was möglicherweise mit dem vorherigen „Besuch" eines SA-Führers aus einem Nachbarort zusammenhing (Dok. 28).

Überwiegend hielten sich wohl die meisten Ortsgruppenleiter im vorgezeichneten Rahmen, wie z.B. der Ortsgruppenleiter von Groß-Zimmern, der die Anweisung gab, „das Mobiliar in den Häusern, die in jüdischem Besitz oder Eigentum sind, zu demolieren", aber ausdrücklich „Ausschreitungen gegen Personen" untersagte.[53] Doch da von den Gaupropagandaämtern keine klare Weisung erteilt, sondern nur in unbestimmter Form zu Aktionen gegen die Juden aufgerufen worden war, hing es letztlich von der persönlichen Einstellung des Ortsgruppenleiters ab, welche Befehle er erteilte. So wies der Ortsgruppenleiter von Wölfersheim den dortigen SA-Führer an, „in den jüdischen Wohnungen alles kurz und klein zu schlagen und die jüdischen Bürger halbtot zu prügeln" (Dok. 40).[54] Aber auch wo nicht offen zu Mißhandlungen aufgerufen wurde, bleibt die Frage, wie eindringlich die Ortsgruppenleiter die von ihnen beauftragten Einsatztrupps ermahnten, sich keine Tätlichkeiten gegenüber den Juden zuschulden kommen zu lassen.

So wurden also auf verschiedenen Ebenen die Vorbereitungen für den Pogrom organisiert - angefangen von den Terrorkommandos der SA, die - oft von ranghohen Führern befehligt - in den Nacht- oder frühen Morgenstunden des 10. November zunächst die Synagogen in den Städten zerstörten. Ihnen folgten die Aktionen der Kreisleitungen und Ortsgruppenleiter in den Städten und Gemeinden, unterstützt durch „Rollkommandos" der SA. Schließlich gab es einzelne SA- und SS-Leute, die auf eigene Faust die Initiative ergriffen, wo noch nichts „passiert" war. So fanden am 10. November 1938 in fast allen Orten, in denen Juden lebten, Terrorakte statt. Im Laufe des Tages wurden überall jüdische Geschäfte und Wohnungseinrichtungen zerstört; besonders systematisch geschah dies in den Landgemeinden, wo die relativ wenigen jüdischen Wohnungen und Geschäfte gut bekannt waren. In den größeren Städten konzentrierte sich das Zerstörungswerk auf die jüdischen Geschäfte, die durch den Namen ihrer Besitzer und den Umstand, daß sie am 10. November meist geschlossen blieben, auch für ortsfremde Einsatztrupps leicht erkennbar waren, während hier die jüdischen Wohnungen zum großen Teil unbehelligt blieben.

Der Versuch der Tarnung

Goebbels hatte es in seiner Rede am Abend des 9. November im „Alten Rathaus" in München und auch in den nachfolgenden schriftlichen Anweisungen an die Gaupropagandaämter bewußt vermieden, direkt zu Aktionen gegen die Juden aufzurufen; er hatte lediglich in verdeckter Form zu erkennen gegeben, daß „spontane

Demonstrationen" die Billigung der Staats- und Parteiführung fänden. Dies tat er offenkundig im Vertrauen darauf, daß die versammelten hohen NSDAP- und SA-Führer dies einerseits als Aufforderung zum Handeln verstehen, zum anderen aber ihren Aktionen den Anschein geben würden, als ob es sich um einen spontanen Ausbruch erregter Volksmassen handelte, die ihre Empörung über das Attentat an vom Rath nicht hätten zügeln können.

Wie aber konnte das Ungeheuerliche, das sich an diesem 10. November in Deutschland abspielte, nach außen hin glaubwürdig als das Werk einer spontanen Volksbewegung ausgegeben werden? Und wer würde wirklich glauben, daß der reichsweite Pogrom, der in so vielen deutschen Städten und Gemeinden gleichzeitig stattfand, nicht in vollem Einverständnis mit der Partei- und Staatsführung erfolgte? Gleichwohl wurden vielfältige Bemühungen unternommen, um den Anschein zu erwecken, als handele es sich um „spontane" Aktionen gegenüber den deutschen Juden. So wurde die Parteipresse in den folgenden Tagen nicht müde, in ihren Berichten über die örtlichen Pogrome diese Version zu verbreiten.[55] Auf diese Weise wollte Goebbels offenkundig versuchen, die eigene Bevölkerung und das Ausland über den wahren Charakter des Pogroms zu täuschen. Insbesondere lag es bei den örtlichen NS-Funktionären, in diesem Sinne ihren Aktionen gegen die Juden den Anschein zu geben, als wären sie das Werk einer spontanen Volksbewegung. Dies setzte allerdings voraus, daß sie es vermieden, geschlossene Trupps von SA- und NSDAP-Mitgliedern in auffälliger Weise zum Einsatz zu bringen. Vielmehr kam es darauf an, daß die örtlichen NS-Führer Mitglieder von SA und NSDAP in Zivil als Provokateure fungieren ließen, die „gleichsam Kristallisationskerne des Pogroms bilden", das Volk aufwiegeln und zu Ausschreitungen gegenüber jüdischen Synagogen, Geschäften und Wohnungen veranlassen sollten.[56]

Wie dies modellhaft hätte funktionieren können, beschreibt Hermann Graml am Beispiel des Pogroms in Hanau, den der dortige Kreisleiter nach Abstimmung mit seinen Unterführern sowie den Führern von SA, SS und SD folgendermaßen organisiert habe:

„Am Vormittag des 10. wurden [...] zunächst in schnellen Aktionen, bei denen die Durchführenden völlig unerkannt blieben, Synagogen und jüdische Geschäfte beschädigt. Natürlich strömten überall dahin, wo es Lärm gab, zahlreiche Neugierige. In die immer größer werdenden Ansammlungen mischten sich einzelne Parteiführer, brachten die Stimmung durch geschickte Hetzreden in dumpfe Bewegung, warfen immer kräftigere Worte in die Menge und steigerten die Erregung schließlich so, daß der erste von ihnen mitgebrachte Stein geradezu wie eine natürliche Entladung gegen die Synagoge oder das Schaufenster flog. Damit war der Bann gebrochen, die Menge begann zu stürmen und in das Innere der Synagoge, Geschäfte und Wohnungen einzudringen; die langsam geschürte und zielbewußt aufgestaute Zerstörungslust konnte sich befreien."[57]

Wieweit es in Hanau tatsächlich gelungen ist, die Bevölkerung über die wirklichen Urheber des Pogroms zu täuschen, muß freilich dahingestellt bleiben, geht doch

Abb. 8 Die Eschweger Synagoge wurde im Innern schwer verwüstet

z. B. aus dem Urteil des Landgerichts Hanau vom 20. November 1948 hervor, daß der Ortsgruppenleiter Bender und der SD-Führer Kern im Rahmen des provozierten Tumults persönlich die Synagoge angezündet haben (Dok. 24).

Ähnlich wie in Hanau wurde auch in anderen Städten versucht, größere Menschenmengen zu mobilisieren. So befahl die Frankfurter Kreisleitung Scharen von Angehörigen verschiedener NS-Organisationen sowie Betriebszellen der NSBO in Zivil auf die Straße, um dort „Volk zu spielen". Sie wälzten sich befehlsgemäß am Vormittag des 10. November gruppenweise durch die Straßen, riefen in Sprechchören antijüdische Parolen wie „Juda, verrecke!", „Die Juden sind unser Unglück" und „Nieder mit Juda!" (Dok. 20 B). Die Inszenierung durch die Parteiführung blieb nicht ohne Folgen; wie spätere Prozesse nach 1945 zeigen, beteiligte sich mancher, der zunächst eher widerwillig an der Demonstration auf der Straße teilgenommen hatte, anschließend an Ausschreitungen und Plünderungen. In Wiesbaden mobilisierte die Kreisleitung die Mitglieder der Ortsgruppen aus den einzelnen Stadtteilen, die durch die Innenstadt zogen, um „Volksgemurmel" vorzutäuschen;[58] auch in der Vorstadt Wiesbaden-Biebrich waren schon am frühen Morgen des 10. November die Straßen voller Menschen.[59] In der oberhessischen Kleinstadt Schotten brachten von der örtlichen Parteileitung beauftragte Provokateure eine große Menschenmenge auf die Straße, die abends mit Fackeln zur Synagoge zog und dort mit dem Zerstörungswerk begann.[60] Im allgemeinen aber blieben solche - im Sinne von Goebbels - gekonnten Inszenierungen des Pogroms auf die größeren Städte beschränkt; nur hier gelang es den NSDAP-Kreisleitungen, durch gezielte Mobilisierung von NSBO-Betriebsgruppen usw. wenigstens bei oberflächlichen Beobachtern den Eindruck zu erwecken, daß hier eine spontane Volksbewegung im Gang sei.

Die SA wiederum zeigte sich überhaupt nicht bemüht, zwecks Tarnung ihrer eigenen Aktionen etwa die Bevölkerung zu mobilisieren. Vielmehr setzten die höheren SA-Führer zunächst auf „Nacht- und Nebelaktionen“. Möglichst schon vor Anbruch des Morgens des 10. November sollten die Synagogen in den Städten in Brand gesteckt oder gesprengt werden. Im übrigen beschränkte sich der Versuch der Tarnung darauf, daß die Angehörigen der SA-Rollkommandos Zivilkleidung trugen. Mochten sie dabei auch große Hüte oder sonstiges „Räuberzivil“ tragen,[61] wenn mitten im Ort aus Lastwagen oder PKW's ein Trupp kräftiger junger Männer sprang und nach jüdischen Geschäften oder Häusern fragte, konnte der Bevölkerung kaum unklar sein, daß es sich hier um SA oder SS handeln mußte.

Befohlener Pogrom und spontane Beteiligung

Wie aber sah es bei den Pogromen aus, die die Ortsgruppenleiter in Kleinstädten und in Landgemeinden organisierten? Ihnen wird in der Literatur gelegentlich ein Mangel an revolutionärer Gewandtheit bescheinigt. Anders als die Kreisleiter in den Großstädten hätten sie es nicht verstanden, die Ausschreitungen gegen die Juden in Form eines aus der Bevölkerung erwachsenen Pogroms zu inszenieren.[62] Im Widerspruch dazu scheint das Bild zu stehen, das ein großer Teil der Prozesse vermittelt, welche nach 1945 wegen Straftaten während des Novemberpogroms geführt worden sind. Oft sind in diesen Strafverfahren mehr als 20 oder 30 Personen angeklagt, und es sind keineswegs nur SA-Leute oder Parteigenossen, die vor Gericht stehen. Noch erstaunlicher sind die Schilderungen, die die Gerichtsurteile von der Situation vor Ort während des Pogroms geben. Auch in kleinen Landgemeinden stehen nicht nur Hunderte von Menschen auf den Straßen und werden Zeuge des Terrors, der sich gegen Synagogen, gegen jüdische Geschäfte und Wohnungen und oft genug auch gegen die jüdischen Bürger selbst richtet. Nicht wenige der zuschauenden Bürger haben sich spontan an dem Zerstörungswerk, an den Plünderungen und manchmal sogar auch an den Mißhandlungen jüdischer Bürger beteiligt.

Wir sind über die Beteiligung zumindest von Teilen der Bevölkerung so genau informiert, weil die Gerichte dem Umfeld, in dem sich die Terrorakte während des Pogroms vollzogen, besondere Beachtung geschenkt haben. Eine Verurteilung der Täter wegen Landfriedensbruch (§ 125 StGB a.F.) war nur möglich, wenn die Tat aus einer sich zusammenrottenden Menschenmenge heraus begangen wurde. Und so sind die Ermittlungsbehörden und Gerichte eingehend der Frage nachgegangen, wie sich die am Tatort anwesende Menschenmenge verhalten und in welchem Umfang sie sich an den Aktionen gegen die jüdischen Bürger beteiligt hat.

Doch wenden wir uns zunächst der Frage zu, wer die Verantwortung für die Pogrome trägt, die am 10. November in so vielen hessischen Orten stattfanden. Aus den Prozessen, in denen das lokale Geschehen einigermaßen vollständig aufgeklärt werden konnte, geht eindeutig hervor, daß die Rädelsführer NS-Funktionäre waren. Wenn man von den Fällen absieht, in denen auswärtige Rollkommandos von SA oder SS beteiligt waren, wurde die Organisation des Pogroms von den örtlichen politischen Leitern in die Hand genommen. Dies ist daher auch in jenen Orten anzunehmen, bei denen die Entstehung des örtlichen Pogroms und die Rädelsführerschaft von den Gerichten nach 1945 nicht eindeutig geklärt werden konnte und beispielsweise nur Einzeltäter ermittelt wurden, die am Rande des Pogroms geplündert hatten.[63]

Im übrigen bestätigt sich Gramls Vermutung, daß die Organisation des Pogroms in den kleineren Städten und Gemeinden im allgemeinen mit wenig Raffinesse erfolgt ist. Freilich, wie sollten auch Provokateure inkognito dort agieren können, wo fast jeder jeden kennt? So spielte auch die Frage der Tarnung der Aktionen auf den Besprechungen der Kreisleiter mit den Ortsgruppenleitern aus kleinen Städten und Gemeinden nur eine untergeordnete Rolle. Die Anweisungen beschränkten sich im allgemeinen darauf, daß die Einsatztrupps in Zivil agieren und die örtlichen politischen Leiter möglichst im Hintergrund bleiben sollten.[64]

In ihre Gemeinden zurückgekehrt, verzichteten die Ortsgruppenleiter denn auch meist auf den Versuch, „spontane Demonstrationen" im Sinne von Goebbels zu inszenieren. Vielmehr bestellten sie einige Dutzend politischer Leiter, SA-Leute und Parteigenossen, die ihnen für eine solche Aktion besonders geeignet erschienen, auf das Partei- oder SA-Sturm-Lokal, teilten sie in Gruppen ein und gaben ihnen mehr oder weniger präzise Anweisungen, welche jüdischen Geschäfte und Wohnungen sie „stürmen" sollten.[65] Die Tarnung blieb auf das Notdürftigste beschränkt. Den Einsatztrupps wurde fast immer befohlen, am vorgesehenen Tatort in Zivil zu erscheinen, die örtlichen politischen Leiter hielten sich indessen entgegen der Weisung der Kreisleitung nur teilweise von den Aktionen fern. Oft sind gerade maßgebende NS- oder SA-Führer an der Spitze der Einsatztrupps beobachtet worden. Aber auch wenn sich die politischen Leiter damit begnügten, sich in einiger Entfernung vom Tatort aufzuhalten, wurde ihre Anwesenheit von den Umstehenden natürlich als Legitimierung der Aktion gewertet.

Bei der Zusammenstellung der Einsatztrupps gingen die Ortsgruppenleiter in kleinen Städten und Gemeinden selten über den Kreis der ihnen vertrauten SA-Leute und Parteigenossen hinaus. In Wölfersheim wurde die Belegschaft des örtlichen Braunkohlenkraftwerkes, der „Hefrag", mobilisiert; neben SA-Angehörigen marschierten hier auch zahlreiche Arbeiter mit, die nicht aus Wölfersheim stammten und bei denen zweifelhaft war, ob sie überhaupt einer NS-Organisation angehörten (Dok. 40). In Griesheim bei Darmstadt führten die beiden Chefs einer

Firma Müller zwei Dutzend Angestellte zum jüdischen Kaufhaus Löb, um dort gemeinsam Fensterscheiben einzuwerfen und gegen den jüdischen Inhaber vorzugehen.[66] Doch war die sonst in den Großstädten in großem Umfang praktizierte Mobilisierung von NSBO-Betriebszellen und Belegschaften in kleineren Gemeinden wohl eher die Ausnahme. Eher griffen die Ortsgruppenleiter, die oft zugleich Bürgermeister waren, auf Gemeindebedienstete oder auf die Ortsfeuerwehr zurück.

Zu den besonders schlimmen Ereignissen jenes Tages gehört es, daß auch Jugendliche und Kinder zur Mitwirkung bei dem Pogrom herangezogen wurden. In verschiedenen Orten benutzten politische Leiter Hitlerjugend und Schüler als Demonstranten und „Provokateure“, um Ausschreitungen der Bevölkerung auszulösen. So befiehlt der kommissarische Bürgermeister und Ortsgruppenleiter von Usingen, daß sich zwanzig Hitlerjungen in Zivil um 18 Uhr auf dem Schloßplatz versammeln sollen. Sie werden aus dem Schülerheim der örtlichen Aufbauschule geholt und bilden die Spitze der Menge, die abends in die jüdischen Geschäftshäuser eindringt, die Inneneinrichtungen zerstört und die jüdischen Besitzer schwer mißhandelt.[67] In Geisenheim sind es hauptsächlich Schüler der dortigen Versuchs- und Forschungsanstalt für Wein-, Obst- und Gartenbau, die unter Führung eines Geisenheimer SS-Mannes zu dem Anwesen eines jüdischen Kaufmanns marschieren. In ihren Aktentaschen führen sie Steine mit sich. Vor dem jüdischen Haus angelangt, öffnen sie ihre Aktentaschen, rufen „Juda verrecke“ und werfen überfallartig die Scheiben ein.[68] In Königstein sind es 20 bis 30 Kinder und Jugendliche, die unter Führung zweier Parteigenossen die Fensterscheiben der von Juden bewohnten Häuser einwerfen;[69] Ähnliches geschieht in Laufenselden[70] und Schupbach.[71] In Obbornhofen trägt eine Schar von zehn- bis zwölfjährigen Kindern auf Anweisung des dortigen Ortsgruppenleiters die Kult- und Einrichtungsgegenstände aus der Synagoge hinaus auf eine Wiese, wo sie offenbar verbrannt werden sollen.[72] In Weyer marschiert eine Menge, die hauptsächlich aus Mitgliedern der Hitlerjugend und des BDM besteht, unter Führung eines Parteigenossen schreiend und johlend zur Synagoge und anschließend zu zwei von Juden bewohnten Häusern, zerstört dort die Fenster und die Inneneinrichtung und holt die jüdischen Familien heraus.[73]

Fast unglaublich auch, daß Schulkinder unter Mitwirkung des Schulleiters für die Aktion gegen die Juden rekrutiert werden. Der Ortsgruppenleiter von Treysa mobilisiert in der Stadtschule mit Einwilligung des Rektors 40 bis 50 Schüler im Alter von 8 bis 14 Jahren zur Durchführung der „Judenaktion“. Auf dem Schulhof gibt er ihnen genaue Anweisungen darüber, gegen wen und wie die Ausschreitungen vor sich gehen sollen. Dann werden die Kinder zu jüdischen Häusern und Geschäften geführt und beteiligen sich gemeinsam mit anderen „Demonstranten“ an der Demolierung der Synagoge und der jüdischen Geschäfte und Wohnungen.[74]

In Großen-Linden sorgt der Rektor der dortigen Volksschule nach Aufforderung durch den Bürgermeister und den Ortsgruppenleiter dafür, daß sich die Lehrer und über 200 Schulkinder zu einem Demonstrationszug formieren, der zu den von Ju-

Abb. 9 Die Feuerwehr wurde - wie hier in Friedberg - meist nur tätig, um ein Übergreifen des Synagogenbrandes auf die benachbarten Häuser zu verhindern

Abb. 10 Die ausgebrannte Friedberger Synagoge

den bewohnten Häusern zieht. Dort beginnen die Schulkinder das von der örtlichen Parteiführung angeordnete Zerstörungswerk, indem sie mit Steinen die Fensterscheiben einwerfen.[75]

Zusammenfassend sei nachdrücklich betont, daß in allen Fällen, in denen Ursprung und Hergang der örtlichen Pogrome ermittelt werden konnten, die Initiative fast ausnahmslos von der Ortsgruppenleitung oder von SA- oder SS-Kommandos ausging. Wenn nicht nur die Meldungen der NS-Presse, sondern auch die amtlichen Berichte von Bürgermeistern und Gendarmeriebeamten die Terrorakte im allgemeinen als Werk einer „erregten Menge" schildern, so zeigt dies nur, wie willfährig sich die Verwaltung von den obersten bis zu den untersten Organen auch in ihrem Sprachgebrauch der politischen Situation und den Wünschen der Staats- und Parteiführung anpaßten. Nur selten kommt es vor, daß ein Bürgermeister die tatsächlichen Urheber der Ausschreitungen beim Namen nennt; zu diesen Ausnahmen gehört der Bürgermeister von Bad Schwalbach, der wahrheitsgetreu berichtet, daß ein SA-Rollkommando die jüdische Synagoge und mehrere Wohnungen zerstört habe.[76]

Abb. 11 Die Friedberger Synagoge ist niedergerissen, das jüdische Haus rechts wurde demoliert

Nur ausnahmsweise läßt sich wirklich nachweisen, daß ein Pogrom spontan entstand, wie dies offenbar in Münzenberg der Fall war. Hier fand in jenen Tagen wie üblich der Martinimarkt statt.[77] Zwei Chauffeure der Regierung in Darmstadt und des Landrats in Friedberg, die mit ihren Dienstwagen auf dem Marktplatz warten, berichten den Umstehenden von Ausschreitungen, die sie in dem benachbarten Butzbach gesehen haben. Dadurch schwappt die Pogromwelle auch auf Münzenberg über: Ein Teil der Umstehenden zieht zu jüdischen Geschäften, zertrümmert dort die Inneneinrichtung und macht sich zuletzt auch zur Synagoge auf, um diese ebenfalls zu verwüsten. Freilich, auch hier sind die örtlichen Ausschreitungen nicht das Ergebnis einer „spontanen Volkserregung“ über das Attentat, die Akteure folgen vielmehr dem Beispiel, das durch die von SA und NSDAP inszenierten Pogrome an anderen Orten gegeben ist.

Es ist indessen das Verdienst der Strafprozesse, die nach 1945 wegen des Novemberpogroms geführt worden sind, an zahlreichen Orten nicht nur die Urheber und Rädelsführer sowie die unterschiedlichen Befehlsstränge innerhalb der NSDAP und der SA bis ins Detail aufgedeckt zu haben. Sie haben für viele Orte darüber hinaus auch die Frage klären können, wie sich die Masse der übrigen Bevölkerung verhalten hat, wieweit sich - über den Kreis der Mitglieder der Einsatztrupps hinaus - weitere Partei- und Volksgenossen an dem Pogrom beteiligt haben. Das Ergebnis ist erstaunlich:

Sieht man von den nächtlichen SA-Aktionen ab, so fand nach den Feststellungen der Ermittlungsbehörden die Masse der übrigen Ausschreitungen im Angesicht einer oft nach Hunderten oder - in größeren Städten - nach Tausenden zählenden Menschenmenge statt. Der aus den Synagogen aufsteigende Brandgeruch, das Klirren der Fensterscheiben, die Klagerufe der mißhandelten Opfer lockten sofort größere Menschenmengen an.

Selbst wenn noch nichts „passiert“ war, sammelten sich vor jüdischen Geschäften und Wohnungen oft schon Gruppen von Neugierigen. Meist strömten die Menschen bereits auf das im Ort umlaufende Gerücht zusammen, es „ginge nun gegen die Juden los“. Es bedurfte vielerorts nicht der besonderen Anstrengungen der Parteiführung, damit die Bevölkerung in den Straßen „Volk spiele“.[78] In vielen Landgemeinden verbreitete sich, kaum daß die Einsatzbesprechung im Parteilokal zu Ende war, die Nachricht von der geplanten Aktion wie ein Lauffeuer. Noch ehe die beauftragten SA-Leute und Parteigenossen in Zivil mit Äxten, Eisenstangen etc. am Tatort erschienen, sammelten sich große Scharen von Neugierigen an. Schreiend und johlend verfolgten sie, wie die Juden abgeführt und ihre Geschäfte und Wohnungen zerstört wurden.

Und diese Menschen schauten nicht nur zu. Wie die folgenden Auszüge aus Gerichtsurteilen dokumentieren, folgten nicht wenige den Einsatztrupps spontan in die jüdischen Wohnungen und beteiligten sich dort an dem Zerstörungswerk, indem sie halfen, Schränke umzustürzen und Kleinmöbel und Geschirr aus dem Fenster zu werfen. Viele Bürger halfen mit, Synagogen zu demolieren, Kult- und Einrichtungsgegenstände herauszutragen und auf einem öffentlichen Platz zu ver-

Abb. 11a Überall waren zahlreiche Zuschauer Zeuge der Ausschreitungen (Kassel, Große Rosenstraße)

brennen. Andere wiederum warteten das Ende des „offiziellen" Einsatzes ab, ehe sie sich in die verwüsteten Wohnungen und Geschäfte wagten. Oft beließen sie es beim neugierigen Herumschauen, oft haben sie das Zerstörungswerk fortgesetzt oder zu plündern begonnen. Ganze Scharen von Einwohnern strichen so durch die Straßen und suchten ein jüdisches Haus nach dem anderen auf. „Halb Lich war auf den Beinen", heißt es in einem Urteil.[79]

Wenn die Nacht vom 10. zum 11. November in Hessen zur eigentlichen Pogromnacht wurde, so lag dies nicht nur an der fortgesetzten Tätigkeit von Einsatztrupps der SA und NSDAP, sondern vor allem auch an den Menschenmengen, die „wie im Taumel“[80] durch die Straßen zogen, immer wieder die schon zerstörten jüdischen Geschäfte, Häuser und Wohnungen heimsuchten und Warenlager oder Weinkeller plünderten. Die befohlenen Aktionen von NSDAP und SA wurden häufig durch die spontane Beteiligung zahlreicher Bürger ergänzt und fortgesetzt. Es bedurfte somit in manchen Orten gar nicht besonderer Maßnahmen des Ortsgruppenleiters, um die Bevölkerung aufzuhetzen und zu mobilisieren. Gerade in Gegenden, wo der Antisemitismus seit Generationen tief verwurzelt war, wurden aus neugierigen und sensationslüsternen Zuschauern häufig Mithelfer bei dem Zerstörungswerk, Plünderer und manchmal sogar Gewalttäter, die Juden prügelten und mißhandelten.

Dokumente

10. Ausschreitungen unbedingt verhindern!

Funkspruch des Regierungspräsidenten in Wiesbaden an alle Polizeidienststellen, aufgenommen und weitergegeben durch Polizeiwachtmeister Bücher in Rüdesheim am 9. November 1938 um 23.07 Uhr

An alle!

Ausschreitungen gegen Juden, auch[a] Sachschäden, sind unbedingt zu verhindern! Landrat, Kreisleitung, SA-Führer sind durch zuständigen Bürgermeister zu unterrichten.

Vorfälle an die Regierung melden!

[Im Auftrag]
Major Müller

11. Aktionen beginnen in kürzester Frist!

A

Geheimes Fernschreiben des Chefs der Geheimen Staatspolizei Heinrich Müller an alle Staatspolizei(leit)stellen vom 9. November 1938 um 23.55 Uhr

An alle Stapo-Stellen und Stapoleitstellen
An Leiter oder Stellverteter

Dieses FS ist sofort auf dem schnellsten Wege vorzulegen.

1. Es werden in kürzester Frist in ganz Deutschland Aktionen gegen Juden, insbesondere gegen deren Synagogen stattfinden. Sie sind nicht zu stören. Jedoch ist im Benehmen mit der Ordnungspolizei sicherzustellen, daß Plünderungen und sonstige besondere Ausschreitungen unterbunden werden können.

2. Sofern sich in Synagogen wichtiges Archivmaterial befindet, ist dieses durch eine sofortige Maßnahme sicherzustellen.

3. Es ist vorzubereiten die Festnahme von etwa 20-30 000 Juden im Reiche. Es sind auszuwählen vor allem vermögende Juden. Nähere Anordnungen ergehen noch im Laufe dieser Nacht.

4. Sollten bei den kommenden Aktionen Juden im Besitz von Waffen angetroffen werden, so sind die schärfsten Maßnahmen durchzuführen. Zu den Gesamtaktionen können herangezogen werden Verfügungstruppen der SS sowie Allgemeine SS. Durch entsprechende Maßnahmen ist die Führung der Aktionen durch die Stapo auf jeden Fall sicherzustellen. [...]

Dieses FS ist geheim.

Gestapa II Müller

B

Blitz-Fernschreiben des SS-Gruppenführers und Chefs der Sicherheitspolizei Heydrich aus München an alle Staatspolizei(leit)stellen und alle SD-Oberabschnitte und SD-Unterabschnitte vom 10. November 1938, 1.20 Uhr

Geheim! Dringend!
Sofort dem Leiter oder seinem Stellvertreter vorlegen!

Betr.: Maßnahmen gegen Juden in der heutigen Nacht

Aufgrund des Attentats gegen den Legations-Sekretär vom Rath in Paris sind im Laufe der heutigen Nacht - 9. auf 10. November 1938 - im ganzen Reich Demonstrationen gegen die Juden zu erwarten. Für die Behandlung dieser Vorgänge ergehen die folgenden Anordnungen:

1. Die Leiter der Staatspolizeistellen oder ihre Stellvertreter haben sofort nach Eingang dieses Fernschreibens mit den für ihren Bezirk zuständigen politischen Leitungen - Gauleitung oder Kreisleitung - fernmündlich Verbindung aufzunehmen und eine Besprechung über die Durchführung der Demonstrationen zu vereinbaren, zu der der zuständige Inspekteur oder Kommandeur der Ordnungspolizei zuzuziehen ist. In dieser Besprechung ist der politischen Leitung mitzuteilen, daß die Deutsche Polizei vom Reichsführer SS und Chef der Deutschen Polizei die folgenden Weisungen erhalten hat, denen die Maßnahmen der politischen Leitungen zweckmäßig anzupassen wären:
a) Es dürfen nur solche Maßnahmen getroffen werden, die keine Gefährdung deutschen Lebens oder Eigentums mit sich bringen (z. B. Synagogenbrände nur, wenn keine Brandgefahr für die Umgebung vorhanden ist).

b) Geschäfte und Wohnungen von Juden dürfen nur zerstört, nicht geplündert werden. Die Polizei ist angewiesen, die Durchführung dieser Anordnung zu überwachen und Plünderer festzunehmen.
c) In Geschäftsstraßen ist besonders darauf zu achten, daß nichtjüdische Geschäfte unbedingt gegen Schäden gesichert werden.
d) Ausländische Staatsangehörige dürfen - auch wenn sie Juden sind - nicht belästigt werden.

2. Unter der Voraussetzung, daß die unter 1. angegebenen Richtlinien eingehalten werden, sind die stattfindenden Demonstrationen von der Polizei nicht zu verhindern, sondern nur auf die Einhaltung der Richtlinien zu überwachen.

3. Sofort nach Eingang dieses Fernschreibens ist in allen Synagogen und Geschäftsräumen der Jüdischen Kultusgemeinden das vorhandene Archivmaterial polizeilich zu beschlagnahmen, damit es nicht im Zuge der Demonstrationen zerstört wird. Es kommt dabei auf das historisch wertvolle Material an, nicht auf neuere Steuerlisten usw. Das Archivmaterial ist an die zuständigen SD-Dienststellen abzugeben.

4. Die Leitung der sicherheitspolizeilichen Maßnahmen hinsichtlich der Demonstrationen gegen Juden liegt bei den Staatspolizeistellen, soweit nicht die Inspekteure der Sicherheitspolizei Weisungen erteilen. Zur Durchführung der sicherheitspolizeilichen Maßnahmen können Beamte der Kriminalpolizei sowie Angehörige des SD, der Verfügungstruppe und der allgemeinen SS zugezogen werden.

5. Sobald der Ablauf der Ereignisse dieser Nacht die Verwendung der eingesetzten Beamten hierfür zuläßt, sind in allen Bezirken so viele Juden - insbesondere wohlhabende - festzunehmen, als in den vorhandenen Hafträumen untergebracht werden können. Es sind zunächst nur gesunde männliche Juden nicht zu hohen Alters festzunehmen. Nach Durchführung der Festnahme ist unverzüglich mit den zuständigen Konzentrationslagern wegen schnellster Unterbringung der Juden in den Lagern Verbindung aufzunehmen. Es ist besonders darauf zu achten, daß die aufgrund dieser Weisung festgenommenen Juden nicht mißhandelt werden.

6. Der Inhalt dieses Befehls ist an die zuständigen Inspekteure und Kommandeure der Ordnungspolizei und an die SD-Oberabschnitte und SD-Unterabschnitte weiterzugeben mit dem Zusatz, daß der Reichsführer SS und Chef der Deutschen Polizei diese polizeiliche Maßnahme angeordnet hat. Der Chef der Ordnungspolizei hat für die Ordnungspolizei einschließlich der Feuerlöschpolizei entsprechende Weisungen erteilt. In der Durchführung der angeordneten Maßnahmen ist engstes Einvernehmen zwischen der Sicherheitspolizei und der Ordnungspolizei zu wahren.

Der Empfang dieses Fernschreibens ist von den Stapoleitern oder deren Stellvertretern durch FS an das Geheime Staatspolizeiamt - z. Hd. SS-Standartenführer Müller - zu bestätigen.

gez. Heydrich
SS-Gruppenführer

Geheim!

A b s c h r i f t .

Funkspruch.

ssd Berlin Nr.4 1011 0630 9 tle -

An Alle -
Der jüdische Mordüberfall in Paris hat spontane Demonstrationen und Aktionen gegen Juden, jüdischen Besitz und jüdische Synagogen im ganzen Deutschen Reich ausgelöst. Diese Demonstrationen und Aktionen sind verständlich und polizeilich nur nach ganz bestimmten Richtlinien zu überwachen bezw. einzuschreiten. Es wird befohlen:

1. Die Befehlsstellen der Ordnungspolizei setzen sich sofort ins Einvernehmen mit den zuständigen Sicherheitsorganen und in Verständigung mit den zuständigen Polizeiverwaltungsdienststellen und treten mit den zuständigen Parteidienststellen in Verbindung, um genau darüber unterrichtet zu sein, wo solche Demonstrationen und Aktionen stattfinden.
2. Die Ordnungspolizei begleitet solche Demonstrationen und Aktionen nur mit schwachen Kräften in Zivil um evtl. Plünderungen zu verhindern. Uniformierte Ordnungspolizei wird nur im äußersten Notfalle eingesetzt. Verhaftungen nimmt nur die Sicherheitspolizei vor.
3. Die Polizeidienststellen haben sich sofort mit den Parteidienststellen in Verbindung zu setzen und dafür Sorge zu tragen, daß Brandlegungen unter allen Umständen unterbleiben.
4. Zerstörte offene Läden, Wohnungen, Synagogen und Geschäfte von Juden sind zu versiegeln, zu bewachen, vor Plünderungen zu schützen.
5. Polizeiliche Verstärkungen sind soweit notwendig von der allgemeinen und aktiven SS gemäß Befehl des RF SS anzufordern.
6. Größere Demonstrationen und Aktionen dieser Art sind sofort an mich zu melden -

Der Chef der Ordnungspolizei Sonderbefehlsstab O.Kdo.g.a. 2000 gez. Daluege.

Für die Richtigkeit:
Krummel [signature]
Pol.Hauptwachtmeister.

Dok. 12 „Die Ordnungspolizei begleitet die Aktionen in Zivil"

13. Es besteht Handlungsfreiheit gegen das Eigentum deutscher Juden

Funkspruch des Regierungspräsidenten in Wiesbaden an alle Polizeidienststellen, aufgenommen und weitergegeben durch Polizeiwachtmeister Bücher in Rüdesheim am 10. November 1938 um 6.14 Uhr

An alle!

In Abänderung der gegebenen Weisung[a] sind Brandschäden, Plünderungen und Personenschaden zu verhindern. Im übrigen besteht Handlungsfreiheit gegen Eigentum deutscher Juden. Zur Aufrechterhaltung der Ruhe, Ordnung und Sicherheit sind heute bei Geschäftsbeginn alle jüdischen Ladengeschäfte und Wirtschaften bis auf weiteres polizeilich zu schließen.

Im Auftrag
Major Müller

14. Staatsanwälte dürfen nicht ermitteln

Blitz-Fernschreiben des SS-Gruppenführers und Chefs der Sicherheitspolizei Heydrich an alle Staatspolizei(leit)stellen und alle SD-Oberabschnitte und SD-Unterabschnitte vom 10. November 1938

Dringend! Sofort vorlegen!

Betrifft: Maßnahmen gegen Juden

Im Nachgang zu meinem Befehl von heute nacht weise ich ausdrücklich darauf hin, daß Plünderungen unter allen Umständen durch entsprechende Maßnahmen zu verhindern sind. Plünderer sind vorläufig festzunehmen. Nähere Weisung ist von mir einzuholen. Das Reichsjustizministerium hat sämtliche Generalstaatsanwälte angewiesen, die Strafanstalten den Staatspolizei(leit)stellen zur Unterbringung festgenommener Juden zur Verfügung zu stellen.

Weiter ersucht das Reichsjustizministerium, zunächst in keinem Fall Haftbefehle gegen Personen zu beantragen, die etwa im Zuge der Aktionen festgenommen worden sind.

Schließlich hat das Reichsjustizministerium die Staatsanwälte angewiesen, keine Ermittlungen in Angelegenheiten der Judenaktionen vorzunehmen.

Dies dient lediglich zur dortigen Information.

gez. Heydrich

15. Bergen-Enkheim: Nur die Mauern der Synagoge blieben übrig

Aus dem Urteil des Landgerichts Frankfurt a.M. vom 27. Juli 1948

Anfang November 1938 kam es im Anschluß an das am Montag, den 7. November, auf den deutschen Legationssekretär vom Rath in der Deutschen Botschaft in Paris verübte Attentat in ganz Deutschland zu antijüdischen Ausschreitungen, die von den damaligen Machthabern inspiriert und in Szene gesetzt wurden und in deren Verlauf der größte Teil der jüdischen Gotteshäuser vernichtet wurde. Auch in der Gemeinde Bergen-Enkheim wurde die Synagoge zerstört, und zwar am Donnerstag, den 10. November 1938. Mit Rücksicht auf die angrenzenden Häuser und Scheunen wurde diese Synagoge aber nicht in Brand gesetzt, sondern durch Demolierung der Einrichtungs- und Kultgegenstände, Abtragen des Daches, Zersägen der Balken bis auf die Umfassungsmauern zerstört. Dieses Vernichtungswerk wurde am 10. November 1938 durch eine von der Ortsgruppenleitung instruierte Schar von Jugendlichen eingeleitet, wurde dann von einer sich ständig vergrößernden Menschenmenge fortgeführt und war spät nachts noch nicht beendet.

Der angeklagte [Bürgermeister] F. war im Laufe des Vormittags des 10. November 1938 zu einer von dem Landrat des Kreises Hanau, Löser, einberufenen Arbeitstagung der Bürgermeister des Kreises nach Hanau gefahren. Die Tagung begann um 14.30 Uhr und endete am späten Nachmittag. Beim Abschluß teilte Löser den Bürgermeistern mit, daß sie bei ihrer Rückkehr nach ihren Wohnorten die Synagogen brennend vorfinden würden. Der Angeklagte fuhr alsbald nach Beendigung der Tagung nach Bergen-Enkheim zurück und traf dort gegen 19.30 Uhr ein. Er hielt sich kurz in seiner Wohnung auf und begab sich dann zur Synagoge. Unterwegs sprach er in der Schule, in der die männlichen Juden inhaftiert waren, kurz mit dem Zeugen B., wurde von diesem von Mordabsichten eines SA-Mannes gegenüber den Juden unterrichtet und trug B. auf, solche Morde zu verhindern. Beim Eintreffen des Angeklagten an der Synagoge gegen 20 Uhr war ihre Zerstörung unter Anleitung des Ortsgruppenleiters M. in vollem Gange. Die Inneneinrichtung war bereits verwüstet; zahlreiche Leute waren mit der Abdeckung des Daches und dem Zersägen der Balken beschäftigt. Im Hofe vor der Synagoge und in der Erbsengasse, in der die Synagoge liegt, befand sich eine größere Menschenmenge. Der Angeklagte wurde von M. mit der Frage empfangen, was er denn wolle, die Aktion sei ja abgeblasen. Trotzdem hielt sich der Angeklagte bis mindestens 22 Uhr, also etwa zwei Stunden, abwechselnd in der Synagoge und vor ihr inmitten der Menschenmenge auf, die sich im Hofe und in der Erbsengasse befand.

Nach der glaubwürdigen Aussage des Zeugen Bh. war der Angeklagte auch auf der Empore im Innern des Synagogengebäudes, unterhielt sich lachend mit M. und sah der Verwüstung zu. Auf dem Hofe vor der Synagoge hielt sich der Angeklagte ebenfalls längere Zeit in Begleitung M.s auf, und äußerte, so daß die Umstehenden es hören konnten, dies sei die Sühne für die Schüsse von Paris. [...]

16. Dornheim: Ein Bürger holte sich Ziegel vom Synagogendach

Aus dem Urteil des Landgerichts Darmstadt vom 7. April 1949

Am Abend des 9. November 1938 fand auch in Dornheim die traditionelle Feierstunde der NSDAP statt. In ihrem Verlauf kam die Ermordung des Gesandtschaftsrats vom Rath in Paris zur Sprache. Der Angeklagte K., der damalige Ortsgruppenleiter, verlas in diesem Zusammenhang ein Schreiben des Kreisleiters der NSDAP, das von bevorstehender Vergeltung gegen die gesamte Judenschaft sprach, das aber gleichzeitig ein Plünderungsverbot enthielt. K. gab in der schwach besuchten Versammlung hierzu keine Erläuterungen, erteilte auch keine Anweisungen für eine etwaige Aktion in Dornheim.

Am Morgen des 10. November fuhren in drei Lastwagen auswärtige SA-Leute vor der Synagoge, einem kleinen, unansehnlichen Bau, vor. Nachdem sie zunächst auf das Dach gestiegen waren und Ziegel und Sparren abgerissen hatten, drangen sie in das Gebäude ein und suchten es in Brand zu setzen. Kurz darauf entfernten sich die nicht ortsansässigen Ruhestörer mit ihren Wagen. Der Zeuge Kh. wurde auf den aus der Synagoge aufsteigenden Rauch aufmerksam, betrat den Innenraum und löschte das Feuer. Während dieser Geschehnisse sammelte sich noch keine Menschenmenge an.

Am späteren Vormittag, etwa gegen 11 Uhr, besahen sich einzelne Dornheimer Bürger die angerichtete Zerstörung. Unter den drei bis vier Einwohnern, die sich kurze Zeit aufhielten, war der Angeklagte F. Im Beobachten des beschädigten Dachs kam ihm der Gedanke, daß Sparren und Ziegel für ihn brauchbar seien. Er stieg hinauf, riß Latten und Ziegel ab, lud sie auf einen Handwagen und brachte sie nach Hause. Der Angeklagte H. Sch. bemerkte sein Tun [...] und stellte fest, daß der Giebel schwankte und einzustürzen drohte. Um die Synagoge spielende Kinder schienen ihm gefährdet. Er stieg zusammen mit A. Sch. hinauf und riß den Giebel ein. Gegen Mittag kehrten die auswärtigen SA-Leute auf kurze Zeit zurück. Sie stießen mit Holzstangen die Vorderwand der Synagoge ein und forderten danach Umstehende auf, am Abend die Judenwohnungen heimzusuchen.

Am Nachmittag des 10. November wurde der damals als Gendarmeriebeamter in Groß-Gerau stationierte Angeklagte Kr. von dem dortigen Gendarmeriemeister H., der inzwischen verstorben ist, beauftragt, in Dornheim die dort wohnhaften männlichen Juden zwischen 16 und [60] Jahren in Schutzhaft zu nehmen. Er solle sich von dem dortigen Bürgermeister einen ortsansässigen Begleiter zuweisen lassen. Kr. fuhr auftragsgemäß nach Dornheim, suchte den Bürgermeister auf und unterrichtete ihn von seiner Aufgabe. Der Bürgermeister ordnete ihm den auf der Bürgermeisterei anwesenden Angeklagten Gemeinderechner M. zu. Kr. und M. machten sich gegen 16 bis 17 Uhr auf den Weg ins Dorf, holten die jüdischen Einwohner Nassauer, Bendorf, Silbermann und Strauß ab, die gutwillig mitgingen, und brachten sie in das Schulhaus. Die Inhaftierung der Juden zog noch keine Menschenmenge an. Auf Weisung von Gendarmeriemeister H., der um diese Zeit auch persönlich in Dornheim erschien, übernahmen Feuerwehrleute die Aufgabe, vor der Schule Posten zu stehen. [...]

Gegen Abend erschien der Führer der Dornheimer SA, Schulze, der nicht mehr lebt, bei dem damaligen Bürgermeister von Dornheim, dem Zeugen Altbürgermeister Metzger. Er teilte dem Bürgermeister mit, am Abend werde eine Aktion gegen die Juden vor sich gehen, er habe den Befehl, sie durchzuführen. Metzger möge nicht aus dem Hause gehen, sonst geriete er in Verwicklungen mit der NSDAP. Metzger hielt sich an die Anweisung.

Um 20 Uhr setzten dann die Zerstörungen in den jüdischen Wohnungen ein. Gejohle, der Lärm fallender Möbel und das Klirren von Glas und Porzellan brachte alsbald einen großen Teil der Dornheimer Bevölkerung auf die Straße. Man staute sich vor den Judenhäusern, viele betraten auch die Innenräume, sahen sich dort um und beteiligten sich an den Demolierungen oder nahmen Eigentum der Juden an sich. Bis gegen Mitternacht dauerten die Ansammlungen an, auch die Ausschreitungen setzten sich fort, zeitweise abflauend, zeitweise wieder aufflammend.

Schon um 20 Uhr oder kurz danach fanden sich in der Menschenmenge mehrere der Angeklagten. So machte sich der Angeklagte J. unmittelbar nach dem Beginn der Aktion auf den Weg. Er betrat den Hof des Hauses Nassauer, in dem die ab- und zuströmende Menge mit vereinten Kräften zerstörte, und stand dort eine zeitlang bei dem SA-Führer Schulze. Danach suchte er mit zahlreichen anderen, darunter auch dem Angeklagten L., das Anwesen Dahlerbruch, Gernsheimer Straße, auf, ging dort die Treppe hoch und hielt Umschau.

Im Hause Dahlerbruch, Gernsheimer Straße , war auch der Angeklagte W. Er kam mit einer Horde anderer aus der Richtung des Nassauerschen Anwesens, trug einen Bengel auf der Schulter und schlug damit gegen das noch verschlossene Hoftor. Das Tor, das alt und mürbe und dessen Schloß schlecht war, gab sofort nach und ging auf. Die Menge strömte hinein, zertrümmerte Mobiliar und Geschirr, schlitzte die Federbetten auf und warf sie auf die Straße, räumte die Schränke aus und zertrampelte Wäsche und Kleider.

Der Angeklagte L. beteiligte sich intensiv an den Ausschreitungen. Er gesellte sich nach 20 Uhr aus Neugierde zunächst zu einer Menschenmenge an der Synagoge, vor der Jugendliche ein Feuer aus Büchern und Papieren der israelitischen Gemeinde unterhielten. Die Synagoge selbst wurde von etwa 20 Einwohnern mit Haken eingerissen. [...]

Der Angeklagte W. betrat während des Tumults nacheinander die Wohnungen Bendorf, Nassauer und Dahlerbruch (Gernsheimer Straße). Am Haus Dahlerbruch, Mainzer Straße, stand er nur außen. Im Hause Bendorf warf W. Tassen und Teller zu Boden. Im Hause Nassauer, in dem sich um diese Zeit über 40 Personen befanden und in dem es polterte, hielt sich W. nur kurz auf. Im Hause Dahlerbruch, Gernsheimer Straße, flutete eine große Menschenmenge ein und aus, die Zerstörungen waren in vollem Gange. W. beteiligte sich dort nicht an der Demolierung, sondern stand lediglich auf der Treppe. Am Hause Dahlerbruch, Mainzer Straße, sah W. von der Straße aus den Angeklagten L. durch das Fenster einsteigen. Als ihm von oben Federn aus einem Bett auf den Kopf fielen, wandte er sich um und entfernte sich. [...]

Der Angeklagte R., von Radau auf der Straße aufmerksam gemacht, ging nach dem Abendessen durch die menschenüberfüllten Straßen, gelangte bis zum Hause Bendorf und betrat mit vielen anderen den Hof, der voller Wäschestücke und Hausrat lag. Er nahm einen Wassertopf, eine Zinkschüssel, ein Bettuch, einige Handtücher und Servietten an sich, packte sie in einen Wäschekorb und brachte sie nach Hause. Den Wäschekorb lieferte er noch 1938 wieder ab, alle übrigen Dinge gab er erst im Laufe des Vorverfahrens heraus.

Die Angeklagten M. und E. Sch. waren abends gegen 20 Uhr zum Wurstholen im Dorf unterwegs. Von Lärm und Poltern angelockt sahen sie am Hause Bendorf zu, wie Gegenstände aus dem Fenster flogen und wie andere Frauen Sachen aus dem Hofe mitnahmen. M. Sch. ergriff Nähgarn und Hemden, die am Tor lagen, und ging mit E. Sch., die am gleichen Platz Wäsche an sich brachte, weiter zum Anwesen Nassauer. Dort wurden gerade Sofa und Stühle aus dem Haus getragen und im Hof angezündet. Die beiden Frauen betraten den Hof, erblickten einen Koffer aus Rohrgeflecht, hielten ihn, ohne seinen Inhalt zu kennen, für mitnehmenswert und verbargen ihn zunächst in einem Gebüsch auf der nahegelegenen Gänsweide. Als M. und E. Sch., begleitet von ihren Männern, nach 23 Uhr auf dem Rückweg von einer Gastwirtschaft wiederum am Hause Nassauer vorbeikamen, sahen die beiden Frauen trotz Einwendungen ihrer Männer nach dem versteckten Korb; er war verschwunden. Während die Männer vorausgingen, betraten die Frauen nochmals das Anwesen Nassauer selbst und nahmen aus einem Zimmer Silbergegenstände an sich. M. Sch. entwendete eine Milchkanne, eine Kaffeekanne, Eierbecher, Eierständer und Eierständeruntersatz, E. Sch. eine Kaffeekanne, eine Milchkanne, eine Zuckerdose und ein Tablett. In den folgenden Tagen lieferte M. Sch. die aus dem Hofe Nassauer entwendeten Hemden wieder ab. Die silbernen Gegenstände behielt sie, vergrub sie beim Einmarsch der Amerikaner im Garten und gab sie erst im Zuge der Ermittlungen in diesem Verfahren heraus. E. Sch. behielt 1938 von dem fremden Eigentum lediglich das Silbertablett zurück. Es wurde im Vorverfahren sichergestellt. [...]

Der Angeklagte M. vernahm, während er gegen 20 Uhr beim Abendessen saß, Lärm auf der Straße. Aus dem Fenster blickend bemerkte er eine rennende Menschenmenge. Er ging auf die Straße und fragte Vorüberkommende, was es gäbe, und hörte, daß die Einrichtungen in den Judenwohnungen zerschlagen würden. Er machte sich sofort zum Bürgermeister auf und bat ihn, die Gendarmerie in Groß-Gerau anzurufen, damit eingegriffen werde. Im Laufe des späteren Abends trafen dann auch Gendarmeriemeister H. und Wachtmeister K. ein. Die Gendarmen beauftragten den Angeklagten M. als Feuerwehrkommandanten, Feuerwehrmänner herbeizuholen, um die heimgesuchten Wohnungen abzusperren. M. machte sich in Uniform ins Dorf auf, um seine Leute zu alarmieren. Auf der Suche nach den in Frage kommenden Männern mischte er sich auch kurz unter die vor der Synagoge versammelte Menschenmenge, in der sich einzelne der Gesuchten aufhielten. M. wies ihnen Posten vor den verschiedenen Judenhäusern zu. Unterwegs stieß er auf den Angeklagten Sch. und beauftragte ihn, in der Gernsheimer Straße Streife zu gehen. [...]

17. Echzell: „Komm her, jetzt kannst Du Dich rächen!"

Aus dem Urteil des Landgerichts Gießen vom 17. September 1947

In den Abendstunden des 8. November 1938[a] sammelte sich vor der Synagoge in Echzell eine ständig wachsende Menschenmenge an, aus der heraus einige Männer, die einzeln nicht ermittelt werden konnten, auftraten und die Türe der Synagoge aufsprengten. Hierauf drang eine Reihe junger Burschen in die Synagoge ein. Sie zerschlugen die gesamte Inneneinrichtung, zerstörten die dem Gottesdienst dienenden Gegenstände und ruhten nicht eher, bis das Innere der Synagoge ein wüstes Trümmerfeld war. Während dieser Aktion war die Menschenmenge zu einem großen Volkshaufen angewachsen, der laut johlend und schreiend vor der Synagoge stand und das Zerstörungswerk der unmittelbar in der Synagoge Tätigen so unterstützend begleitete. Auf weite Entfernung hin war das Toben dieser Masse zu vernehmen. [...]

Nachdem die Inneneinrichtung der Synagoge völlig demoliert war, zog die Menge zu dem Haus der jüdischen Bürgerin Rossmann, um auch hier gegen diese selbst oder ihr Eigentum Gewalttätigkeiten zu begehen. Während sich die Menschen bereits vor dem Haus der Frau Rossmann stauten, kam der Angeklagte B. hinzu. Es war allgemein bekannt, daß er früher in dem Rossmannschen Haus zur Miete gewohnt hatte und daß sowohl zwischen seiner ersten Frau und Frau Rossmann wie aber auch zwischen seiner zweiten Frau und Frau Rossmann erhebliche Streitigkeiten sich abgespielt hatten. Als der Angeklagte B. sich näherte, ertönten daher aus der Menge Rufe wie: „Komm her, jetzt kannst Du Dich rächen", und der Angeklagte B. schloß sich daraufhin der Menge an, von der er wußte, daß sie dabei war, gegen jüdische Bürger und deren Eigentum mit vereinten Kräften gewalttätig vorzugehen. Er drang mit mehreren anderen in die Wohnung der Frau Rossmann ein und trat der hochbetagten Frau, die damals bereits in den achtziger Jahren war, mit dem beschuhten Fuß in das Gesäß. [...]

Der Volkshaufen zog dann zum Haus des jüdischen Bürgers Simon. Auch hier wurden sämtliche Einrichtungsgegenstände kurz und klein geschlagen und zum Teil auf die Straße geworfen. An dem Zerstörungswerk beteiligten sich wiederum die Angeklagten K. und E. In der Menge, die sich vor dem Haus auf der Straße aufhielt und mit anfeuernden Rufen und Gejohle ihre Verbundenheit mit den aus ihrem Schoß hervorgegangenen Akteuren bekundete, befand sich der Angeklagte J. Er hat auch den Hausgang des Simonschen Hauses betreten. Während noch die Zerstörungen in der Wohnung Simon in Echzell im Gange waren, ertönten aus dem Volkshaufen Rufe wie: „Jetzt geht es nach Bisses!" und „Auf nach Bisses!" Die Menge setzte sich daraufhin auch tatsächlich nach dem von Echzell benachbart gelegenen Bisses in Bewegung, wo sie ihr Zerstörungswerk bei dem jüdischen Bürger Sander fortsetzte. [...]

18. Einhausen: Am Ende wird das Wohnhaus angezündet

Aus dem Urteil des Landgerichts Darmstadt vom 23. Oktober 1948

Nachdem bereits am 9. November 1938 an zahlreichen nahegelegenen Orten – Worms, Heppenheim u.a. – im Zuge der sogenannten Vergeltungsaktionen Gewalttätigkeiten gegen die Israeliten erfolgt waren, fanden auch in Einhausen am 10. November 1938 Ausschreitungen statt. Diese richteten sich gegen die Familie des Manufakturwaren- und Lebensmittelhändlers Lösermann, der in Einhausen an der Ludwigstraße seine Wohnung und Geschäft hatte und als einziger Bürger israelitischer Volkszugehörigkeit in Eintracht mit seinen deutschen Mitbürgern seit langem in Einhausen wohnte. Bereits am Vormittag des 10. November 1938 erschienen vier bis fünf Männer in Zivilkleidung – vermutlich Ortsfremde – beim Hause des Lösermann, drangen in dasselbe ein, demolierten die Einrichtung und verschwanden. Auch die Familie Lösermann mußte das Haus verlassen. Am späten Nachmittag des gleichen Tages – es mag gegen 18 bis 19 Uhr gewesen sein – nahmen dann die Ausschreitungen ihren Fortgang. Vor dem Hause Lösermann versammelte sich eine Menschenmenge, die, in ihrem Bestande wechselnd, zeitweilig etwa bis 300 Personen zählte. Aus ihr heraus drangen wiederum vier bis fünf Männer in das Anwesen ein. Schläge, die auf Zertrümmerung schließen ließen, ertönten, Fensterscheiben klirrten, Möbel, Wäsche und andere Gegenstände flogen zum Fenster heraus. Zwischendurch trat zwar Ruhe ein, jedoch wurde das Vernichtungswerk vor den Augen der Menge immer wieder fortgesetzt, bis schließlich gegen 22 bis 23 Uhr vom Hofe aus zuerst der Schuppen und alsdann das Wohn- und Geschäftshaus des Lösermann in Brand gesetzt wurde und bis auf die Mauern niederbrannte, was bis tief in die Nacht hinein andauerte. Als gegen 23 Uhr Feueralarm gegeben wurde, rückte die Ortsfeuerwehr an. Diese richtete die Löschmaßnahmen im wesentlichen auf die gefährdeten Nachbarhäuser und rückte ab, nachdem eine Gefährdung ausgeschlossen schien. [...]

19. Ellar: Ein Landwirt nimmt eine jüdische Familie auf

Aus dem Urteil des Landgerichts Limburg vom 15. November 1948

Am 11. November 1938[a] fanden auch in Ellar, Kreis Limburg, wie im ganzen Deutschen Reich Ausschreitungen gegen Juden statt. An diesen Ausschreitungen war weniger die einheimische Bevölkerung beteiligt; vielmehr waren auf zwei Lastautos Personen von auswärts, anscheinend aus Limburg, gekommen, die die Rädelsführer und Hauptbeteiligten waren. Einer von diesen Lastwagen war von dem Viehhändler N. aus Neukirchen gefahren worden. Die Demonstranten leuchteten zunächst mit Scheinwerfern die Häuser der Juden ab. Sodann begann die Menge, die mit Knütteln und Stöcken bewaffnet war, mit Steinen die Fenster einzuwerfen und die Haustüren zu erbrechen. Die Juden konnten teilweise flüchten, teilweise wurden sie von der Menge auf die Straße gezerrt und verprügelt. Die Menge drang auch in die Häuser ein, demolierte die Inneneinrichtungen und eignete sich Gegenstände in den Häusern an. Die betreffenden Juden flüchteten, sobald sie konnten, zum Wohnhaus des damaligen Bürgermeisters Bausch und baten ihn um Schutz. Dieser räumte ihnen in seinem Hause eine geheizte Stube ein, in der sie vor den Angriffen der Menge sicher waren.

Der Landwirt B. hatte in den frühen Abendstunden des 11. November 1938 die Familie des jüdischen Pferdehändlers Lippmann aus Limburg, die sich wegen Ausschreitungen gegen Juden in Limburg nach Ellar geflüchtet hatte, in seinem Hause aufgenommen. Nach dem gemeinsamen Abendessen legte B. sich frühzeitig zu Bett, da er wegen der Erkrankung eines Pferdes die Nacht vorher gewacht hatte und deshalb sehr müde war, und schlief nach kurzer Zeit ein. Bis dahin war im Dorf noch alles ruhig gewesen. Die Familie Lippmann blieb noch in der Küche mit den Angehörigen des B. zusammen.

Nach einiger Zeit, als es bereits vollkommen dunkel geworden war, wurde B. von seiner Schwester geweckt, die ihn auf die Vorgänge auf der Straße aufmerksam machte. B. konnte von seinem Fenster aus sehen, wie die Häuser der Juden in der Nachbarschaft abgeleuchtet wurden und wie die Volksmenge gegen die Juden und ihr Eigentum vorging. In der Volksmenge bemerkte B. auch den Angeklagten, der sich an den Ausschreitungen beteiligte.

Als die Aktion gegen die noch ortsansässigen Juden beendet war, kam die Menge in B.'s Hof. Unter ihr befand sich auch der Angeklagte, der B. bedrohte und von ihm die Herausgabe der aufgenommenen Familie Lippmann forderte. Als B. zunächst die Anwesenheit der Juden abstritt, forderte der Angeklagte ihn auf, die Haustür zu öffnen und die Juden herauszugeben, andernfalls werde man Gewalt anwenden. Da B. die Vorgänge bei den anderen Häusern beobachtet hatte, gab er aus Furcht nach und öffnete die Haustür. Die Menge, unter ihnen auch der Angeklagte, drang in das Haus ein und schleppte die Juden aus dem Keller, wohin sie sich geflüchtet hatten, heraus auf die Straße, mißhandelte sie und führte sie fort. Nach kurzer Zeit kamen jedoch die meisten aus der Menge zurück und begannen, die Fensterscheiben an B.'s Haus einzuwerfen. Schließlich drangen etliche in das Haus ein. B., der nur mit Hemd, Unterhose und Strümpfen bekleidet war, wurde von einem Unbekannten ergriffen und durch das Fenster auf den Hof gestoßen, wo ihn die Menge in Empfang nahm, durchprügelte und in Richtung zum Bürgermeisteramt abführte. Auch diesmal befand sich der Angeklagte wieder unter der Menge.

Der Bürgermeister Bausch wollte sich um diese Zeit davon überzeugen, ob noch Ausschreitungen im Dorf stattfanden, und hatte deshalb mit dem Gendarmeriewachtmeister L. einen Rundgang durch das Dorf begonnen. Als sie in die Nähe von B.'s Hof kamen, kam ihnen die Menge mit B., den zwei Männer unter die Arme gefaßt hatten und führten, entgegen. Als die Menge den Polizeibeamten und den Bürgermeister erkannte, wich sie zurück und ließ B. los. Dieser wandte sich darauf an den Bürgermeister um Schutz und Hilfe. Er wurde dann ebenfalls zum

Wohnhaus des Bürgermeisters in die Stube gebracht, in der sich bereits die Juden befanden.

Da es B. in seinem halbbekleideten Zustand in der Stube auf die Dauer zu kalt wurde, stellte er sich an den Ofen. Auch bat er den Bürgermeister, ihm Kleidungsstücke aus seiner Wohnung holen zu lassen. Der Bürgermeister lehnte jedoch die Bitte ab, hatte aber nichts dagegen, daß einer der anwesenden Juden B. eine überzählige lange Hose gab. B. zog sie sich auch gleich an. Diese Vorgänge wurden von der vor dem Hause wartenden Menge durch das Fenster beobachtet.

Kaum hatte B. die Hose angezogen, da wurde er von dem plötzlich in die Stube kommenden Angeklagten auf den Hausflur gezerrt. Draußen wurde ihm von diesem die Hose gewaltsam heruntergerissen. B. war in dem Moment durch all die vorhergegangenen Ereignisse so benommen und eingeschüchtert, daß er widerstandslos alles über sich ergehen ließ. Nachdem der Angeklagte ihm die Hose ausgezogen hatte, stieß er B. wieder in die Stube zurück. [...]

20. Frankfurt: „Eine mitreißende Demonstration“

A

Verlautbarung des Nationalsozialistischen Gaudienstes Hessen-Nassau vom 10. November 1938

Schon bald nachdem in der Gauhauptstadt die traurige Kunde, daß Ernst vom Rath seinen Verletzungen durch den jüdischen Revolveranschlag erlegen sei, bekannt wurde, machte sich in allen Teilen der Stadt eine starke Volksbewegung bemerkbar. Tief erschüttert über dieses neue jüdische Opfer kam es zum Teil noch in der Nacht zu gewaltigen Demonstrationen als spontaner Ausdruck gegen die Juden und ihre in aller Welt gegen Deutschland entfachte Hetze. In den frühen Morgenstunden nahm diese Volksbewegung immer größere Umfänge an. Auf den Straßen der Gauhauptstadt Frankfurt strömten Zehntausende zusammen, die gegen Mittag in so unermeßlichen Scharen die Straßen füllten, daß der Fahrverkehr nur unter großen Schwierigkeiten aufrechterhalten werden konnte. Die Menschenmassen forderten in ihren Rufen Rache für den jüdischen Meuchelmord in Paris und verlangten in ununterbrochenen Sprechchören die Entfernung der Juden aus Deutschland. Die jüdischen Geschäfte wurden von den Massen der aufs tiefste erregten Männer und Frauen gestürmt. Trotz der außerordentlich großen Erbitterung, die dem jüdischen Treiben ein für allemal Einhalt gebieten wollte, kam es nirgendwo zu Plünderungen. Sämtliche Frankfurter Synagogen fielen der allgemeinen und von allen Bevölkerungsschichten getragenen mitreißenden Demonstration zum Opfer.

Die Bevölkerung der Gauhauptstadt hat trotz der jahrelangen jüdischen Hetze im Ausland Disziplin gehalten. Sie hat den Mord an Wilhelm Gustloff durch den Juden Frankfurter mit verhaltenem Zorn hingenommen. Als aber vom Rath als der zweite Deutsche im Ausland von einem Juden niedergestreckt wurde, brach die Bevölkerung von Frankfurt in einem Sturm der Empörung und Entrüstung gegen die auf, die jahrzehntelang das Gastrecht in Deutschland mißbraucht haben. Die deutsche Langmut fand nach dieser zweiten Mordtat in einer gewaltigen Demonstration aller Volksteile ein Ende. Für jüdische Mörder und ihre Genossen ist in Frankfurt am Main ein für allemal kein Platz mehr. [...]

B

Aus dem Urteil des Landgerichts Frankfurt a.M. vom 23. April 1953

Auch[a] in Frankfurt am Main rief die Kreisleitung der NSDAP am Vormittag des 10. November 1938 verschiedene Organisationen und Parteifunktionäre in Zivil auf die Straße, wo sie „Volk spielen" und Sprechchöre wie „Deutschland, erwache!" und „Juda, verrecke!", „Die Juden sind unser Unglück!" und „Nieder mit Juda!" erschallen lassen sollten. Zugleich erging an die Polizeiorgane ein Stillhaltebefehl des Reichssicherheitshauptamtes, und „zur Aufrechterhaltung der Ordnung und Sicherheit" wurden bei Geschäftsbeginn alle jüdischen Ladengeschäfte geschlossen. Im Laufe des Vormittags wälzten sich aufgeputschte Menschenmassen durch die Straßen. Wo sich ein - auch für Ortsunkundige im Zweifel durch die heruntergelassenen Rolläden erkennbares - jüdisches Geschäft befand, entstanden bald Tumulte. Die Menschenmenge drang in diese Geschäfte ein und zerstörte sie in barbarischer Weise. Auch jüdische Wohnungen wurden „gestürmt", große Sachwerte sinnlos vernichtet und teilweise die Bewohner vertrieben. Sogar vor den Gotteshäusern machte die Menge nicht halt. Die Synagogen wurden erbrochen, ihre Einrichtungen zerstört und meistens auch in Brand gesetzt. Zu der Menge, die sich an diesem Vormittag „Volk spielend" auf der Straße befand, gehörten die drei Angeklagten und fast alle Zeugen. [...]

Am Vormittag des 10. November 1938 rief die Kreisleitung der NSDAP (DAF) gegen 8.30 Uhr den Angeklagten V. im Betriebsbüro an und forderte ihn auf, sich mit einer Gruppe von Betriebsangehörigen geschlossen an der „Judenaktion" unter dem Rufen von Sprechchören zu beteiligen. V. veranlaßte hierauf zunächst nichts. Innerhalb einer Stunde wiederholte sich der Anruf jedoch noch zweimal, und jedesmal wurde der Ton der Aufforderung schärfer. V. besprach die Lage daraufhin mit dem stellvertretenden Betriebsobmann, dem Zeugen D. [...] Durch ein Fenster beobachteten beide, wie sich große Menschenmengen durch die Mainzer Landstraße in Richtung Stadtmitte bewegten, dabei erregt diskutierend und von Zeit zu Zeit antisemitische Hetzrufe ausstoßend. V. vermutete, daß im Werk jemand saß, der heimlich die Kreisleitung von dem Geschehen in der Firma informierte; nur so konnte er sich die kurz aufeinander folgenden Anrufe erklären. Er glaubte auch, selbst bei der Partei nicht mehr gut angeschrieben zu sein, weil er nicht straffer durchgriff und bekannte ehemalige Antifaschisten weiter beschäftigte oder neu einstellte. Um ihm selbst und der Firma drohenden Weiterungen zu entgehen, hielt er es deshalb für richtig, der telefonischen Anordnung Folge zu leisten.

Er beauftragte D., etwa 20 ruhige Leute, möglichst Angehörige der NSDAP oder Mitglieder des Vertrauensrates, in das Betriebszellenbüro zu bestellen. [...] Als ein Teil von ihnen im Betriebszellenbüro versammelt war, gab ihnen V. die Anordnung der Kreisleitung bekannt und teilte mit, daß der Ruf „Deutschland, erwache!" und „Juda, verrecke!" im Sprechchor erschallen müsse. Darauf ließ er die Versammelten mindestens einmal diesen Schmähruf im Chor wiederholen. Im Laufe der Instruktion teilte er den Anwesenden die Ermordung des vom Rath mit, sprach von der „Volksempörung" und sagte: „Wir werden jetzt einen Spaziergang durch die Stadt machen und Volk spielen." Sodann warnte er die Versammelten eindringlich, zu plündern, insbesondere in Geschäfte zu gehen und dort etwas aufzuheben. Nunmehr begab sich die Gruppe auf den Weg in die Innenstadt. Am Güterbahnhof kamen noch einige Nachzügler hinzu, und inmitten der Menschenmenge bewegten sich die Betriebsangehörigen, ohne jede Ordnung auf dem Bürgersteig laufend, zum Opernplatz und von dort durch die Goethestraße zur Hauptwache. Unterwegs erschallten aus der Menge heraus die befohlenen Sprechchöre, und auch die Gruppe V. fiel darin ein. Man kam an vielen jüdischen Geschäften und Wohnungen vorbei, die sämtlich ein Bild der Verwüstung boten. Die Menge steigerte sich in eine psychotische Erregung hinein, und die Gruppe V. ward Zeuge vieler Ausschreitungen gegen das Eigentum jüdischer Bürger. Von der Hauptwache lief die Gruppe durch die Große Eschenheimer Straße in Richtung Eschenheimer Turm. Etwa in Höhe des ehemaligen Völkerkunde-Museums (Palais der Familie Thurn und Taxis) fuhr ein Dreitonner-Lastkraftwagen [...] der TN-GmbH vorbei mit dem Zeugen W., einem 1932er Parteigenossen und NSKK-Mann, am Steuer. Der Angeklagte V. ließ den Wagen anhalten und befahl, hinten aufzusteigen. Die ganze Gruppe bestieg die leere Pritsche des Wagens, und eine Anzahl unbekannter junger Leute stieg sofort ebenfalls auf. Sodann fuhr der Wagen geradeaus in Richtung Eschersheim die Eschersheimer Landstraße hinauf.

V. saß neben dem Zeugen W. im Führerhaus des Wagens und bestimmte die Fahrtrichtung. In Höhe der Melemstraße ließ er W. anhalten, stieg aus und ging zu einem an der Ecke befindlichen jüdischen Zigarettengeschäft. Zugleich war ein Teil der auf der Pritsche des Wagens stehenden Leute abgesprungen, lief ebenfalls zu dem Geschäft und machte sich dort zu schaffen. Mit den Leuten aus dem Lastkraftwagen der TN liefen andere Leute hinzu und begannen zusammen mit denen aus dem Wagen mit der Zerstörung des Ladens. [...] Als das Zerstörungswerk in vollem Gang war, befahl V. den Leuten von dem Lkw, wieder aufzusteigen, und ließ weiterfahren.

Die Fahrt ging durch Eschersheim nach Heddernheim. Hier ließ V. vor der jüdischen Metzgerei May anhalten. Eine Gruppe aus dem Wagen lief zu dem Geschäft. Auch V. stieg aus und ging dorthin. Die Gruppe schlug mit verschiedenen schnell gefundenen Gegenständen auf die heruntergelassenen Läden ein, wodurch diese erheblich beschädigt wurden. Einige Leute aus der Gruppe V. drangen auch in das Geschäft und die dahinterliegende Wohnung ein. Einer der Herauskommenden erzählte später, die jüdischen Geschäftsleute hätten noch im Bett gelegen. Nach

Abb. 12 Die brennende Synagoge in Frankfurt am Börneplatz

kurzer Zeit hieß V. alle aufzusteigen. Er setzte sich wieder neben den Fahrer und ließ nun den Wagen durch Ortskundige zu der in einer Nebengasse gelegenen Heddernheimer Synagoge dirigieren. Vor dem Anwesen befahl er allen auszusteigen. [...]

Die Synagoge in Heddernheim war ein kleines einstöckiges Holzhaus von etwa 50 Quadratmeter Grundfläche, das im Hofe schräg hinter einem an der Straße gelegenen Haus stand. Sie war durch eine neben dem Vorderhaus befindliche breite Toreinfahrt zu erreichen. Ihr Inneres war in einen kleinen Vorraum und den eigentlichen Gebetsraum unterteilt, in dem sich etwa 10 bis 20 Sitzbänke und einige Stühle sowie die übliche Einrichtung befanden. Die Gruppe lief nun durch die Toreinfahrt auf die Synagoge zu. Einer der Vordersten rief dem hinten laufenden R. zu, er möge einen Hammer holen. Dieser ging darauf zum Wagen zurück [...] und holte den Hammer aus dem Werkzeugkasten des Lastwagens. Sodann begab er sich zu den übrigen in die Synagoge, wo sich auch die Angeklagten befanden. Hier wurde das Inventar durcheinandergeworfen, Zylinderhüte, Steine und Holzknüppel flogen durch die Luft, Vorhänge waren und wurden herabgerissen, Gebetbücher und Rollen aus den Fächern geholt, zerrissen, auf die Erde geworfen und sonst zerstört. L. ergriff ein Gebetbuch und warf es auf die Erde, nachdem er kurz hineingesehen hatte. Auch eine Bank stieß er zur Seite, als er durch die Synagoge ging. Schon nach wenigen Minuten durchzogen dichte Staubwolken den Raum. Auf einmal erscholl der Ruf „Feuer anlegen!“ Nun machte L. den Angeklagten S. und dieser entsprechend der Bitte des L. den Angeklagten V. darauf aufmerksam, daß in Heddernheim zunächst nur die Freiwillige Feuerwehr eingreifen könne und deshalb wegen der mangelhaften Ausrüstung und Alarmbereitschaft derselben Feuersgefahr für die umliegenden Anwesen bestehe. Aus diesem Grunde verbot V. eine Brandlegung. Kurz darauf ließ er die Leute wieder aufsteigen und setzte die Fahrt fort in Richtung Praunheim.

Unweit seiner Wohnung ließ er in der Römerstadt („An der Ringmauer“) nochmals anhalten. Er stieg aus und ging zur Rückseite des Wagens. Hier befahl er: „Ein paar Mann mitkommen!“ Als sich darauf viele Leute anschickten, ihm zu folgen, sagte er: „Nicht so viel, drei, vier Mann genügen!“ Mit einigen Leuten [...] ging nun V. beiseite und erteilte ihnen einen Auftrag. Hierauf entfernten sich die Leute in Richtung auf die etwa 200 Meter entfernt liegende Wohnung eines jüdischen Arztes. Der Zeuge R. folgte [ihnen] und sah, daß sie in den Garten des fraglichen Anwesens eindrangen und mit Steinen die Fenster einwarfen. Auch R. nahm einen Stein und lief hinzu. Als er aber die weinenden Gesichter der Wohnungsinhaber hinter den Fenstern sah, erfaßte ihn das Mitleid, und er ging zurück, ohne einen Stein geworfen zu haben. Unmittelbar nach ihm kamen die anderen zurück, und einer prahlte, er habe mit einem Stein ein Loch in eine Scheibe geworfen, das genau der Größe des Steins gleich gewesen sei. Ein anderer sagte: „Na, denen haben wir die Scheiben schön eingeworfen.“ V. war während dieser „Aktion“ beim Wagen stehengeblieben, nachdem er den Leuten das fragliche Anwesen gezeigt hatte. Als alle Leute zurück waren, befahl er, nun zum Werk I zu fahren, wo die Gruppe gegen 12.30 Uhr mittags ankam. [...]

21. Groß-Auheim: SA-Kommandos sollen „Durcheinander“ stiften

Aus dem Urteil des Landgerichts Hanau vom 5. August 1949

In den Nachmittagsstunden des 10. November 1938 fand in dem ehemaligen Jakob-Sprenger-Haus in Hanau, der Versammlungsstätte der NSDAP, eine von dem Landrat einberufene, sogenannte Kommunalpolitische Tagung statt, an der die Bürgermeister und Gemeinderäte des Landkreises Hanau teilnahmen. Während einer Pause dieser Veranstaltung versammelte der damalige Kreisleiter, der Zeuge Max Else, einen Teil der Bürgermeister, die auch zugleich Ortsgruppenleiter waren – unter ihnen auch den Angeklagten S. –, um sich und gab ihnen die Weisung der Parteileitung zur Durchführung von „Judenaktionen“ bekannt. Er will zwar weder Einzelheiten noch Erläuterungen hinzugefügt haben, es kann aber keinem Zweifel unterliegen, daß sich die anwesenden Ortsgruppenleiter auf Grund ihrer jahrelangen Schulung im Kampf gegen das Judentum über die Ausführung der ihnen erteilten Weisung im klaren waren.

Der Angeklagte S. fuhr nach Beendigung der Tagung etwa gegen 17.00 Uhr nach Groß-Auheim zurück, rief den Angeklagten W. als den höchsten örtlichen SA-Führer auf dessen Arbeitsstelle, der Firma Brown & Boveri, an und bestellte ihn mit einigen SA-Männern zu sich. W. verständigte hierauf die ebenfalls in seinem Betrieb beschäftigten Angeklagten K. und N. und begab sich mit ihnen zu S. Dort trafen sie außer diesem noch einen weiteren SA-Angehörigen [...] und den Angeklagten Dr., der politischer Leiter war.

Der Angeklagte S. unterrichtete die Anwesenden über den ihm erteilten Befehl und bestimmte, daß sich die Angeklagten K. und N. zu dessen Durchführung in die Wohnung der Eheleute Baum begeben sollten, während W. und D. den Auftrag erhielten, die Räume der Familie Hirschmann aufzusuchen. Die angegebenen Wohnungen lagen in der Hauptstraße. Die eingeteilten Kommandos sollten an beiden Plätzen „Durcheinander" stiften und die Fensterscheiben einschlagen.

Auf den Hinweis einiger Beteiligten, ob sie sich durch ihre Handlungsweise nicht der Gefahr einer strafgerichtlichen Verfolgung aussetzen würden, beruhigte sie S. dahingehend, daß die Polizei ausgeschaltet sei. Die beiden Trupps verließen daraufhin das Bürgermeisteramt.

Den Angeklagten K. und N. wurde auf ihr Schellen von der inzwischen verstorbenen Ehefrau Baum geöffnet, und beide begaben sich in deren Wohnung, nachdem K. die Vorplatztüre hinter sich abgeschlossen hatte. Mit beiden Angeklagten war eine weitere, heute nicht mehr genau feststellbare Anzahl von Personen in das Haus eingedrungen, die sich während des nun beginnenden Zerstörungswerkes auf der Treppe aufhielten. Andere Schaulustige standen auf dem Hof des Grundstükkes und der Straße.

Nachdem K. und N. zuerst die Fensterscheiben und das vorhandene Porzellan zerschlagen hatten, zerstörten sie mit Ausnahme der Küche nahezu die gesamte Wohnungseinrichtung, so das Büfett, sämtliche vorhandenen Stühle, die Beleuchtungskörper, den Radio-Apparat, eine Wanduhr, die Schreibmaschine, einen Spiegelschrank im Schlafzimmer und die dort stehende Waschtoilette. Kissen und Bettbezüge wurden durch die umherfliegenden Glassplitter aufgeschlitzt. Ein Bild des Sohnes der Eheleute Baum zerrissen die Täter trotz der Bitten der Mutter in kleine Stücke und übergossen diese mit Tinte, die sich ferner auch über den Teppich und die Tischdecke ergoß. Nach etwa 15 Minuten verließen die Angeklagten K. und N. den Schauplatz ihrer Ausschreitungen und begaben sich nach Hause. [...]

Über die Tätigkeit des zweiten, von S. eingeteilten Kommandos standen keine Zeugenaussagen zur Verfügung. Das Gericht war daher insoweit lediglich auf die Darstellung des Angeklagten W. angewiesen. Als er gemeinsam mit D. zu dem Hause Hirschmann gekommen sei, habe dort völlige Ruhe geherrscht. Als einzige Zerstörungshandlung will er lediglich eine eingeschlagene Fensterscheibe festgestellt haben. Auf ihre Aufforderung sei ihnen von dem Eigentümer geöffnet worden, und er, W., habe dann in der Wohnung nur einen Schrank „umgelegt", während D. eine Bettstelle „ausgehängt" habe. Anschließend hätten sie, angewidert von dem ihnen zuteil gewordenen Auftrag, das Grundstück durch den Garten wieder verlassen, ohne irgendein Aufsehen zu erregen. Es kann zwar fraglich erscheinen, ob sich W. und D. wirklich in der von dem ersteren geschilderten Weise verhalten und damit derartig unvollkommen den ihnen erteilten Befehl ausgeführt haben, mangels des Vorliegens anderer Beweismittel waren aber weitergehende Feststellungen nicht möglich.

Ähnlich verhält es sich mit dem dem Angeklagten Dr. zur Last gelegten Tatbeitrag. Er will einige Zeit nach dem Weggang der beiden Trupps von S., der dies insoweit bestätigt hat, beauftragt worden sein, bei Hirschmann „nach dem Rechten" zu sehen. Als er dort angekommen sei, habe er niemanden mehr angetroffen und nur bemerkt, daß in dem Laden alles durcheinandergelegen habe. Bei dem Versuch, ein Regal mit Eisenwaren zur Seite zu schieben, sei dieses umgefallen und habe ihn noch am Arm verletzt. Die Vornahme irgendwelcher Zerstörungshandlungen stellt er unwiderlegt in Abrede.

Unabhängig von den Vorgängen am Spätnachmittag und nicht nachweisbar beeinflußt von dem Angeklagten S. drang um die Mitternachtsstunde des gleichen Tages eine größere Anzahl von Personen in das Anwesen der jüdischen Familie Hirschmann ein und zerstörte dort die im Erdgeschoß gelegene Ladeneinrichtung sowie große Teile der im ersten Stock befindlichen Wohnung. Auf die Hilferufe des inzwischen verstorbenen Ehemannes Hirschmann eilte der in der Nachbarschaft wohnende Zeuge Dr. med. W. herbei und gebot Ruhe. [...]

Zumindestens Teilnehmer dieser Menschenmenge waren aber auch, wie sich aus ihren eigenen Einlassungen in Verbindung mit verschiedenen Zeugenaussagen ergibt, die Angeklagten Sch. und M. Der Angeklagte Sch. war der örtliche HJ-Führer. Er will sich auf dem Heimweg von einer Turnstunde befunden und auf die Hilferufe des alten Hirschmann in dessen Wohnung begeben haben, um Abhilfe zu schaffen. Mit den Zerstörern habe er nichts zu tun gehabt. Seinem Vorbringen stehen die glaubhaften Bekundungen der Zeugen Georg B. und Alfred E. gegenüber. [...]

Der Angeklagte M., Parteimitglied und Angehöriger der SA seit dem Jahre 1931, war 1938 bei der Firma Siebert in Hanau als kaufmännischer Angestellter beschäftigt. Er will nach Arbeitsschluß zu seiner damaligen Braut nach Niederrodenbach gefahren und etwa gegen 23.30 Uhr an seinen Wohnort Groß-Auheim zurückgekehrt sein. Erst in der Gaststätte Schleucher, in der er noch ein Glas Bier habe trinken wollen, habe er von dem dortigen Wirt Einzelheiten über die stattgefundenen Vorgänge erfahren. Als er daraufhin noch einmal durch den Ort gefahren sei, um sich die einzelnen Schauplätze anzusehen, habe ihn plötzlich ein vorbeikommender Trupp SA-Männer zum Mitkommen aufgefordert. Mit diesen sei er dann zu dem Anwesen Hirschmann gelangt, habe auch das Haus betreten und hierbei die vorgekommenen Zerstörungen wahrgenommen, ohne sich jedoch selbst an ihnen zu beteiligen.

Es kann nicht zweifelhaft sein, daß der Angeklagte bereits auf seiner Arbeitsstelle in Hanau von den dort im Laufe des Tages stattgefundenen Ausschreitungen Kenntnis erlangt hatte. Er ist ferner, wie er nicht bestreitet, von Schleucher über die Ereignisse in Groß-Auheim unterrichtet worden. Wenn er sich bei dieser Sachlage ohne zwingende Notwendigkeit einer an ihm vorbeifahrenden SA-Gruppe angeschlossen hat, so ließ er sich hierbei nach der Überzeugung der Strafkammer zumindestens von dem Gedanken leiten, als alter SA-Mann ebenfalls „dabei" sein zu wollen. Daß er lediglich die Absicht verfolgte, Gewalttätigkeiten zu verhindern, ist ihm nicht zu glauben. [...]

22. Groß-Bieberau: Ordnete der Kreisleiter eine „Volksbewegung" an?

Aus dem Urteil des Landgerichts Darmstadt vom 24. Januar 1951

Nachdem die bereits am 9. November 1938 in den Großstädten begonnenen Ausschreitungen gegen das Judentum insbesondere auch durch den Rundfunk bekannt geworden und in aller Munde waren, erschien am späten Vormittag des 10. November 1938 der Regierungsrat Helmreich vom Landratsamt Erbach auf der Kreisleitung Erbach, äußerte dem damaligen Geschäftsführer der Kreisleitung S. gegenüber, daß sie auf der Kreisleitung schliefen, während sich im Kreise große Ereignisse vollzögen, und suchte den Angeklagten Schwinn auf. Helmreich berichtete Schwinn, daß er einen Fernspruch von Berlin bekommen habe, der die Polizei anweise, bei Demonstrationen gegen Juden nicht einzuschreiten, jedoch hervorhebe, daß Tätlichkeiten diesen gegenüber ebenso wie Plünderungen verboten seien.

Auf Anregung Helmreichs entschloß sich der Angeklagte Schwinn, die ihm unterstellten Ortsgruppenleiter der Gemeinden, in denen noch Israeliten wohnten, zu unterrichten, worauf diese im Laufe des Vormittags telefonisch auf nachmittags 15 Uhr zu einer Besprechung auf die Kreisleitung in Erbach bestellt wurden. Nach dem Weggang Helmreichs zeigte sich Schwinn seinem Geschäftsführer S. gegenüber überrascht von der durch Helmreich überbrachten Nachricht und äußerte sich ungehalten darüber, daß er von ihm vorgesetzter Stelle keine Information erhalten habe. Bis gegen Mittag trafen telefonisch übermittelte Nachrichten aus den Gemeinden Reichelsheim und Beerfelden bei der Kreisleitung ein, daß dort Ausschreitungen gegen Juden stattfänden, die Schwinn zu erneuten Unmutsäußerungen wegen Nichtinformierung von höherer Stelle veranlaßten. [...]

[*Bei der Besprechung am Nachmittag hielt*] der Angeklagte Schwinn in sachlichem Ton eine Ansprache, in der er mitteilte, daß es infolge des in Paris durch einen Juden begangenen Mordes an dem Gesandtschaftssekretär vom Rath im Reich und durch Auswärtige auch im Bereich der Kreisleitung zu Demonstrationen gegen die Juden gekommen sei. Er gab weiter der Annahme Ausdruck, daß weitere Aktionen gegen die Juden vorkommen könnten, wies darauf hin, daß die Polizei Weisung habe, dagegen nicht einzuschreiten, betonte, daß die Aktionen einen gewissen Rahmen nicht zu überschreiten hätten, schwere Exzesse, insbesondere Plünderungen, Brandstiftungen und Mißhandlungen, nicht vorkommen dürften und die Partei niemanden in Schutz nehme, der sich an solchen Handlungen beteilige. Er brachte den Anwesenden ferner zur Kenntnis, daß „wir", d.h. die Hoheitsträger der Partei, von der Sache überrascht worden seien, damit nichts zu tun und nicht in Erscheinung zu treten hätten.

Das Ergebnis der Ansprache des Angeklagten Schwinn war, daß die ehemaligen Ortgruppenleiter Moser, Dr. Esser, Ruhmann und der Angeklagte Dingeldein in der Überzeugung nach Hause fuhren, von Schwinn den Auftrag zur Organisierung einer vergeltenden „Volksbewegung“ gegen die Juden erhalten zu haben, in deren Verlauf der Besitz der Israeliten demoliert werden solle, bei der jedoch die Partei als Organisator nicht in Erscheinung treten dürfe, deswegen Zivil getragen werden müsse und der Ortsgruppenleiter im Hintergrund zu bleiben habe. [...] Die ehemaligen Ortsgruppenleiter Trinkaus, Bauer und Rauch sowie der Gendarmeriewachtmeister Klein waren demgegenüber der Auffassung, Schwinn habe sie lediglich über die Ereignisse informiert, das von Auswärtigen in seinem Kreis angerichtete Durcheinander mißbilligt, es als Eingriff in seine Rechte betrachtet, habe zum Ausdruck gebracht, daß sich die Partei herauszuhalten habe und nicht mitmachen solle, wenn es zu weiteren Demonstrationen kommen würde. [...]

Der Angeklagte Dingeldein beauftragte nach seiner Rückkehr aus Erbach den Gemeindediener Volz, alles stehen und liegen zu lassen und die politischen Leiter sofort zu ihm zu bestellen. Bevor diese nach und nach erschienen, unterrichtete Dingeldein seinen Stellvertreter als Ortsgruppenleiter, den im Kriege vermißten Gemeinderechner Schnellbächer, über das, was er der Rede Schwinns als Auftrag entnommen hätte. Den im Vorzimmer des Bürgermeisters versammelten Block- und Zellenleitern, unter denen sich auch der verstorbene NSV-Amtswalter Lehrer Röder und, verspätet eingetroffen, der damalige Ortsbauernführer Reinheimer befanden, erklärte Dingeldein, von Schnellbächer assistiert, daß aus Anlaß der Ermordung des Pariser Gesandtschaftssekretärs vom Rath durch einen Juden auf Weisung des Kreisleiters abends eine Aktion gegen die Juden steige, bei der aber nichts gestohlen werden dürfe. Nach Beendigung der Besprechung hörte Volz, daß man davon redete, es werde etwas gegen die Synagoge unternommen. Die Teilnehmer an der Besprechung begaben sich dann ohne Dingeldein, Schnellbächer und Röder zur Fischbachbrücke. Dies war auch der Treffpunkt für die Parteigenossen und die Angehörigen der Parteiformationen, die im Laufe des Nachmittags und Abends für 20 Uhr in Zivilkleidung bestellt worden waren. [...]

An der Fischbachbrücke hatten sich inzwischen teils auf Bestellung, teils auf Grund des in den frühen Abendstunden durchgesickerten Gerüchts, daß es gegen die Juden gehe, 50 bis 60 Personen eingefunden. Es wurde – vermutlich von Schnellbächer – eine kurze Ansprache an die Versammelten gehalten, in der von dem Mord an dem Gesandtschaftssekretär vom Rath, einer dafür nunmehr stattfindenden Vergeltung an den Juden und deren Eigentum und davon die Rede war, daß die Polizei gegen diese Aktion nicht einschreiten werde, daß jedoch dabei nichts gestohlen werden dürfe. Alsdann trennten sich die Versammelten in der Weise, daß sie sich in grob eingeteilten Gruppen zur Synagoge, zu dem jüdischen Anwesen von Meyer-Levi in der Bachgasse und May in der Lichtenbergerstraße sowie zu der an der Ringstraße unweit des Fischbachs gelegenen Garage des May in Bewegung setzten. [...]

[*Bald darauf*] drang eine Menschenmeute mit wuchtigen Schlägen, denen das Splittern von Glas folgte, in die Synagoge ein und schlug im Verlaufe von etwa einer Stunde die gesamte Inneneinrichtung der Synagoge kurz und klein. [...]

Die unter Führung von Schnellbächer stehende Menschengruppe war in das Anwesen von Meyer-Levi eingedrungen und hatte im dunklen Hause unter lautem Geschrei mit dem Zerschlagen von Geschirr, Einrichtungsgegenständen und Fensterscheiben begonnen. [*Als anschließend im Hofe Papier angezündet wurde, geriet das Gebäude in Brand und wurde völlig zerstört.*]

Während eine etwa 200köpfige Menschenmenge vor dem Hause des May stand, wurden von einer größeren Anzahl von Personen aus den Fenstern der im Dunkeln liegenden Wohnung Möbel, Betten, Kleidungsstücke, Wäsche und sonstiger Hausrat geworfen. [*Eine andere Gruppe erbrach gewaltsam das Tor der Garage des May, schob das darin befindliche Auto in den Bach und steckte dieses in Brand.*]

23. Groß-Krotzenburg: In einigen Häusern blieb kein Möbelstück heil

Aus dem Urteil des Landgerichts Hanau vom 14. Februar 1949

Am Morgen des 10. November 1938 überbrachte der in Groß-Auheim stationiert gewesene Gendarmeriewachtmeister Richter dem ehemaligen Bürgermeister Dr. Hofmann als Ortspolizeibehörde die Verfügung des Landrates des Kreises Hanau, daß sämtliche ortsansässigen männlichen Juden zu verhaften und nach Groß-Auheim zu verbringen seien. Zur Unterstützung der hierfür nicht ausreichenden örtlichen Polizeikräfte sollten Mitglieder der NSDAP und ihrer Gliederungen mit herangezogen werden. Dementsprechend befahl der Bürgermeister die Zusammenführung der männlichen Juden des Ortes nach der Synagoge und ihren Abtransport unter polizeilicher Bewachung nach Groß-Auheim. [*Drei Angeklagte, die nicht der Polizei angehörten,*] waren zu diesen Maßnahmen durch Boten herbeigeholt und kommandiert worden.

Bis zur Durchführung dieser Inhaftnahme waren – wohl aufgrund der überwiegend christlichen Einstellung der Bevölkerung – im Ort noch keinerlei Ausschreitungen gegen jüdische Einwohner aufgetreten, obwohl solche bereits am Vortage und auch am Vormittag in den Nachbarorten und in Hanau sich ereignet hatten. Am Vormittage ist seitens des Landrates in Hanau fernmündlich an die Ortspolizeibehörde die Anweisung erteilt worden, „die von der Partei gegen die Juden unternommene Aktion polizeilicherseits zu dulden, im übrigen gegen Plünderungen, Brandstiftungen und Morde einzuschreiten“. Erst kurz vor oder nach der Rückkehr der Begleitmannschaft von dem Transport der jüdischen Männer nach Groß-Auheim, etwa gegen 14 Uhr, setzten auch in Groß-Krotzenburg Unruhen ein.

Die Gewalttaten, deren örtliche Urheber nicht mehr zu ermitteln waren, begannen zunächst an der Synagoge. Hier hatten sich zahlreiche Jugendliche und Erwachsene zu einer etwa 100 Personen zählenden Menschenmenge zusammengefunden, worauf zahlreiche Jugendliche und mehrere Erwachsene in das Gebäude eindrangen und die gesamte Inneneinrichtung zerschlugen und vernichteten; hierbei wurden mitgebrachte Äxte, Beile und ähnliche Werkzeuge benutzt. Die dem Gottesdienst dienenden Gebetbücher und Rollen wurden auf den Hof geworfen, eine im Gebäude angebrachte Ehrentafel zertrümmert, die zerstörten Teile der Bänke und Schränke ebenfalls auf den Hof und auf die Straße geworfen, von wo sie im Laufe des Nachmittags zahlreiche Ortseinwohner, zumeist auch Jugendliche, mit nach Hause nahmen.

In unmittelbarem Zusammenhang damit wandten sich die Täter, immer von einer großen Menschenmenge begleitet, gegen die jüdische Schule und die im gleichen Gebäude liegende Wohnung des jüdischen Lehrers Schuster. Das Haus ist von der Synagoge nur durch einen schmalen gemeinsamen Hof getrennt, so daß die Gewalttaten förmlich „automatisch" auf dieses übergriffen. Einige zerschlugen die Tür des Gebäudes, zahlreiche weitere drangen in die einzelnen Räume der Wohnung des Lehrers ein und beschädigten und zerstörten die Inventarstücke. Hierbei kam es auch zu erheblichen Plünderungen an Hausrat wie z. B. Wäsche, Silberbestecke u.a. Wie die Ehefrau des Lehrers Schuster kurz hinterher dem Zeugen W. berichtete, blieb ihrer Familie von dem Hausrat und der Kleidung so gut wie nichts erhalten, so daß sie auf Almosen befreundeter Familien angewiesen war. Die Zerstörungen und Plünderungen in der Synagoge und im jüdischen Schulhause fanden ungefähr gegen 17 Uhr ihr Ende, nachdem ein Versuch des - inzwischen verstorbenen - Radiohändlers Sch., die Synagoge mit Benzin in Brand zu setzen, durch das Dazwischentreten des Zeugen H. verhindert worden war.

Im weiteren Verlaufe des späteren Nachmittages und des Abends erhielt die zusammengerottete Menschenmenge Zuwachs ortsfremder Personen, während sich ein Teil der Ortsansässigen zurückzog. Letzteres war offenbar darauf zurückzuführen, daß der damalige Gendarmeriewachtmeister Richter im Auftrage des damaligen Gendarmerie-Kreisführers [!] Kalte etwa gegen 18 Uhr in Groß-Krotzenburg erschienen war und dort auf der Straße und in den Geschäften bekanntgegeben hatte, daß die Aktion gegen die Juden nunmehr beendet sei. Da auch Wachen bei der Synagoge aufgestellt wurden, die dort weitere Devastierungen, vor allem eine etwaige Inbrandsetzung verhindern sollten, richteten sich die Ausschreitungen der Menge nunmehr gegen die Wohnungen jüdischer Einwohner von Groß-Krotzenburg. Hierbei wurden die in der Nähe der Synagoge liegenden Haushaltungen verschont, während andere weiter abgelegene der Zerstörung anheimfielen. Das Ausmaß dieser Ausschreitungen war verschieden, in einigen Wohnungen wurde nicht ein einziges Möbelstück heil gelassen, in anderen blieb den Bewohnern nur das Schlafzimmer erhalten. Auch hier konnten die örtlichen Anstifter sowie die Haupttäter nicht mehr ermittelt werden, ebenso ließ sich eine bestimmte Reihenfolge in dem Zerstörungswerk nicht mehr feststellen. Von den insgesamt 30 jüdischen Wohnungen im Ort sind nach dem Zeugnis des Dr. Hofmann 13 mehr oder weniger demoliert worden. Die Gewalttaten dauerten ungefähr bis 24 Uhr.

24. Hanau: Perfekte Planung des Pogroms

Aus dem Urteil des Landgerichts Hanau vom 20. November 1948

Nachdem der damalige Kreisleiter von Hanau, der Angeklagte Max Else, am Abend des 9. November 1938 ein Geheimschreiben[a] des Gauleiters Sprenger aus Frankfurt/M. erhalten hatte, welches alle Aktionen gegen das Judentum untersagte, erreichte ihn in den ersten Morgenstunden des 10. November 1938 ein fernmündlicher Anruf der Gaupropagandaleitung in Frankfurt a. M., der die kurz zuvor erteilte Weisung widerrief und die rücksichtslose Zerstörung des jüdischen Besitzes anordnete. Die in Ausführung dieses Befehles zu ergreifenden Maßnahmen wurden in sein Ermessen gestellt und er selbst lediglich angewiesen, dafür Sorge zu tragen, daß die Partei nicht als Urheberin der Aktion in Erscheinung treten, sondern hierbei der Eindruck erweckt werden solle, als wenn es sich um eine spontane Erhebung des Volkes gegen das Judentum handele.

Der Angeklagte Else berief daraufhin für den Morgen des 10. November 1938 eine Sitzung in das Haus der Kreisleitung ein, an der der seinerzeitige Kreispropagandaleiter, der Angeklagte Mankel, der Adjutant Elses Wingenfeld, der inzwischen

Abb. 13 Auch in Hanau beschränkte die Feuerwehr sich darauf, ein Übergreifen des Brandes auf benachbarte Gebäude zu verhindern

verstorbene Ortsgruppenleiter Bender, der höchste örtliche SS-Führer, der Angeklagte Gräbe, der Leiter des SD Kern, die Kriminalbeamten Hesse und Dahmer von der Staatspolizeiaußenstelle Hanau sowie weitere heute nicht mehr feststellbare Personen teilnahmen. Der Zweck dieser Zusammenkunft war die Bekanntgabe der Else zugegangenen Anordnung, die Erteilung entsprechender Aufträge und die Festlegung der Durchführung der Aktion im einzelnen.

Als erstes Vorhaben war in den Vormittagsstunden die Inbrandsetzung der in der Nordstraße gelegenen Synagoge in Aussicht genommen. Im Laufe des Nachmittags und des Abends sollten dann die in der Innenstadt befindlichen jüdischen Geschäftshäuser sowie die Privatwohnungen jüdischer Familien zerstört werden. Zum Leiter der gesamten Aktion im Stadtgebiete Hanau bestimmte der Angeklagte Else den in der ganzen Stadt wegen seiner Brutalität gefürchteten Ortsgruppenleiter von Hanau-Altstadt, Bender. Ihm und dem ebenfalls verstorbenen SD-Führer Kern sollte auch die Leitung der Vernichtung des jüdischen Gotteshauses obliegen. [...] Else verständigte ferner den damaligen Bürgermeister Junker von dem bevorstehenden Vernichtungswerk und ersuchte ihn, dafür zu sorgen, daß am Abend ein Kommando städtischer Arbeiter die zerstörten Läden mit Brettern vernageln würde, um weitere Plünderungen zu vermeiden.

Über den Verlauf der Aktion, die sich auf nahezu sämtliche in Hanau vorhandenen jüdischen Grundstücke erstreckte, hat die Beweisaufnahme folgendes ergeben:

1. Bender, Kern und deren Helfer, die insoweit nicht festgestellt werden konnten, sorgten zunächst dafür, daß sich eine nach Hunderten zählende Volksmenge am späteren Vormittag des 10. November 1938 auf der Straße ansammelte und johlend zuerst gegen die Synagoge vorging. Einige aus der Menge, unter ihnen Bender und Kern, drangen in die Synagoge ein und begannen dort, die Einrichtung derselben zu zerstören. Nun legten Bender und Kern Feuer in die Synagoge. Die alarmierte Feuerwehr beschränkte sich auf den Schutz der Nachbarhäuser, und die Synagoge brannte bis auf die Umfassungsmauern nieder.

Kurze Zeit nach dem Bekanntwerden des Brandes erschien der Angeklagte Else am Tatort und hielt sich etwa ¼ Stunde inmitten der vielköpfigen Menge auf. Ob er hierbei irgendwelche Besprechungen geführt, Anordnungen erteilt oder sich lediglich von der Ausführung der Tat überzeugt hat, konnte nicht mehr festgestellt werden. Ihm selbst will vor allem der Schutz der anliegenden Grundstücke am Herzen gelegen haben.

2. Etwa gegen 14 Uhr drang eine Anzahl Männer in das Gebäude der jüdischen Schule in der Nürnbergerstraße ein. Ein Teil von ihnen begab sich in die im Erdgeschoß gelegene Wohnung des Lehrers Sulzbacher und zertrümmerte dort die Einrichtung. Während die Ehefrau Sulzbacher mit ihren beiden Kindern laut schreiend auf die Straße eilte, erhielt deren schwer magenkranker Ehemann von einem nicht mehr feststellbaren Täter einen heftigen Tritt in die Magengegend. Sein am darauffolgenden Tage eingetretener Tod soll die Folge dieser Mißhandlung gewesen sein, was sich aber jetzt nicht mehr feststellen ließ. Die übrigen Beteiligten

Abb. 14 Ein jüdisches Geschäft in Hanau, dessen Schaufensterfront nach der Zerstörung mit Brettern vernagelt wurde

stürmten in den I. Stock, rissen dort Kisten und Schränke auf und warfen alle Gegenstände, deren sie habhaft werden konnten, unter anderem gottesdienstlichen Zwecken dienende Zylinderhüte, Gebetsrollen, Akten und Bücher, in die auf der Straße versammelte Menge.

3. Kurze Zeit später betraten etwa sechs bis acht Mann das Schuhhaus Speyer in der Krämerstraße, forderten die anwesenden Angestellten zum Verlassen des Geschäftes auf, zerstörten anschließend das Schaufenster, die Regale, den Ladentisch und andere Einrichtungsstücke, warfen die Schuhe durch die zertrümmerten Scheiben auf die Straße und machten die Registrierkasse unbrauchbar. Der inzwischen erschienene christliche Geschäftsführer Becker wurde von dem nicht mehr auffindbaren Gemüsehändler K. derart getreten, daß er durch die Ladentüre auf den Bürgersteig flog und dabei einen Vorderzahn verlor.

4. In dem Konfektionshaus Berger & Schmelzer in der Nürnbergerstraße, in dem Wäschegeschäft Mainzer-Bruchfeld-Cahn und bei Sponsel in der Hammerstraße, in dem Schuhgeschäft Ochs am Marktplatz und dem Modesalon Hirschsprung am Paradeplatz wurde in der gleichen Weise gewütet. Bei Berger & Schmelzer hatte man es vor allem auf die Geschäftsbücher abgesehen, um aus ihnen die Namen

derjenigen Einwohner feststellen zu können, die in einem jüdischen Geschäft ihre Einkäufe tätigten. Bei Ochs und Hirschsprung erschienen nach beendigter Zerstörung die Ladenkassen als die begehrenswertesten Objekte, die es „sicherzustellen“ galt.

5. Die Abendstunden des 10. November 1938 dienten der Heimsuchung der jüdischen Privatwohnungen. Aus den Räumen des Juweliers Max Schwab in der Französischen Allee und des Lederhändlers Heilbrunn in der Lindenstraße wurden auf Anweisung von Bender vollgepackte Koffer in die Geschäftsstelle der Ortsgruppe Altstadt verbracht. Gegen 18 Uhr demolierte eine Gruppe von etwa zehn Mann die Wohnung des jüdischen Möbelhändlers Strauss in der Marktstraße. Von den hiervon herrührenden Schlägen erzitterte, wie die Zeuginnen Katharina und Käthe Leiniger bekundet haben, das ganze Haus.

Ein anderes Kommando in Stärke von fünf bis sechs Mann drang nach Einbruch der Dunkelheit in die aus sechs Zimmern bestehende Wohnung des jüdischen Rabbiners Dr. Gradewitz in der Wilhelmstraße ein. Nach einem Aufenthalt von etwa 15 Minuten war mit Ausnahme der Schlafzimmermöbel kaum ein Einrichtungsgegenstand noch verwendungsfähig. In der Wohnung hat es, wie die Eheleute Schulte anschaulich geschildert haben, ausgesehen, als ob „eine Luftmine niedergegangen“ sei. Von den Trümmern, die den beiden Zeugen von Dr. Gradewitz zur Verfügung gestellt worden sind, haben diese ein Jahr lang ihren Waschkessel heizen können.

Etwa um die gleiche Zeit vernichtete ein weiterer Trupp unter der Anführung von Bender die Inneneinrichtung der Villa des Kaufmannes Hirsch am Sandeldamm. Nach der Aussage des Zeugen Karl Schäfer soll Bender dort mit einem schweren Bohnerbesen ein Stück nach dem anderen zerschlagen haben. Ein in der Wohnung befindlicher Radioapparat wurde dem Eigentümer entwendet und zur Geschäftsstelle der Ortsgruppe Hanau-Altstadt gebracht. [...]

25. Heldenbergen: Das Synagogendach wird abgetragen

Aus dem Urteil des Landgerichts Gießen vom 3. November 1948

Am Abend des 9. November 1938 fand in Heldenbergen für die Toten der nationalsozialistischen Bewegung eine Gedenkfeier statt. Hieran nahmen sowohl die Parteimitglieder als auch die Angehörigen der der Partei angeschlossenen Verbände und Gliederungen teil. Nach Beendigung der Feier brachte der Angeklagte Schneider, der als damaliger Bürgermeister und Ortsgruppenleiter der NSDAP von Heldenbergen die Gedenkrede hielt, in Erfahrung, daß man im Kreise der Heldenberger SA die Absicht hegte, noch am gleichen Abend die Synagoge in Flammen aufgehen zu lassen. Da der Angeklagte ein derartiges Unterfangen mit seinem Gewissen nicht zu vereinbaren können glaubte und er sich als Vertreter des Staates und der Partei in Heldenbergen zur Aufrechterhaltung von Ruhe und Ordnung verpflichtet fühlte, veranlaßte er alles, um am Abend des 9. November 1938 ein Abbrennen der Synagoge zu verhindern. Um die Synagoge vor überraschenden Übergriffen zu schützen, verbrachte er einen Teil der Nacht vom 9. auf den 10. November 1938 wachend in ihrer Nähe und ließ den Polizeidiener Sch. dasselbe tun. In dieser Nacht kam es zu keinen Gewalttätigkeiten gegen die Synagoge.

Am nächsten Tage, dem 10. November 1938, erhielt der Angeklagte Schneider gegen 12.30 Uhr von dem damaligen Kreisleiter des Kreises Wetterau auf der Bürgermeisterei einen Anruf, durch den ihm befohlen wurde, in Heldenbergen die Synagogenzerstörung nachholen zu lassen, die Kultgegenstände der jüdischen Gemeinde für die spätere Ablieferung an die Kreisleitung sicherzustellen und darüber hinaus alle Bürger jüdischen Glaubens festnehmen zu lassen. Der Angeklagte Schneider war zuerst über den Inhalt des Befehls betroffen und glaubte, der Kreisleitung mit Einwänden begegnen zu können. Nachdem aber der Kreisleiter unter Hinweis auf die Ermordung des Botschafters vom Rath die Durchführung seines Befehls forderte, entschloß sich der Angeklagte im Hinblick auf seine Stellung als Ortsgruppenleiter und Bürgermeister, dem Befehl der vorgesetzten Parteileitung Genüge zu leisten, wenn er ihn auch in seinem Innersten ablehnte. Schneider gab daraufhin dem Mitangeklagten Sch., der damals als Gemeindediener tätig war und den Telefonanruf mitangehört hatte, Weisung, die Feuerwehr von Heldenbergen auf den Schulhof zu bestellen. [...]

Während der Angeklagte Sch. damit beschäftigt war, die Feuerwehr zu bestellen, nahm der Angeklagte Schneider mit der Führung der Heldenberger SA und den politischen Leitern der Gemeinde Fühlung auf, um sie von dem Befehl der Kreisleitung in Kenntnis zu setzen. So bat er den Zeugen D., der damals mit der Führung eines SA-Sturmes beauftragt war, zu sich. Als D. ihn daraufhin um die Mittagszeit in seiner Wohnung aufsuchte, gab der Angeklagte zu verstehen, daß er den Befehl nicht gutheiße; unter allen Umständen müsse ein Abbrennen der Synagoge verhindert werden, damit die benachbarten Hofreiten nicht gefährdet würden. Diese Befürchtungen waren um deswillen berechtigt, weil sich inzwischen die Landjahrjungen des benachbarten Lagers auf der Naumburg mit der Absicht trugen, die Heldenberger Synagoge in Flammen aufgehen zu lassen, was der Angeklagte bereits um die Mittagszeit erfahren hatte. Im weiteren Verlauf seiner Unterhaltung mit dem Zeugen D. gab der Angeklagte zu verstehen, er wolle nur die Zerstörung des Synagogendaches veranlassen. Damit sei wenigstens äußerlich dem Befehl der Kreisleitung Genüge geleistet. Schließlich wies er D. darauf hin, daß die SA nach dem Befehl zu dem Zerstörungswerk heranzuziehen sei.

Nach dem Essen hatte sich inzwischen eine Anzahl von ungefähr sechs bis zehn Feuerwehrleuten weisungsgemäß auf dem Schulhof angesammelt. Unter ihnen befanden sich der Angeklagte R. und der Zeuge L., der sich als politischer Leiter entsprechend der Bestellung ebenfalls auf dem Schulhof eingefunden hatte. Soweit den Erschienenen der Zweck ihres Zusammenkommens noch nicht klar war, eröffnete ihnen der Angeklagte Schneider die Anordnung des Kreisleiters und forderte sie auf, an seiner Durchführung mitzuwirken. Die zusammengerufenen Leute begaben sich alsdann zu der Synagoge. Dort fanden sie schon eine Menschenmenge von etwa 100 Leuten vor, aus der heraus an der etwas von der Straße zurückliegenden Synagoge mit den Zerstörungsarbeiten begonnen worden war. Tür, Bänke und Fenster waren bereits zerschlagen; desgleichen machte man sich auf dem Dach mit Zerstörungsarbeiten zu schaffen. Ziegel und Balken des Dachstuhls fielen der Zertrümmerung anheim. An diesen Arbeiten beteiligte sich eine größere Anzahl von Personen, die sich heute mit dem Namen nicht mehr feststellen lassen. [...]

Schneider und Sch., die sich ungefähr eine Viertelstunde lang die Zerstörungsarbeiten angesehen hatten, begaben sich selbst in die Synagoge hinein und schafften die restlichen Kultgegenstände zwecks Sicherstellung auf die Bürgermeisterei. Einige Tage später gab Schneider die aufbewahrten Gegenstände dem Vorsteher der israelitischen Gemeinde wieder zurück. [...]

26. Heppenheim: Die Juden müssen die Mauern der Synagoge abreißen

A

Aus dem Urteil des Landgerichts Darmstadt vom 4. und 5. März 1947

Am frühen Morgen des 9. November 1938[a], zwischen 4 und 5 Uhr, wurde der wachhabende Polizeibeamte auf dem Rathaus in Heppenheim, der Zeuge G., von einer ihm nicht genannten Stelle angerufen und beauftragt, den angeklagten [SA-Truppführer] Völker, der in nächster Nähe des Rathauses wohnte, an das Telefon zu holen. Völker erschien alsbald, nahm das Gespräch ab, erklärte dem Zeugen, die Synagoge werde gesprengt, und beauftragte ihn, [*mehrere SA-Leute zu alarmieren. Völker rüstete diese im Sturmbüro in der „Kleinen Bach“ mit Kreuzhacken, Schaufeln und Äxten aus dem Geräteraum des Pioniersturms aus; der Angeklagte G. erhielt eine Gerätetasche für den Sprengdienst. Inzwischen war auch der Stadtbaumeister Winter benachrichtigt worden, der für die Beschaffung von Pulver sorgte und mit zwei städtischen Arbeitern auf dem Amtshof erschien, auf dem inzwischen auch eine größere Zahl von SA-Leuten angetreten war.*]

Völker gab schließlich das Zeichen zum Aufbruch. Er führte den Zug der sämtlich nicht uniformierten Männer bis zur Synagoge. Wenige Schritte vor dem Ziel betrat er kurz das neben der Synagoge gelegene Haus des Zeugen S., teilte diesem mit, daß die Synagoge gesprengt würde, und riet ihm, sich vorzusehen. Bevor die Horde die Treppe zur hochgelegenen Synagoge hinaufstieg, wies Völker die Angeklagten B. und E. an, zurückzubleiben und Absperrdienst zu übernehmen. Mit den übrigen ging er zur Synagoge, deren Tür inzwischen gewaltsam geöffnet worden war. Oben angelangt, teilte Völker den Mitgekommenen ihre Tätigkeit zu. G. und weiteren wies er die Mauerstellen, an denen Sprenglöcher gebrochen werden sollten; er betonte dabei, daß die Sprengung bis 8 Uhr ausgeführt sein müsse. Andere führte er in das Innere der Synagoge, wo Stadtbaumeister Winter Einzelanweisungen gab, insbesondere veranlaßte, daß die Bänke von der etwa 2 Meter hohen Empore in den eigentlichen Synagogenraum geworfen wurden [...].

Während dieser Zeit betätigten sich etwa 30 bis 40 SA-Männer weiter an und in der Synagoge. Der Angeklagte G. brach Sprenglöcher in die Außenmauern des Gebäudes. [...] Der in der Zwischenzeit in Uniform aufgetauchte Sturmführer P. gesellte sich G. zu, füllte die drei von G. ausgehauenen Sprenglöcher mit Pulver, ließ ihn die Ladung verdämmen und forderte G. dann auf, die Ladungen zu entzünden. G. weigerte sich aus Angst vor der Sprengwirkung. P. hielt ihm jedoch die Pistole vor, bemerkte: „Es wird entzündet, und das macht Du", und legte seinerseits Feuer an zwei Sprenglöcher. Das dritte entzündete daraufhin der Angeklagte G. Die Sprengungen blieben jedoch fast ohne Wirkung; es zersprangen lediglich einige Fensterscheiben, auch flogen ein paar Steinbrocken aus der Mauer.

Vernichtet wurde die Synagoge durch den während dieser Zeit innen gelegten Brand. Nachdem die Bänke aufgeschichtet worden waren, übergoß sie der Angeklagte L. mit Petroleum aus der von ihm mitgeführten Kanne, wobei ihn der Angeklagte E. beobachtete, der sich aus Neugierde von seinem Absperrposten entfernt, die Vorgänge in der Nähe betrachtet und durch die offenstehende Synagogentür hineingesehen hatte. Die petroleumgetränkten Bänke wurden alsbald entzündet, der Brand breitete sich schnell aus, erfaßte den Dachstuhl und das Holzwerk und verschonte lediglich einen Teil der Außenmauern. [...]

Abb. 15 Die brennende Synagoge in Heppenheim leuchtet weit in die Dämmerung

B

Aus dem Urteil des Landgerichts Darmstadt vom 1. August 1950

Im Laufe des Vormittags schritt die Zerstörungsaktion an der Synagoge immer weiter vor, doch stieß die Sprengung der Mauern auf Schwierigkeiten. Es wurden deshalb die männlichen Juden aus der Stadt herangeholt, um die noch stehengebliebenen Außenmauern der Synagoge durch sie niederreißen zu lassen. Der Jude David hatte sich, offenbar um der Verfolgung zu entgehen, in der Stadt unter einer Bachbrücke versteckt. Da trat der Angeklagte R., der inzwischen vorübergehend das Synagogengelände verlassen hatte, an ihn heran. Er forderte ihn mit den Worten: „Komm heraus, Du Feigling, komm heraus, Du schlechter Hund, oder wir schießen" auf, sein Versteck zu verlassen, und brachte ihn zur Synagoge. Dort trieben dann der Angeklagte R. und noch andere Personen, darunter auch der inzwischen abgeurteilte D., die Juden an, die Synagoge mit Stangen niederzureißen. Den Juden Moses Marx tauchte er dabei mit dem Kopf in eine mit Wasser gefüllte Tonne.

Den ganzen Tag über waren in Heppenheim viele Menschen unterwegs auf den Straßen. Dieser Zustand dauerte bis in die späten Abendstunden, in denen die Geschäftsräume und Wohnungen der Juden zerstört wurden. Etwa um 18 Uhr befanden sich noch 200 bis 300 Menschen dicht gedrängt in der Bachgasse (heute Friedrichstraße), als dort der Angeklagte R. und noch einige andere in die im zweiten Stock gelegene Wohnung des Bertold Mainzer eindrangen und diese demolierten. Am Vormittag des Tages waren bereits die im gleichen Hause gelegenen Geschäftsräume des Genannten heimgesucht und die Einrichtungsgegenstände und Fensterscheiben zerschlagen worden. Nachmittags tat sich der Angeklagte R. dadurch hervor, daß er zusammen mit anderen Eindringlingen eine Kredenz vom Balkon des zweiten Stocks auf die Straße warf. Die Zuschauermenge stand den Vorgängen teils ablehnend, teils billigend gegenüber. Die Polizeibeamten forderten die Menge zum Weitergehen auf, die Leute folgten jedoch der Anordnung nicht, sondern verharrten auf ihrem Platz.

Auch bei den Zerstörungen im benachbarten Hause des Juden Jakob Mainzer war der Angeklagte R. zugegen, jedoch war nicht festzustellen, daß er hier gewalttätig vorgegangen ist. Bei Durchführung der Zerstörungen im Anwesen Meier-Sundheimer um die Mittagszeit wirkte der Angeklagte R. ebenfalls mit, zusammen mit D. hängte er die Rolläden aus und zerschlug sie. Jedoch steht hier nicht fest, ob dies – wie in den vorhergehenden Fällen – in Gegenwart einer Menschenmenge geschah. Zwischen 18 und 19 Uhr, während noch Leute auf der Straße standen, drangen der Angeklagte R. [mit drei weiteren] bereits Abgeurteilten in die Wohnung des Juden Karl David ein. [...] Kurz darauf wurden Frau David und Frau Baum aus der Wohnung gejagt. Während sich die beiden Frauen im Keller aufhielten, wurde in der Wohnung alles zusammengeschlagen, u.a. Möbel und Spiegel, auch wurde eine Bettdecke zerschnitten. Etwa nach einer halben Stunde verließen die Eindringlinge die Wohnung David wieder. Ähnliches ereignete sich in der Wohnung Markus

Hirsch, allerdings konnte auch in diesem Falle das Vorhandensein einer Menschenmenge nicht festgestellt werden. Der Angeklagte R. sowie W. und G. demolierten hier gleichfalls die Wohnung mit Ausnahme eines Raumes. Entweder der Angeklagte R. oder W. versetzten Frau Hirsch mit einem Ölbild einen Schlag auf den Kopf, so daß ihr danach der Rahmen des Bildes um den Hals hing. [...]

27. Höchst i. O.: Die Feuerwehr reißt die Kuppeln der Synagoge ab

A

Aus dem Urteil des Landgerichts Darmstadt vom 12. Februar 1953

[*In diesem Gerichtsverfahren waren zehn Bürger aus Höchst i. O. bzw. aus Dutenbach i. O. angeklagt, an Zerstörungen und Plünderungen in den Häusern der jüdischen Einwohner Muhr, Haas und Grünebaum in Höchst beteiligt gewesen zu sein. Die Aufklärung des Sachverhalts – so das Gericht – begegnete größten Schwierigkeiten, da die Angeklagten und Zeugen sich zum Teil angesichts der Länge der verstrichenen Zeit nicht mehr an Einzelheiten erinnern konnten, sich vielleicht auch nur nicht mehr erinnern wollten.*

Nach den Feststellungen des Gerichts war der Führer des aktiven SA-Sturms M. zu dem SA-Standortältesten Stockert gerufen und von ihm darüber unterrichtet worden, daß es „im ganzen Deutschen Reich zu Ausschreitungen gegen die Juden gekommen sei". Welche Weisungen M. in dieser Unterredung bekommen hatte, konnte vor Gericht nicht geklärt werden. Nachdem M. zum Sturmlokal zurückgekehrt war, fanden sich dort – offenbar befehlsgemäß – um 20.15 Uhr mehrere SA-Leute ein. Diese wurden in einem oder mehreren Trupps zu jüdischen Anwesen geschickt. Dort kamen sie offenbar deshalb nicht zum Einsatz, weil überall bereits größere Scharen von Einwohnern damit beschäftigt waren, Mobiliar und sonstige Besitztümer der Juden zu zerstören oder zu plündern. Als der Angeklagte Sch. mit zwei SA-Leuten zu dem Haus des jüdischen Einwohners Muhr kam, befand sich] in und vor dem Haus ebenfalls eine große Menschenmenge. Im Haus wurde das Inventar zerstört, insbesondere das Geschirr zerschlagen. [...] Der damalige Bürgermeister Göttmann versuchte, dem Treiben der Menge Einhalt zu gebieten, hatte aber keinen Erfolg. Der noch heil gebliebene Hausrat wurde dann von der Menge auf einen inzwischen herbeigeschafften Wagen geladen und zur Bürgermeisterei gefahren. Auch Sch. beteiligte sich beim Aufladen.

Vom Haus Muhr aus begab sich Sch. dann zu M. auf das Sturmbüro. Mit M.s Motorrad fuhren sie anschließend – es war schon spät in der Nacht – zum Haus des Juden Haas. Unterwegs hielten sie einmal einen Augenblick an und sahen, ohne vom Motorrad abzusteigen, dem Treiben einer Menschenmenge zu, die vor und in dem 50 m entfernten Haus des Juden Grünebaum Möbel und Hausrat zerstörte und plünderte. Auch im Anwesen Haas war im Verlauf des Abends das Inventar zerstört und geplündert worden. Als Sch. und M. dort hinkamen, befanden sich viele Leute im Hause und im Hof. Die Menge war gerade dabei, Möbel auf eine Rolle zu laden. [...]

Der Angeklagte Mh. - damals Ortsgruppenamtsleiter der NSV - hielt sich während der ersten Abendstunden dieses Tages im Büro der NSV in der Bürgermeisterei auf. Als er seine Arbeit beendet hatte, ging er zum Marktplatz, weil er vorher von einem Blockwalter der NSV gehört hatte, daß es dort „bunt zugehe“. Der Marktplatz war voller Menschen, die der Zerstörung der Synagoge zuschauten. Mh. hielt sich etwa eine Viertelstunde in der Menschenmenge auf. Dann traf er seine Frau, die mit anderen Frauen der NS-Frauenschaft zusammen war. Die Angeklagte A. Mh. hatte abends in ihrem Haus den Lärm auf dem Marktplatz gehört und war aus Neugier hingegangen. In der Menschenmenge auf dem Marktplatz traf sie zahlreiche Bekannte, alles Frauen der NS-Frauenschaft. [...]

Inzwischen hatten sie gehört, daß auch im Hause des Juden Haas geplündert wurde. Sie beschlossen, nun auch dort die Sachen für die NSV sicherzustellen, die noch brauchbar waren. Die Eheleute Mh., zusammen mit noch anderen Frauen, zogen darauf eingehakt zum Anwesen Haas. Vor dem Tor trafen sie aber auf den Zeugen Gendarmerie-Meister G., der ihnen verbot, irgendetwas wegzunehmen, und sie nach Hause schickte. Der Polizeibeamte G. hatte von seiner Dienststelle den Auftrag erhalten, nicht gegen die Ausschreitungen vorzugehen. Er versuchte aber trotzdem in Zivil, soweit als möglich Übergriffe zu unterbinden. Auch das Anwesen des Juden Grünebaum wurde in dieser Nacht von Plünderern heimgesucht, und es wurde viel Hausrat zerschlagen und gestohlen. Einige Tage später kam ein Bevollmächtigter des Käufers - Grünebaum hatte in diesen Tagen sein Haus verkauft - zum Bürgermeister. Er bezeichnete einige Gegenstände, die er zu behalten wünschte, die übrigen stellte er der Gemeinde zur Verfügung. Der Bürgermeister Göttmann gab daraufhin dem Angeklagten P. Mh. den Auftrag, diesen Hausrat an Bedürftige zu verteilen. Die bevorstehende Verteilung hatte sich herumgesprochen, und als Mh. einige Tage später in der Mittagszeit den Hausrat zu verteilen begann, standen eine große Anzahl Menschen vor dem Hause Grünebaum. Mh. ließ jeweils 8 bis 10 Personen eintreten, stellte eine Art Opferteller auf, und gegen eine Geldspende zu Gunsten der NSV durfte sich jeder aussuchen, was er von dem Hausrat mitzunehmen wünschte.

Der Angeklagte G. erhielt ein Buffet, die Eheleute Mh. wählten für sich selbst je 1 Sessel, 1 Tisch und 1 Sofa aus und schafften diese Möbel in ihre Wohnung. [...]

B

Nähere Einzelheiten über die Zerstörung der Synagoge gehen bereits aus einem Urteil des Landgerichts Darmstadt vom 10. Januar 1948 hervor.

Der damalige Leiter der Höchster Feuerwehr, der Angeklagte Mr., hatte nach der Rückkehr von der Arbeit von seiner Frau erfahren, daß er die Feuerwehr alarmieren und an der Synagoge antreten lassen solle. Es sei etwas gegen die Synagoge geplant. Mr. [...] alarmierte vier bis fünf Feuerwehrmänner und ließ sie sich an seinem Haus, das genau gegenüber der Synagoge liegt, bereithalten. Er selbst blieb in seiner

Abb. 16 Die ausgebrannte Synagoge in Höchst i.O.

Wohnung und beobachtete hier von seinem Fenster aus die Vorgänge auf der Straße. Es war gegen 20 Uhr und ziemlich dunkel, so daß man zwar die Vorgänge selbst beobachten konnte, es jedoch nicht möglich war, irgendwelche Personen zu erkennen. Vor der Synagoge hatten sich 150 bis 200 Menschen versammelt, zu Ausschreitungen war es jedoch noch nicht gekommmen. Bald darauf sah der Angeklagte, daß das Synagogenportal von innen gewaltsam aufgestoßen und Holzstücke auf die Straße geschleudert wurden; auch hörte er Schlagen und Klopfen, woraus zu entnehmen war, daß innerhalb der Synagoge die Zerstörungen im Gange waren. Weiterhin sah der Angeklagte, daß die ohne Zutun der Feuerwehr herbeigeschaffte mechanische Feuerleiter ausgezogen und an einem der Ecktürme der Synagoge angestellt worden war, der mit einem Davidstern geschmückt war. Die Leiter war von der Menge aus dem Löschhaus geholt worden, um die beiden Eckkuppeln der Synagoge abzureißen. Einer der von dem Angeklagten alarmierten Feuerwehrleute [...] stand am Fuß der Leiter und wollte sie besteigen. Als der Angeklagte dieses sah, trat er aus seiner Wohnung auf die Straße, schickte den an der Leiter stehenden Feuerwehrmann fort, da er wußte, daß dieser an dem Gerät nicht ausgebildet war und sich durch Ersteigen der Leiter in unmittelbare Lebensgefahr begeben hätte, und bestieg selbst die Leiter, die bis zur Kuppel des Eckturms reichte, auf dem an einer Stange der Davidstern angebracht war. Er legte ein Seil um den unteren Schaft der Stange, und die auf der Straße stehende Menschenmenge zog an dem Seil die Eckkuppel herunter. Danach wurde die Leiter an den zweiten Eckturm gestellt, der Angeklagte legte auch hier das Seil um den Schaft des Davidsterns wie bei der bereits heruntergerissenen ersten Kuppel, und die Menge zerstörte auf die gleiche Weise auch diese Kuppel. [...]

28. Klein-Auheim: Nächtliche Plünderung

Aus dem Urteil des Landgerichts Darmstadt vom 5. Dezember 1949

Am Morgen des 10. November 1938 fuhr der Angeklagte Nieschalk, damals Bürgermeister und Ortsgruppenleiter in Klein-Auheim, mit weiteren Ortsgruppenleitern zu einer Besprechung auf die Kreisleitung in Offenbach a. M., zu der er geladen worden war. Er und seine Begleiter trafen verspätet ein. Zwischen Tür und Angel informierte der Kreisleiter die Nachzügler kurz über den Inhalt der stattgehabten Unterredung. Vom Rath sei in Paris von einem Juden ermordet worden. Das deutsche Volk habe sich deshalb erhoben. Die Synagoge in Offenbach brenne, auch an anderen Orten sei es zu Aktionen gekommen. Plünderungen seien unstatthaft, die Polizei stünde Gewehr bei Fuß. Eine Anweisung, daß auch in Klein-Auheim eine Aktion einzuleiten sei und wie sie zu verlaufen habe, will Nieschalk nicht erhalten haben. Das Gegenteil ließ sich nicht feststellen. Es ließ sich auch nicht feststellen, daß von einer Verhaftung der Juden die Rede war.

Nieschalk kehrte gegen Mittag nach Klein-Auheim zurück, wo völlige Ruhe herrschte. Am Mittag oder Nachmittag des gleichen Tages beauftragte Nieschalk den Angeklagten M., der damals Stromgeldkassierer der Gemeinde war, am Abend mit einigen zuverlässigen Leuten in den Straßen zu patrouillieren und darauf zu achten, daß es in Klein-Auheim nicht zu Brandstiftungen käme. Er selbst sei durch eine für den Abend anberaumte Gemeinderatssitzung auf der Bürgermeisterei angebunden, sei dort aber jederzeit erreichbar.

Am Spätnachmittag des 10. November erschien der Angeklagte Hoffmann auf der Bürgermeisterei Klein-Auheim. Hoffmann war zu jener Zeit Bürgermeister im Nachbarort Jügesheim und SA-Hauptsturmführer. Auf einen ihm durch seinen Sturmbannführer H. übermittelten Befehl des Standartenführers, im Gebiet des Sturmbanns festzustellen, wieweit die Judenaktion durchgeführt sei, hatte er sich zu Rad nach Klein-Auheim aufgemacht. Seine Frage an den Angeklagten Nieschalk, was bisher in Klein-Auheim geschehen sei, beantwortete Nieschalk mit der Erklärung, es sei nichts unternommen worden, er habe auch kein Interesse an einer Aktion. Hoffmann gab sich damit zufrieden und kehrte nach Jügesheim zurück, ohne weitere Ortschaften zu inspizieren.

Um 20 Uhr fand sich der Angeklagte M. an der Bürgermeisterei ein, um, wie ihm von Nieschalk aufgetragen worden war, von da aus seinen Gang durch die Straßen anzutreten. Am Eingang traf er auf den Zeugen G. Diesen forderte er auf, ihn zu begleiten. G. schloß sich an. Die beiden hatten kaum die Straße betreten, als in den der Bürgermeisterei nahegelegenen Wohnungen von Israeliten Lärm einsetzte. Es krachte und rasselte. Der Zeuge G., der im Laufe des Tages von Ausschreitungen in anderen Städten gehört hatte, erriet die Zusammenhänge. M. betonte, was in den Häusern vorgehe, ginge G. nichts an. Er habe lediglich mit darauf zu achten, daß es nicht zu Brandstiftungen käme. G. erhob keinen Einwand. Er und der Angeklagte M. gingen im weiteren Verlaufe des Abends durch die Straßen des Orts. Ein jüdisches Anwesen betraten sie nicht. Beide kehrten gegen Mitternacht nach Hause zurück.

Von 20 Uhr an wurden von randalierenden Gruppen sämtliche Judenwohnungen heimgesucht. Die Einrichtungen wurden zertrümmert, die Fenster zerschlagen, Hausrat wurde auf die Straße geworfen, vieles wurde geplündert. Daß in den frühen Abendstunden einer der Angeklagten zu den Akteuren zählte, ist nicht festgestellt. Erst gegen und nach Mitternacht traten einzelne in Erscheinung.

Der Angeklagte L., der um diese Zeit schon zu Bett lag, wurde gegen 24 Uhr durch Lärm und Rufen auf der Straße aufmerksam, erhob sich und ging nach draußen. Er begab sich zunächst zu der Wohnung Hamburger, in der noch viele junge Leute, im wesentlichen Angehörige der HJ, ihr Unwesen trieben. Auch die Straße vor dem Haus und der Hof, dessen Tor eingedrückt worden war, waren noch bevölkert. L. gesellte sich zu der Menge. Im Hof und auf der Straße lag hinausgeworfener Hausrat. Während L. zuschauend in der Menge stand, flogen weitere Gegenstände durch die Fenster nach draußen.

Von Hamburger aus machte L. sich zur Wohnung des Daniel Löb auf, begleitet von dem Angeklagten J., den er auf dem Wege traf. J. hatte auf der Straße auf einen Bekannten, den Zeugen O. gewartet, mit dem er Geschäftliches zu besprechen hatte. Bei Daniel Löb war um diese Zeit, zwischen 24 Uhr und 1 Uhr, das Zerstörungswerk bereits vollendet. Die Möbelstücke waren umgeworfen und zertrümmert, Kleidung, Geschirr und sonstiger Hausrat lagen umher. [...] L. sowohl wie J. nahmen aus der Wohnung eine Reihe von Gegenständen in Zueignungsabsicht an sich. L. entwendete auf dem Heimweg vor dem Hause Hamburger, wo inzwischen

Ruhe eingetreten war, noch weitere Dinge. Er brachte insgesamt an sich: 4 Damenhemden, 1 Nachthemd, 2 Unterröcke, 2 Bettbezüge, 2 Damenunterhosen, 1 Damenhemd, 4 Servietten, 3 neue Kissenbezüge, 4 Bettücher in Leinen, 1 gebrauchtes Bettuch, 1 Frauenhemd, 1 Stück Voile, 1 Deckchen und 1 gestickte Decke. J. entwendete: 1 Hose, 1 Paar Schuhe, Teller, 2 Herrenmäntel, 6 Herrenhemden, 1 Dessertmesser, 8 Dessertgabeln, 1 Tischdecke und 1 Zylinderhut.

Der Angeklagte N. wurde gegen Mitternacht von seiner Frau geweckt und auf Lärm im Hause Hamburger aufmerksam gemacht. N. stand auf und begab sich in die Nähe des Hauses Hamburger, aus dem gerade eine größere Gruppe von Ruhestörern herauskam. N. beobachtete sie aus einer gewissen Entfernung und folgte dann in gleicher Distanz bis zu Ronsheimer nach. Ohne in engen räumlichen Zusammenhang mit der randalierenden Horde zu kommen, hörte er von außen, daß es innen krachte, auf der Straße sah er Stoffe und Wäsche aus dem Laden Ronsheimer umherliegen. In Zueignungsabsicht nahm er davon folgende Gegenstände an sich: 1 Stück Waschseide, 4 Damenunterhosen, 1 Stück weiße Waschseide, 2 Stücke weißen Kleiderstoff, 4 Bettbezüge, 6 Vorhänge, 1 Vorhangstoff, 1 Knabenbluse, 1 Mädchenkleid, 1 Damenpullover, 1 Schürzenstoff, 1 Knabenrock, 3 Damasttischdecken. Auf dem Rückweg nach Hause entwendete er vor dem Anwesen Hamburger 2 Bettkoltern.

Der Angeklagte R. war am Abend des 10. November 1938 in einer karnevalistischen Versammlung. Er verließ sie gegen 22 Uhr, um nach Hause zu gehen. Auf dem Wege traf er einen Freund, den inzwischen gefallenen Willi M. M. forderte ihn auf, ihn zu begleiten, es ginge zu den Juden. R. schloß sich an. Man wandte sich zunächst zur Wohnung des Julius Löb, wo insgesamt etwa 20 bis 30 junge Leute Mobiliar um- und Gegenstände hinauswarfen. R. beteiligte sich an dem Radau. Zerstört wurde von ihm nichts. Von Löb aus machte sich R. gemeinsam mit etwa 15 Personen zu Ronsheimer auf, wo im Laden gemeinschaftlich geplündert wurde. Während M. Mützen an sich brachte, entwendete R. ein Paar Strümpfe. [...]

29. Langen: „Du bist als Alter Kämpfer ausersehen, die Synagoge in Brand zu setzen“

Aus dem Urteil des Landgerichts Darmstadt vom 25. Februar 1948

Am 10. November 1938 kam es im Verlauf der von der Reichsleitung der NSDAP befohlenen Judenpogrome auch in Langen – neben den Ausschreitungen gegen die Juden und ihr Eigentum – zur Zerstörung und Inbrandsetzung der Synagoge. Es ist als eine feststehende historische Tatsache anzusehen, daß die entsprechenden Befehle am 9. und in der Nacht vom 9. auf den 10. November 1938 bzw. in den Morgenstunden des 10. November 1938 an die Partei und ihre Gliederungen gegeben worden sind. So war es auch in Langen.

Der Angeklagte B. war in der Nacht vom 9. auf den 10. November 1938 bei Bekannten in Frankfurt a. M. und hatte dort gefeiert. In den frühen Morgenstunden kam er nach Hause und wurde bald, gegen 7.30 Uhr morgens, telefonisch von dem damaligen Kreisleiter Walther aus Offenbach angerufen, dorthin befohlen und dort von dem Kreisleiter über die geplante und bereits in Gang befindliche Aktion informiert - die Instruktionen, die B. erteilt wurden, lassen sich im einzelnen nicht mehr feststellen - und wieder nach Langen entlassen. B., der sich noch in Offenbach in der Stadt davon überzeugt hatte, daß die befohlene Aktion tatsächlich durchgeführt wurde, kam gegen 10 Uhr zurück und begab sich zur Bürgermeisterei, wo auch die Büroräume der Ortsgruppe untergebracht waren. Er suchte gleich den in diesem Verfahren mitangeklagt gewesenen, inzwischen aber verstorbenen Bürgermeister Göckel auf, der ihm mitteilte, daß schon „alles rolle". B. blieb aber nicht untätig, sondern entfaltete eine rege, auf Zerstörung und Inbrandsetzung der Synagoge gerichtete Tätigkeit. Er rief gleich den Angeklagten Sch., der in den Stadtwerken in Langen beschäftigt war, dort an und teilte ihm mit, er solle sofort zu ihm auf das Rathaus kommen, es stünde eine wichtige Sache bevor. [...]

Nachdem Sch. erst nach wiederholter Rücksprache mit seinem Vorgesetzten Urlaub bekommen hatte, begab er sich zu B., der ihn von dem Vorhaben in Kenntnis setzte und ihm mit diesen oder ähnlichen Worten: „Ludwig, Du bist als Alter Kämpfer von mir dazu ausersehen, die Synagoge in Brand zu setzen", den Auftrag gab, die Synagoge in Brand zu stecken.

An der Synagoge selbst herrschte bereits ein reges Treiben von Mitgliedern von NS-Organisationen (HJ, SA, NSKK usw.), die dabei waren, den Zerstörungsbefehl auszuführen. Schon gegen 8 Uhr war ein Auto mit vier Männern an der Synagoge vorgefahren, von denen der Zeuge Bk., der an diesem Morgen mit dem Zeugen H. im Zuge der Alteisenaktion gemäß dem Auftrag des Angeklagten B. den Davidstern von der Synagogenkuppel entfernte, nur den verstorbenen SA-Führer Karl Döring erkannte. Diesen Männern hat der Zeuge Bk. noch beim Öffnen der Synagogentüre geholfen. Um diese Zeit kamen auch städtische Arbeiter, die die Licht- und Gasleitungen von der Synagoge abtrennten. Unter der Menschenmenge, in der ein ständiges Kommen und Gehen herrschte (die Angehörigen sind heute namentlich nicht mehr feststellbar bzw. schon verstorben, gefallen oder vermißt) und die die Inneneinrichtung der Synagoge vor ihrer Inbrandsetzung - soweit sie nicht schon durch einen im Oktober 1938 stattgefundenen Überfall der HJ zerstört war - zerstörten, befanden sich die Angeklagten K., S. und G. K., der gegenüber der Synagoge wohnte, hatte den Lärm gehört, war herübergelaufen und hineingegangen. Dort drückte ihm ein namentlich nicht mehr feststellbarer Beteiligter ein Beil in die Hand und forderte ihn auf, mit zuzuschlagen, was K. auch tat. [...]

Während diese Menschenmenge noch dabei war, die schon einige Wochen vorher von der HJ übel zugerichtete Inneneinrichtung völlig zu zerschlagen und Gebetbücher und sonstige zum Gottesdienst gehörende Gegenstände zu zerreißen, kamen die Angeklagten B. und Sch. ebenfalls zur Synagoge. [...] Nach der Zerstörung der restlichen Inneneinrichtung wurden Gebetbücher, zerschlagene Bänke und Stühle auf einem Haufen in der Mitte der Synagoge zusammengeworfen. Wer dann diesen Haufen zerschlagener Gegenstände anzündete, ist nicht mehr festzustellen. Als der Zeuge Bk. mit dem Zeugen H. von dem Synagogendach, wo sie den Davidstern entfernt hatten, herunterkam, wurde er von dem Angeklagten B. angehalten und ihm von diesem, der sein Vorgesetzter im städtischen Dienst war, der Auftrag erteilt, zum Rathaus zu laufen und die Feuerwehr mit der Sirene zu alarmieren.

Am Brandplatz angekommen, begann die Feuerwehr erst nach dem energischen Einschreiten des stellvertretenden Brandmeisters, des Zeugen G., zu löschen, da der Angeklagte Sch. zunächst das Löschen verboten haben soll [...].

30. Laubach: Auch der Totenwagen wurde verbrannt

Aus dem Urteil des Landgerichts Gießen vom 10. Dezember 1948

Am 10. November 1938 fanden in Laubach infolge des Mordanschlags auf den deutschen Legationssekretär vom Rath in Paris wie in allen anderen Orten Deutschlands Ausschreitungen gegen die jüdischen Bürger statt, die von der NSDAP und ihren Nebenorganisationen eingeleitet und gelenkt wurden. Sie haben sich infolge der langen Zeit, die inzwischen verflossen ist, und infolge der durch den politischen Charakter des Verfahrens verursachten Zurückhaltung der Zeugen nicht mehr in allen Einzelheiten, sondern nur noch bruchstückweise aufklären lassen. Bei Einbruch der Dunkelheit zogen unter Führung des Lehrers und SA-Führers H. SA-Männer, Hitlerjugendangehörige und andere Nationalsozialisten zu dem Haus, in dem die Religionsversammlungen der israelitischen Gemeinde stattfanden und in dem sich die Wohnung des jüdischen Lehrers und Predigers Zodick befand. Sie wurden unterwegs durch von allen Seiten zuströmende Gleichgesinnte und Neugierige verstärkt. Sie erbrachen die Tür des jüdischen Gotteshauses und zerstörten seine Inneneinrichtung und die Möbel sowie den sonstigen Hausrat des jüdischen Lehrers, Bänke und andere Einrichtungsstücke wurden aus dem Gebetraum herausgerissen, durch die eingeschlagenen Fenster hinausgereicht, auf den herbeigeholten jüdischen Leichenwagen geladen und zur sogenannten „Helle“, einem freien Platz vor der Turnhalle, gefahren, wo sie mitsamt dem Totenwagen verbrannt wurden.

Anschließend zog die Menge, deren Personenkreis sich laufend veränderte, bis in die späten Abendstunden durch den Ort vor die verschiedenen Häuser, in denen jüdische Bürger wohnten. Aus ihr heraus drangen kleinere Horden in die Wohnungen ein, warfen darin die Zimmereinrichtungen durcheinander, zerstörten Möbelstücke, schlugen Porzellan, Lampen und Fenster entzwei und warfen Teile des Hausrates auf die Straße. In dieser Weise wurden die Wohnungen Mendelsohn, Wallenstein, Kaufmann, Meyer, Katz und eines weiteren jüdischen Einwohners, der ebenfalls Zodick hieß, heimgesucht. [...]

31. Lengfeld: „Den Juden soll die Lust zum Verbleiben in Deutschland genommen werden"

Aus dem Urteil des Landgerichts Darmstadt vom 11. August 1947

Auch in Lengfeld i. O. kam es im Zusammenhang mit dem Tode des Gesandtschaftssekretärs v. Rath in Paris im November 1938 zu einer sogenannten „Judenaktion". Es handelt sich dabei um jene gegen Leben und Eigentum der damals in Deutschland ansässigen Israeliten gerichteten Ausschreitungen, die, von höchsten Staats- und Parteidienststellen gelenkt und organisiert, angeblich die „spontane Äußerung des Volkswillens" darstellen sollten, jene Schandtat, durch die das deutsche Ansehen in der Welt so schwer besudelt wurde.

In Lengfeld ging man ebenso vor wie in zahlreichen anderen Orten Deutschlands. Der Bürgermeister und Ortsgruppenleiter – diese beiden Ämter waren in Lengfeld in der Person des Angeklagten W. vereinigt – erhielt von der Kreisleitung eine genaue Anweisung, in welcher Weise die „spontane Volkskundgebung" zu organisieren sei. Weisungsgemäß berief er [...] die ihm am zuverlässigsten erscheinenden langjährigen Mitglieder der Partei und SA auf 21 Uhr aufs Rathaus. Zu diesem Zweck hatte er den im Dienste der Gemeinde stehenden Feldschützen und Nachtwächter Philipp Bähr mit einem Zettel, auf dem die Namen der zu Ladenden vermerkt waren, mittags losgeschickt mit der zusätzlichen Weisung, man solle nicht in Uniform kommen. Im übrigen war bei der Ladung über den Zweck der Zusammenkunft noch nichts geäußert worden. Hierüber wurden die Erschienenen (etwa 40 Mann) erst abends im Rathaus durch eine Rede des Ortsgruppenleiters aufgeklärt, in der u. a. zum Ausdruck kam, daß „als Vergeltung gegen die Juden etwas geschehen müsse" und man nunmehr in den Häusern der Juden Wolf und Strauss Sachen kaputtschlagen werde. Gleichzeitig warnte W. jedoch davor, die betroffenen Familien persönlich anzugreifen oder von ihrem Eigentum etwas wegzunehmen. Die Juden sollten nur mal gehörig in Schrecken versetzt und ihnen die Lust zu einem weiteren Verbleiben in Deutschland genommen werden. Eine planmäßige Einteilung von besonderen Gruppen mit bestimmten Aufträgen war nicht erfolgt.

Im Anschluß an die Rede des W., deren Inhalt sich im Ort wie ein Lauffeuer verbreitete und auch noch viele andere Ortsbewohner auf die Straße gelockt hatte, zog die Masse der im Rathaus Erschienenen, verstärkt durch Straßenpassanten und offenbar auch durch auswärtige Fremde, die jedoch nicht ausfindig gemacht werden konnten, zunächst zum Anwesen des israelitischen Kaufmanns Wolf (Eisenwarenhandlung mit Ladengeschäft) und anschließend (ein Teil der Menge war offenbar schon eher dorthin gezogen) zum Haus des Israeliten Strauss, der in Lengfeld eine Landesproduktenhandlung betrieb. In beiden Häusern wurde – ohne daß die eigentlichen Täter bisher festgestellt werden konnten – die Laden- und Wohnungseinrichtung in übelster Weise demoliert und durcheinandergebracht, Geschirr und Porzellan zerschlagen und auch viele Sachen auf den Hof geworfen. Während sich im Hause Strauss das Wüten der Menge offenbar nicht gegen die einzelnen Familienmitglieder richtete, steht andererseits fest, daß die junge Frau Wolf – sehr wahrscheinlich von dem inzwischen verstorbenen Angeklagten H. – tätlich angegriffen und ihr angedroht wurde, sie werde in den Brunnen geworfen werden. Auch hörte man im Hause Wolf Geschrei und Gejammer der jungen Frau Wolf und ihrer Kinder. [...]

32. Lorsch: Die Feuerwehr bleibt untätig

Aus dem Urteil des Landgerichts Darmstadt vom 17. November 1947

In der Frühe des 10. November 1938 begann in Lorsch schon vor 5 Uhr ein auffälliges und ungewohntes Treiben. Zahlreiche Menschen liefen geschäftig auf der Straße herum. Man hörte Zurufe, daß doch in Zivil und nicht in Uniform hätte angetreten werden sollen. Aus dem hell erleuchteten Spritzenhaus wurden Äxte und Beile weggeholt. Dann drangen mehrere Männer gewaltsam in die dicht beim Rathaus gelegene Synagoge ein und verwüsteten deren Inneres in rohester Weise. Neugierige Nachbarn wurden verscheucht und zum Abdrehen des Lichtes und zum Schließen der Fenster genötigt. Nach der schweren Demolierung der Synagogeneinrichtung wurde in dem gottesdienstlichen Raum eine Ansprache gehalten mit dem Schlußruf: „Deshalb nieder mit dem Judenpack!" Hierauf räumten die Eindringlinge die geschändete Synagoge und entzündeten innen eine größere Benzinmenge. Durch die Detonation flogen die Scheiben heraus und das Feuer griff rasch um sich. Dies alles geschah unter Beteiligung einer nicht mit einem Blick übersehbaren Menschenmenge, die sich teils aus einem von Bensheim entsandten Aktionstrupp, teils aus etlichen Einheimischen zusammensetzte. Erst nach geraumer Zeit ertönte die Feuersirene. Die Feuerwehr erschien mit Motor- und Handspritze, blieb aber so lange untätig, bis von der Synagoge nahezu nichts mehr zu retten war; nur die bedrohten Nachbarhäuser erhielten wirksamen Schutz. Die Synagoge wurde völlig zerstört.

Diese Vernichtung der Synagoge ging auf einen Befehl des inzwischen verstorbenen Bensheimer SA-Standartenführers Künzel zurück, der den schräg gegenüber der Synagoge wohnenden Angeklagten J. als Standortführer in der ersten Frühe des 10. November 1938 fernmündlich von der geplanten Aktion unterrichtet und außerdem den Aktionstrupp nach Lorsch entsandt hatte. Anschließend war [...] eine Reihe Angehöriger der Lorscher Parteigliederungen alarmiert worden. So war auch der stellvertretende Sturmführer A. geweckt worden und hatte seinen Truppführer B. davon verständigt, daß die SA sofort an der Synagoge anzutreten habe. [...]

33. Münzenberg: Spontaner Pogrom

Aus dem Urteil des Landgerichts Gießen vom 5. Juli 1947

Am 9. [?][a] November 1938, an dem es in vielen Gemeinden Deutschlands zu Judenpogromen kam, fanden auch in Münzenberg Ausschreitungen gegen jüdische

Mitbürger statt. An diesem Tage besichtigte eine Kommission, die aus Vertretern der Regierung in Darmstadt und des Landrats in Friedberg bestand, in Münzenberg den alten Sportplatz und nahm die Lage des neu geplanten Sportplatzes in Augenschein. Die Kommission, zu der auch der Angeklagte W. gehörte, war in zwei Personenwagen etwa gegen 14 Uhr in Münzenberg eingetroffen, nachdem man sich bereits in Assenheim und Butzbach über die Sportverhältnisse unterrichtet hatte. Die Vertreter der Regierung und des Landrats begaben sich zur Bürgermeisterei, die Kraftfahrer verblieben bei ihren am Marktplatz untergestellten Wagen. Der Fahrer des landrätlichen Autos war der Angeklagte K., der Fahrer des Regierungswagens ist bisher unbekannt.

In Münzenberg fand an diesem Tage der weit über die Grenzen des Fleckens bekannte Martinimarkt statt. Eine Menge Volkes aus der Umgebung hatte sich eingefunden, und die Münzenberger selbst waren an diesem Tage meist arbeitsfrei. Die beiden am Marktplatz stehenden Wagen, die mit Dienstwimpeln versehen waren, erregten das Interesse der Menge, und bald hatte sich eine Schar Neugieriger um die Autos und die Fahrer gebildet. Der Angeklagte K. unterhielt sich mit dem anderen Fahrer über die Judenausschreitungen, die man zuvor in Butzbach beobachtet hatte. Man sprach seine Verwunderung darüber aus, daß hier noch nichts geschehen sei, und entschloß sich, ohne daß die Hauptverhandlung erwiesen hätte, von wem dieser Gedanke ausgegangen ist, auch in Münzenberg gegen die Juden vorzugehen.

K. und der andere Fahrer ergriffen ebenso wie weitere Umstehende Holzknüppel, die dort in der Nähe lagen, und man zog etwa in der Stärke von 15 Personen zu dem jüdischen Kolonialwarengeschäft Katz. Die Tür zu dem Geschäft war geöffnet, man drang ein, und K. zerschlug mit dem Holzknüppel den Ladentisch und den auf ihm befindlichen gläsernen Aufsatz. Die Waren wurden im Laden zerstreut und auf die Straße geworfen. Danach begab man sich zu dem Geschäft, das dem jüdischen Mitbürger Stern gehörte, und zertrümmerte auch dieses, ohne daß sich jedoch hierüber Einzelheiten des Vorganges oder der Beteiligung feststellen ließen.

Als man von Stern aus weiterzog, erscholl aus der Menge, die inzwischen erheblich angewachsen war, der Ruf: „Auf zur Synagoge!" Hier wurde die Türfüllung vom Angeklagten K. eingedrückt und eingeschlagen, und man drang in das Innere der Synagoge. K. zertrümmerte mit einer Bank die Fenster der Synagoge und warf Bänke durch die Fenster auf die Straße. Die Inneneinrichtung der Synagoge wurde zerschlagen, draußen auf der Straße schichtete man die Holzbänke zu einem Haufen, den man mit Hilfe papierener Thorarollen in Brand steckte. [...]

34a. Oestrich: „Das Hauptinteresse galt dem großen Weinkeller"

Aus dem Urteil des Landgerichts Wiesbaden vom 25. Februar 1949

In Oestrich lebten im Jahre 1938 noch vier jüdische Familien: In der Kranenstraße 19 befand sich das Anwesen des Weinhändlers Eduard Rosenthal, in der damaligen

Hindenburgstraße 37, jetzt Landstraße, das Haus mit dem Manufakturwarengeschäft des Ernst Strauß. In der Römerstraße 6 wohnte die Witwe Jakob Strauß mit ihren Kindern Johanna und Albert Strauß. Auch sie betrieben ein Manufakturwarengeschäft. Der Wein- und Viehhändler Leopold Strauß schließlich wohnte in seinem Haus in der damaligen Schlageterstraße 13 (jetzt Brandpfad).

Die Anwesen dieser jüdischen Bürger sind sämtlich am 10. November 1938 schwer demoliert worden. Den Beginn dieser Ausschreitungen machte eine kleine Gruppe auswärtiger, nicht ermittelter Täter, die etwa zwischen 17 und 18 Uhr in die einzelnen jüdischen Häuser eindrangen und dort Zerstörungen des Mobiliars und der sonstigen Einrichtungsgegenstände vornahmen. Diese Täter hielten sich jedoch nicht lange auf, und die von ihnen vorgenommenen Demolierungen waren nicht übermäßig schwer. Die Ausschreitungen wurden dann durch eine Vielzahl von Oestricher Bürgern einige Zeit später - etwa zwischen 19 Uhr und 19.30 Uhr - fortgesetzt und erreichten hierbei ihren Höhepunkt gegen 20.30 Uhr. Wie lange diese Ausschreitungen angedauert haben, hat nicht mehr mit Sicherheit festgestellt werden können. Wahrscheinlich sind sie im wesentlichen etwa um 21.30 Uhr abgeschlossen gewesen. Nach diesem Zeitpunkt haben sich nur noch Einzelne an dem Wein des Eduard Rosenthal vergriffen. Zwischen 23 und 24 Uhr kam dann noch einmal eine Gruppe von Auswärtigen (aus Eltville) unter Führung des SA-Hauptsturmführers H., die sich zum Anwesen Rosenthal begab und dort etwa 200 noch vorhandene Weinflaschen zerschlug. Teilnehmer an dieser Aktion konnten namentlich nicht mehr festgestellt werden mit Ausnahme von H., der deswegen bereits in dem Verfahren gegen die Teilnehmer an der Eltviller Judenaktion rechtskräftig verurteilt ist.

Das Schwergewicht der Ausschreitungen gegen die Juden in Oestrich lag hiernach in der Zeit von etwa 19 Uhr bis etwa 21.30 Uhr. Während dieser Zeit wurden sämtliche jüdischen Anwesen heimgesucht. Bei Ernst Strauß wurde die Wohnungs- und Geschäftseinrichtung kurz und klein geschlagen, die reichlichen Warenbestände wurden zum größten Teil von den Teilnehmern der Aktion geplündert. Ähnliche Ausmaße nahmen die Ausschreitungen gegen die Familie Jakob Strauß Witwe in der Römerstraße an. Auch hier wurden die Einrichtungen des Hauses wie des Geschäfts aufs Schwerste demoliert. Möbelstücke, darunter ein größerer Schrank, und Hausrat jeder Art wurden auf die Straße geworfen und dadurch zerstört. Die noch anwesenden jüdischen Bürger Jakob Strauß Wwe., Johanna und Albert Strauß, mußten sich Beschimpfungen und Verunglimpfungen, Johanna und Albert Strauß auch erhebliche Mißhandlungen gefallen lassen. [...] Bei Rosenthal galt indessen das Hauptinteresse dem großen Weinkeller, in dem es zu erheblichen Demolierungen und Plünderungen des dort lagernden Flaschenweins kam.

Während der ganzen Zeit der Ausschreitungen waren die Straßen von Oestrich außergewöhnlich belebt: Eine große Menschenmenge war auf den Beinen, begab sich zu den einzelnen Judenhäusern und verweilte dort in mehr oder weniger großer Entfernung von den noch andauernden Zerstörungshandlungen.

34b. Oestrich: Geständnis eines Angeklagten

Der Angeklagte Karl Fuhr war mit zahlreichen anderen Einwohnern von Oestrich wegen Verbrechen und Vergehen in der Nacht vom 10. zum 11. November 1938 angeklagt und durch Urteil des Landgerichts Wiesbaden vom 25. Februar 1949 zu 2 Jahren und 6 Monaten Zuchthaus verurteilt worden, weil er gegenüber einer Jüdin tätlich geworden war. Gegen dieses Urteil legte er Revision ein, die er unter anderem auf das folgende Geständnis stützte.*

**Mit Ausnahme der betroffenen Juden sind der besseren Übersichtlichkeit wegen alle Personennamen im folgenden durch Pseudonyme ersetzt worden.*

Wiesbaden, den 9. April 1949

Geständnis

Bevor ich zu dem Vorfall selbst komme, möchte ich einiges schreiben, weshalb ich bis jetzt geschwiegen habe. Ich war im Sommer vorigen Jahres schon einmal in eine ähnliche Sache verwickelt, und zwar handelte es sich hierbei um eine Separatisten-Ausschreitung in Oestrich im Jahre 1933. Als einziger von 12 Angeklagten habe ich in diesem Prozeß die volle Wahrheit gesagt, und es wurde in der Hauptverhandlung und im Urteil von seiten des Gerichts und der Staatsanwaltschaft immer wieder der gute, reumütige Eindruck, den ich vor Gericht gemacht hatte, hervorgehoben. Es wurden mir deshalb auch mildernde Umstände zugebilligt. Was ich allerdings nach der Verhandlung alles über mich ergehen lassen mußte, kann ich hier nicht näher erläutern. Ich wurde gleichsam als Verräter gebrandmarkt und verhöhnt, daß ich trotz dieses guten Eindrucks höher bestraft worden sei als die Rädelsführer dieser Ausschreitungen. Vorwürfe wie: „Wegen Dir sind wir alle bestraft worden, und hättest Du Feigling den Mund gehalten!" mußte ich fast täglich hören. Viele meiner ehemaligen Kameraden schauen mich seit dieser Zeit nicht mehr an und sinnen auf Rache.

Nun wurde die Sache mit dem Judenprozeß akut. Ich habe meinem Bruder gegenüber geäußert, daß ich wieder die volle Wahrheit sagen wollte, erstens weil es damals ein großes Unrecht gewesen sei, und zweitens weil ich überzeugt sei, daß man einem geständigen, reumütigen Angeklagten eher verzeihen würde als einem, der leugnet. Er lachte mich aus und sagte: „Das hast Du ja im Wenk-Prozeß erlebt, Du hast einen guten Eindruck gemacht und wurdest bestraft, von mir hatten sie keinen guten Eindruck, aber ich wurde nicht bestraft." [...]

Als nun bei der Verhandlung 3 Jahre Zuchthaus für mich beantragt wurden, wollte ich noch immer ein Geständnis ablegen. Ich sagte zu meinem Bruder: „Du wirst sehen, Du wirst wieder frei und ich bin der Dumme." Er lachte mich aus und sagte: „Höchstens 5–6 Monate kannst Du bekommen." Auch andere Angeklagte sagten: „Schwimmer, bleib fest, es gibt nicht viel." Es waren Zeugen da, die mich hierin entlasten können, z.B. Wilhelm Heine, aber aus Angst, daß er sich verplappern könnte, weil er selbst Teilnehmer war, trat er nicht auf. Werner Lenz, ein Schwager von Heine, war noch am Morgen des 25. Februar 1949 bei mir in der Wohnung und bat mich, ich solle ihn ja nicht als Zeugen benennen. Ich war sehr aufgebracht, weil alle, die früher große Nazis waren, jetzt so feige von mir abrückten. Ich sagte, nun würde ich nicht mehr länger den Mund halten und alles sagen, wie es gewesen wäre. Er war außer sich vor Angst und lief nochmals zu seinem Schwager. Auf dem Wege zur Verhandlung kam er wieder zu mir und sagte, Wilhelm Heine sei nun bereit, als Zeuge aufzutreten, aber ich sollte von ihm, Lenz, nichts sagen. Ich gab aber trotzdem in der Hauptverhandlung Heine wieder nicht als Zeugen an, weil mir immer wieder Mut zugesprochen wurde, ich solle durchhalten, es gäbe nicht viel. Erst das Urteil brachte mich zur vollen Ernüchterung und Einsicht. Ich bin völlig zusammengebrochen, weil ich auf andere mehr hörte als auf mein Gewissen. [...]

Da nunmehr mein neuer Offizialverteidiger, Dr. Schirmer, meine Revisionsschrift ausarbeitet, will ich alles so schildern, wie es sich damals „tatsächlich“ abgespielt hat. Man kann mir nun keinen Vorwurf mehr machen, daß ich ein Feigling und Verräter sei. Ich bin Familienvater und ist meine Familie durch meine Haft in großer Not. Es geht um die Gesundheit meiner Frau und Kinder. Auch für mich als Schwerbeschädigten ist die Haft viel schwerer zu ertragen als für einen Gesunden. Soll ich als der Ärmste von allen Beteiligten die ganze Härte des Gerichts tragen? Ich kann nicht mehr, meine Kraft ist zu Ende!

Ich stelle nun den tollsten Lügen vom 18.–25. Februar 1949 nachfolgend die von mir beobachteten Tatsachen und Erfahrungen wahrheitsgetreu gegenüber.

Zur Zeit der Judenaktion war ich auf dem Eichberg beschäftigt und wohnte auch dort. Kurz vor Mittag, als ich heimgehen wollte, wurde ich zum Telefon gerufen. Mein Bruder Emil Fuhr war am Apparat. Er frug mich, was ich am Abend vorhätte. Ich sagte: „Nichts Besonderes“, worauf er mich aufforderte, abends gegen 20 Uhr nach Oestrich zu kommen, da bei den Juden „Remmidemmi“ gemacht würde. Ich frug, warum und was da los sei, worauf er mir sagte, es sei ein Befehl durchgekommen und die Juden seien als vogelfrei erklärt worden. Er selbst wäre heute Mittag nicht da, es wäre aber schon alles geregelt, und etwa um 21 Uhr solle es losgehen. [...]

Es spielte sich auch hier alles genauso ab, wie ich es schon bei der Verhandlung schilderte. Mit meiner Frau ging ich etwa gegen 20 Uhr zuhause fort. Als erstes kamen wir zum Hause Ernst Strauß in der Hauptstraße. Hier sah ich folgendes: Vor dem Hause eine große Menschenmenge. Aus dem hinteren Ausgang zur Hallgartner Straße kamen ständig Leute mit Stoffen usw. Unten im Laden war sehr Radau und müssen sich dort sehr viele Leute befunden haben. Oben in der Wohnung waren aber auch noch Leute, denn sogar aus den Mansardenfenstern kamen Wäschestücke und Bettfedern geflogen. Genau aus dem Fenster über der Ladentüre schaute der Kaufmann Heinrich Semmler aus Oestrich. Er hielt eine Schreibmaschine in der Hand und rief: „Hört mal, wie es jetzt klingelt!“ Er warf dann die Schreibmaschine auf die Straße. Dies hat auch meine Frau gesehen und kann es bezeugen. Als weiteren Zeugen hierfür benenne ich Herrn Willy Sturm aus Mittelheim. [...]

Mit meiner Frau zusammen ging ich dann weiter, wie ich das bereits früher geschildert habe. Vor dem Hause Strauß in der Römerstraße traf ich einige Oestricher.

Bestimmt kann ich mich erinnern, mit Wilhelm Heine, Metzgermeister in Oestrich, dort gesprochen zu haben. Ich ging etwa drei bis vier Schritte durch das offene Hoftor, um zu sehen, was im Hause los sei. Heine rief mir hier zu: „Schwimmer komm, ich sehe genug (oder: ich habe genug?).“ Ich ging wieder zurück und mit Wilhelm Heine von dem Hause fort. Heine ging dann links die Römerstraße hinunter und ich wieder zu meiner Frau an die Turnhalle. Wir gingen dann zusammen zum Hause Rosenthal. Meine Frau blieb auf dem Kapellenplatz zurück, und ich ging in den Hof vom Kapellenplatz aus. Im Hof war reger Betrieb. Ich sah dort, soweit ich mich erinnern kann, folgende Leute: Max Härtel, Fritz Härtel, Alois Brand, Klaus Storm, Alfons Fleck, Hans Breithaupt, Arthur Moser, Ludwig Lang, Willy Dörr, Friedrich Blum, Hans Mohr und andere, an die ich mich nicht mehr genau erinnern kann. Fast alle hatten Weinflaschen in den Händen und tranken daraus. Sie standen am Ausgang nach dem hinteren Hof gegenüber der Kellertür. Aus dem Keller kamen laute Rufe und war dort allerhand Betrieb. Ich ging vom Hof aus in das Haus. Als erstes sah ich dort Albert Schulte, Erwin Fink, Klaus Raupach, Peter Schleifer und drei SA-Leute aus Eltville. Einen davon kannte ich, er heißt mit Vornamen Walter und war SA-Scharführer. Ich sah, wie Schulte mit Raupach und Schleifer mit schweren Eisen- und Holzstangen sich an der Treppe zu schaffen machten. Erwin Fink war an einem Wandschrank und holte, soweit ich mich erinnern kann, Flaschen heraus. Dann ging ich links durch eine Tür in ein Zimmer. Dies war ein großes Schlafzimmer. Dort waren auch viele Leute, einige SA-Leute erkannte ich, die dort das Inventar zerschlugen. Erkannt habe ich bestimmt: Achim Reitz, Karl Brauer, Bernd Scheffler, Ferdinand Müller, Josef Bierer und andere.

Ich ging wieder zurück. Mittlerweile hatten Schulte und Raupach den unteren Teil der Treppe mit Gewalt etwas abgerückt. Ich ging die Treppe hinauf und sah, wie Peter Schleifer aus einem Fenster oben auf dem Flur etwas ausschüttete (es kann dies das Mehl gewesen sein). Ich ging dann rechts in ein Zimmer. Dort sah ich Jakob Schneider mit seiner Frau und andere. Sie erbrachen einen Kleiderschrank, darin war lauter Wäsche in blaue Bänder eingebunden. Sie steckten davon ganze Bündel unter ihre Kleider. Ich ging dann wieder zurück in den Hof und wollte einmal in den Keller. Dort aber stand bei der Kellertür Deuser in Feuerwehruniform und jagte die Leute aus dem Keller. Es waren fast alles jüngere Leute, z.T. schon stark angetrunken. Im Keller brannte, wie auch im Hause, zu dieser Zeit noch elektrisches Licht. Ich ging dann durch den hinteren Hof auf die Straße. Fast zu gleicher Zeit kam Ferdinand Müller aus der Haustür. Er rief mich zu sich und frug, ob ich schon einmal am Haus Albert Strauß gewesen sei. Er bat mich, doch einmal mit ihm dorthin zu gehen. Er wollte mit Albert Strauß, auf den er große Wut hatte, abrechnen. Da ich auch mit Albert Strauß seit Jahren stark verfeindet war, ließ ich mich überreden und ging mit ihm. Als wir an das Haus kamen, sahen wir, wie Albert Strauß gerade die Römerstraße herunterkam und ins Haus lief. Müller lief ihm nach und erwischte Albert unten im Flur. Dort haben wir ihn dann mit der Hand geschlagen. Auf der Treppe stand Josef Weber und zerschlug mit einer Axt das Treppengeländer. Auf das Geschrei von Albert erschienen oben auf der

Treppe noch Theodor Christ und Martin Schlupp aus Winkel. Als wir Albert gehen ließen, wollte er die Treppe hinauf, wurde aber von den dort Stehenden wieder heruntergestoßen. Dabei wurde ihm von Weber ein Topf oder ein Eimer auf den Kopf geschlagen.

Wir gingen wieder zum Haus Rosenthal zurück. Ich sah, wie aus der Haustür Jakob Schneider mit Frau und Peter Schleifer schwer bepackt kamen. Ich ging durch die Haustür nochmals ins Haus. Unten im Flur machten sich Männer an einem Kassenschrank zu schaffen. Im 1. Stock sah ich August Umbach, Valentin Schlotter und Fritz Wald auf dem Flur. In dem Zimmer, genau wenn man die Treppe heraufkommt, sah ich Wilhelm Heine und Werner Lenz. Heine zerschlug gerade einen Badeofen, und Lenz riß etwas von der Wand. Es kann ein kleines Schränkchen gewesen sein. Daß Heine es dann zerschlug, weiß auch mein Bruder Emil Fuhr.

Es waren noch mehrere Leute im Haus. Mit Bestimmtheit kann ich mich aber nur an Obige erinnern. Im Haus brannte kein elektrisches Licht mehr. Ich ging dann in den Hof. Dort waren noch immer die eingangs genannten Personen auf der gleichen Stelle und tranken. [...] Als ich noch [dort] stand, drangen mehrere Leute aus dem Haus kommend in das hintere Haus ein. Ich folgte ihnen und sah, als ich die Treppe oben war, links einen kleinen Raum. Es brannte hier noch elektrisches Licht. In dem Raum standen Bänke wie in einer Kirche. Wilhelm Heine warf die Bänke um. Werner Lenz schlug gegen einen Schrank, der links in der Ecke stand. Die Tür ging entzwei und Lenz sowie Umbach holten hebräische Schriften heraus, u.a. eine Rolle mit großen Buchstaben. Es waren noch mehrere Personen in diesem Raum, ich kann mich aber mit Bestimmtheit nur an Obige erinnern. Einer ging mit der Rolle ans Fenster und rief: „Wollt Ihr die Bundeslade haben?" Ich glaube, es war Wilhelm Heine. Meine Frau stand unten auf der Straße. Sie behauptet, Wilhelm Heine sei es gewesen. Nachdem Heine dies gerufen hatte, hatten die unten Stehenden geantwortet: „Ja, runter damit!" Daraufhin hat er sie auf die Straße geworfen. Ich ging dann durch das hintere Hoftor auf die Straße und mit meiner Frau nach Hause.

Innerhalb der Ortsgruppe hätte man sich nach der Aktion gewundert, daß so viele Nicht-Pg.s, wie z.B. Raupach, Schleifer, Konrad Abel, Erwin Fink u.a. sich so aktiv beteiligt hätten. [...]

Diese Angaben sind genau so, wie ich sie noch in Erinnerung habe und bin ich bereit, sie jederzeit auch bei Gegenüberstellung zu wiederholen.

Ich bitte um Neuaufnahme des Verfahrens, denn das Gericht wird jetzt die Überzeugung haben, daß nicht ich der Hauptschuldige bin.

[Unterschrift]

35. Offenbach: Die Feuerwehr löscht den Brand

Aus dem Urteil des Landgerichts Darmstadt vom 14. Februar 1948

In der Nacht vom [9./10.][a] November 1938, es mag etwa um 4 Uhr gewesen sein, wurde der Angeklagte Börner als Adjutant der SA-Standarte Offenbach von dem

Brigadeführer Lucke aus Darmstadt angerufen und beauftragt, den Standartenführer Bode, den Lucke nicht hatte erreichen können, zu veranlassen, diesen sofort anzurufen. Der Angeklagte Börner benachrichtigte den damals im Hotel „Kaiserhof" wohnenden Angeklagten Bode, der sich sofort von dem Dienstzimmer der SA-Standarte in der Kaiserstraße aus mit dem SA-Brigadeführer Lucke fernmündlich in Verbindung setzte und von diesem einen längeren, im wesentlichen etwa folgendermaßen lautenden Befehl erhielt: „Die Synagoge ist zu zerstören unter Schonung der Nachbargebäude, worüber Vollzugsmeldung zu erstatten ist." In Ausführung dieses Befehls ließ der Angeklagte Bode, nach Rücksprache mit dem Angeklagten Börner, den Führer des SA-Pioniersturms Ross (inzwischen verstorben) holen und gab ihm den Befehl bekannt, worauf Ross erklärte, aus dem Geräte-Depot einiges holen zu müssen. [...]

Es mag 6 Uhr gewesen sein, als die Angeklagten und Ross [*sämtlich in Zivil*] bei der Synagoge anlangten. [...] Am Eingang stehend, konnte der Angeklagte M. beobachten, wie Ross die Vorhalle der Synagoge betrat, aus einer Schachtel Pulver in einem langen Streifen auf den Fußboden streute, ein Streichholz ansteckte und sich sofort zurückzog, worauf eine blitzlichtähnliche Stichflamme aufleuchtete und weißer, dampfartiger Rauch über der Kuppel sich zeigte. Nach vollbrachter Tat - es mag gegen 6.30 Uhr gewesen sein - entfernten sich die Angeklagten Bode, Börner und M. Erstere unternahmen nach erstatteter Vollzugsmeldung eine Tour in den Standartenbereich, letzterer begab sich heimwärts. Die Tat der Angeklagten hatte zur Folge, daß die Eingangstür der Synagoge zerbrochen, eine Fensterscheibe zertrümmert und der in der Vorhalle hängende Kronleuchter - offenbar durch die Stichflamme - beschädigt wurden. Etwa gegen 7 Uhr beobachtete der Zeuge G. den über der Synagogenkuppel sich zeigenden Rauch, der dann aber wieder verschwand. Auch sah er um die gleiche Zeit auf der Kaiserstraße nahe der Synagoge mehrere Pkws der SA stehen und zahlreiche Personen in Zivil-Kleidung in der Synagoge ein- und ausgehen. [...]

Um 8.15 Uhr wurde die Feuerwehr alarmiert, die den Brand in kurzer Zeit löschte und gegen 11.15 Uhr abrücken konnte. Die Synagoge, die durch den Brand nur inwendig beschädigt und deren Ausstattung zum Teil vernichtet war, wurde später zu einem Theater ausgebaut. [...]

36. Reichelsheim i.O.: Die Juden müssen um das Feuer tanzen

Aus dem Urteil des Landgerichts Darmstadt vom 1. Juni 1948

Die Namen der Angeklagten wurden der besseren Übersichtlichkeit wegen im folgenden durch Pseudonyme ersetzt.

In den Vormittagsstunden des 10. November 1938 fuhr im Kraftwagen das erwähnte SS-Rollkommando[a] in Reichelsheim ein und begann, die in der Ortsmitte gelegene Synagoge im Innern zu zertrümmern und brennbare Einrichtungsgegenstände und Gebetsrollen auf dem davor gelegenen freien Platz, dem sogenannten

Dalles, zu verbrennen. Von der Inbrandsetzung der Synagoge selbst, die im rückwärtigen Teil eines außer ihr noch Judenschule und Lehrerwohnung enthaltenden Gebäudes untergebracht war, wurde abgesehen, da sie auch durch ihren engen Zusammenhang mit Reichelsheimer Wohnhäusern eine allgemeine Brandgefahr hervorgerufen hätte.

Während dieser Vorgänge verfielen die Anführer, Graf und die beiden Rausch, auf den Gedanken, die gesamten Juden Reichelsheims dem Untergang ihrer Kultstätte beiwohnen zu lassen. Graf wandte sich an den Angeklagten Hansen, der inmitten einer dort zusammengeströmten gaffenden Menge am Dalles stehend dem Verbrennen der Synagogeneinrichtung zusah, und forderte ihn auf, die Judenwohnungen zu zeigen, deren Lage dem auswärtigen Trupp unbekannt war. Hansen führte Graf und einen seiner Genossen zunächst zur Wohnung des Juden Max Meyer, wo er vor der Tür wartete, während seine Begleiter hineingingen. Hansen hörte die Ehefrau Meyer kurz darauf schreien, schloß sich den SS-Männern, die mit dem Ehepaar Meyer wieder herauskamen, aber gleichwohl auf dem Weg zur Synagoge an, wo das Ehepaar Meyer sich an den Händen fassen und das Feuer umtanzen mußte. In gleicher Weise zeigte Hansen die Wohnung der Juden Isidor Meyer, Seligmann Meyer und Louis Löser, jeweils vor dem Hause die Rückkehr der beiden SS-Männer abwartend und diese und die abgeholten Juden danach zu dem Dalles begleitend, wo sich die hinzukommenden Juden in den Kreis um das Feuer einreihen mußten. Im Hause Isidor Meyers hatte er eine Frau weinen oder um Hilfe schreien hören. Frau Meyer und ihr mit ihr gehender Sohn wurden auf dem Weg zur Synagoge getreten. Im Hof des Louis Löser standen weinende Judenfrauen und fragten, was ihre Männer nur verbrochen hätten. Der Angeklagte Hansen antwortete nicht und ging von dort aus zur Feldarbeit. Im Vorübergehen sah er, daß vor dem Judenhaus David, das nicht er der SS gezeigt hatte, ein Feuer brannte. Es mußten also noch andere Reichelsheimer gleich ihm Führerdienste geleistet haben.

Auf dem Platz vor der Synagoge und Judenschule hatte sich inzwischen eine Menge Neugieriger eingefunden. Teils beifällig, teils ablehnend sahen sie dem Treiben auf dem Dalles zu, insbesondere dem Herbeiführen der Juden und ihrem Tanz um das Feuer. Die Vorgänge in der Synagoge selbst, die den rückwärtigen Teil des jüdischen Gebäudes einnahm und nur vom Hofe aus zugänglich war, ließen sich vom Platz aus nicht direkt verfolgen. Doch war an Geräuschen ohne weiteres zu erkennen, daß das Innere zertrümmert wurde. Zu bemerken war auch das fortgesetzte Hinzutragen brennbaren Materials aus der Synagoge und der die Front einnehmenden Judenschule, aus deren Fenster insbesondere Bücher geworfen wurden. Unter der schaulustigen, fluktuierenden Menge auf dem Dalles befanden sich um die Mittagsstunden außer dem Angeklagten Hansen für kürzere Zeit auch [*neun weitere*] Angeklagte. [...]

Nachdem im Verlauf der Mittagsstunden das Zerstörungswerk an der Synagoge vollendet worden war, wurden die Judenwohnungen und Geschäfte von der friedensstörenden Menge heimgesucht. Aus der Wohnung David waren schon am

Vormittag Gegenstände auf die Straße getragen und verbrannt worden, in anderen Judenwohnungen setzte die Hauptaktion erst später ein. Unter Beteiligung der Fremden und von Einheimischen wurden das Mobiliar und die Fenster zertrümmert, Geschirr zerschlagen, Nahrungsmittel auf die Erde geworfen, Wäsche, Kleider und Wertgegenstände verschleppt. Halb Reichelsheim war auf den Beinen, teils zuschauend, teils zerstörend, teils plündernd. Auch Frauen schlossen sich nicht aus. [...]

Mit der Dunkelheit hörte die Aktion noch nicht auf. Zwar hatte der größte Teil der auswärtigen SS-Männer Reichelsheim schon verlassen, und nur Graf wurde gegen 21 Uhr mit einigen Begleitern noch im Ort beobachtet, wie er Unterhandlungen wegen des in jüdischem Eigentum stehenden Omnibusses pflog und danach in einer schon im Laufe des Tages heimgesuchten Judenwohnung weitere Zerstörungen anrichtete und einem anwesenden Juden Porzellangeschirr auf den Kopf schlug. Die Einheimischen aber setzten das von den Auswärtigen begonnene Werk auch ohne diese fort. Für die Mehrzahl bedurfte es hierzu keiner besonderen Anordnung, von den Angeklagten jedoch wurden mehrere regelrecht zu der Aktion beordert. Eine entscheidende Rolle spielten hierbei die Angeklagten Lenz und Stein.

Der Angeklagte Lenz war zu jener Zeit stellvertretender Ortsgruppenleiter der NSDAP in Reichelsheim und führte für den abwesenden Ortsgruppenleiter die Geschäfte. Am Vormittag des 10. November wurde er telefonisch zu einer Besprechung auf die Kreisleitung in Erbach bestellt, die am Nachmittag stattfinden sollte. Lenz nahm mit etwa 10 bis 12 anderen Ortsgruppenleitern an der Zusammenkunft teil, bei der Kreisleiter Schwinn eine Ansprache hielt und den Befehl erteilte, bis abends 12 Uhr die Judenaktion durchzuführen, dabei aber Plünderungen zu vermeiden. Was unter der Judenaktion zu verstehen war, war jedem der Teilnehmer klar. Nach seiner Rückkehr nach Reichelsheim verständigte Lenz die politischen Leiter und andere Mitglieder der NSDAP davon, daß sie sich am Abend um 20 Uhr im Geschäftszimmer der Partei einzufinden hätten. Gegen 18 Uhr wurde Lenz von dem Angeklagten Stein aufgesucht. Stein, damals Oberstfeldmeister im Arbeitsdienst Reichelsheim, hatte im Laufe des Tages sowohl im Ort wie während des Dienstes gehört, daß die Judenaktion am Abend fortgesetzt werden solle. Sich dessen zu vergewissern, wandte er sich an Lenz, von dem er erfuhr, daß etwas unternommen werden solle, und der ihm auftrug, zusammen mit seinen Arbeitsdienstführern, die Parteigenossen wären, gleichfalls um 20 Uhr im Geschäftszimmer des „Braunen Hauses“ zu sein. Stein gab seinen planmäßigen Führern – nur diese gehörten der Partei an –, unter ihnen die Angeklagten Schulz, Leist und Schmidt, einen entsprechenden Befehl; sie sollten in Zivil zur Judenaktion antreten, sich aber an Plünderungen nicht beteiligen.

Der Anordnung des Angeklagten Lenz kamen zahlreiche der Benachrichtigten nach. Das Geschäftszimmer im „Braunen Haus“ war gut besetzt, als Bauer nach 20 Uhr eine Ansprache des Inhalts hielt, daß die Judenaktion auf Verlangen der Kreisleitung in Erbach ihren Fortgang nähme, daß politische Leiter sich aber Sonderaktionen zu enthalten hätten. Mehrere der unter den Anwesenden befindlichen Angeklagten gingen daraufhin zunächst in eine Gastwirtschaft, Stein und Sieveking zum Kegeln, Hammann zum Bier in das Parteilokal „Adler“. Der Angeklagte Baer, der dem letzten Teil der Zusammenkunft angewohnt hatte, mischte sich in den überfüllten Straßen in die Menge, die, von der Judenaktion angezogen, sich teils in Judenwohnungen zu schaffen machte, indem sie plünderte, zerstörte und gegen Juden tätlich wurde, teils von Neugierde getrieben in Judenhäusern ein- und ausging.

Jüdische Männer wurden mißhandelt; so wurde Samuel eine Flasche auf den Kopf geschlagen, Louis Joseph so übel zugerichtet, daß ärztliche Hilfe geholt werden mußte, Julius Löb am Unterleib verletzt. Frau Isidor Meyer wurde in das Gesäß getreten. Die Wohnungen, die zum Teil nach dem Abflauen der Ausschreitungen des Tages wieder verschlossen worden waren, wurden neuerdings gewaltsam geöffnet, noch intaktes Mobiliar und Geschirr zertrümmert, Nahrungsmittel, Kleidungsstücke und Wertgegenstände mitgenommen, zum Teil zu Parteidienststellen gebracht, zum Teil von den Plünderern einbehalten. [...]

Georg Baer betrat die Wohnung Isidor Meyer, wo neben anderen auch die Angeklagten Ferchau und Menzel waren, die die Schränke und Fächer nach noch brauchbaren Dingen durchstöberten. Georg Baer ergriff einen Ballen Weißzeug und schloß sich dem Angeklagten Ferchau auf dem Weg zum „Braunen Haus“ an, wo dieser eine von ihm mitgenommene Lade mit Bestecken und Schmuck abliefern wollte. Ein Mann, der aussah wie der Angeklagte Fink, bemächtigte sich eines Kartons Fett. Menzel nahm einen Füllfederhalter und einen Drehbleistift an sich, die er für sich behielt. Zuvor trug er einen Kuchen, den er dem auch in der Wohnung anwesenden Angeklagten Leist aus der Hand nahm, nach oben und schob ihn den Eheleuten Ploetz, nichtjüdischen Mietern der Meyers, durch die Tür. Menzel war zuvor in der Wohnung Seligmann Meyer gewesen, wo er lediglich den Kellervorraum betrat. Unter den bei großem Tumult dort anwesenden Männern befand sich auch der Angeklagte Schneider, der einen Korb mit Eiern ergriff und ihn forttrug und ihn auf spätere Weisung des Angeklagten Fey auf der NSV ablieferte. Schneider, der den ganzen Abend mit seinem noch kriegsgefangenen Neffen Adam Schneider zusammen war, suchte danach die Wohnung Isidor Meyer auf. Das zu der Zeit noch verschlossene Hoftor überstieg er mit seinem ständigen Begleiter Adam Schneider und einem dritten Mann und betrat das Treppenhaus, wobei die verschlossene Haustür gewaltsam geöffnet wurde. Kurz darauf folgte ein Haupttrupp, der das Hoftor einschlug und sich in die Räume Meyer ergoß. Neben den Angeklagten Baer, Ferchau und Menzel fanden sich auch die Angeklagten Leist und Schmidt nacheinander in der Wohnung Isidor Meyer ein. Während Leist sich um die im Hause wohnende, vor Angst zusammengebrochene Frau Ploetz bemühte, half Schmidt einem anderen, Eingemachtes und Wäsche zur NSV zu tragen. Schmidt betätigte sich in gleicher Weise auch bei Leo Joseph (Matzenbäkker), aus dessen Wohnung er ebenfalls Einmachgläser zur NSV brachte. Auch Leist suchte noch diese Judenwohnung auf, wo er sich im Flur aufhielt. Der Angeklagte

Schulz hielt sich am Abend etwa zwei Stunden in den Straßen auf und betrat auch zwei menschenüberlaufene Judenwohnungen, wo er die Zerstörungen in Augenschein nahm. [...]

Die angeklagten Frauen Wagner, Schmidt und Lotz gingen am Abend gleichfalls durch die Straßen. Sie betraten gemeinsam das Haus Samuel, in dem es dunkel war, wo aber Leute ab und zu gingen, die die Wohnung durchstöberten und Sachen an sich nahmen. Von den drei Frauen ergriff im Schein einer von Frau Schmidt mitgebrachten Taschenlampe jede mehrere Stücke älterer Leibwäsche in der Absicht, sie für sich zu behalten; sie wurden insgesamt in der Wohnung der Angeklagten Wendel deponiert. Am nächsten Morgen holten Frau Lotz und Frau Schmidt ihren Beuteteil ab. Keine blieb jedoch im endgültigen Besitz der Wäschestücke; Frau Lotz und Frau Wagner lieferten sie auf Anforderung ab, Frau Schmidt warf sie am nächsten Tag kurzerhand in den Hof Samuel.

Das Haus des Juden Samuel, in das am Mittag wie am Abend randalierende Gruppen gewaltsam eindrangen, betrat am Abend des 10. November fast zu gleicher Zeit mit einem solchen Trupp der Angeklagte Ballhaus. Während er dort war, brach die im Hause Samuel zur Miete wohnende Zeugin Mais, die erkrankt war und, um sich vor eventuellen Angriffen auf ihre Person zu retten, ein gegenüberliegendes Haus aufsuchen wollte, an der Treppe zusammen. Ballhaus nahm sie auf und trug sie auf ihre Bitte aus dem Haus.

Neben diesem tumultuarischen Treiben der Menge liefen polizeiliche Maßnahmen her. Dem Angeklagten Fey, damals Leiter der Polizeistation Reichelsheim und Vorgesetzter des Angeklagten Bast, der am Tage auf Befehl der Dienststelle Erbach nichts unternommen hatte, wurde am Abend zwischen 19 und 20 Uhr durch einen Kurier aus Erbach ein Geheimbefehl gebracht. Der Befehl lautete, daß die Judenaktion abgeblasen sei und daß sich die Polizei darauf zu beschränken habe, Türen und Fenster der zerstörten Judenwohnungen zuzunageln. Zur Hilfe sei SA zuzuziehen, auch sei sofort Verbindung mit dem Ortsgruppenleiter aufzunehmen. Fey machte sich daraufhin in befohlenem Zivil gegen 20 Uhr zu dem Angeklagten Lenz auf, den er in der menschengefüllten Darmstädterstraße traf. Er zeigte ihm den Geheimbefehl, der die Beendigung der Judenaktion proklamierte. Lenz erklärte nach dessen Durchlesen: „Sie haben Ihren Befehl, ich den meinen.“ Auf die darin enthaltene Anweisung an Fey, SA zuzuziehen, gab er ihm den Rat, sich an den Angeklagten Ewald zu wenden.

37. Steinheim: SA hilft dem „Volkszorn“ nach

Aus dem Urteil des Landgerichts Darmstadt vom 20. November 1948

Am Vormittag des 10. November 1938 hatte der Kreisleiter seine Ortsgruppenleiter in Offenbach zusammengerufen und von dem Vorhaben der Zerstörung der Synagogen in Kenntnis gesetzt. Auch der Angeklagte R. war als Ortsgruppenleiter von Groß-Steinheim nach Offenbach gefahren. Als er eintraf, war die Besprechung aber schon vorbei. Von den anderen Ortsgruppenleitern hatte er aber erfahren, was gesagt worden war, und hatte auch als sichtbares Zeichen der „Aktion“ den Brand der Offenbacher Synagoge gesehen. Noch am Vormittag war er wieder zurückgefahren, ohne in Steinheim irgendetwas zu veranlassen.

Diese Untätigkeit bewog die Führung der SA-Standarte in Offenbach, an Ort und Stelle dem verordneten „Volkszorn“ nachzuhelfen. So erschien etwa um die Mittagsstunde der Sturmbann-Führer L. mit zwei weiteren SA-Führern in Steinheim im Parteilokal „Zur Erholung“. L. ließ den Angeklagten R. holen und machte ihm Vorhaltungen, daß die Synagoge in Steinheim als einzige im Kreise noch nicht zerstört sei; er nannte ihn deswegen einen Feigling. In der Gaststube befanden sich beim Eintreten R.'s bereits 15–20 SA-Leute und Parteigenossen, die offenbar von dem örtlichen SA-Führer T., dem Inhaber des Parteilokals, herbeigerufen worden waren. [*Auf Einwendungen eines Mitglieds der Freiwilligen Feuerwehr verzichtete Sturmbann-Führer L. darauf, die Synagoge anzuzünden, und*] gab sich schließlich damit zufrieden, daß die Synagoge nur ausgeräumt werden sollte. Auf seine Veranlassung hielt darauf der Angeklagte R. eine kurze Ansprache an die Versammelten und erklärte, daß der Mord in Paris gerächt werden müßte; überall in Deutschland würden schon die Synagogen brennen, auch Steinheim könnte nicht zurückstehen, und jeder müßte seine Pflicht tun. Er forderte alle auf, die rechte Hand zu erheben und sich so an den Eid zu erinnern, den sie dem Führer geschworen hätten. Alle Anwesenden erhoben darauf ihre Hand, mit Ausnahme des Angeklagten Sp., der sich als Nichtparteigenosse nicht angesprochen fühlte. R. bemerkte das und sagte daraufhin: „Das gilt auch für die, die ihre Hand nicht aufgehoben haben!“

Nun versahen sich alle Anwesenden mit schon bereitgestellten Äxten und Brechwerkzeugen, die der SA-Führer T. aus dem ihm als Feuerwehrkommandanten zugänglichen Spritzenhaus beschafft hatte. Unter Führung von L. und T. zogen die so Ausgerüsteten nach der etwa 400 m entfernt liegenden Synagoge. [...] Als die Schar der Zerstörer etwa kurz vor 13 Uhr vor der Synagoge anlangte, hatte sich bereits eine große Anzahl Neugieriger eingefunden. L. erbrach zusammen mit seinem Adjutanten H. mittels einer Kreuzhacke die Tür des im Erdgeschoß links des Eingangs gelegenen Betsaales. Unmittelbar hinter ihm drangen die anderen in den Betsaal ein. Neben den auswärtigen SA-Führern bestanden die Eindringlinge aus 12–13 Einheimischen [...].

Die Eingedrungenen machten sich sogleich daran, die Bänke mit Äxten auseinanderzuschlagen. Der Angeklagte K. schlug das Fenster ein mit den Worten: „Die farbigen Fenster ärgern mich schon lange!“ Durch das Fenster wurden dann die Trümmer der Bänke hinausgeworfen. Danach kam die Empore dran. [...]

Auf der Straße, wo eine große Menschenmenge dem Treiben in der Synagoge zusah, hatte jemand unterdessen ein Feuer angesteckt. In diesem wurden Kultgegenstände wie Schriftrollen, Gebetsriemen und liturgische Gewänder verbrannt. [...] Die Reste des Kronleuchters, die auch ins Feuer geworfen worden waren, warf R. über den Zaun auf das Grundstück des Altwarenhändlers Kilian.

Nach zwei Stunden war der Betsaal vollständig zerstört und ausgeräumt. Während die Zerstörung noch im Gange war, hatte einer der Beteiligten ein auf der Straße vorbeikommendes Pferdefuhrwerk, das dem Angeklagten K. gehörte, festgehalten und den Fahrer bestimmt, die auf der Straße liegenden Balken und Bretter aufzuladen und hinaus aufs freie Feld zu fahren. Das Fuhrwerk wurde dreimal beladen und das Holz auf dem Felde verbrannt. [...] Bei der letzten Fuhre wurde der jüdische Leichenwagen, den man zuvor aus der neben der Synagoge stehenden Garage herausgezogen hatte, an den Holzwagen angehängt. Noch vor der Abfahrt ist dieser Leichenwagen von einem unbekannt gebliebenen Täter angesteckt worden. Der Angeklagte R. hatte durch die hintere Tür des Wagens Papier gestopft. Zugleich hatte jemand mit einer Axt das Dach des geschlossenen Wagens eingeschlagen, damit der Rauch abziehen und das Feuer dadurch sich besser entwickeln konnte. Als der Leichenwagen die Eppsteiner Straße hinunterfuhr, schlugen aus ihm die Flammen heraus. Auf dem Felde wurde der Wagen dann zusammen mit den hölzernen Trümmern verbrannt. Der Angeklagte Sp. begleitete die letzte Fuhre und blieb auf dem Felde, bis das Feuer niedergebrannt war.

Außer dem Betsaal wurde auch gleichzeitig der im Erdgeschoß rechts der Tür gelegene Schulraum demoliert. Einer der Beteiligten zerschlug dort sogar mit einer Axt das Klavier. Auch die im ersten Stockwerk befindliche Wohnung des Judenlehrers Oppenheimer wurde heimgesucht und Schränke und Tischschubladen durchwühlt: Aus dem im Flur stehenden Schrank warf man Gläser mit Eingemachtem auf die Straße. Frau Oppenheimer wurde ins Gesicht geschlagen.

Auch die Mauer mit der eisernen Umfriedung, die die Synagoge gegen die Straße abschloß, wurde zerstört. Hiermit wurde der ebenfalls als SA-Mann herbeigerufene Angeklagte G. beauftragt. G. wollte sich von der ganzen Sache fernhalten und erklärte, er müsse dafür einen Schweißapparat haben. Er entfernte sich und fragte an zwei Stellen nach einem solchen Apparat. Als er ohne Schweißapparat wieder an der Synagoge erschien, war die Mauer bereits mit einem Vorschlaghammer zerschlagen worden. Der ebenfalls vermißte SA-Scharführer V. schimpfte G. einen Judenknecht, und L. meinte zu ihm, er habe die Zeichen der Zeit noch nicht erkannt. Man forderte ihn dann auf, das herausgeschlagene Eisengeländer beiseite zu stellen. Das tat er zusammen mit dem Angeklagten T., der sich die ganze Zeit über von dem Treiben in der Synagoge ferngehalten und sich nur im Hof und im Flur aufgehalten hatte. T. sagte zu G.: „Wenn die mit dem Auto wegfahren, hauen wir ab; die sollen ihren Dreck alleine machen." Beide Angeklagten entfernten sich kurz darauf stillschweigend. [...]

38. Wallau: Kultgegenstände werden auf dem Sportplatz verbrannt

Aus dem Urteil des Landgerichts Wiesbaden vom 3. November 1949

In den Mittagsstunden drangen einige von auswärts kommende Männer in die Synagoge ein, demolierten die Einrichtungs- und Kultgegenstände und warfen sie aus dem Gebäude auf den Hof. Nach Einbruch der Dunkelheit fanden sich eine Menge Wallauer Bürger bei der Synagoge ein, luden den größten Teil der auf dem Hof liegenden Gegenstände auf den Leichenwagen der jüdischen Kultusgemeinde und fuhren ihn zweimal vollbeladen zum Sportplatz, wo die Sachen verbrannt wurden. Das erste Mal nahm der Wagen, der von einigen der Beteiligten gezogen wurde, den kürzeren Weg durch die Burgstraße, während er das zweite Mal durch die Bleich- und Langenheinerstraße zum Sportplatz fuhr. Beide Male beteiligte sich an dem Aufladen sowie an dem Transport durch die Straßen Wallaus und an der Verbrennungsaktion eine Vielzahl von Personen. Unter denen, die selbst mit Hand anlegten beim Aufladen und beim Transport, befand sich der Angeklagte S., der seit Mai 1933 der NSDAP angehörte und in der SA den Dienstrang eines Oberscharführers hatte. Nachdem der Leichenwagen den Weg von der Synagoge zum Sportplatz das zweite Mal zurückgelegt hatte, wurde er ebenfalls in das Feuer geworfen und verbrannt. [...]

39. Von München nach Wiesbaden: Der Befehlsweg der SA

Aus der Anklageschrift[a] *der Staatsanwaltschaft bei dem Landgericht Wiesbaden vom 22. April 1950*

Die Ermittlungen hinsichtlich der tatsächlichen Vorgänge haben zu folgenden Feststellungen geführt:

Der Angeschuldigte Fust, damals Führer der SA-Gruppe Kurpfalz in Mannheim, hielt sich anläßlich der Feierlichkeiten zum 9. November 1938 an diesem und auch am darauffolgenden Tage in München auf. Am 9. November 1938 abends fand im Alten Rathaus in München ein Empfang der Stadt München statt, an dem auch der Angeschuldigte Fust teilnahm. Bei dieser Gelegenheit gab der ebenfalls anwesende Dr. Goebbels die Ermordung des Gesandtschaftsrats vom Rath den Teilnehmern des Empfanges bekannt. Der Stabsführer der SA, Lutze, versammelte im Anschluß an diese Bekanntgabe sofort die anwesenden SA-Gruppenführer zu einer Besprechung. Nach Schluß der Besprechung ließen sich die auswärtigen Gruppenführer, darunter auch Fust, alsbald mit ihren Dienststellen fernmündlich verbinden.

Der Anruf des Angeschuldigten Fust erreichte die SA-Gruppe Kurpfalz in Mannheim um die Mitternachtsstunde. Der Anruf hatte zum Inhalt, daß sämtliche Synagogen im Gruppenbereich zu zerstören, Nebenhäuser vor Beschädigung zu schützen, Plünderungen zu verhindern seien und die Aktion in Zivil durchzuführen sei. Der Fernspruch wurde vom Wachhabenden des Dienstgebäudes der SA-Gruppe Kurpfalz, dessen Name nicht mehr zu ermitteln war, aufgenommen. Der Wachhabende verständigte sofort den damaligen SA-Oberführer Fritsch, der damals in Mannheim der ranghöchste anwesende SA-Führer war, fernmündlich vom Eingang des Fernspruchs. Gleichzeitig oder unmittelbar anschließend erfolgte auch die fernmündliche Weitergabe des Befehls an die der Gruppe Kurpfalz nachgeordneten

SA-Dienststellen, die zum Teil den Eingang des Befehls kurze Zeit darauf bestätigten, zum Teil Vollzugsmeldung erstatteten.

Bei der Brigade 150 in Mainz wurde der Befehl im Laufe der Nacht durch den inzwischen verstorbenen damaligen SA-Führer vom Dienst, Wehrfritz, entgegengenommen. Wehrfritz benachrichtigte sofort den Führer der Brigade 150, den Angeschuldigten Kraft, sowie die unterstellten Standarten, darunter auch die Standarte 80 in Wiesbaden. Der Angeschuldigte Kraft fand sich unmittelbar nach dem Anruf im Dienstgebäude der Brigade ein, wo ihm Wehrfritz Bericht erstattete. Um seine anfänglichen Bedenken zu zerstreuen, rief Kraft nochmals die SA-Gruppe in Mannheim an und erhielt [...] Anweisung, den vom Angeschuldigten Fust persönlich in dieser Form aus München fernmündlich erteilten Befehl strikt durchzuführen. Der Angeschuldigte Kraft erteilte dann auch dem Führer der Standarte 224 (Rheingau-Untertaunus), Gethöffer, [...] den Befehl, bis sechs Uhr früh sämtliche Synagogen im Bereich seiner Standarte zu zerstören, die Aktion in Zivil ausführen zu lassen und bis zum gleichen Zeitpunkt Vollzugsmeldung an die Brigade zu erstatten.

Für die Standarte 80, deren Bereich den Stadtbezirk Wiesbaden umfaßte, nahm der Standartenführer Rink, der als solcher im Dienstgebäude der Standarte 80 wohnte, in der Nacht zum 10. November 1938 den Befehl zur Zerstörung der Synagoge von der Brigade 150 Mainz entgegen. [...]

[*Der Brigadeführer Kraft fuhr noch in der Nacht mit dem Wagen von Mainz nach Wiesbaden zum Dienstgebäude der Standarte 80. Als er dort erfuhr, daß noch nichts geschehen sei, forderte Kraft mit den Worten „Dann wird es aber Zeit!" zu aktivem Vorgehen auf. Nach Eintreffen anderer Standarten- und weiterer SA-Führer fand zunächst eine vertrauliche Besprechung auf dem Standartenbüro statt, an der etwa 10–15 Personen teilnahmen.*]

Welche Befehle zur Durchführung der Aktion in Wiesbaden im einzelnen erteilt worden sind, ließ sich nicht ermitteln. Fest steht jedenfalls auf Grund der Ermittlungen, daß gegen 4 Uhr morgens die Welle der Zerstörungsaktionen einsetzte, die vermutlich nicht nur auf die von der SA ausgehenden Befehle, sondern auch auf von den örtlichen Parteidienststellen erlassene Befehle zurückzuführen war.

Die Synagoge am Michelsberg war bereits gegen 4 Uhr morgens das Ziel von Zerstörungstrupps. Der Kaufmann Sch. stellte gegen 4 Uhr morgens fest, als er aus dem Fenster seines der Synagoge gegenüberliegenden Hauses Michelsberg 15 sah, daß Flammen aus der Synagoge schlugen. Der Zeuge alarmierte sofort die Feuerwehr, die auch bald eintraf und den Brand löschte. Dieser Alarm der Feuerwehr erfolgte nach den Feststellungen aus den bei der Feuerwehr noch vorhandenen Unterlagen und nach den Angaben des Zeugen D. um 4.41 Uhr. Beim Eintreffen der Feuerwehr schlugen aus den Fenstern der Nord- und Ostseite der Synagoge starke Rauchwolken heraus. Nach etwa einer Stunde war der Brand, der sich hauptsächlich auf den Altarraum, einige Sitzreihen und einen Nebenraum erstreckte und nur geringe Beschädigungen hinterließ, gelöscht. Beim Aufräumen der Brandstätte wurde von der Feuerwehr an mehreren Stellen mit brennbarer Flüssigkeit getränkte Putzwolle gefunden. Nachdem das Feuer gelöscht und die Aufräumungsarbeiten beendet waren, verließ die Feuerwehr den Brandort wieder unter Zurücklassung einer Brandwache.

Zwischen 6 und 7 Uhr suchten erneut Zerstörungskommandos die Synagoge am Michelsberg heim. Sie belästigten die zurückgelassene Brandwache und veranlaßten sie, den Brandort alsbald zu verlassen. Wie der Kaufmann B. und der Kaufmann K. übereinstimmend bekunden, bemerkten sie in der fraglichen Zeit auf dem Michelsberg eine Gruppe von etwa 15 Leuten in Zivil, die sich in verdächtiger Weise bei dem Zeugen K. nach der Synagoge erkundigten und sich dann der Synagoge näherten.

Als der Zeuge Sch. morgens gegen 8 Uhr seinen Laden öffnete, stellte er fest, daß sich vor der Synagoge eine erhebliche Menschenmenge angesammelt hatte. Der Zeuge sah auch einen Trupp ihm unbekannter Leute, der mit Äxten und anderen Werkzeugen ausgerüstet war, den Michelsberg heraufkommen und in der Synagoge verschwinden. Kurze Zeit darauf war aus der Synagoge das Krachen und Splittern von Holz zu vernehmen. Gleichzeitig wurde aus der vor der Synagoge versammelten Menge gerufen: „Jetzt schlagen sie die Bänke in der Synagoge kaputt und schichten sie zu einer Pyramide auf." Diese Vorgänge konnte der Zeuge Sch. auch selbst vom Fenster seiner Wohnung beobachten. Gleichzeitig wurde von einigen in der Synagoge befindlichen Leuten auch das auf der Empore befindliche Mobiliar von der Empore in den Kirchenraum heruntergeworfen und dadurch zertrümmert. Nachdem die Trümmer des Mobiliars im Innern der Kirche zusammengetragen und aufgeschichtet waren, wurden sie mit Benzin übergossen und in Brand gesteckt. Der Zeuge Sch. versuchte auch diesmal wieder die Feuerwehr zu alarmieren. Die Feuerwehr war jedoch bereits um 8.29 Uhr durch Notruf mit den Worten alarmiert worden: „Kommt schnell, die Synagoge brennt in voller Ausdehnung", und befand sich bereits auf dem Wege zum Michelsberg. Bei ihrem Eintreffen brannte bereits das ganze Gebäude vom Sockel bis zur Kuppel in voller Ausdehnung. Als die Feuerwehr mit ihren Löscharbeiten einsetzte, stürzte die Kuppel ein. Da an ein Löschen des Brandes nicht mehr zu denken war, mußte sich die Feuerwehr bei diesem zweiten Brand darauf beschränken, die Nachbarhäuser vor einem Übergreifen des Feuers zu schützen.

Inzwischen war auch in der Stadt schon ein großer Teil der jüdischen Geschäfte zerstört worden. Aus der Reihe der zerstörten Geschäfte sind in diesem Verfahren besonders das Hutgeschäft Ullmann, die Weinhandlung Simon, das Juweliergeschäft Heimerdinger, das Konfektionsgeschäft Baum, Ecke Webergasse, das Parfümeriegeschäft Albersheim, das Geschäft Kugelmann im Hotel Bellevue, das Schuhgeschäft Mesch, das Geschäft Rheinstein, das Geschäft Marxheimer und das Verkehrsbüro Ecke Webergasse hervorzuheben. Die Durchführung der Aktionen in den einzelnen Geschäften war in allen Fällen im wesentlichen die gleiche. Fensterscheiben und Türen wurden eingeschlagen, die Inneneinrichtung der Läden demoliert, die Ware umhergestreut und vielfach auf die Straße geworfen.

Abb. 17 Die ausgebrannte Synagoge in Wiesbaden-Schierstein

Den Abschluß der Aktion gegen die jüdischen Mitbürger bildete die Zerstörung des Büros und der Wohnung des Rechtsanwalts Dr. Guthmann in der Bahnhofstraße. Wie die Witwe des Rechtsanwalts Dr. Guthmann, Frau Klara Guthmann, und die früheren Büroangestellten des Rechtsanwalts Dr. Guthmann, Frau G. und Frau D., bekunden, rückte gegen die Mittagszeit eine größere Menge unter Anführung eines robust aussehenden, schlecht rasierten, ca. 1,70 m großen Mannes, der eine Brille und eine Sportmütze trug, gegen das Haus des Dr. Guthmann vor. Die Menge war zum Teil mit Äxten und Hämmern sowie anderen Schlagwerkzeugen bewaffnet. Zunächst drangen die Leute in das im Parterre befindliche Büro ein, warfen die Akten zum Fenster hinaus, zerstörten das Mobiliar und zerschlugen Fensterscheiben und Schreibmaschinen. Nach der Zerstörung des Büros drangen sie in die in der 1. Etage gelegene Wohnung ein und demolierten auch diese restlos. Sämtliche Scheiben wurden zerbrochen, der Inhalt aus den Schränken herausgerissen und durchwühlt, Möbel und Bilder zerstört und ebenso wie Wäsche und Bekleidung aus den Fenstern geworfen. [...]

40. Wölfersheim: Die Juden sind halbtot zu prügeln

Aus dem Urteil des Landgerichts Gießen vom 19. Mai 1949

In den Vormittagsstunden des 10. November 1938 wurde dem Angeklagten M. [*der damals SA-Obertruppführer und Führer der Wölfersheimer und Södeler SA war*] von dem damaligen Wölfersheimer Ortsgruppenleiter E. telefonisch der Befehl übermittelt, umgehend die SA zusammenzurufen und dann gegen die in Wölfersheim wohnenden Bürger jüdischen Glaubens tätlich vorzugehen. Als der Angeklagte gegen die Durchführung des Befehls Bedenken äußerte, wies der Ortsgruppenleiter darauf hin, daß die Aktion als Vergeltung für die Ermordung des Botschaftsrats vom Rath gedacht sei und demgemäß unbedingt durchgeführt werden müsse. Er forderte den Angeklagten unter anderem auf, in den jüdischen Wohnungen alles kurz und klein zu schlagen und die jüdischen Bürger halbtot zu prügeln. Der Angeklagte erklärte sich schließlich mit der Durchführung des Befehls einverstanden und machte sich umgehend auf den Weg, um die Wölfersheimer SA für die Mittagszeit zum Antreten zu bestellen.

Gegen 13 Uhr fand sich ein großer Teil der Wölfersheimer SA vor dem Sturmlokal ein. Alle waren weisungsgemäß in Zivilkleidung erschienen. Der Angeklagte M. hielt dann vor der angetretenen SA eine kurze Ansprache. Er wies u.a. darauf hin, daß nun der Tag der Rache gekommen sei und daß auf höheren Befehl die Juden geschlagen und ihre Sachen zertrümmert werden müßten.

Nach der Ansprache setzte sich der Zug in geschlossener Marschformation in Bewegung. An der Spitze marschierte der Angeklagte M. Unterwegs schloß sich eine größere Anzahl von „Hefrag"-Arbeitern dem Zuge an. Diese hatten auf Aufforderung des ebenfalls in der „Hefrag" beschäftigten Ortsgruppenleiters E. ihre Arbeitsplätze verlassen, um sich an den Ausschreitungen zu beteiligen. Ein Teil von ihnen gehörte der Wölfersheimer SA an. Es befanden sich aber unter ihnen auch viele Unbekannte, die nicht in Wölfersheim wohnten und von denen nicht feststeht, ob sie der SA oder einer sonstigen nationalsozialistischen Organisation angehörten.

Als der insgesamt nun ungefähr 150 Personen starke Zug bei den beiden Häusern Rossmann ankam, war dort bereits ein großer Teil der Wölfersheimer Bevölkerung zusammengelaufen, um bei den Ausschreitungen, deren Planung zwischenzeitlich im ganzen Dorf bekannt geworden war, zugegen zu sein. M. teilte den Zug in zwei Abteilungen auf. Er selbst drang mit der einen Gruppe in das Haus des jüdischen Bürgers Hermann Rossmann ein. Die andere Gruppe bahnte sich unterdessen einen Weg in das gegenüberliegende jüdische Anwesen des Julius Rossmann. Da sich zu den beiden Abteilungen noch weitere Personen hinzugesellten, die mit dem Vorgehen der SA einverstanden waren, entstand ein derartiger Wirrwarr, daß der Angeklagte M. keinen Überblick über das Ausmaß der Ausschreitungen gewinnen konnte.

In beiden Häusern zerschlugen die Eindringlinge einen großen Teil des Hausrats. Darüber hinaus wurde der Sohn des Hermann Rossmann, der jüdische Bürger Kaufmann Rossmann, unter den Augen seines weinenden Kindes derart schwer verprügelt, daß er in seinem Hausflur bewußtlos niederfiel. Als er wieder zu sich kam, mußte er sich umgehend wegen einer Platzwunde am Kopf in ärztliche Behandlung begeben. Sein Vater, Hermann Rossmann, blieb von Schlägen verschont, da er an diesem Tag krank zu Bett lag.

Zur gleichen Zeit wurde in dem gegenüberliegenden Anwesen der Bürger Julius Rossmann erheblich verprügelt. Nach ungefähr einer Stunde machte sich der Angeklagte M. durch lautes Rufen in der Menge bemerkbar und forderte die Eindringlinge, soweit sie zu den SA-Leuten und „Hefrag"-Arbeitern gehörten, auf, von ihrem Zerstörungswerk abzulassen. Die SA und die „Hefrag"-Arbeiter sammelten sich daraufhin wieder auf der Straße und zogen dann in Marschkolonnen unter Führung des Angeklagten M. ab. Der Zug marschierte auf Umwegen durch die Straßen Wölfersheims zum Sturmlokal zurück. Unterwegs wurden antisemitische Lieder gesungen.

Mit dem Abrücken der Marschkolonne hatten die Ausschreitungen noch nicht ihr Ende gefunden. Eine beträchtliche Anzahl von Wölfersheimern begann unmittelbar danach die Wohnungen Rossmann auszuplündern. Die Plünderungen dauerten bis in die Abendstunden fort. Als nach einigen Tagen von der Wölfersheimer Bürgermeisterei zur Rückgabe der geplünderten Sachen aufgefordert wurde, waren drei Fuhrwerke zum Abtransport des geplünderten Gutes erforderlich.

In den späten Abendstunden machten sich einzelne Personen erneut in den Häusern Rossmann zu schaffen. Wie die unmittelbar in der Nachbarschaft wohnende Bevölkerung feststellen konnte, ertönte die ganze Nacht hindurch aus den Häusern ein auf die Fortsetzung des Zerstörungswerks hindeutendes Krachen und Schlagen. Der Angeklagte M. hielt sich in der Nacht ebenfalls lange Zeit in der Nähe der Häuser Rossmann auf. Durch Steinwürfe vernichtete er die restlichen noch unbeschädigten Fensterscheiben. Anschließend wurden von ihm und dem gleichfalls anwesenden Angeklagten A. die vorgefundenen Geschäftspapiere und Schuldscheine in einem offenen Feuer auf der Straße verbrannt. Einen Teil der Geschäftsbücher brachte man zur Wölfersheimer Ortgruppe. [...]

Die Ausschreitungen in der Nacht vom 10. zum 11. November 1938

„Die deutsche Staatsführung", schrieb Goebbels am 12. November 1938 im „Völkischen Beobachter", hat nichts unversucht gelassen, die Reaktion im deutschen Volk auf das feige Attentat in kürzester Frist abzustellen. Das deutsche Volk hat dem Gebot der Regierung willig und diszipliniert Folge geleistet. In Stundenfrist sind Demonstrationen und Aktionen zum Schweigen gebracht worden."[81] Die Tatsachen in hessischen Städten und Gemeinden sahen jedoch anders aus. Weder mochten die SA und die NSDAP-Ortsgruppen ihre Aktionen beenden, noch ließ sich die auf den Straßen herumziehende und teilweise auch in Wohnungen und Geschäften plündernde Bevölkerung besonders beeindrucken, als sich am Abend des 10. November die Kunde verbreitete, daß die Regierung ein Ende der „Demonstrationen" angeordnet habe.

In der Tat hatte Goebbels schon am späten Nachmittag das Ende des Pogroms verkünden lassen. Über das Deutsche Nachrichtenbüro richtete er die „strenge Aufforderung" an die Bevölkerung, von „allen weiteren Demonstrationen und Aktionen gegen das Judentum, gleichgültig welcher Art, sofort abzusehen" (Dok. 41). So plötzlich wie der Pogrom um Mitternacht begonnen hatte, sollte er nun zu Ende gehen. Nachdem zahllose Synagogen geschändet und in Brand gesetzt, Tausende von jüdischen Geschäften und Wohnungen zerstört worden waren und viele Juden ihre Existenzgrundlage verloren hatten, schien Goebbels der Zweck des Pogroms erfüllt zu sein. Ein rasches Ende der Aktionen empfahl sich vor allem auch deshalb, weil Disziplinlosigkeit und Plünderungen überhand nahmen und die Bevölkerung mit zunehmender Verärgerung auf die sinnlose Vergeudung von Waren und Wirtschaftsgütern reagierte. Auch Rücksicht auf die Auslandspresse ließ es geboten erscheinen, dem Terror ein Ende zu setzen.

Wenn diese Anordnung in hessischen Städten und Gemeinden sogleich befolgt worden wäre, hätten noch Synagogen, Geschäfte und Wohnungen in zahlreichen Orten vor der Zerstörung bewahrt werden können. Aber wer vermochte den Pogrom, der in vielen Orten noch im Gange war, rasch zu beenden? Wie war es um die Disziplin der braunen Einsatztrupps bestellt? Ließen sich die tobenden und johlenden Menschenmengen, die sich noch immer durch Städte und Dörfer wälzten, so rasch von ihrem Tun abbringen? Skepsis schien geboten, und sie wurde auch durch einen Erlaß von Heydrich bestätigt. Der Chef der sonst allmächtigen Sicherheitspolizei forderte in einem Blitz-Fernschreiben die Gestapo- und SD-Stellen im Hinblick auf die kommende Nacht zwar auf, „etwa noch erfolgende Aktionen möglichst zu verhindern". Jedoch sei hierbei „Rücksicht zu nehmen auf die berechtigte Empörung der Bevölkerung" (Dok. 42). Nicht die „Empörung", wohl aber die organisierten Aktionen von SA und NSDAP und die dadurch ausgelöste Mobilisierung von Teilen der Bevölkerung waren in zahlreichen hessischen Städten und Landgemeinden noch in vollem Gange.

Zwar drang bereits am frühen Abend in hessischen Gemeinden die Nachricht durch, daß ein Ende der Aktionen gegen die Juden angeordnet sei. Die Polizeidienststellen und damit auch die Bürgermeister waren darüber wohl zwischen 18 und 20 Uhr informiert worden, doch zeigte sich rasch, daß die Ortsgendarmen meist auf verlorenem Posten standen, wenn sie die braunen Einsatztrupps stoppen wollten. „Sie haben Ihren Befehl, ich meinen", bekam der Leiter der Polizeistation von dem Ortsgruppenleiter in Reichelsheim i. O. zu hören (Dok. 36). Wenn der Ortsgendarm - wie in Groß-Krotzenburg - vor der Synagoge Wache stand, dann zog die plündernde Menge eben weiter und zerstörte jüdische Geschäfte und Wohnungen in einer anderen Gegend (Dok. 23).

Tatsächlich setzte sich die Welle der Gewalt an vielen Orten weiter fort, und in manchen Städten und Gemeinden begannen die Aktionen überhaupt erst richtig am Abend. Die Gründe waren unterschiedlicher Art. Mancherorts wollten es die örtlichen Parteifunktionäre nicht auf sich „sitzen" lassen, daß überall ringsum „Judenaktionen" stattgefunden hatten, nur an ihrem Ort nicht. Sie wollten sich nicht vorwerfen lassen, „geschlafen" zu haben. In anderen Gemeinden hatten Ortsgruppenleiter oder SA-Führer die Aktionen gegen die Juden absichtlich erst auf den Abend angesetzt, weil sie die Rückkehr von ihnen für die Aktion besonders geeignet erscheinenden Parteigenossen abwarten wollten, die auf dem Feld oder auswärts arbeiteten. Und so beginnen in nicht wenigen Orten nach 19 oder 20 Uhr abends Aktionen gegen die ortsansässigen Juden[82].

In anderen Gemeinden hatten zwar die Aktionen gegen die Juden schon im Laufe des Tages angefangen, dauerten aber gleichwohl bis spät in die Nacht an. Was in manchen Orten auswärtige SA-Trupps am Vor- oder Nachmittag begonnen hatten, wurde von einheimischen Parteigenossen fortgesetzt, und meist auch unter Mitwirkung von Bürgern, die weder einen Auftrag hatten noch der NSDAP angehörten. Auch wenn die Juden schon verhaftet und ihre Wohnungen bereits demoliert waren, waren noch Stunden später Gruppen von Einheimischen auf dem Weg, um in jüdischen Geschäften und Wohnungen das Zerstörungswerk fortzusetzen oder zu plündern.[83]

Dokumente

41. Die Aktionen sind zu beenden

Aufruf des Reichsministers Dr. Goebbels an die Bevölkerung vom 10. November 1938 - Rundruf des Deutschen Nachrichtenbüros in Berlin

Reichsminister Dr. Goebbels gibt bekannt: Die berechtigte und verständliche Empörung des Deutschen Volkes über den feigen jüdischen Meuchelmord an einem deutschen Diplomaten in Paris hat sich in der vergangenen Nacht Luft verschafft. In zahlreichen Städten und Orten des Reiches wurden Vergeltungsaktionen gegen jüdische Gebäude und Geschäfte vorgenommen.

Es ergeht nunmehr an die gesamte Bevölkerung die strenge Aufforderung, von allen weiteren Demonstrationen und Aktionen gegen das Judentum, gleichgültig welcher Art, sofort abzusehen. Die endgültige Antwort auf das jüdische Attentat in Paris wird auf dem Wege der Gesetzgebung bzw. der Verordnung dem Judentum erteilt werden.

42. „Gegen Plünderer ist rücksichtslos einzuschreiten!“

Blitz-Fernschreiben des Chefs der Sicherheitspolizei Heydrich an alle Staatspolizei(leit)stellen und SD-Ober- und Unterabschnitte vom 10. November 1938 abends

Die Protestaktionen sind eingestellt (siehe Presse- und Rundfunkmeldungen).

Im Benehmen mit der Ordnungspolizei ist für die kommende Nacht verstärkter Streifendienst einzusetzen. Etwa noch erfolgende Aktionen sind möglichst zu verhindern, jedoch ist hierbei Rücksicht zu nehmen auf die berechtigte Empörung der Bevölkerung. Gegen Plünderer ist rücksichtslos einzuschreiten.

Die Festnahmeaktionen werden ohne Einschränkung und ausschließlich von den Staatspolizei(leit)stellen fortgesetzt.

gez. Heydrich

III. Der Pogrom und seine Folgen

Die Beseitigung der Spuren

Eine wirkliche Bilanz der Zerstörungen, die im Rahmen des Pogroms angerichtet wurden, ist nicht bekannt. Der Bericht, den Heydrich auf Grund der Mitteilungen der Gestapostellen schon am 11. November erstattete (Dok. 43), nannte nur vorläufige Zahlen. Genauere Berichte wurden in den nächsten Tagen von Bürgermeistern und Landräten auf dem Dienstweg nach Berlin weitergeleitet, ohne daß zusammenfassende Zahlen bekannt geworden sind.

Vermutlich hatte auch die Staats- und Parteiführung gar kein Interesse mehr daran, daß das Ergebnis der angerichteten Zerstörungen und Verwüstungen präzise aufgelistet wurde. Schließlich wurde die Art und Weise, wie Goebbels den Pogrom inszeniert hatte, auch innerparteilich kritisiert. Bei weiten Kreisen der Bevölkerung stieß die massenhafte Zerstörung von Geschäften und Waren aller Art ebenfalls auf Unverständnis. In der Tat waren die jüdischen Läden neben den Synagogen das Hauptziel der öffentlichen Aktionen gewesen; sie sind wohl fast überall verwüstet oder ausgeplündert worden.

Die nationalsozialistische Führung wollte unter diesen Umständen die deutsche Bevölkerung und ausländische Journalisten nicht länger an die sinnlose Zerstörungsaktion erinnert wissen. Unmittelbar nach der Aufforderung von Goebbels, die Aktionen gegen die jüdische Bevölkerung einzustellen, erging daher die Anordnung, die Spuren des Pogroms im Straßenbild möglichst rasch zu beseitigen. Noch am 10. November ließ Gauleiter Sprenger einen Schnellbrief an alle Kreisleiter herausgehen, der bereits die wesentlichen Regelungen der „Verordnung zur Wiederherstellung des Straßenbildes bei jüdischen Gewerbebetrieben" vom 12. November 1938 vorwegnahm: In kürzester Frist sollten die demolierten jüdischen Geschäfte auf Kosten ihrer jüdischen Inhaber wieder in Ordnung gebracht werden (Dok. 44).

Während jüdische Wohnungen in den Großstädten häufig unversehrt geblieben waren, waren sie in kleinen Städten und Landgemeinden ebenfalls weitgehend zerstört worden. Dies hatte viele Juden nicht nur in ihrer beruflichen Existenz, sondern auch in ihrer privaten Lebenssphäre schwer betroffen. In vielen Gemeinden war der Zustand der jüdischen Wohnungen nach dem Pogrom so verheerend, daß sich der Regierungspräsident in Wiesbaden veranlaßt sah, die Städte und Gemeinden anzuweisen, für die notdürftige Unterbringung der jüdischen Frauen und Kinder zu sorgen (Dok. 45).

Besonderes Augenmerk wurde in den folgenden Wochen von den Behörden auf die Wiederherstellung des Straßenbildes gelegt. Die Ortspolizei, die bei den Ausschreitungen vom 10. November und sogar bei Mißhandlungen von Juden meist weggeschaut hatte, patrouillierte in den folgenden Tagen und Wochen durch die Straßen und kontrollierte penibel die jüdischen Geschäfte und Wohngebäude, um ihre rasche Wiederherstellung sicherzustellen (Dok. 49). Diese mußten die jüdischen Hausbesitzer nicht nur auf eigene Kosten durchführen, auf Intervention Görings wurden auch die Leistungen der deutschen Versicherungen, auf die sie wegen der Schäden an den Gebäuden Anspruch hatten, zugunsten des Fiskus beschlagnahmt.[1]

Ein besonderes Problem stellten die eingeschlagenen Schaufensterscheiben jüdischer Geschäfte dar. Der Umfang der Zerstörungen war so groß, daß ein rascher Ersatz weder aus deutscher Produktion noch aus Importen aus Belgien - dem bedeutendsten europäischen Produzenten für Fensterglas - möglich war. Außerdem kostete die Einfuhr von Fensterglas aus Belgien wertvolle Devisen, was bei Göring auf der Sitzung der Vertreter der Reichsministerien am 12. November besondere Verärgerung auslöste.[2] Und so erinnerten die lediglich mit Brettern vernagelten Schaufenster jüdischer Geschäfte noch wochen- und monatelang an den Pogrom vom 10. November 1938.

DOKUMENTE

43. Erste Bilanz des Pogroms

Schnellbrief des Chefs der Sicherheitspolizei Heydrich an den preußischen Ministerpräsidenten Hermann Göring

Berlin SW, den 11. November 1938
Prinz-Albrecht-Straße 8

Geheim!

Betr.: Aktion gegen die Juden

Die bis jetzt eingegangenen Meldungen der Staatspolizeistellen haben bis zum 11. November 1938 folgendes Gesamtbild ergeben:

In zahlreichen Städten haben sich Plünderungen jüdischer Läden und Geschäftshäuser ereignet. Es wurde, um weitere Plünderungen zu vermeiden, in allen Fällen scharf durchgegriffen. Wegen Plünderns wurden dabei 174 Personen festgenommen.

Der Umfang der Zerstörungen jüdischer Geschäfte und Wohnungen läßt sich bisher ziffernmäßig noch nicht belegen. Die in den Berichten aufgeführten Ziffern:

Abb. 18 Neugierige Passanten vor einem zerstörten jüdischen Geschäft in Kassel

815 zerstörte Geschäfte, 29 in Brand gesteckte oder sonst zerstörte Warenhäuser, 171 in Brand gesetzte oder zerstörte Wohnhäuser, geben, soweit es sich nicht um Brandlegungen handelt, nur einen Teil der wirklich vorliegenden Zerstörungen wieder. Wegen der Dringlichkeit der Berichterstattung mußten sich die bisher eingegangenen Meldungen lediglich auf allgemeinere Angaben, wie „zahlreiche" oder „die meisten Geschäfte zerstört", beschränken. Die angegebenen Ziffern dürften daher um ein Vielfaches überstiegen werden.

An Synagogen wurden 191 in Brand gesteckt, weitere 76 vollständig demoliert. Ferner wurden 11 Gemeindehäuser, Friedhofskapellen und dergleichen in Brand gesetzt und weitere 3 völlig zerstört.

Festgenommen wurden rund 20 000 Juden, ferner 7 Arier und 3 Ausländer. Letztere wurden zur eigenen Sicherheit in Haft genommen.

An Todesfällen wurden 36, an Schwerverletzten ebenfalls 36 gemeldet. Die Getöteten bzw. Verletzten sind Juden. Ein Jude wird noch vermißt. Unter den getöteten Juden befindet sich ein, unter den Verletzten zwei polnische Staatsangehörige.

Heydrich

Abschrift.

Nationalsozialistische Deutsche Arbeiterpartei
Gauleitung Hessen-Nassau
Der Gauleiter. Frankfurt/Main, den 10.11.1938

Schnellbrief!

Betrifft: Wiederinstandsetzung der demolierten jüdischen Geschäfte.

Die anläßlich der antijüdischen Demonstrationen demolierten jüdischen Geschäfte müssen in kürzester Frist wieder in Ordnung gebracht werden, und zwar auf Kosten ihrer jüdischen Inhaber. Es steht eine Verordnung zu erwarten, nach der die Schäden, die bei den antijüdischen Aktionen entstanden sind, nicht von den Versicherungen getragen werden, sondern von den betroffenen Juden selbst – weiterhin werden in kürzester Frist noch eine Reihe von Maßnahmen gegen Juden auf dem Gesetzes- oder Verordnungswege durchgeführt werden. Hierüber werde ich Sie rechtzeitig unterrichten.

Die Wiederinstandsetzung ist mit Unterstützung der Kreiswirtschaftsberater sowie Kreisobmänner der D.A.F. zu veranlassen.

Die Polizei ist in diesem Sinne von mir verständigt worden – die entsprechenden Maßnahmen sind daher zusammen mit der örtlichen Polizei zu treffen.

Die Durchführung dieser Aktion ist sofort in Angriff zu nehmen und beschleunigt durchzuführen.

F.d.R. Heil Hitler!
gez. Stöhr gez. Sprenger

An alle Kreisleiter!

Nationalsozialistische

Dok. 44 „Demolierte Geschäfte müssen in kürzester Frist in Ordnung gebracht werden“

45. Unterbringung obdachloser Juden

Fernmündliche Anordnung der Ausländerpolizeibehörde des Regierungspräsidenten in Wiesbaden an die Landratsämter vom 11. November 1938, 16.30 Uhr

Im Einvernehmen mit der Geheimen Staatspolizei - Staatspolizeistelle in Frankfurt a. M. - ersuche ich, für die Unterbringung von Frauen und Kindern von Juden, deren Wohnungen zertrümmert worden sind, Sorge zu tragen. Geeignete Räume zur Unterbringung sind sicherzustellen. Soweit Verpflegung aus eigenen Mitteln nicht möglich ist, ist für das Eintreten der öffentlichen Wohlfahrtspflege zu sorgen.

Grote

46. Es fehlt an Fensterglas

Bericht des Bürgermeisters in Bad Schwalbach an den Landrat des Untertaunuskreises

Bad Schwalbach, den 11. November 1938

Betr.: Demonstration und Aktion gegen Juden

In Erledigung der ergangenen Anordnungen u. a. des Herrn Gauleiters vom 10. d. M. wird berichtet, daß zur Beseitigung der entstandenen Schäden Handwerker beauftragt worden sind, die Schaufenster, Türen und die Fenster der Wohnungen, welche bei der Aktion in Trümmer geschlagen wurden, wieder in Ordnung zu bringen. Das Fensterglas kann jedoch nicht sofort restlos eingesetzt werden, da nicht genügend Glas vorhanden ist. Die Geschäfte und Wohnungen sind mit Brettern vernagelt und versiegelt. Es wird trotzdem Streifendienst seitens der SS durchgeführt, um etwaige Vorkommnisse zu verhindern.

Gemäß Anordnung des Herrn Landrats wurden die männlichen Juden im Alter von 18-60 Jahren verhaftet und abtransportiert.

Auf Grund des Funkspruchs von heute (Regierung, Ausländerpolizeibehörde), eingetroffen 17.30 Uhr, berichte ich, daß für Unterkunft und Verpflegung der älteren Juden, Frauen und Kinder gesorgt ist. Zur Unterbringung wurde das Kurpensionshaus „Parkhotel" in der Parkstraße in Anspruch genommen.

[Unterschrift]

47. Zerstörungen im Untertaunuskreis

Der Landrat des Untertaunuskreises an den Regierungspräsidenten in Wiesbaden

Bad Schwalbach, den 14. November 1938

Vertraulich!

Die antijüdischen Demonstrationen wirkten sich im Untertaunuskreise in folgenden Orten aus:

Verordnung
zur Wiederherstellung des Straßenbildes bei jüdischen Gewerbebetrieben.
Vom 12. November 1938.

Auf Grund der Verordnung zur Durchführung des Vierjahresplans vom 18. Oktober 1936 (Reichsgesetzbl. I S. 887) verordne ich folgendes:

§ 1

Alle Schäden, welche durch die Empörung des Volkes über die Hetze des internationalen Judentums gegen das nationalsozialistische Deutschland am 8., 9. und 10. November 1938 an jüdischen Gewerbebetrieben und Wohnungen entstanden sind, sind von dem jüdischen Inhaber oder jüdischen Gewerbetreibenden sofort zu beseitigen.

§ 2

(1) Die Kosten der Wiederherstellung trägt der Inhaber der betroffenen jüdischen Gewerbebetriebe und Wohnungen.

(2) Versicherungsansprüche von Juden deutscher Staatsangehörigkeit werden zugunsten des Reichs beschlagnahmt.

§ 3

Der Reichswirtschaftsminister wird ermächtigt, im Benehmen mit den übrigen Reichsministern Durchführungsbestimmungen zu erlassen.

Berlin, den 12. November 1938.

Der Beauftragte für den Vierjahresplan
Göring
Generalfeldmarschall

Dok. 48 Die Kosten für die Wiederherstellung des Straßenbildes tragen die Juden

Bad Schwalbach: Hier gingen die Synagoge und ein daran angrenzendes kleines Wohnhaus, das der israelitischen Kultusgemeinde gehört, in Flammen auf. Ferner wurden die Schaufenster, Ladeneinrichtungen und Wohnungen von fünf jüdischen Geschäftsleuten demoliert. Ebenso die Wohnungen von fünf weiteren jüdischen Familien. Geschätzte Schadensumme RM 62000,—.

Idstein: In dieser Stadt wurden die Einrichtungen der Wohnungen von fünf jüdischen Familien zerstört, die Synagoge ausgeräumt und der Inhalt auf dem Marktplatz vernichtet. Geschätzte Schadensumme RM 26000,—.

Breithardt: In dem Hause der dort lebenden jüdischen Familie wurden die Türfüllungen und Fenster eingeschlagen und das Mobiliar und die Inneneinrichtung zum Teil zerstört. Geschätzte Schadensumme RM 1650,—.

Kemel: An Haus, Mobiliar und sonstigen einem Juden gehörenden Gegenständen ist ein Gesamtschaden von ca. RM 780,— entstanden.

Hausen ü. A.: Hier wurden bei drei Juden die Wohnungseinrichtungen zerstört. An einem Hause entstand geringer Gebäudeschaden. Geschätzte Schadensumme RM 410,—.

Holzhausen ü.A.: Bei einem Juden wurde die Wohnungseinrichtung demoliert und Gebäudeschaden verursacht. Geschätzte Schadensumme RM 225,—.

Kettenbach: In zwei Fällen wurden Wohnungseinrichtungen zerschlagen und Gebäudeschaden angerichtet. Geschätzte Schadensumme RM 5100,—.

Rückershausen: Bei zwei jüdischen Familien wurden die Wohnungseinrichtungen zertrümmert und Gebäude beschädigt. Geschätzte Schadensumme RM 1650,—.

Laufenselden: Hier wurde in neun Fällen gegen jüdischen Besitz vorgegangen. Der Gesamtschaden beläuft sich auf ca. RM 6730,—.

Schlangenbad: Ein Haus, das einem Juden gehört, wurde beschädigt und die Inneneinrichtung demoliert. Geschätzter Gesamtschaden RM 6000,—.

Wehen: Die bereits baufällige Synagoge wurde abgerissen. Ferner wurden der Laden und die Wohnungseinrichtung eines jüdischen Geschäftsmannes zerstört. Geschätzter Schaden RM 2000,—.

Mit Ausnahme von Bad Schwalbach sind in keinem Orte des Untertaunuskreises Brandlegungen vorgekommen. Personenschäden sind mir nicht gemeldet worden. Ebenso wurden mir bis jetzt keine Plünderungen gemeldet.

Auf Grund der ergangenen Anordnungen sind sofort an allen Stellen die zertrümmerten Läden durch Holzverkleidungen so verschlossen worden, daß Zerstörungen möglichst wenig sichtbar sind. Zum Teil sind bereits neue Scheiben eingesetzt worden. Die Beseitigung der Trümmer ist überall erfolgt.

Der anläßlich der antijüdischen Demonstration verursachte Sachschaden wird im Bereich des Untertaunuskreises auf RM 112 545,— geschätzt.

[Unterschrift]

49. Überwachung der Instandsetzung jüdischer Häuser

A

Bericht des Polizeihauptwachtmeisters Iser an den Bürgermeister der Stadt Bebra

Bebra, den 23. November 1938

Folgende jüdische Hausbesitzer haben an ihren Gebäuden noch keinerlei Instandsetzungsarbeiten ausführen lassen:

Levi Apothekenstr.
Abraham Nürnberger Str.
Oppenheim Levi Nürnberger Str.
Oppenheim Hugo Nürnberger Str.
Döllefeld a.d. Bebra
Judenschule Pfarrstr.
Abraham Lindenplatz

Im Interesse des gesamten Stadtbildes ist es erforderlich, daß behördlicherseits die Instandsetzung angeordnet wird.

B

Der Bürgermeister der Stadt Bebra als Ortspolizeibehörde an Levi Oppenheim

Bebra, den 24. November 1938

Unter Bezugnahme auf die Verordnung der Reichsregierung fordere ich Sie hiermit auf, Ihr Wohnhaus umgehend in Stand zu setzen.

Auch für die Instandsetzung der Synagoge und der israelitischen Schule und Lehrerwohnung ist Ihrerseits Sorge zu tragen.

C

Bericht der Polizeistelle Bebra über Instandsetzung der jüdischen Häuser in Bebra

Bebra, den 15. Dezember 1938

1. Willi Oppenheim
Türen, Fenster und Schaufenster sowie Fensterläden waren entzwei. Der Schaden ist schon wieder in Ordnung gebracht worden. Falkenthal hat für die Instandsetzung rund 600,— RM ausgegeben. Eine Wertminderung ist nicht eingetreten.
2. Josef Abraham
Türen, Fenster und Fensterläden waren entzwei. Der Schaden ist bereits behoben. An Unkosten sind 60,— RM entstanden. Eine Wertminderung kommt hier nicht in Frage.
3. Isaak Neuhaus
Türen, Fenster und Fensterläden waren entzwei. Der Schaden ist behoben. An Unkosten sind 70,— RM entstanden. Im Erdgeschoß sind noch einige Glasscheiben in den Türen einzusetzen. Eine Wertminderung liegt auch hier nicht vor.
4. Hugo Oppenheim
Türen und Fensterscheiben waren entzwei. Der Schaden ist bereits behoben. An Unkosten sind 120,— RM entstanden. Einige Fensterscheiben nach der Hofseite müssen noch gemacht werden. Eine Wertminderung liegt nicht vor.
5. Moses Levi
Türen, Fensterscheiben und Fensterläden waren beschädigt. Der Schaden ist bereits behoben. An Unkosten sind 218,50 RM entstanden. Eine Wertminderung kommt hier nicht in Frage.
6. M. Rothfels
Türen, Fenster und Schaufenster und Fensterläden waren beschädigt. Der Schaden ist bereits behoben. An Unkosten sind 154,50 RM entstanden. Eine Wertminderung kommt nicht in Frage.
7. Baruch Emanuel
Garteneinfriedung, Steintreppen, Türen, Fensterscheiben und Fensterläden waren beschädigt. Der Schaden ist behoben. An Unkosten sind 500,— RM entstanden. Eine Wertminderung liegt nicht vor.

223

Hofgeismar, den 17. November 1938.

An den
SD-Unterabschnitt,
K a s s e l .
=============

Betrifft: Judenaktion.
Vorgang: Ihr Schr.v.14.Nov.1938. II/112 SR 287/38
Ko./Su.

Ihr Schreiben vom 14. ds. Mts. gelangte erst heute in meinen Besitz, da ich einige Tage verreist war, sodaß ich termingemäß leider die Angelegenheit nicht bearbeiten konnte. Ich bitte dies zu entschuldigen.

Zu 1) Im hiesigen Kreis wurde nur die Synagoge in Meimbressen demoliert. Leider waren die Synagogen in Hofgeismar und Grebenstein vorher in arische Hände übergegangen, sodaß hier eine Zerstörung nicht am Platze war.

Zu 2) Im Kreis Hofgeismar wurden insgesamt 8 Geschäftshäuser demoliert. Außerdem wurde noch an 3 Privatwohnungen die Scheiben eingeworfen. Der Gesamtschaden der Demolierung im Kreis beträgt nach vorläufiger Schätzung ca. RM 4 2oo.- (Rücksprache mit Versicherungsagenten wurde nicht genommen).

Zu 3) In einigen Fällen wurden den Juden der Arsch gehauen, die als besonders Übel bekannt waren. Am anderen Tag mußten Sie dann mit blauen Augen und schmerzenden Gliedern die Straßen reinigen.

Zu 4) Zu Plünderungen ist es im hiesigen Kreis nicht gekommen.

Zu 5) Im hiesigen Kreis wurden insgesamt 7 Juden in Haft genommen.

Zu 6) Kultgegenstände sowie Archivmaterial wurden nicht sichergestellt. Es ist zum größten Teil verbrannt worden oder vernichtet. Dafür aber wurden die Geschäftsbücher der Juden beschlagnahmt, die noch von zuständiger Stelle überprüft werden.

Zu 7) Zu Selbstmorden oder sonstigem Todesfällen unter den Juden ist es in dieser Zeit leider nicht gekommen.

Zu 8) Es ist geplant die demolierte Synagoge in Meimbressen umzubauen und für einige Wohnungen auszubauen. Die restlichen Geschäfts-Bezw. Wohnhäuser sind Bezw. schon Bezw. gehen noch in arischen Besitz über.

Heil Hitler!

SS Rottenführer.

13113 II/1 18/11

Dok. 50 Bilanz der Ausschreitungen im Kreis Hofgeismar

SS - Sturmbann II/78 Limburg, den 11. November 1938

383

A u f z e i c h n u n g !

der Sonderaktion am 9.10. November 1938 im Gebiet II/78.

A.) Synagogen:

Gebäude in Limburg	-	ausgebrandt		(7/78)
" " Hadamar	-	abgebrandt		(7/78)
" - Frikhofen	-	vernichtet		(7/78)
" " Kamberg /Ts.	-	vernichtet		(7/78)
" " Diez	-	ausgebrandt		(6/78)
Betstube Flacht	-	vernichtet		(5/78)
Gebäude in Bad-Ems	-	vernichtet		(5/78)
" " Oberlahnstein	-	vernichtet		(5/78)
" " Weilburg	-	vernichtet		(8/78)

B) **Zerstörte Geschäftsräume:**

L ö w e n b e r g ,	Konfektion	Limburg
K ö n i g s b e r g e r ,	Schuhaus	Limburg
S a c h s ,	Konfektion usw.	Limburg
W a l l e n s t e i n ,	Lederwaren	Limburg
B e r i n g e r ,	Pferdehandel	Limburg
L i p p m a n n ,	Pferdehandel	Limburg

Sowie die Geschäfte der Umgebung von Limburg, welche jedoch dem Sturmbann nicht näher bekannt sind.

C) **Einsatz der SS:**

Um 17,oo Uhr wurde der SS-Sturm 7/78 auf Anforderung der Polize zum Schutz der Gebäude und der Geschäftsräume eingesetzt.

Ebenfalls wurde der SS-Sturm 5/78 und SS-Sturm 6/78 in ihren Gebieten eingesetzt.

Der Führer des SS-Sturmbanns II/78

[Unterschrift]

SS - Sturmbannführer

Dok. 51 Liste zerstörter Synagogen und Geschäftshäuser

Wertminderungen kommen deshalb nicht in Frage, weil Gebäudeteile nicht beschädigt worden sind. Durch die Instandsetzung gewinnen die Grundstücke noch an Wert, da jetzt alles richtig überholt ist.

gez. Götsch
Polizeihauptwachtmeister

52. Juden dürfen keine Bescheinigungen über zerstörtes Mobiliar erhalten

Rundverfügung des Regierungspräsidenten in Kassel an die Oberbürgermeister, Landräte usw.

Kassel, den 26. Juni 1939

Vertraulich!

Mir wird mitgeteilt, daß bei der Devisenstelle in Kassel wiederholt Bescheinigungen von Bürgermeistern vorgelegt worden sind, wonach den Juden bei der Novemberaktion z. B. das gesamte Mobiliar zerschlagen worden sei. Derartige Bescheinigungen in der Hand von Juden sind außerordentlich unerwünscht, selbst wenn sie nur zur Vorlage bei deutschen Behörden bestimmt sind und von ihnen Gebrauch gemacht wird, denn es ist nicht sicher, selbst wenn die Bescheinigungen den Juden wieder abgenommen werden, ob nicht Fotokopien angefertigt sind, die dann ins Ausland mitgenommen werden.

Ich ersuche daher Vorsorge zu treffen, daß derartige Bescheinigungen den Juden nicht ausgehändigt werden, sondern, wenn die Notwendigkeit zur Ausstellung der Bescheinigung anerkannt wird, diese den Behörden unmittelbar übersandt wird. Von einer Veröffentlichung dieser Verfügung ist abzusehen.

i. V.
gez. Flach

Das Schicksal der Synagogen

Die jüdischen Gotteshäuser waren in Hessen das erste Ziel der Aktionen am Morgen des 10. November. Die brennenden Synagogen bildeten an vielen Orten den Auftakt des folgenden Pogroms. 191 in Brand gesteckte und 76 „demolierte" Synagogen erwähnte der Chef des Reichssicherheitshauptamts Heydrich in einer Bilanz der Zerstörungen, die während des Novemberpogroms im Reichsgebiet angerichtet wurden (Dok. 43). Doch stammt dieser Bericht bereits vom 11. November und konnte nicht mehr als eine erste Bilanz des Pogroms sein, zumal die detaillierten Meldungen der Landräte noch einige Tage brauchten, bis sie auf dem Dienstweg in Berlin eintrafen.

Obwohl die Zahlen Heydrichs naturgemäß nur vorläufig sein konnten, sind sie doch von der Forschung häufig zitiert und irrtümlich als endgültig angesehen worden. Ebenso unzutreffend ist es freilich auch, wenn man in der Literatur andererseits davon spricht, daß „fast alle Synagogen niedergebrannt worden" seien.[3] Auch diese Behauptung ist falsch und verdeckt außerdem die Tatsache, daß sich das Schicksal vieler Synagogen nicht an dem Tag des Pogroms selbst, sondern oft erst in den Wochen und Monaten danach entschied. Wie unterschiedlich und vielschichtig das Schicksal der hessischen Synagogen während und nach der „Kristallnacht" war, soll der folgende Überblick zeigen. Dabei wird auch deutlich, daß die Zerstörung von Synagogengebäuden nicht schon am Abend des 10. November endete.

Wie der Bericht der SA-Gruppe Kurpfalz zeigt, waren in Hessen schon in den frühen Morgenstunden des 10. November etwa ab 4 Uhr SA-Kommandos - häufig unter ranghohen SA-Führern - unterwegs, um die Synagogen, zunächst vor allem in den größeren Städten, anzuzünden. Die brennenden Synagogen sollten das Fanal sein, das die Bevölkerung in Erregung versetzen und zu weiteren Ausschreitungen gegenüber Juden veranlassen sollte. Die SA-Kommandos, die hier in den frühen Morgenstunden agierten, legten - anders als dies bei den späteren Aktionen der NSDAP der Fall war - auf die Mitwirkung der Bevölkerung keinen Wert. Sie agierten vielmehr im Stil von Terrorkommandos, die ihre Aufgabe im Verborgenen durchführen; neugierig zuschauende Nachbarn wurden - wie aus Lorsch überliefert - genötigt, das Licht auszuschalten und die Fenster zu schließen (Dok. 32). Diese SA-Kommandos gingen meist sehr hastig zu Werk und waren nicht immer erfolgreich. Das eilige Anzünden der Altardecke oder einiger Gegenstände führte häufig nur zu einem kleinen Feuer, das von selbst wieder erlosch oder - auch das kam in den frühen Morgenstunden noch vor - von der Feuerwehr gelöscht wurde, was die SA- und SS-Kommandos nicht hinderte, übertriebene „Erfolgsberichte" abzugeben (Dok. 51, 53).

Abb. 19 Die Synagoge am Michelsberg in Wiesbaden, ein Werk des nassauischen Baumeisters Philipp Hoffmann von 1869

Unter ganz anderen Umständen vollzog sich die zweite Zerstörungswelle, die im Laufe des Vormittags begann und sich in Kleinstädten und Landgemeinden bis in die Abend- und Nachtstunden hinzog. Anstifter sind jetzt meist Ortsgruppenleiter oder andere lokale NS-Funktionäre, ihre Aktionen vollziehen sich gewissermaßen öffentlich, an ihnen sind ganze Scharen von Pg.s und oft auch viele Bürger aus der übrigen Bevölkerung beteiligt. Man ging jetzt gründlicher zu Werke, schichtete in der Mitte der Synagoge Bänke und andere Einrichtungs- und Kultgegenstände auf, übergoß diese mit Benzin und zündete alles an. Dies geschah meist vor den Augen einer großen Zuschauermenge, oft auch in Anwesenheit der Feuerwehr. Da Landräte,[4] Bürgermeister oder örtliche Parteifunktionäre der Feuerwehr meist verboten, die brennende Synagoge zu löschen, wurden nur die benachbarten Gebäude geschützt. Auch die Synagogen in den größeren Städten, bei denen die Brandstiftung frühmorgens mißlungen war, wurden nun ein zweites Mal angezündet.

In vielen Fällen war indessen eine Brandlegung gar nicht möglich, weil angenzende Häuser gefährdet worden wären. Hier bedurfte es allerdings nicht selten erst energischer Vorstellungen einheimischer NS-Funktionäre, um auswärtige SA-Kommandos von einem Anzünden der Synagoge abzubringen.[5] Noch bedrohlicher für die Umgebung wäre eine Sprengung der Synagoge gewesen, was der schon erwähnte Befehl der SA-Gruppe Kurpfalz als Alternative zur Brandlegung vorsah. Doch ist es wohl nur in Heppenheim zu dem Versuch gekommen, die Synagoge zu sprengen, die indessen nur leicht beschädigt wurde (Dok. 26). Eine wirksame Sprengung wäre technisch nicht leicht durchzuführen und für die Umgebung noch gefährlicher als die Brandstiftung gewesen.

Wo man eine Synagoge nicht anzünden und schon gar nicht sprengen konnte, haben die auswärtigen oder einheimischen Einsatztrupps - oft mit Unterstützung von Helfern aus der meist zahlreich zuschauenden Bevölkerung - das Innere der Gotteshäuser demoliert. Man zerriß Thorarollen und Gebetbücher, riß die Bänke heraus und zertrümmerte das Mobiliar, doch blieben die Gebäude mit Ausnahme der eingeworfenen Fensterscheiben und aufgebrochenen Türen unversehrt. Viele Synagogen sind deshalb in ihrer wesentlichen Bausubstanz über den 10. November hinaus erhalten geblieben, auch wenn die Kult- und Einrichtungsgegenstände im Innern entweiht und zerstört worden waren.

Wo man die Synagogen mit Rücksicht auf benachbarte Gebäude nicht in Brand setzen konnte, mochte man an zahlreichen Orten dennoch nicht darauf verzichten, ein großes Feuer zu entzünden. Und so schleppten SA-Leute, Parteifunktionäre und Helfer aus der übrigen Bevölkerung die herausgerissenen Bänke, Teppiche, Altardecken, Gebetbücher und andere Kultgegenstände aus der Synagoge heraus, schichteten alles auf der Straße oder - wie in Idstein[6] - auf dem nahegelegenen Marktplatz auf und verbrannten das Ganze in aller Öffentlichkeit. Auch weite Wege scheute man nicht. In Wallau benutzte man den Leichenwagen der jüdischen Gemeinde, um die Trümmer der Synagogeneinrichtung zum Sportplatz zu schaffen. Zwei Fuhren waren nötig, und „beide Male beteiligten sich an dem Aufladen sowie an dem Transport durch die Straßen Wallaus und an der Verbren-

Abb. 20 Blick in das Innere der Synagoge am Michelsberg in Wiesbaden

nungsaktion eine Vielzahl von Personen", wie es in einem Gerichtsurteil heißt (Dok. 38). In Laubach schaffte man die zerstörte Inneneinrichtung der Synagoge auf den Festplatz (Dok. 30), in Lich in den nahegelegenen Ihringschen Garten, wo das Feuer dann entfacht wurde: „Zwischen diesem Scheiterhaufen und der Synagoge bestand ein lebhafter Personenverkehr, durch welchen immer wieder neue Sachen zum Verbrennen herbeigeschafft wurden."[7] In Reichelsheim im Odenwald ordnete ein SS-Kommando an, die Juden herbeizuholen, als man vor der Synagoge ein Feuer entzündete, um Kult- und Einrichtungsgegenstände zu verbrennen. Die Juden mußten sich an den Händen fassen und um das Feuer tanzen (Dok. 36).

Wie viele Synagogen während des Novemberpogroms angezündet und demoliert wurden, ist für den hessischen Raum bisher nur annähernd ermittelt worden. Hier hatte zunächst Paul Arnsberg vor allem anhand von Befragungen der Stadt- und Gemeindeverwaltungen das Schicksal der örtlichen Synagogen zu klären versucht. Diese Ergebnisse sind auch in das Werk von Adolf Diamant eingegangen, der viel Mühe darauf verwandt hat, das Schicksal der Synagogen in Deutschland während des Novemberpogroms zu ermitteln, angesichts der komplizierten Sachlage aber darauf verzichtete, genaue Zahlenangaben zu machen. Kürzlich hat Thea Altaras eine Bestandsaufnahme der noch erhaltenen Synagogengebäude und Beträume in Hessen vorgenommen: Sie kommt zu dem Ergebnis, daß von 363 Synagogen, die im Gebiet des heutigen Landes Hessen lagen und 1933 noch tatsächlich benutzt wurden, während des Novemberpogroms 145 zerstört worden und 218 erhalten geblieben sind.[8]

Daß von insgesamt 363 Synagogen „nur" 145 Synagogen zerstört wurden, erscheint angesichts der durch das Land jagenden SA-Kommandos, der von Ortsgruppenleitern und sonstigen NS-Funktionären vor Ort zusammengestellten Einsatztrupps ein überraschendes Ergebnis zu sein. Bei den Zahlenangaben von Thea Altaras ist indessen zu berücksichtigen, daß sie von Gesichtspunkten des heutigen Denkmalschutzes ausgeht und deshalb vor allem die Frage der Erhaltung der Bausubstanz untersucht hat. Von daher bedarf ihre Bilanz in verschiedener Hinsicht der Erklärung und Erläuterung. So enthält die Liste der über 200 Synagogen, die den Novemberpogrom überdauert haben, zahlreiche Gotteshäuser, deren Inneneinrichtung am 10. November demoliert und entweiht worden ist. Andererseits sind nicht wenige der 363 Synagogen, die noch im Jahr 1933 religiösen Zwecken gedient hatten, bereits 1938 keine Gotteshäuser mehr gewesen.[9] Denn unter dem Druck der Verfolgung war die jüdische Landbevölkerung vor 1938 in vielen Gegenden stark zurückgegangen; eine ganze Reihe von Synagogengebäuden wurde daher noch vor 1938 von den inzwischen verarmten jüdischen Gemeinden an die betreffende Kommune oder an Privatleute verkauft. In anderen Orten schwebten solche Verhandlungen noch zum Zeitpunkt der „Kristallnacht", und auch diese Gebäude sind daher meist vom Pogrom verschont geblieben.

Zu berücksichtigen ist ferner, daß auch eine ausgebrannte Synagoge nicht immer völlig zerstört war; oft hatte das Mauerwerk den Brand überdauert, ein Wiederaufbau wäre, wenn nicht sofort, so doch nach einiger Zeit möglich gewesen. Nur in

Abb. 21 Auch die Synagoge am Michelsberg in Wiesbaden brannte vollständig aus

einigen hessischen Gemeinden war bereits am Tag des Pogroms unter aktiver Mitwirkung eines großen Teils der Bevölkerung mit dem endgültigen Abbruch begonnen worden. Die dörfliche Tugend gegenseitiger Hilfeleistung und gemeinsamen Werkelns wirkte sich hier fatal aus. In Heldenbergen mobilisierte der Bürgermeister und Ortsgruppenleiter zu diesem Zweck die örtliche Feuerwehr. Als das halbe Dutzend Feuerwehrleute an der Synagoge eintrifft, finden die Männer dort bereits eine hundertköpfige Menschenmenge vor, die bereits mit dem Zerstörungswerk begonnen hat. Man zerschlägt nicht nur die Inneneinrichtung, sondern zerstört auch den Dachstuhl (Dok. 25). In Höchst im Odenwald versammeln sich 150 bis 200 Menschen vor der Synagoge, um am Abend des 10. November bei der Zerstörung zu helfen. Auch hier ist die Feuerwehr beteiligt: Mit Hilfe einer ausgefahrenen Feuerwehrleiter werden die Eckkuppeln der Synagoge abgerissen (Dok. 27). In Wehen wird das jüdische Bethaus, ein kleinerer Fachwerkbau, bis auf die Grundmauern niedergerissen, obwohl er schon seit einiger Zeit nicht mehr zu gottesdienstlichen Zwecken benutzt worden ist. Hier hat sich eine ebenfalls größere Menschenmenge eingefunden, die mit Hilfe von Seilen unter lauten „Hau-Ruck"-Rufen die Wände der Synagoge einreißt.[10]

Dies waren indessen Ausnahmefälle. Unzweifelhaft steht fest, daß bei dem größeren Teil der hessischen Synagogen wenigstens die Bausubstanz zunächst erhalten geblieben ist und möglicherweise auch die ausgebrannten Synagogen hätten wiederhergestellt werden können, wenn die jüdischen Gemeinden die Möglichkeit dazu gehabt hätten. Hier hatte jedoch der Chef der Sicherheitspolizei Heydrich bereits am 12. November verfügt, daß von einem Wiederaufbau der zerstörten oder ausgebrannten Synagogen „bis auf weiteres" abzusehen sei.[11] Der endgültige Verlust vieler hessischer Synagogen ist indessen das Werk der kommunalen Bauämter, die unter dem Druck von Stadtverwaltung oder Parteifunktionären in vielen hessischen Städten und Gemeinden alsbald mit dem Abriß der ausgebrannten oder auch nur demolierten Synagogen beginnen, wobei die Kosten für den Einsatz von Abbruchunternehmen oder der Technischen Nothilfe den jüdischen Gemeinden in Rechnung gestellt werden. Vor allem in größeren Städten wie z. B. in Kassel (Dok. 54) oder Gießen (Dok. 55) drängte die örtliche Parteiführung unmittelbar nach dem Novemberpogrom darauf, daß die ausgebrannten oder demolierten Synagogen unverzüglich abgerissen wurden.

So fallen die Brandruinen fast aller bedeutenden Synagogen in den hessischen Großstädten der Spitzhacke zum Opfer, auch die Kasseler Synagoge, die nicht ausgebrannt war; die Beseitigung des „jüdischen Schandflecks" in der Unteren Königstraße wird in der örtlichen Parteipresse jubelnd begrüßt (Dok. 54). Von den Frankfurter Synagogen konnte allein die Westendsynagoge nach 1945 wiederhergestellt und wieder ihrer alten Bestimmung übergeben werden; das gleiche gilt für die Wiesbadener Synagoge in der Friedrichstraße, die 1955 einem zeitgemäßen Neubau weichen mußte. Die Offenbacher Synagoge wurde zum Stadttheater umgebaut.

In kleineren Gemeinden gab es dagegen eine Vielzahl von Interessenten, die Synagogengebäude und -grundstücke billig erwerben wollten. Auf der anderen Seite

Abb. 22 Der brennende Hauptturm der Wiesbadener Synagoge am Michelsberg

warnten Parteidienststellen, aber auch - wie im Falle der Synagoge in Münzenberg - das zuständige Kreisbauamt vor einer weiteren Nutzung der dortigen Synagoge, weil das Gebäude „fremdartige, der deutschen Landschaft und dem deutschen Bauwesen fremde Züge" aufweise: Münzenberg dürfe künftig nicht mehr „durch einen derartigen Bau verunstaltet werden" (Dok. 58).

In dieser verworrenen Situation erkannte der Reichsminister für die kirchlichen Angelegenheiten Handlungsbedarf für einen Erlaß. In einer geheimen Rundverfügung vom 24. März 1939 bekräftigte er, daß ein Wiederaufbau der Ruinen zerstörter Synagogen nicht in Frage komme. Andererseits hielt er aber auch eine Enteignung von Synagogengrundstücken „im allgemeinen" für untunlich, um nicht den „Anschein zu bestärken, als gehöre es zu den Zielen der Rassenpolitik des Dritten Reiches, den Juden ihre religiöse Betätigung unmöglich zu machen". Das Ministerium empfahl daher das zu tun, was in Städten und Gemeinden schon allenthalben praktiziert wurde, nämlich einen Abbruch der „Trümmer" der Synagogen unter Berufung auf baupolizeiliche Vorschriften zu veranlassen. Die Kosten dafür sollten direkt oder indirekt den jüdischen Gemeinden auferlegt werden (Dok. 57).

Ließ dieser Erlaß die Frage noch offen, was mit den Synagogen geschehen solle, die während des Novemberpogroms nicht zu Ruinen geworden waren, so ging ein Erlaß des Reichsstatthalters in Hessen vom 16. September 1939 wesentlich rigoroser vor; er drängte auf rasche „Arisierung" der Synagogengrundstücke. Die Städte und Gemeinden sollten „in erster Linie private arische Käufer ermitteln, denen im Kaufpreis soweit wie möglich entgegenzukommen" sei. In zweiter Linie kämen die Kommunen selbst als Käufer in Frage. Dagegen mochte der Reichstatthalter dem Wunsch örtlicher Parteiorganisationen nach billigem Erwerb von Synagogengrundstücken nicht nachkommen; weil er dies offenbar als stilwidrig ansah, sollte dies nur in Ausnahmefällen zugelassen werden (Dok. 59).

So sind die rund 145 hessischen Synagogen, die nach Thea Altaras im Jahr 1938 zerstört wurden,[12] überwiegend erst Wochen und Monate nach dem Pogrom endgültig dem Boden gleichgemacht worden. Andere gingen in den Besitz von Privatleuten und Gemeinden über - ein Prozeß, der sich auch nach 1945 fortsetzte, da als Folge der Vertreibung und Vernichtung der deutschen Juden unter der NS-Diktatur nur noch in wenigen Städten wieder jüdische Gemeinden neu entstanden sind.

Dokumente

53. Sämtliche Synagogen sind zu sprengen oder in Brand zu setzen!

Bericht der SA-Brigade 50 (Starkenburg) an die SA-Gruppe Kurpfalz in Mannheim

Darmstadt, den 11. November 1938

Am 10. November 1938 3.00 Uhr erreichte mich folgender Befehl:

„Auf Befehl des Gruppenführers sind sofort innerhalb der Brigade 50 sämtliche jüdischen Synagogen zu sprengen oder in Brand zu setzen. Nebenhäuser, die von arischer Bevölkerung bewohnt werden, dürfen nicht beschädigt werden. Die Aktion ist in Zivil auszuführen. Meutereien oder Plünderungen sind zu unterbinden. Vollzugsmeldung bis 8.30 Uhr an Brigadeführer oder Dienststelle."

Die Standartenführer wurden von mir sofort alarmiert und genauestens instruiert und mit dem Vollzug sofort begonnen.

Ich melde hiermit, es wurden zerstört im Bereich der

Standarte 115

1. Synagoge in Darmstadt, Bleichstraße	durch Brand zerstört
2. Synagoge in Darmstadt, Fuchsstraße	durch Brand zerstört
3. Synagoge in Ober-Ramstadt	Innenraum und Einrichtung zertrümmert
4. Synagoge in Gräfenhausen	Innenraum und Einrichtung zertrümmert
5. Synagoge in Griesheim	Innenraum und Einrichtung zertrümmert
6. Synagoge in Pfungstadt	Innenraum und Einrichtung zertrümmert
7. Synagoge in Eberstadt	durch Brand zerstört

Standarte 145

1. Synagoge in Bensheim	durch Brand zerstört
2. Synagoge in Lorsch in Hessen	durch Brand zerstört
3. Synagoge in Heppenheim	durch Brand und Sprengung zerstört
4. Synagoge in Birkenau	durch Brand zerstört
5. Gebetshaus in Alsbach	durch Brand zerstört
6. Versammlungsraum in Alsbach	durch Brand zerstört
7. Synagoge in Rimbach	Inneneinrichtung vollständig zerstört

Standarte 168

1. Synagoge in Seligenstadt	durch Brand zerstört
2. Synagoge in Offenbach	durch Brand zerstört
3. Synagoge in Klein-Krotzenburg	durch Brand zerstört
4. Synagoge in Steinheim a. M.	durch Brand zerstört
5. Synagoge in Mühlheim a. M.	durch Brand zerstört
6. Synagoge in Sprendlingen	durch Brand zerstört
7. Synagoge in Langen	durch Brand zerstört
8. Synagoge in Egelsbach	durch Brand zerstört

Standarte 186

1.	Synagoge in Beerfelden	durch Sprengung zerstört
2.	Synagoge in Michelstadt	Inneneinrichtung zertrümmert
3.	Synagoge in König	Inneneinrichtung zertrümmert
4.	Synagoge in Höchst i. O.	Inneneinrichtung zertrümmert
5.	Synagoge in Groß-Umstadt	Inneneinrichtung zertrümmert
6.	Synagoge in Dieburg	Inneneinrichtung zertrümmert
7.	Synagoge in Babenhausen	Inneneinrichtung zertrümmert
8.	Synagoge in Groß-Bieberau	durch Brand zerstört
9.	Synagoge in Fränkisch Crumbach	Inneneinrichtung zerstört
10.	Synagoge in Reichelsheim	Inneneinrichtung zerstört

Standarte 221

1.	Synagoge und Kapelle in Groß-Gerau	durch Brand zerstört
2.	Synagoge in Rüsselsheim	niedergerissen und Inneneinrichtung zerstört
3.	Synagoge in Dornheim	Inneneinrichtung zerstört
4.	Synagoge in Wolfskehlen	Inneneinrichtung zerstört

Der Führer der Brigade 50 (Starkenburg)
Lucke
Brigadeführer

54. Kassel: „Die Synagoge wird abgerissen"

Bericht der Kurhessischen Landeszeitung vom 12. November 1938

Als am letzten Montag die Wogen des Volkszornes vor der jüdischen Synagoge in Kassel in der Unteren Königstraße hoch anschwollen, als Fensterscheiben klirrten und Türen splitterten, als talmudische Schriften und Rabbinergewänder auf der Straße vor der Synagoge in Flammen aufgingen, da gab es unter den Tausenden, die mit entrüsteten Rufen und geballten Fäusten der Judenschaft diesen Denkzettel überreichten, kaum einen Volksgenossen, dem nicht der heiße Wunsch gekommen wäre, diesen jüdischen Schandfleck in der Unteren Königstraße für alle Zeiten auszulöschen. Wir können heute mitteilen, daß die Würfel um diese talmudische Zentrale gefallen sind: Die Synagoge wird abgerissen. Die Vorarbeiten zum Abtragen des jüdischen Gebäudes, in dem hundert Jahre lang das jüdische Volk alle Strafen des Himmels auf seine Gastgeber, die Deutschen, herabgefleht hat, haben begonnen. Dieser Beschluß erfüllt ganz Kassel mit großer und tiefer Genugtuung. Wir wollen bekennen, daß nach dem schändlichen Verbrechen von Paris eine andere Lösung der Kasseler Synagogen-Frage auch nicht mehr hätte gefunden werden können.

Wenn es auch die ganze Kasseler Bürgerschaft ist, die dieser Entschluß mit Freude erfüllt, so wollen wir doch besonders an die Bewohner jener Straßenzüge denken, die in unmittelbarer Gegend der Synagoge liegen. Sie werden aufatmen, daß hinfort

Abb. 23 Die Synagoge in der Unteren Königstraße in Kassel kurz vor dem Abriß im November 1938

am Sabbath keine jüdische Völkerwanderung mehr zur Unteren Königstraße einsetzt, daß endlich die Befreiung von diesen Scharen mauschelnder und sich frech gebärdender Juden gekommen ist. Diese dritte Synagoge, die die Juden in Kassel errichteten, war auch ihre letzte. Wir lasen erst unlängst in der Kurhessischen Landeszeitung, daß 1715 die Familie Goldschmidt ihre private Familiensynagoge in Kassel erbaute, daß noch eine zweite für die Gesamtheit des Kasseler Judentums folgte und daß gerade vor 100 Jahren der Schandbau in der Unteren Königstraße erstand, der nun niedergerissen wird. Damit hat ein wesentliches Stück Hebräergeschichte in Kassel seinen Abschluß gefunden.

55. Abbruch der Synagogen in Gießen

A

Aktenvermerk des Büros des Oberbürgermeisters - Abt. II -

Gießen, den 11. November 1938

Betr.: Aktion gegen die Juden vom 10. November 1938

Gestern brannten die beiden Synagogen im Hindenburgwall und in der Steinstraße bis auf die Außenmauern ab. Es fand heute früh im Polizeiamt unter dem Vorsitz von Herrn Hauptmann Heinacker eine Besprechung über die Beseitigung der Brandmauern statt, an der außer mir noch teilnahmen:

Kreisleiter Backhaus
Standartenführer der SS Müller,
der Führer der Technischen Nothilfe, Herr Schuchmann und
Baudirektor Gravert.

Es wurde zunächst festgestellt, daß regelrechte Abbrucharbeiten viel zu langsam gingen und man die Mauerreste der beiden Synagogen sprengen muß. Die Technische Nothilfe beginnt heute Nachmittag 14 Uhr mit den Aufräumungsarbeiten und führt unter Oberleitung vom Stadtbauamt die Sprengarbeiten durch. Das Bauamt stellt die Fahrzeuge, Baudirektor Gravert wird sich mit Herrn Hauptmann Ihde vom 2. Bataillon 116 wegen der nötigen Sprengkörper in Verbindung setzen. Die Stadt legt zunächst die Kosten vor, bis eine endgültige Regelung kommt. Hauptmann Heinacker von der Schutzpolizei hat dahingehend mit Herrn Major Lessing von der Schutzpolizei Darmstadt verhandelt. Alle Kosten, die der Stadt aus dieser Aktion entstanden sind, werden von der Stadt einstweilen vorgelegt (z.B. Verschalung der ausgebrochenen Fensterscheiben und Schaufenster) und später beim Land oder Reich angefordert.

[Unterschrift]

[Vermerk vom 14. November:] Der Herr Oberbürgermeister ist einverstanden.

B

Das Stadtbauamt an den Oberbürgermeister – Abt. II –

Gießen, den 9. Dezember 1938

Die Brandstelle der ehemaligen Synagoge in der Steinstraße ist geräumt. Soweit die Kellerdecke nicht eingebrochen ist, haben wir sie bestehen lassen, um die Kellerräume nicht durch Schutt ausfüllen zu lassen, der gegebenenfalls doch wieder zu beseitigen wäre. Wir werden das Grundstück gegen die Straße durch eine einfache Einfriedung abgrenzen.

Die Aufräumungsarbeiten an der ehemaligen Synagoge im Hindenburgwall sind noch im Gange. Durch eine Anzeige in den hiesigen Zeitungen hatten wir auf die kostenlose Abgabe von Bauschutt aufmerksam gemacht. Inzwischen haben zahlreiche Privatpersonen hier vorgesprochen und sich Ausweisscheine für das Abholen von zusammen rd. 200 Fuhren Schutt ausstellen lassen. Wenn nicht besondere Eile für die Aufräumungsarbeiten gefordert wird, können auf diese Weise der Stadt wesentliche Kosten erspart werden. Aus diesem Grunde wurde der eingeschlagene Weg gewählt. Auch für unseren Bedarf lassen wir eintretenden Falles Schutt zu Auffüllungsarbeiten abholen. Auf diese Weise könnten alle Schuttmassen im Laufe des Winters fortgeräumt und die von der Stadt zu leistenden Ausgaben verhältnismäßig niedrig gehalten werden. Bis jetzt sind für Fuhr- und Arbeitslöhne rd. 1200,— RM aufgewandt worden.

[Unterschrift]

Technische Nothilfe

Landesgruppe XII Hessen-Westmark

Die Ortsgruppe XII/110

Sch.

Wiesbaden,

Delasp

Einlieferungsschein

An die

Technische Noth

Ortsgruppe Giess

Giessen

Abteilung:

Betrifft: Sprengung der Ort.Synagoge

Für die anlässlich der Sprengung der Synagoge in Giessen der Ortsgruppe Wiesbaden bezw, den beteiligten Nothelfern entstandenen Unkosten wird der dortigen Ortsgruppe bezw, dem dortigen Polizeipräsidium in Rechnung gestellt:

1. Ausgaben für die Sprengung:

a) 30 kg Donarit, das kg Rm 2.--	Rm	60.--
b) 150 Stück Sprengkapseln a Rm -.10	Rm	15.--
c) 125 „ Brückenzünder a Rm -.20	Rm	25.--

2. Entstandener Arbeitsausfall für

Hauptscharführer Georg Hecker 10 Stunden a Rm 1.20	Rm	12.--
Scharführer Christian Häuser 10 Stunden a Rm -.75	Rm	7.50
i/Sa.	Rm	119.50

Ich bitte, diesen Betrag auf das Postscheckkonto der OG Wiesbaden in Frankfurt a/Main, Nr.16816, überweisen zu lassen.

Zwei Bescheinigungen über Arbeitsausfall füge ich beigefügt bei.

Mit kameradschaftlichem Gruss
und
Heil Hitler!

Der Führer der TN, OG XII/110, Wiesbaden,

i/A.

Kameradschaftsführer

Die Richtigkeit bescheinigt:

Ortsführer

Syn. 20 (siehe Postquittung)

Dok. 56 Kostenrechnung für die Sprengung der Synagoge in Gießen

C

Verfügung des Oberbürgermeisters – Abt. II – an das Vermessungsamt der Stadt Gießen

Gießen, den 27. März 1939

Für die bevorstehenden Verhandlungen mit den beiden israelitischen Religionsgemeinden wegen Übernahme der Plätze der bisherigen Synagogen teile ich mit, daß der Stadt bis jetzt ca. 6500,— RM Kosten durch den Abbruch der beiden Synagogen entstanden sind. Ich ersuche, beim Kaufabschluß auf Aufrechnung des genannten Betrages hinwirken zu wollen, wobei ich bemerke, daß die Abbruchsarbeiten noch nicht abgeschlossen sind, so daß die obengenannten Kosten sich noch weiterhin erhöhen werden.

[Unterschrift]

D

Der Oberbürgermeister – Abt. II – an den Reichsstatthalter in Hessen

Gießen, den 15. Dezember 1941

Auf die Verfügung vom 11. Dezember 1941 teile ich mit, daß inzwischen die Kosten der Niederlegung der beiden Synagogen an dem Kaufgeld für den zweiten Synagogenplatz restlos aufgerechnet werden konnten, so daß also die von der Stadtkasse Gießen vorlagsweise gezahlten Beträge restlos ersetzt sind.

57. Die Juden sollen die Reste der Synagogen beseitigen

Runderlaß des Reichsministers für die kirchlichen Angelegenheiten an die preußischen Regierungspräsidenten usw. – Az. III 15/39 (g)

Berlin, den 24. März 1939

Geheim!

Die Frage, was mit den Ruinen der Synagogen der jüdischen Kultusvereinigungen geschehen soll, bedarf baldiger Klärung. Ich bemerke dazu im Einvernehmen mit den beteiligten Reichsministern folgendes:

a) Von einer Enteignung der Gebäudegrundstücke wird im allgemeinen abzusehen sein, um nicht den Anschein zu bestärken, als gehöre es zu den Zielen der Rassenpolitik des Dritten Reiches, den Juden ihre religiöse Betätigung unmöglich zu machen.

b) Andererseits kann ein Wiederaufbau, der im übrigen in Preußen der Genehmigung bedürfte (§ 176 II 11 ALR), nicht in Frage kommen. Es ist anzunehmen, daß die jüdischen Kultusvereinigungen einen solchen Aufbau auch nirgends ernsthaft erwägen, sei es wegen der allgemeinen Lage der Juden, sei es aus Geldmangel.

c) Es wird eine Regelung angestrebt werden müssen, bei der unter dem Gesichtspunkt der Baupolizei der Abbau der Trümmer veranlaßt wird. Denn nach dem Baurecht der einzelnen Länder gehört es zu den Aufgaben der Baupolizei, darüber zu wachen, daß die Bauten nicht in einen Zustand geraten, der die öffentlichen Interessen, namentlich die Sicherheit oder Gesundheit der Bewohner oder anderer Personen gefährdet. Führt dieser Weg nicht zu dem gewünschten Ergebnis, so können die Vorschriften der Verordnung über den Einsatz des jüdischen Vermögens vom 3. Dezember 1938 - RGBl. I S. 1709 - zur Anwendung gebracht werden.

Zur Beseitigung etwa aufgetretener Schwierigkeiten gebe ich daher im Einvernehmen mit den beteiligten Reichsministern folgende Richtlinien an Hand:

1. Den jüdischen Kultusvereinigungen wird zunächst im Wege der baupolizeilichen Anordnung aufgegeben, die Reste der Synagogen zu beseitigen.
2. Ist eine jüdische Kultusvereinigung dazu nicht in der Lage oder kommt dies gemäß oben c) nicht in Betracht, dann ist es Aufgabe der zuständigen höheren Verwaltungsbehörde, einen Interessenten für das Grundstück zu finden. Gedacht ist hierbei in erster Linie an die Gemeinden.
3. Sollte sich ein Interessent nicht finden lassen, dann wird die zwangsweise Veräußerung des Grundstückes nach den Vorschriften der Verordnung über den Einsatz des jüdischen Vermögens vom 3. Dezember 1938 - RGBl. I S. 1709 - zugunsten des Reiches durchzuführen sein. Bei der Festsetzung des Preises wäre in jedem Falle zu berücksichtigen, daß der Erwerber die Kosten der Abbrucharbeiten zu tragen hätte.

Im Einvernehmen mit den beteiligten Reichsministern bitte ich nach Maßgabe dieser Richtlinien zu verfahren.

In Vertretung
[Unterschrift]

58. Umbau oder Abbruch?

Bericht des Kreisbauamtes an den Landrat des Kreises Friedberg vom 28. April 1939 über den Zustand der Synagogen im Kreisgebiet

Geheim!

1. Bad Nauheim

Die Synagoge in der Karlstraße ist Eigentum der Stadt und soll zu einer Berufsschule umgebaut werden. Projekt hierüber liegt dem Hochbauamt vor.

2. Butzbach

Die Synagoge ist z. T. abgebrochen. Das Bild wirkt heute verunstaltend. Das Eisengitter ist, soweit es lose war, entfernt und wird bei der Stadt aufbewahrt. Größe des Grundstücks 400–500 qm. Ein Privatmann hat die Absicht, das Grundstück zu erwerben. Eigentümer ist z. Zt. grundbuchmäßig die jüdische Gemeinde.

3. Büdesheim

Die Synagoge ist vollständig beseitigt. Das Baugelände gehört grundbuchmäßig noch der jüdischen Gemeinde. Das Gelände soll veräußert werden. Der Bauschutt ist beseitigt.

4. Friedberg

Die Synagoge in der Judengasse ist von der Stadt erworben. Sie soll nach Aussage des Stadtbaumeisters abgebrochen werden.

5. Gambach

Die Synagoge war in einem früheren Wohnhaus untergebracht. Eigentümer ist die jüdische Gemeinde. Größe des Grundstücks 91 qm. Ein Teil des Gebäudes hat seither schon Wohnzwecken gedient. Ein Privatmann hat die Absicht, das Gebäude zu erwerben. Als Kaufpreis werden 500,— RM genannt. Gegen die Belassung des Gebäudes bestehen in städtebaulicher Hinsicht keine Bedenken.

6. Griedel

Die Gemeinde will die ehemalige Synagoge, die mit Grund und Boden Eigentum der jüdischen Gemeinde ist, für 200,— RM erwerben. Ein entsprechender Antrag läuft nach Angabe des Bürgermeisters. Es ist Abbruch und Erweiterung des Spritzenhauses auf dem freiwerdenden Gelände geplant. Der Baukörper stellt einen Fremdkörper dar. Seine Entfernung ist auf das lebhafteste zu begrüßen.

7. Groß-Karben

Die Synagoge ist ausgebrannt. Es stehen nur noch die teilweise sehr beschädigten Umfassungswände. Eigentümer ist grundbuchmäßig noch die jüdische Gemeinde. Die politische Gemeinde Groß-Karben steht in Kaufverhandlungen mit der israelitischen Gemeinde zwecks Umbau zu einem Parteihaus; m. E. ein abwegiges Vorhaben.

8. Heldenbergen

Die Synagoge ist vollständig beseitigt. Das Baugelände soll an verschiedene Anlieger veräußert werden. Die Kaufverhandlungen sind im Gange. Der Bauschutt ist beseitigt.

9. Münzenberg

Die Synagoge ist mit Grund und Boden grundbuchmäßig noch Eigentum der jüdischen Gemeinde. Grundstücksgröße 194 qm. Die Synagoge ist im Innern zerstört. Die Gemeinde hat die Absicht, das Gebäude zu Zwecken eines Spritzenhauses zu erwerben. Es wird ein Kaufpreis von 2000,— RM (!) gefordert. Dem Bürgermeister wurde am 26. April 1939 dringend abgeraten. Das Gebäude weist fremdartige, der deutschen Landschaft und dem deutschen Bauwesen fremde Züge auf. Münzen-

Abb. 24 Abriß der Synagoge am Michelsberg in Wiesbaden

berg soll durch einen derartigen Bau künftig nicht verunstaltet werden; demgemäß wird vollkommener Abbruch empfohlen. Die Gemeinde kann dann das Gelände erwerben.

10. Pohl-Göns

Die Synagoge wurde vor etwa 18 Jahren erbaut. Sie steht verdeckt und ist nicht von der Straße oder Wegen aus sichtbar. Im Innern ist sie zerstört. Ein Nachbar will die Synagoge erwerben. Als Kaufpreis werden 500,— bis 600,— RM genannt. Die Bauart ist nicht orientalisch, so daß Bedenken in dieser Hinsicht nicht bestehen. Der Bürgermeister in Pohl-Göns besitzt volles Verfügungsrecht über die Synagoge.

11. Nieder-Florstadt

Im Innern ist das Gebäude ausgebrannt und zerstört. Die Trümmer wurden auf Abbruch an Ludwig Sch., Nieder-Florstadt, zum Preise von 250,— RM verkauft. Das Grundstück ist, soweit dies festgestellt werden konnte, an Georg L. verkauft, der unmittelbar neben der Synagoge wohnt. Das Grundstück ist 210 qm groß. Als Kaufpreis wurden für den qm 1,50 RM genannt. Der Besitzer war die jüdische Kirchengemeinde.

12. Nieder-Weisel

Die Synagoge steht ganz verdeckt und ist von der Straße aus nicht sichtbar. Sie ist im Besitz des Landesjudenverbandes (Sitz in Mainz). Grundstücksgröße ca. 100 qm. Ein Privatmann, an dessen Grundstück sie unmittelbar grenzt, beabsichtigt das

Bauwerk für 400-500,— RM zu erwerben und kleine Stallungen darin einzubauen. Städtebauliche Bedenken bestehen hiergegen nicht.

13. Nieder-Wöllstadt
Die Synagoge ist vollständig beseitigt. Das Baugelände gehört grundbuchmäßig noch der jüdischen Gemeinde. Die Gemeinde Nieder-Wöllstadt legt auf dem Platz eine kleine Grünanlage an. Der Bauschutt ist vollständig beseitigt.

14. Rodheim v.d.H.
Die Synagoge in Rodheim ist vollständig ausgebrannt. Die Außenmauern mußten, da Einsturzgefahr bestand, sofort und zum größten Teil niedergelegt werden. Das jüdische Grundstück will der Nachbar Sch. erwerben, der sich auch verpflichtet hat, auf seine Kosten den noch stehenden Teil der Wände niederzulegen, das Grundstück vom Bauschutt zu reinigen und einen Garagenbau darauf zu errichten. Die Verhandlungen wegen Verkauf bzw. Erwerb des Grundstücks sind im Gange. Das Landratsamt hat bereits in einem besonderen Schreiben um Stellungnahme wegen des Grundstückspreises gebeten. Nach Abschluß der Überschreibung des Grundstückes will der Anlieger Sch. sofort mit den Aufräumungsarbeiten beginnen.

15. Staden
Sowohl im Innern wie auch im Äußeren sind Bauteile zerstört. Ein in der Nähe wohnender Bauer hat die Synagoge gekauft. Die Genehmigung ist noch nicht erteilt. Als Kaufpreis werden 700,— RM genannt. Die Grundstücksgröße ist rund 82 qm. Es ist beabsichtigt, die Synagoge als Scheune bzw. als Stall umzubauen. Die Abschätzung des Gebäudes durch das Hochbauamt ist bereits auf Antrag des Käufers erfolgt. Eine entsprechende Nachricht ist an das Landratsamt Friedberg ergangen. Es wäre aus städtebaulichen Gründen zweckmäßig, die Synagoge abzubrechen und den Platz nicht mehr zu bebauen. Der jetzige Besitzer ist der jüdische Landesverband mit dem Sitz in Mainz.

16. Assenheim
Das Gebäude ist nur im Innern zerstört. Besitzer ist noch die jüdische Gemeinde. Die Gemeinde Assenheim steht in Kaufverhandlungen mit ihr zwecks Um- und Anbau zu einem Partei- und Gemeindehaus. Der Auftrag für das Projekt ist bereits dem Hochbauamt zugegangen. Ich möchte von einer Bearbeitung vorerst absehen. In eine frühere Judenschule gehört kein Partei- und Gemeindehaus. Dies wäre - wie auch im Falle Groß-Karben - der Gemeinde plausibel zu machen.

59. „Arier" sollen Synagogengrundstücke kaufen

Der Reichsstatthalter in Hessen - Landesregierung - an die Landräte und Oberbürgermeister

Darmstadt, den 16. September 1939

Nach meinen Feststellungen ist die Synagogenfrage noch nicht allenthalben restlos geklärt. Es wird daher folgendes bestimmt:

Soweit heute noch da und dort Ruinen vorhanden sein sollten, sind sie beschleunigt zu entfernen. Wenn die jeweilige jüdische Kultusgemeinde nicht in der Lage ist, die Kosten zu tragen, hat sie die Gemeinde zu übernehmen. Sie kann sich dann am Grundstück schadlos halten. Keinesfalls kann die Rückgabe unbeschädigter bzw. wenig beschädigter Synagogen an die einzelne jüdische Kultusgemeinde zur Ausübung religiöser Belange in Frage kommen. In erster Linie sind private arische Käufer zu ermitteln, denen im Kaufpreis soweit wie möglich entgegenzukommen ist. In zweiter Linie sollen die einzelnen Gemeinden die Synagogen und Grundstücke erwerben und für eigene Zwecke verwenden. Nur in ganz besonderen Ausnahmefällen kann zugelassen werden, daß sich die Partei und ihre Gliederungen - selbstverständlich erst nach einem völligen Umbau, der das Gesicht der Synagoge verändert - um den Erwerb bemühen.

Ich ersuche entsprechend zu verfahren und mir bis zum 1. November 1939 über das Veranlaßte zu berichten.

Im Auftrag
Dr. Sch.

Verhaftung und Konzentrationslager

Bereits am 9. November kurz vor Mitternacht hatte das Geheime Staatspolizeiamt in Berlin die nachgeordneten Gestapostellen im Reich beauftragt, die „Festnahme" von 20000–30000 Juden „vorzubereiten" (Dok. 11 A). Schon um 1.20 Uhr folgte dann ein Blitz-Fernschreiben des Chefs der Sicherheitspolizei Heydrich, das genauere Weisungen enthielt. Festzunehmen seien nur gesunde männliche Juden nicht zu hohen Alters. Ihre Zahl wurde nicht beziffert, sondern von der Aufnahmekapazität der vorhandenen Hafträume abhängig gemacht (Dok. 11 B). Daß auch Heydrich betonte, es sollten „insbesondere wohlhabende" Juden festgenommen werden, hing mit dem offenkundigen Ziel der Aktion zusammen: Die Verhaftung der Juden und ihre Verbringung in Konzentrationslager sollte offensichtlich als brutales Zwangsmittel dienen, um die „Arisierung" jüdischer Firmen und die Auswanderung der Juden aus Deutschland zu beschleunigen.

Für die betroffenen Juden stellte sich freilich erst im Laufe der Zeit heraus, daß ihre Verhaftung „nur" befristet und als taktisches Druckmittel gedacht war. Sie hatten nicht nur den Schock einer willkürlichen Verhaftung zu ertragen, sondern wurden unter oft demütigenden Bedingungen zunächst in ein Sammellager und anschließend größtenteils in eines der Konzentrationslager Dachau, Buchenwald oder Sachsenhausen gebracht, wo sie unter selbst für KZ-Häftlinge katastrophalen Bedingungen auf engstem Raum zusammengepfercht wurden.[13]

Die Durchführung der Verhaftungsaktion mag allenfalls in größeren Städten und bei Einsatz von Kriminal- und Polizeibeamten wenigstens äußerlich korrekt verlaufen sein. Auf dem Lande hingegen vollzog sich die Verhaftung der Juden vielerorts unter willkürlichen Umständen, die jeder Beschreibung spotten. Entgegen der Weisung Heydrichs wurden viele Juden nicht selten auch geschlagen und mißhandelt. Dies hing vor allem damit zusammen, daß die Landratsämter die Ortsgendarmen angewiesen hatten, bei der Verhaftung der jüdischen Männer SA-Leute hinzuzuziehen.[14] Manchmal schickte der Bürgermeister in seiner Eigenschaft als Ortspolizeibehörde auch Schuldiener und andere Bedienstete der Gemeindeverwaltung los, um Juden festzunehmen oder zu bewachen. Die überstürzt durchgeführte Verhaftungsaktion blieb auch keineswegs auf „möglichst wohlhabende" Juden beschränkt. Häufig wurden nicht nur gesunde, sondern auch kranke Männer verhaftet, bisweilen auch ganze Familien mit Frauen und Kindern zu den Sammelstellen transportiert.

Aber auch das kam vor: In Nieder-Mockstadt eilt ein Bäckergeselle, noch mit der weißen Bäckerjacke bekleidet, auf das Gerücht hin, daß etwas „los" sei, aus der Backstube zu einem jüdischen Anwesen. Er dringt in das Haus ein, packt den jüdischen Hausbesitzer und führt ihn am Arm hinaus. Auf dem Hof bemächtigt sich eine johlende Menge des Juden und führt ihn „unter Püffen und Fußtritten" in Richtung Spritzenhaus ab. Endlich kommt der Ortsgendarm hinzu, befreit den Juden von seinen Peinigern und bringt ihn zur Sammelstelle nach Nidda.[15] Überhaupt waren bei solchen willkürlichen Verhaftungsaktionen auf dem Lande Mißhandlungen an der Tagesordnung. In Ober-Mockstadt wird der jüdische Bürger Reichenbach von unbekannten Tätern, die in sein Haus eindringen, schwer verletzt. Als sie ihn hinausführen, „blutete er aus einer großen Wunde am Kopf und das linke Auge hing halb heraus". Er wird im Spritzenhaus der Gemeinde eingesperrt, ebenso wie der jüdische Bürger Meyer, der auf dem Weg dorthin mißhandelt wird.[16]

In den Landgemeinden mußten die Festgenommenen häufig die erste Nacht in Spritzenhäusern oder Kellern von Amtsgebäuden verbringen, wo sie auch vor weiteren Mißhandlungen nicht sicher waren. Sogar im Gefängnis waren sie der Brutalität von SS- und SA-Leuten ausgeliefert, wie der tragische Fall eines jüdischen Lehrers aus Frankenberg zeigt, der wenige Tage nach den schweren Mißhandlungen, die er im Gefängnis an seinem Wohnort erlitten hatte, im Konzentrationslager Buchenwald verstarb.[17]

Wie Verhaftete dem Sadismus nationalsozialistischer Funktionäre zum Opfer fallen konnten, zeigen die Vorgänge, die sich in König i.O. abspielten. Der dortige Ortsgruppenleiter und Leiter der Volksschule, Rektor Karl Schäfer, hatte zunächst angeordnet, die Wohnungen der jüdischen Bürger auf Waffen, Geld, Wertgegenstände und Devisen zu durchsuchen und das Mobiliar zu zerstören. Anschließend wurden die jüdischen Männer festgenommen und im Holzkeller der Bürgermeisterei eingeschlossen. Um Mitternacht holte man sie dort heraus und führte sie aus dem Ort. Eine nach Hunderten zählende Menschenmenge folgte dem Zug, an dessen Spitze Rektor Schäfer marschierte. Schon auf dem Weg wurden einzelne Juden mißhandelt. Als der Zug außerhalb des Ortes am Wasserbehälter angekommen war, wurde Halt befohlen. Was dann geschah, schildert ein Gerichtsurteil folgendermaßen:[18]

„D., Rektor Schäfer und H. stellten sich auf halber Höhe des abfallenden Geländes auf. Darauf wurde auf Anordnung des Angeklagten Rektor Schäfer der erste der Juden von den ihn flankierenden Begleitmännern vorgeführt. D. gab Feuerkommando und gab dann im Hochanschlag einen Schuß mit Platzmunition ab. Im gleichen Augenblick schlug F. den Juden, so daß dieser aufschrie. Dieser Schrei erweckte bei den unterhalb der Stelle Wartenden den Eindruck, daß der Schuß getroffen habe. Der so zum Schein Erschossene wurde sodann nach der anderen Richtung abgeführt, um bei den weiteren Opfern die Todesangst wachzuhalten. Die Szene wiederholte sich bei jeder neuen Vorführung, nur die Schreie unterblieben, da keine weiteren Schläge verabfolgt wurden. [...] Die Feuerkommandos gab in jedem Fall der Angeklagte D., doch schoß er selbst nur etwa dreimal. Die übrigen Schüsse, etwa fünf, gaben nacheinander die Angeklagten Rektor Schäfer und H. ab, an die D. den Karabiner weiterreichte. [...] Es war gegen 1 Uhr in der Nacht, als man die gepeinigten Juden wiederum im Holzkeller einschloß."

Wenig später betrat Rektor Schäfer den Keller und mißhandelte nochmals einen der festgenommenen Juden. Gegen 8 Uhr morgens schließlich wurden die inhaftierten Juden von SS-Angehörigen auf Lastwagen verladen und weggebracht. Beim Einladen standen Schulkinder Spalier, von denen einzelne die Wehrlosen anspien.

Die verhafteten Juden sollten an sich rasch zu bestimmten Sammelstellen gebracht werden. Zentraler Sammelpunkt für das Rhein-Main-Gebiet war die Frankfurter Festhalle, für Nordhessen die Hohenzollernkaserne in Kassel (Dok. 61); im übrigen hessischen Raum nahmen Gefängnisse die Verhafteten auf. Von dort aus erfolgte der Transport in das nächstgelegene Konzentrationslager, von Hessen aus vor allem nach Buchenwald. Insgesamt sind rund 31 000 Juden in die Konzentrationslager Buchenwald, Dachau und Sachsenhausen verbracht worden.[19] Die Zahl der verhafteten Juden war indessen weit höher. Viele blieben tage- und wochenlang in der Nähe ihres Wohnorts in den Gefängnissen, die eigentlich nur Durchgangsstation sein sollten, weil in den KZ's keine Aufnahmemöglichkeiten mehr bestanden.[20]

Da die Gestapo keine dauernde Inhaftierung der festgenommenen Juden beabsichtigte, sondern die Deportation in die Konzentrationslager vielmehr als eine Form der Erpressung benutzte, um sie zur baldigen Auswanderung bzw. zur raschen „Arisierung" ihrer Firmen und Grundstücke zu zwingen, ging die Haft für viele der festgenommenen Juden nach einigen Wochen zu Ende. Bereits in Anordnungen der Staatspolizeistelle Kassel vom 14. bzw. 17. November ist davon die Rede, daß die Juden bei bevorstehender Auswanderung (Dok. 62) oder zwecks Arisierungsverhandlungen zu entlassen seien (Dok. 63). Auch ältere und kranke Juden sollten sofort entlassen werden (Dok. 63); die gleiche Behandlung wurde Anfang Dezember auch ehemaligen Frontkämpfern zuteil (Dok. 65).

Die Umstände der Gefangennahme und des Transportes waren ebenso erniedrigend wie der Aufenthalt in den Konzentrationslagern, in denen die Juden auf katastrophale Weise untergebracht und behandelt wurden. Zu den Todesopfern der Verhaftungsaktion zählen nicht nur diejenigen Juden, die an der Folge schwerer Mißhandlungen starben, sondern auch zahlreiche kranke Juden, die trotz der gegenteiligen Weisung Heydrichs festgenommen worden waren und den Strapazen des oft mehrtägigen Transports und der unerträglichen Verhältnisse in den Konzentrationslagern nicht gewachsen waren. Es gibt erschütternde Berichte über die Bedingungen, unter denen hier die Juden - bei unzureichender Ernährung und fehlender ärztlicher Betreuung - während der wochen- und monatelangen Haft leben mußten.[21]

Über den ebenso erschreckenden wie chaotischen Umständen der Verhaftung Zehntausender jüdischer Bürger darf nicht übersehen werden, daß schon die Festnahmeaktion als solche rechtswidrig war. Hessische Gerichte haben daher auch nach 1945 in mehreren Prozessen die Rechtmäßigkeit der Verhaftungsaktion eindeutig verneint; auch wenn die Festnahme der Juden scheinbar ordnungsgemäß durch Polizei- oder Gendarmeriebeamte erfolgte, wurde sie als Freiheitsberaubung im Amt (§ 341 StGB) gewertet. Verurteilt worden sind jedoch allenfalls Teilnehmer von Verhaftungsaktionen, die keine Verwaltungs- oder Polizeibeamte waren, sondern als Parteifunktionäre, SA-Leute, Schuldiener oder sonstige Gemeindebedienstete tätig geworden sind. Den Polizei- und Gendarmeriebeamten und ihren vorgesetzten Stellen, wie z.B. Landräten und Bürgermeistern, wurde zugute gehalten, daß sie „den wahren Grund nicht übersehen und die Festnahme der jüdischen Männer für eine zulässige und notwendige Maßnahme gehalten haben" - so das Landgericht Gießen in einem Strafverfahren gegen den damaligen Vertreter des Gießener Landrats, wobei die Verhaftung in der Urteilsbegründung in sehr merkwürdiger Weise als eine Art Schutzmaßnahme für die betroffenen Juden dargestellt wurde (Dok. 67). Auf die Revision der Staatsanwaltschaft bestätigte das Oberlandesgericht Frankfurt am 31. Mai 1949 den Freispruch, da nicht auszuschließen sei, daß der Angeklagte die Verhaftungsaktion als „eine Schutzhaft im Sinne des § 15 des Pr.V.Ges. vom 1. 11. 1931 gehalten habe", wie sie auch schon in der Weimarer Republik häufiger angewandt worden sei.[22] Selbst ein SA-Mann, der auf Aufforderung eines Gendarmeriebeamten an einer Verhaftungsaktion teilgenommen hatte, konnte mit Erfolg vor Gericht geltend machen, daß er „an einen amtlichen Charakter der Maßnahmen geglaubt und die Teilnahme an dieser Polizeiaktion für rechtmäßig gehalten hat" (Dok. 68).[23]

Dokumente

60. Juden zwischen 18 und 60 Jahren sind sofort festzunehmen

Rundruf der Gestapoleitstelle Frankfurt an die Landratsämter, aufgenommen in Bad Schwalbach am 10. November 1938, 8.15 Uhr

Ab sofort sind sämtliche Juden in hiesigem Dienstbereich von 18 bis 60 Jahren, sofern sie nicht körperlich behindert sind, sofort festzunehmen. Ab nach Limburg. Transport muß so rechtzeitig fortgehen, daß er um 17 Uhr in Frankfurt sein kann. Landrat in Limburg ist von Frankfurt aus verständigt.

Anzeige mit Durchschlag ist jedem Juden nach Limburg mitzugeben.

61. Kaserne dient als Sammelpunkt

Funkspruch der Staatspolizeistelle in Kassel an alle Landräte vom 10. November 1938, 21.00 Uhr

Unter Bezugnahme auf die fernmündlich mitgeteilte Rundverfügung von heute morgen wird um Überstellung sämtlicher festgenommener männlicher Juden sowohl deutscher Staatsangehörigkeit als auch Staatenloser nach Kassel, Kaserne Hohenzollernstraße 106, bis spätestens 11. November 1938, 13 Uhr, ersucht. Drei Ausfertigungen von Listen der Festgenommenen (Name, Vorname, Geburtsdatum und -ort, Beruf, ob ledig oder verheiratet, Wohnanschrift) sind mitzugeben. Davon ist ein Exemplar in der Kaserne, die beiden anderen bei der Staatspolizeistelle in Kassel, Wilhelmshöher Allee 32, abzugeben.

62. Wer auswandert, wird freigelassen

Rundverfügung der Staatspolizeistelle Kassel an die Oberbürgermeister, Landräte usw.

Kassel, den 14. November 1938

Vertraulich! Eilt sehr!

1. Von einem Wiederaufbau zerstörter oder ausgebrannter Synagogen ist, gleichgültig von welcher Seite er geplant wird, bis auf weiteres abzusehen.
2. Personen, die im Verlauf der Aktionen der Bevölkerung gegen die Juden geplündert bzw. gestohlen haben, sind umgehend unter sofortiger Meldung nach hier festzunehmen. Von einer Vorführung vor den Richter ist zunächst abzusehen.

3. Bis zum 17. d. M., mittags 12 Uhr, muß zwecks Berichterstattung an den Reichsführer-SS und Chef der Deutschen Polizei im Reichsministerium des Innern an die hiesige Dienststelle gemeldet werden, wie viele lager- und arbeitsfähige Juden (deutscher Reichsangehörigkeit oder Staatenlose) sich noch festgenommen in den einzelnen Kreisen in Gewahrsam befinden. Wegen des Abtransportes nach einem Konzentrationslager wird weitere Weisung noch ergehen.
4. Juden, deren Auswanderung nachweislich bereits so weit betrieben worden ist, daß z. B. der Auswanderungstermin feststeht und sie im Besitz von Auswandererpapieren, Schiffskarten usw. sind, oder die eine Vorladung vor den zuständigen Konsul erhalten haben bzw. bei denen eine solche unmittelbar bevorsteht, sind im Hinblick auf die durchzuführende Auswanderung nicht mehr festzunehmen bzw., falls bereits festgenommen, umgehend zum Zwecke der Auswanderung zu entlassen, falls nicht besondere Gründe zu ihrer Festnahme geführt haben. In Zweifelsfällen ist die Entscheidung der Staatspolizeistelle einzuholen. [...]

[Unterschrift]

63. Die „Arisierung" darf nicht ins Stocken geraten

Rundverfügung der Staatspolizeistelle Kassel an die Landräte, Oberbürgermeister usw.

Kassel, den 17. November 1938

Vertraulich!

1. Weitere Juden sind nicht mehr festzunehmen, es sei denn, daß besondere Festnahmegründe vorliegen. In diesem Fall bitte ich wie bei sonstigen Festnahmen umgehend nach hier zu berichten.
2. Wegen der sich noch in dortigem Gewahrsam befindlichen Juden wird weitere Weisung ergehen. Soweit sich darunter Juden befinden, die über 60 Jahre alt oder krank oder körperlich behindert sind, sind sie sofort zu entlassen.
3. Soweit in dortigem Gewahrsam befindliche Juden zu Arisierungsverhandlungen benötigt werden, sind sie sofort zu entlassen. Arisierungsverhandlungen dürfen durch die Inschutzhaftnahme der Besitzer oder Teilhaber nicht gestört werden. Im Interesse der erwünschten Arisierungen ist hierbei großzügig zu verfahren.
4. Weiter sind in dortigem Gewahrsam befindliche Juden sofort zu entlassen, wenn dies ein dringendes Interesse der deutschen Wirtschaft, insbesondere des deutschen Exportes, geboten erscheinen läßt.
5. Die gemäß den vorstehenden Ziffern 2 bis 4 sofort vorzunehmenden Entlassungen müssen umgehend, spätestens innerhalb drei Tagen, nach hier gemeldet werden. Etwaig auftretende Zweifel bitte ich durch vorherige Rückfrage bei der hiesigen Dienststelle zu klären.

6. Erfaßtes jüdisches Archivmaterial ist den Außenstellen des SD des Reichsführers SS zur Verfügung zu stellen. Die SD-Außenstellen werden sich mit der dortigen Dienststelle in Verbindung setzen. [...]

[Unterschrift]

64. Die Angehörigen müssen die Rückfahrt vom KZ bezahlen

Die Staatspolizeistelle Kassel an den Bürgermeister als Ortspolizeibehörde in Bebra

Kassel, den 17. November 1938

Betr.: Zur Entlassung kommende jüdische Schutzhäftlinge

Auf Anordnung des Chefs der Sicherheitspolizei sind alle Juden, die zufolge der letzten Aktion festgenommen wurden und über 60 Jahre alt sind, sofort auf freien Fuß zu setzen. Eine entsprechende Anweisung ist an das Konzentrationslager bereits ergangen. Es wird deshalb gebeten, die Angehörigen unten verzeichneter Festgenommenen beschleunigt anzuweisen, das Rückreisefahrgeld von Weimar/Thür. nach dem Wohnort sofort telegraphisch an die Kommandantur des Konzentrationslagers in Buchenwald bei Weimar/Thüringen zur Absendung zu bringen.

Im Auftrag:
[Unterschrift]

65. Frontkämpfer werden zuerst entlassen

Der Landrat des Kreises Marburg/L. an Gendarmerieobermeister Mai in Kirchhain

Marburg/L., den 1. Dezember 1938

Die in Kirchhain in Gewahrsam befindlichen Juden, die unter 16 Jahre alt sind, und ebenso diejenigen Juden, die Frontkämpfer sind, sind von Ihnen zu entlassen. Vollzugsmeldung unter Namensbezeichnung der auf Grund dieser Verfügung zur Entlassung gekommenen Juden ist mir alsbald zu erstatten. Dabei ist mir anzugeben, an Hand welcher Unterlagen die Frontkämpfereigenschaft unter Beweis gestellt worden ist.

Die nach den vorstehend angeordneten Entlassungen sich noch in Kirchhain in Haft befindenden Juden sind mir bis zum 2. d. M. ebenfalls zu melden.

i.V.
[Unterschrift]

66. Fahndung nach „sichergestelltem“ Geld

A

Anzeige des Juden Hermann Kugelmann bei der Polizei in Marburg/L.

Marburg/L., den 28. Dezember 1938

Es erscheint unvorgeladen der Jude Hermann Kugelmann aus Wohra [...], verheiratet und Vater von drei Kindern im Alter von fünf, acht und zehn Jahren, Frontkämpfer, und erklärt:

Auf Grund der Vorgänge, die sich in der Nacht vom 9. zum 10. November 1938 in Wohra abgespielt haben, habe ich Donnerstag, den 10. November, Wohra verlassen und bin nach Frankfurt a. M. abgereist, wo ich bis zu meiner Inschutzhaftnahme mit meinem zehn Jahre alten Sohn bei einer Familie Steinert, Ebersheimer Straße 5, besuchsweise wohnte. Meine Inschutzhaftnahme erfolgte am Sonnabend, den 12. November 1938. Wir wurden zunächst in die Festhalle[a] Frankfurt eingeliefert. Dort haben wir alle Wertpapiere sowie das in unserem Besitz befindliche Bargeld an zwei uniformierte Beamte abgeben müssen. Ich habe daraufhin meine Brieftasche mit 917 RM Bargeld abgegeben; außerdem befanden sich in der Brieftasche mein Militärpaß und die Bescheinigung über das Frontkämpfer-Ehrenkreuz. Meine Brieftasche ist mir nach etwa 14 Tagen von der sogenannten Effekten-Abteilung des Konzentrationslagers Buchenwald bei Weimar wieder zurückgegeben worden. Statt der 917 RM befanden sich in der Brieftasche bei der Aushändigung aber nur noch 25 RM Bargeld.

Da ich das Geld zu meinem Lebensunterhalt dringend benötige, bitte ich prüfen zu wollen, wo sich das übrige Geld befindet. Ich wäre dankbar, wenn ich baldmöglichst wieder in den Besitz des Geldes kommen könnte.

Steuerrückstände habe ich nicht, ebenso bin ich bei der Gemeindekasse Wohra mit irgendwelchen Zahlungen nicht im Rückstande.

v. g. u.
Hermann Kugelmann

Beglaubigt
W.

B

Der Landrat des Kreises Marburg/L. an die Staatspolizeistelle in Kassel

Marburg/L., den 16. Januar 1939

Der Jude Kugelmann hat die Angaben sehr zaghaft zu Protokoll gegeben und ausdrücklich erklärt, daß, wenn ihm Schwierigkeiten in irgendeiner Hinsicht erwachsen würden, er auf den fehlenden Geldbetrag lieber verzichte, obgleich er ihn zur Fristung seines Lebensunterhaltes dringend benötige.

Um Kugelmann nicht der öffentlichen Wohlfahrtspflege zur Last fallen zu lassen, muß m. E. dafür gesorgt werden, daß über den Verbleib des Restbetrages Ermittlungen angestellt werden.

Ich wäre dankbar, wenn mir über das von dort Veranlaßte eine kurze Mitteilung zugehen könnte.

Frist: 15. Februar

[Unterschrift]

C

Die Staatspolizeistelle Frankfurt a.M. an die Staatspolizeistelle Kassel

Frankfurt a.M., den 23. Januar 1939

Für Kugelmann ist hier der Betrag von 840 RM sichergestellt. Dieser Betrag wird nach Abzug der entstandenen Kosten in Höhe von 25% in den nächsten Tagen an die Privatadresse des Kugelmann übersandt werden.

Im Auftrag
gez. Gabbusch

67. War die Verhaftung der jüdischen Männer rechtswidrig?

Aus dem Urteil des Landgerichts Gießen vom 22. Dezember 1948

[*Die Anklageschrift hatte dem Angeklagten, Landrat i. R. Theodor Weber vorgeworfen, anläßlich der Ausschreitungen gegen die jüdischen Bevölkerungsteile, die Anfang November 1938 überall in Deutschland stattgefunden haben, als Vertreter des Landrats in Gießen die Festnahme der jüdischen Männer eines bestimmten Alters im Landkreis Gießen angeordnet und sich dadurch der Rädelsführerschaft dieser Gewalttätigkeiten und der Verleitung der ihm dienstlich unterstellten Gendarmen zur Freiheitsberaubung im Amt schuldig gemacht zu haben (Verbrechen und Vergehen nach §§ 125 Abs. II, 357, 359, 341, 73 StGB in Verbindung mit dem Hessischen Gesetz zur Ahndung nationalsozialistischer Straftaten vom 29. Mai 1946).*

Die Strafkammer I des Landgerichts Gießen sprach den Angeklagten in der Hauptverhandlung am 22. Dezember 1948 frei und begründete diese Entscheidung wie folgt:]

Der 1880 in Münster, Oberhessen, als Pfarrerssohn geborene Angeklagte legte 1908 die große juristische Staatsprüfung ab. Nachdem er bis zum Weltkrieg 1914 bis 1918, an dem er als Offizier teilnahm, und von 1918 bis 1920 bei verschiedenen süddeutschen Versicherungsgesellschaften tätig war, trat er in den Verwaltungsdienst des Landes Hessen ein. Er wurde bei verschiedenen Kreisämtern als Assessor beschäftigt, 1923 zum Regierungsrat ernannt und nach längerer Verwendung bei den Kreisämtern in Schotten und Büdingen 1934 an das Kreisamt in Gießen versetzt. Hier war er als dienstältester Regierungsrat zugleich der Vertreter des Landrats. Der bisher unbestrafte Angeklagte ist verheiratet und hat drei Söhne. Zwei Söhne fielen im Weltkrieg 1939/45. Der dritte Sohn, Pfarrer von Beruf, gehörte der Bekennenden Kirche an und wurde während der nationalsozialistischen Regierungszeit in einem Konzentrationslager festgesetzt. Der Angeklagte selbst war ebenfalls Mitglied der Bekennenden Kirche und stand dem Nationalsozialismus ablehnend gegenüber; er trat deshalb trotz des auf die Beamten ausgeübten Druckes nur der nationalsozialistischen Volkswohlfahrt und dem nationalsozialistischen Rechtswahrerbund bei. Nach dem deutschen Zusammenbruch wurde er von der amerikanischen Besatzungsmacht sofort als Landrat in Gießen eingesetzt. Im Juli 1945 wurde er nach Erreichung der Altersgrenze auf seinen Antrag in den Ruhestand versetzt. Die Spruchkammer erklärte ihn als von dem Hessischen Gesetz zur Befreiung vom Nationalsozialismus und Militarismus vom 5. März 1946 nicht betroffen.

Am 10. November 1938 wurde dem Kreisamt Gießen durch die Polizeifunkstelle ein Befehl des Reichsministers des Innern - Chef der Ordnungspolizei - über das Verhalten der Polizei bei den Ausschreitungen gegen die jüdischen Bürger übermittelt. Dieser Befehl, dessen genauer Wortlaut nicht mehr hat ermittelt werden können, hatte in der Hauptsache folgenden Inhalt:

1. Auf Grund des Mordanschlags gegen den deutschen Legationssekretär vom Rath in Paris sind in ganz Deutschland Kundgebungen gegen die jüdischen Einwohner zu erwarten.

2. Die Polizei hat gegen Zerstörungen und Beschädigungen jüdischer Kirchen, Wohnungen und Geschäfte, die im Zuge dieser Demonstrationen erfolgen, nicht einzuschreiten, sondern nur Plünderungen und Diebstähle zu unterbinden.

3. Die Polizei hat die jüdischen Männer zwischen etwa 16 und 60 Jahren sofort festzunehmen. Dabei ist darauf zu achten, daß keine Mißhandlungen vorkommen.

Dieser Befehl wurde auf dem Kreisamt Gießen zunächst dem mit der Bearbeitung von Polizeiangelegenheiten befaßten Regierungsrat Dr. F. vorgelegt. Dr. F., der am Morgen auf dem Weg zum Dienst den Brand der Synagoge in Gießen wahrgenommen hatte, legte die Anordnung dem Angeklagten vor, weil der Landrat an diesem Tag zufällig nicht in Gießen war. Die Gendarmeriebeamten des Kreises Gießen, die an diesem Tag zu einer bereits seit längerer Zeit angesetzten Übung in der Nähe der Kreisstadt zusammengezogen waren, hatte inzwischen ein anderer, ebenfalls nicht mehr genau zu ermittelnder Beamter, wahrscheinlich der Begleiter des zu der Übung aus Darmstadt gekommenen Gendarmerie-Kommandeurs, auf das Landratsamt kommen lassen. Sie hatten sich hier in dem Sitzungssaal bereits versammelt. Vor ihnen verlas der Angeklagte zwischen 10 und 11 Uhr den erhaltenen Befehl und entließ sie darauf sofort in ihre Dienstorte, ohne selbst irgendwelche Zusätze oder Erläuterungen zu der Anordnung gegeben zu haben. Dort nahmen die Gendarmen die jüdischen Männer fest und brachten sie im Laufe des Tages nach Gießen. Die Festgenommenen wurden hier zunächst in dem mit Tischen und Bänken ausgestatteten Luftschutzraum des Landratsamts untergebracht und auf Grund des inzwischen eingegangenen weiteren Befehls abends zwischen 19 und 20

Uhr von dem Gendarmerie-Kreis-Führer [!] ohne irgendein weiteres nachweisbares Dazutun des Angeklagten mit drei oder vier Lastkraftwagen in das Konzentrationslager Buchenwald übergeführt, von wo sie nach vier oder fünf Tagen in ihre Wohnorte zurückkehrten.

Dieser Sachverhalt ist auf Grund der Einlassung des Angeklagten, der sich infolge seines Alters und der langen inzwischen verflossenen Zeit nur noch dunkel an die Begebenheit hat erinnern können, und auf Grund der übereinstimmenden glaubwürdigen Bekundungen des früheren Gendarmen Walther, des früheren Regierungsrats Dr. Fuhr und des früheren Landrats Dr. Lotz festgestellt worden. Die Frage, ob die Überführung der festgenommenen jüdischen Männer nach Buchenwald bereits in dem ersten Befehl vorgesehen gewesen oder in einer späteren Anweisung angeordnet worden ist, die nicht mehr durch die Hand des Angeklagten gegangen ist, hat sich ebenfalls nicht mehr genau aufklären lassen, da die Zeugen sich hieran nicht mehr mit der notwendigen Klarheit und Sicherheit haben entsinnen können. Wegen der erheblichen Zweifel über diesen Punkt hat das Gericht insoweit von der Einlassung des Angeklagten ausgehen müssen, daß diese Anordnung in einem späteren Befehl enthalten gewesen ist, zumal am 10. November 1938 die vorgesetzten Dienstbehörden ihre Bestimmungen überstürzt getroffen und die Anweisungen der verschiedenen Dienststellen sich überschnitten haben.

[*Nach Ansicht des Gerichts ist der Tatbestand des Landfriedensbruchs, den die Staatsanwaltschaft dem Angeklagten vorgeworfen hat, nicht gegeben.*] Das Verhalten des Angeklagten erfüllt aber den äußeren Tatbestand des § 357 StGB[a]. Durch die Bekanntgabe des Befehls des Reichsministers des Innern - Chef der Ordnungspolizei - hat er die Gendarmen, die ihm - zumindest verwaltungsmäßig - unterstellt waren, dazu verleitet, die jüdischen Männer festzunehmen. Diese Festnahme ist eine Freiheitsberaubung im Amt gewesen, Vergehen nach § 341 StGB[b], denn sie ist ohne Rechtsgrund und insbesondere, wie nachher offen zutage getreten ist, nach dem Plan des Reichsministers des Innern nicht zum Schutz der Festgenommenen durchgeführt worden. Es hat dem Angeklagten aber nicht nachgewiesen werden können, daß er dies bereits bei dem Erhalt des Befehls erkannt und diesen im Bewußtsein dieser Erkenntnis gleichwohl den Gendarmen eröffnet hat. Der Befehl hat hervorgehoben, daß Kundgebungen gegen die jüdischen Bürger zu erwarten seien, im Anschluß daran Verhaltungsmaßregeln für die Polizei getroffen und dabei auch die Festnahme der jüdischen Männer angeordnet. Er hat jedoch keine Bestimmung über die weitere Behandlung der Festgenommenen erhalten; deren Überführung in ein Konzentrationslager ist erst in einer späteren Anweisung angeordnet worden. Unter diesen Umständen hat der Angeklagte die Festnahme der jüdischen Männer für eine berechtigte polizeiliche Schutzmaßnahme halten können, zumal diese Anordnung mit dem ausdrücklichen Verbot von Mißhandlungen verbunden gewesen ist. Sowohl vor als auch während der nationalsozialistischen Regierungszeit hat es eine derartige politische Schutzhaft gegeben (vgl. Walter Jellinek, Verwaltungsrecht, 3. Auflage, 1931, S. 338). Hierfür haben in dem Land Hessen, das kein eigenes geschriebenes Polizeirecht besessen hat, gewohnheitsrechtlich die preußischen Bestimmungen Anwendung gefunden. Danach hat die Polizeibehörde im Interesse der öffentlichen Sicherheit und Ordnung auch Personen zu ihrem eigenen Schutz in Haft nehmen können (vgl. § 6 des preußischen Gesetzes zum Schutz der persönlichen Freiheit vom 12. Februar 1850 und für die Zeit nach dem 1. Oktober 1931 § 15 preußisches PVG).

Tatsächlich sind die jüdischen Männer im Alter zwischen 16 und 60 Jahren am 10. November 1938 auch im Gegensatz zu den Greisen, Frauen und Kindern in besonderem Maße bedroht gewesen. Denn wie dem Gericht aus einigen anderen Landfriedensbruchsverfahren bekannt ist, sind verschiedene jüdische Männer, die nicht in Haft genommen worden sind, von den Landfriedensbrechern besonders roh und brutal mißhandelt worden und haben nicht nur Schäden an ihrem Hab und Gut, sondern obendrein noch Beeinträchtigungen ihrer Gesundheit hinnehmen und persönliche Verunglimpfungen erdulden müssen. Daher hat dem Angeklagten die Einlassung, er habe bei der Bekanntgabe des Befehls des Reichsministers des Innern - Chef der Ordnungspolizei - dessen wahren Grund noch nicht übersehen und die Festnahme der jüdischen Männer für eine zulässige und notwendige Maßnahme gehalten, weder aus rechtlichen noch aus tatsächlichen Gründen widerlegt werden können. Dazu kommt noch, daß ihm seiner ganzen Persönlichkeit nach eine Anhaltung der Gendarmen zu einer bewußt rechtswidrigen Festnahme der jüdischen Bürger nicht zuzutrauen ist, denn der Angeklagte hat nach den übereinstimmenden glaubwürdigen Bekundungen der Zeugen Dr. Fuhr und Dr. Lotz in seinem Arbeitsbereich auch nach 1933 gegenüber jüdischen Bürgern eine betont gerechte und wohlwollende Haltung gezeigt und ist deshalb und wegen seiner bewußt kirchlichen Einstellung bei der NSDAP unbeliebt gewesen. Nach alledem hat dem Angeklagten nicht nachgewiesen werden können, daß er die Gendarmen bewußt zu einer widerrechtlichen Freiheitsberaubung im Amte verleitet und das Bewußtsein, dadurch Unrecht zu tun, gehabt hat. Daher entfällt auch eine Bestrafung nach § 357 StGB. [...]

68. SA-Leute als Hilfspolizisten

Aus dem Urteil des Landgerichts Gießen vom 27. Oktober 1948

[*Am 10. November 1938 wurde der SA-Mann Wilhelm Meyer, ein selbständiger Küfermeister aus Altenstadt,*] von dem 1941 verstorbenen Gendarmeriemeister Fuchs aus Altenstadt aufgefordert, seine SA-Uniform anzuziehen und in einem Lastauto des Kaufmanns B. mitzufahren. Ebenso nahmen der Landwirt Sch. und der Arbeiter R. aus Altenstadt teil. Sie erfuhren, daß die männlichen jüdischen Bürger aus verschiedenen Orten der Umgebung in Haft genommen werden sollten. Der Gendarmeriemeister Fuchs warnte die SA-Männer vor Übergriffen gegen die zu Verhaftenden; es dürfe niemand geschlagen werden. Der Angeklagte, der im übrigen nicht wußte, weshalb gerade er für diese Aktion ausersehen wurde, hielt den gesamten Auftrag für eine angeordnete polizeiliche Maßnahme, der er sich nicht entziehen könnte.

Zuerst ging die Fahrt nach Langenbergheim. Dort traf man aber keinen der jüdischen Einwohner an. Dann wurden in Himbach, wo am gleichen Tage die Synagoge in Brand gesteckt wurde, vier bis fünf Juden festgenommen. Die Festnahmen erfolgten durch den Gendarmeriebeamten. Die mitgekommenen SA-Männer hatten die Aufgabe, die Festgenommenen zum Auto zu bringen und zu verhindern, daß sie wieder entweichen konnten. Eine Waffe führten sie dabei nicht mit sich. Meyer begleitete Fuchs, will aber kein jüdisches Haus betreten haben, sondern den Auftrag gehabt haben, jeweils draußen zu warten. In der gleichen Weise wurden in Hainchen drei bis vier jüdische Mitbürger verhaftet.

Alle Verhafteten wurden dann – es ging inzwischen auf Mitternacht zu – nach Altenstadt in das Amtsgerichtsgefängnis gebracht. Nachdem sie im Hofe von dem Lastwagen gestiegen waren, wurden sie in eine Zelle geführt, in welcher sich bereits seit einigen Stunden der Kaufmann Lich aus Altenstadt befand. Der Angeklagte stieß die Festgenommenen in die Zelle und schlug dabei mindestens einen von ihnen, nämlich Ferdinand Mayer, ohne dadurch allerdings besondere Verletzungen hervorzurufen. Hierbei gebrauchte er Schimpfwörter wie „Ihr Meuchelmörder, Judengesindel, Ihr gehört an die Wand gestellt!" [...]

Der Angeklagte hat durch sein Verhalten den Tatbestand des Landfriedensbruchs, den ihm die Anklage ursprünglich vorgeworfen hat, nicht erfüllt, da die Festnahmen der jüdischen Männer nicht im Schutz einer öffentlich zusammengerotteten Menschenmenge, sondern durch vier bestimmte Einzelpersonen erfolgt sind.

Die von der Staatsanwaltschaft aufgrund des in der Hauptverhandlung gewonnenen Bildes beantragte Bestrafung nach §§ 239, 240, 78 StGB scheitert an dem Fehlen des Bewußtseins der Rechtswidrigkeit. Der Gendarm und die von ihm hinzugezogenen SA-Männer haben zu der Festnahme der jüdischen Männer kein Recht gehabt (vergleiche dazu auch Art. 2 Abs. 2 des Hessischen Gesetzes zur Ahndung nationalsozialistischer Straftaten). Es ist jedoch zweifelhaft, ob der Angeklagte in der Lage gewesen ist, die Rechtswidrigkeit seines Handelns einzusehen. Es kann ihm jedenfalls nicht widerlegt werden, daß er an einen amtlichen Charakter der Maßnahmen geglaubt und die Teilnahme an dieser Polizeiaktion für rechtmäßig gehalten hat. Er hat daher die Rechtswidrigkeit seines Handelns nicht in seinen Vorsatz aufgenommen und kann deshalb nicht wegen Freiheitsberaubung und Nötigung bestraft werden.

Indessen ist er wegen vorsätzlicher leichter Körperverletzung nach § 223 StGB strafbar. Durch die Schläge mit der Hand hat er mindestens einen anderen körperlich mißhandelt, wozu er keine Berechtigung gehabt hat. Das hat der vor Übergriffen gewarnte Angeklagte auch gewußt. Eine Verjährung dieser strafbaren Handlung entfällt nach dem Hessischen Gesetz zur Ahndung nationalsozialistischer Straftaten vom 29. Mai 1946.

Für die Strafzumessung sind folgende Punkte maßgeblich: Für den bisher unbestraften Angeklagten spricht, daß er durch den Gendarm in die Festnahmeaktion hineingezogen worden ist. Er ist auch durch eine systematische Propaganda gegen die jüdischen Bürger, die als Menschen zweiter Klasse angesehen worden sind, verhetzt gewesen. Außerdem ist die Körperverletzung nicht schwer gewesen.

Strafschärfend fällt dagegen ins Gewicht, daß die Verhafteten wehrlose Menschen gewesen sind, die dem Angeklagten nichts getan hatten. Er hat sie besonders roh behandelt und auch übel beschimpft, obwohl ihn der Gendarmeriebeamte vor Übergriffen gewarnt hatte. Auch jetzt hat er sein Unrecht noch nicht eingesehen und sich nicht zu einem offenen Geständnis entschließen können. Darum ist eine Gefängnisstrafe zur Erreichung des Strafzwecks notwendig, die bei Abwägung aller Umstände mit einem Monat als ausreichend und angemessen angesehen wird. [...]

Mißhandlungen und Plünderungen

„Eines der hervorragendsten Merkmale der in den vergangenen Tagen stattgefundenen Aktionen gegen das Judentum", schrieb Goebbels rückblickend am 12. November 1938 im Völkischen Beobachter, „ist die Tatsache, daß es zwar zu Demolierungen, aber nirgendwo zu Plünderungen gekommen ist."[24] Die Wirklichkeit sah anders aus. Ganz abgesehen davon, daß schon die befohlene Schändung von Gotteshäusern und das Demolieren von Geschäften und Wohnungen ein erhebliches Maß an krimineller Energie erforderte, waren die Aktionen vielerorts noch darüber hinausgegangen und keineswegs so diszipliniert durchgeführt worden, wie es der Ideologie von der „Sauberkeit der Partei" entsprochen hätte. Bei der Zerstörung jüdischer Geschäfte und Wohnungen ist es nicht nur häufig zu massenhaften Plünderungen gekommen, an denen SA-Funktionäre und Parteimitglieder ebenso wie schlichte „Volksgenossen" beteiligt waren. Oft gegen ausdrücklichen Befehl wurden Juden mißhandelt und sogar ermordet, und zwar in einem Umfang, der die Parteigerichte zwang, sich in zahlreichen Verfahren mit den Verbrechen von SA-Leuten und Parteigenossen zu befassen. Sogar Sittlichkeitsvergehen an Jüdinnen, die auf Grund der Nürnberger Gesetze als „Rassenschande" und damit als besonders schweres Verbrechen galten, waren Gegenstand von Parteigerichtsverfahren (Dok. 77).

Wie kam es zu den Plünderungen? Vielfach hatten Hunderte von Menschen teils fassungslos, teils neugierig und sensationslüstern dem Zerstörungswerk zugeschaut, das die von den Ortsgruppenleitern oder der SA entsandten Einsatztrupps in jüdischen Geschäften und Wohnungen vollbrachten. Dabei wurden nicht nur Küchenschränke und sonstige Möbelstücke umgeworfen oder zertrümmert, Federbetten aufgeschlitzt und manchmal sogar Tapeten von den Wänden gerissen, sondern auch Kleinmöbel, Decken und Teppiche aus den Fenstern geworfen. In jüdischen

Schuh- und Textilgeschäften zerrten die Einsatzkommandos die Waren nicht nur aus dem Regal, sondern warfen sie oft demonstrativ auf die Straße, so daß scheinbar herrenloses Gut massenhaft herumlag.

Die Empörung darüber war allgemein. Kein anderes Ereignis an diesem furchtbaren Pogromtag scheint eine solche Entrüstung bei der Bevölkerung ausgelöst zu haben wie die Tatsache, daß hier wertvolles Volksvermögen zerstört und vergeudet wurde. Für die im Interesse der Aufrüstung mit Konsumgütern knapp gehaltene Bevölkerung war es ein Skandal, daß jetzt knappe und kostbare Güter auf der Straße herumlagen - und dies in einem Staat, der die Bevölkerung sonst zu sparsamstem Umgang mit Wirtschaftsgütern aller Art aufzurufen pflegte. „Dieselbe Regierung", so erinnert sich der Frankfurter Jude Joseph B. Levy rückblickend, „die jedes Stückchen Stanniol, jede Tube, jede Blechbüchse, jede Kiste, jede Pappschachtel, jede alte Zeitung, jedes Stückchen Papier systematisch unter der Parole ‚Kampf dem Verderb' sammelte und zu sammeln befahl, diese gleiche Regierung hatte „Zerstörungskommandos" beauftragt - bestehend aus Parteileuten in Zivil und unter Zusicherung von Straffreiheit -, Warenbestände, Kunstgegenstände, Wohnungseinrichtungen, teuere Bibliotheken, Musikinstrumente, kurz unendliche, nicht zu schätzende Werte sinnlos zu zerstören."[25]

Freilich, die Empörung über die Vernichtung knapper und wertvoller Güter war eine Sache, die Versuchung, herumliegende und noch brauchbare Gegenstände an sich zu nehmen, eine andere. Zwar hatte Heydrich in dem Blitz-Fernschreiben an Gestapo und Sicherheitsdienst, das am 10. November nachts herausging (Dok. 11 B), bereits ausdrücklich darauf hingewiesen, daß jüdische Geschäfte und Wohnungen nicht geplündert werden dürften und die Polizei Plünderer festzunehmen habe; offenbar hat er angesichts der Tatsache, daß die Durchführung des Pogroms weitgehend den unteren SA- und Parteifunktionären überlassen blieb, von vornherein erhebliche Disziplinlosigkeiten befürchtet.

Tatsächlich ist es auch zu umfangreichen Plünderungen durch Einsatztrupps gekommen. Sie zerstörten nicht nur jüdisches Eigentum, sondern nahmen Sachen mit, angeblich für die NSV, häufig aber für den eigenen Bedarf, und manchmal verkauften sie sogar Plünderungsgut weiter. Aber auch der Umgang mit dem Eigentum der Verhafteten, die in die Frankfurter Festhalle oder in Gefängnisse eingeliefert wurden, war häufig nicht korrekt. Manche der Festgenommenen sahen die ihnen von der Gestapo abgenommenen Wertsachen und Geldbeträge gar nicht oder nur nach Reklamation wieder (Dok. 66).

Aber nicht nur Einsatztrupps, sondern auch viele Bürger bereicherten sich an den Waren, die scheinbar herrenlos auf den Straßen herumlagen. Oder sie gingen nach dem Ende der Aktionen durch die zerstörten Geschäfte und Wohnungen und nahmen Waren und Gegenstände an sich, die das Zerstörungswerk überstanden hatten.

Die Nachrichten, die über die Plünderungen nach Berlin gelangten, waren offenbar so gravierend, daß Heydrich noch am 10. November in einer weiteren Rundverfügung forderte, gegen alle Plünderer „rücksichtslos vorzugehen" (Dok. 70). Besonderen Ärger hatte in Berliner Regierungskreisen ausgelöst, daß auch jüdische Juweliergeschäfte zerstört und geplündert worden waren.[26] Die Kriminalpolizei wurde daher beauftragt, besondere Fahndungsmaßnahmen bei Pfandleihen und Goldaufkaufstellen durchzuführen (Dok. 71). Angesichts des offenbar riesigen Umfanges von Diebstählen und Plünderungen wurden noch Tage und Wochen nach dem Pogrom weitere Rundverfügungen herausgegeben, in denen teils scharfe Maßnahmen gegen Plünderer angedroht, teils Parteidienststellen in diskreter Form aufgefordert wurden, Gegenstände, die sie während des Pogroms „sichergestellt" hätten, gegen Quittung bei der nächsten Gestapostelle abzugeben (Dok. 69). Besonders beliebt bei Parteidienststellen waren offenbar Kraftwagen (Dok. 76).

Obwohl Heydrich ein rücksichtsloses Vorgehen gegen Plünderer angekündigt hatte und die Gestapo vorsorglich anordnete, daß Angehörige von NS-Organisationen vor der Durchführung eines Strafverfahrens aus der Partei ausgeschlossen werden sollten (Dok. 73), erscheint es fraglich, wie weit tatsächlich das Streben nach Selbstreinigung innerhalb der Partei ging. Auch die Ermittlungen örtlicher Polizeiorgane scheinen durch Parteistellen eher behindert worden zu sein (Dok. 74). Mit welcher kriminellen Raffinesse Plünderungen organisiert[26a] und „vertuscht" wurden, geht aus einem Verfahren des Obersten Parteigerichts gegen Usinger SA-Leute hervor (Dok. 76).

Aber nicht nur Angehörige von Einsatztrupps, sondern auch viele andere Menschen haben sich in erheblichem Umfang an Plünderungen beteiligt. So sahen sich Bürgermeisterämter gezwungen, amtliche Aufrufe - oft mit der Ortsschelle - zu verkünden, in denen sie die Bevölkerung dringend aufforderten, entwendete Sachen umgehend bei der örtlichen Polizeidienststelle zurückzugeben; in diesem Fall, so wurde zugesichert, würde auf eine Anzeige verzichtet werden (Dok. 72). Tatsächlich gaben daraufhin zahlreiche Bürger entwendetes jüdisches Eigentum zurück. Diesem Umstand ist es zuzuschreiben, daß der Umfang der Plünderungen und der Kreis der Täter an manchen Orten schriftlich überliefert ist. Zwar blieben die Personen, die Plünderungsgut zurückgaben, damals straffrei, doch wurden der Name des betreffenden Bürgers und die abgelieferten Gegenstände in Polizeikladden eingetragen. Nach 1945 wurden daher die polizeilichen Ermittlungen in manchen Fällen erneut aufgenommen und die Täter verurteilt.[27] Oft handelte es sich hier um Männer und Frauen, die bisher unbescholten und auch nicht Mitglied einer NS-Organisation gewesen waren. Mögen auch viele Gegenstände bald zurückgegeben worden sein, sei es auf Grund amtlicher Aufforderung, sei es, weil der Ehepartner dem Betreffenden ins Gewissen redete, der mit Diebesgut zuhause erschien - die spontane Bereitschaft vieler Menschen, sich an diesem Tage das Eigentum der gehetzten und verfolgten jüdischen Mitbürger anzueignen, kann nur mit Bitterkeit registriert werden.

Weit schlimmer noch als von den Plünderungen wurde die jüdische Bevölkerung von brutalen Gewalttaten der Einsatztrupps betroffen. Bereits am 11. November berichtete Heydrich in einem Schnellbrief an Göring, daß von den Staatspolizeistellen „an Todesfällen 36, an Schwerverletzten ebenfalls 36 gemeldet seien" (Dok.

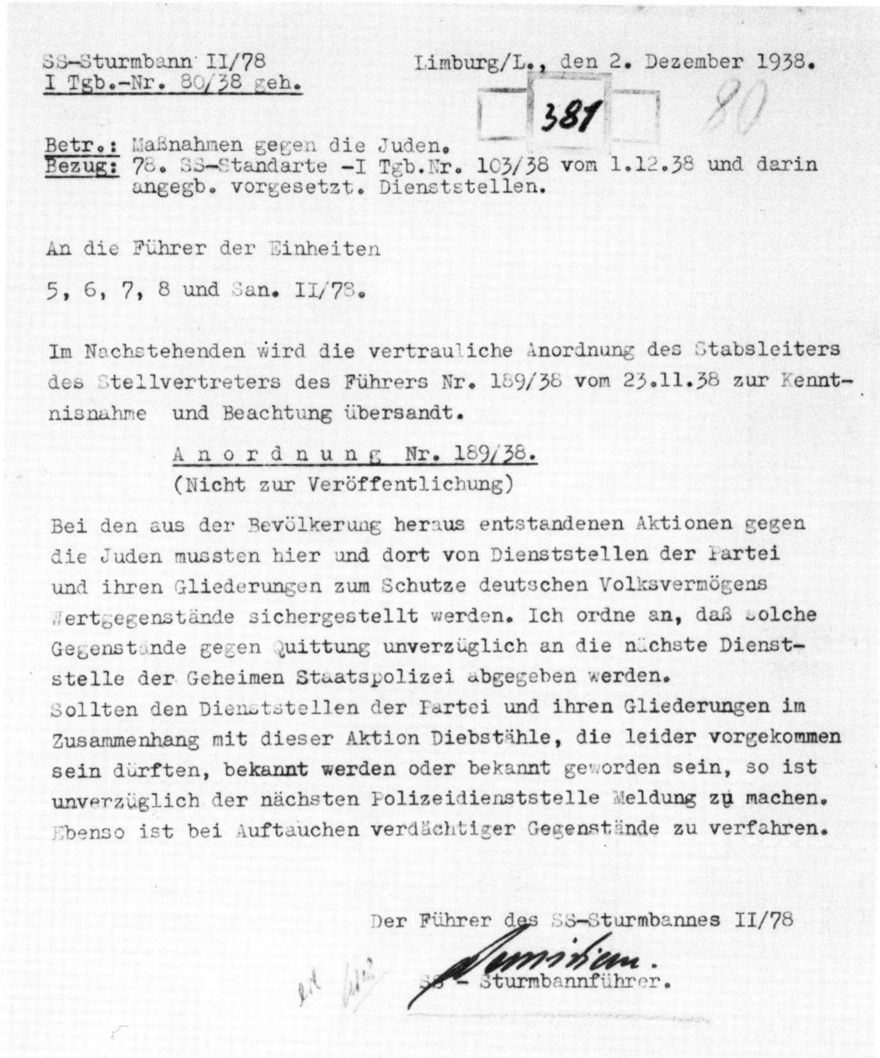

SS-Sturmbann II/78 Limburg/L., den 2. Dezember 1938.
I Tgb.-Nr. 80/38 geh.

381 80

Betr.: Maßnahmen gegen die Juden.
Bezug: 78. SS-Standarte -I Tgb.Nr. 103/38 vom 1.12.38 und darin angegb. vorgesetzt. Dienststellen.

An die Führer der Einheiten

5, 6, 7, 8 und San. II/78.

Im Nachstehenden wird die vertrauliche Anordnung des Stabsleiters des Stellvertreters des Führers Nr. 189/38 vom 23.11.38 zur Kenntnisnahme und Beachtung übersandt.

Anordnung Nr. 189/38.
(Nicht zur Veröffentlichung)

Bei den aus der Bevölkerung heraus entstandenen Aktionen gegen die Juden mussten hier und dort von Dienststellen der Partei und ihren Gliederungen zum Schutze deutschen Volksvermögens Wertgegenstände sichergestellt werden. Ich ordne an, daß solche Gegenstände gegen Quittung unverzüglich an die nächste Dienststelle der Geheimen Staatspolizei abgegeben werden.
Sollten den Dienststellen der Partei und ihren Gliederungen im Zusammenhang mit dieser Aktion Diebstähle, die leider vorgekommen sein dürften, bekannt werden oder bekannt geworden sein, so ist unverzüglich der nächsten Polizeidienststelle Meldung zu machen. Ebenso ist bei Auftauchen verdächtiger Gegenstände zu verfahren.

Der Führer des SS-Sturmbannes II/78

[Unterschrift]
SS - Sturmbannführer.

Dok. 69 Abgabe beschlagnahmter Wertgegenstände an die Gestapo

43). Daß diese Zahlen nur einen Bruchteil der Opfer des Novemberpogroms wiedergeben, zeigt der spätere Bericht des Obersten Parteirichters Buch, der 91 getötete Juden registrierte (Dok. 77); auch diese Zahl dürfte nur einen Teil der wirklichen Opfer des Pogroms umfassen. Denn Polizei und Staatsanwaltschaft durften ja nicht ermitteln, und welche Stelle sonst war überhaupt an der vollständigen Registrierung der Zahl der Opfer des Novemberpogroms interessiert? Welcher SA-

Abb. 25 und 26 Die jüdische Kuranstalt in Bad Soden wurde brutal verwüstet und die Patienten hinausgetrieben

Abb. 27 und 28 Das demolierte Gebäude wurde anschließend angezündet und brannte vollständig aus

Mann meldete freiwillig, daß er Juden mißhandelt oder gar getötet hatte - eine Tat, die immerhin ein gewisses, wenn auch nicht allzu großes Risiko barg, sich wegen Disziplinlosigkeit einem Parteigerichtsverfahren stellen zu müssen?

Während des Novemberpogroms hatte sich indessen eine solche Fülle von Gewalttaten, Mordfällen, Sittlichkeitsvergehen und Plünderungen durch SA-Leute und Parteigenossen ereignet, daß auch die Parteiführung nicht ohne weiteres darüber hinwegsehen konnte. Das Oberste Parteigericht der NSDAP hat sich nicht nur mit einer Reihe der schlimmsten Verbrechen befassen müssen, sondern auch eine grundsätzliche Kritik an der Inszenierung des Pogroms durch Goebbels geäußert. Wie der Bericht darlegt, den das Gericht Göring am 16. Februar 1939 übermittelte (Dok. 77), hätten die Morde und Mißhandlungen verschiedene Ursachen gehabt. Teilweise hätten SA-Leute eigenmächtig und befehlswidrig Juden mißhandelt und ermordet, teilweise sei aber auch durch hastig und mißverständlich übermittelte Befehle bei unteren Organisationen der Eindruck entstanden, ein brutales Vorgehen oder gar die „Vernichtung" der Juden sei erwünscht. Das Oberste Parteigericht bemängelte bei der Organisation des Pogroms von Anfang an das Fehlen klarer und eindeutiger Anordnungen und sah bei den von SA-Männern und Parteigenossen begangenen Verbrechen ein Mitverschulden der Verantwortlichen gegeben, insbesondere des eigentlichen Urhebers des Pogroms, nämlich Goebbels' selbst. In seiner Verschleierungstaktik und seiner Weigerung, durch ergänzende Anordnungen ein Ausufern der Ausschreitungen zu verhindern, sah das Oberste Parteigericht den Hauptgrund für die unklare Befehlslage, die seiner Ansicht nach die Ursache für die meisten Mordfälle gewesen sei.

Doch wenn auch Goebbels untätig geblieben war, weil es ihm gleichgültig war, ob „in den nächsten Tagen Tausende von Juden daran glauben müssen" (Dok. 77), so hatten andere maßgebliche Stellen durchaus Anordnungen getroffen, deren Beachtung die Juden vor Gewalttaten hätten schützen müssen. Allerdings wurde vor Mißhandlungen weniger konsequent als vor Plünderungen gewarnt. So enthielt Heydrichs Fernschreiben, das am 10. November um 1.20 Uhr an Gestapo und SD herausging, zwar den Hinweis, besonders darauf zu achten, daß Juden nicht mißhandelt würden. Diese Mahnung taucht allerdings nur im Absatz 5 im Zusammenhang mit der Verhaftungsaktion auf, für die Gestapo und Polizei selbst verantwortlich waren. Der Chef der Ordnungspolizei Daluege dagegen warnte in seinen Anweisungen an die Schutzpolizei lediglich vor der Gefahr von Plünderungen (Dok. 12). Nur die Funksprüche des Polizeidezernenten des Regierungspräsidiums in Wiesbaden machten die Polizei am Morgen des 10. November darauf aufmerksam, daß auch „Personenschaden zu vermeiden" sei (Dok. 13).

Dies ist nicht ohne Wirkung geblieben. Da in vielen Gemeinden die Ortsgruppenleiter in Personalunion Bürgermeister und damit zugleich „Ortspolizeibehörde" waren, war ihnen diese Weisung jedenfalls bekannt. Jedoch scheint nicht in jedem Fall bei den Einsatzbesprechungen, die die Ortsgruppenleiter abhielten, ausdrücklich darauf hingewiesen worden zu sein, daß es zu keinen Mißhandlungen kommen dürfe. In mindestens zwei Fällen ist sogar ausdrücklich das Gegenteil bezeugt.[28]

Und auch da, wo die örtlichen Parteiführer Tätlichkeiten gegenüber Juden strikt untersagt hatten, blieb die Frage, ob sich die Einsatztrupps danach richten würden. Schließlich - und das dürfte entscheidend gewesen sein - war ihnen ja bekannt, daß die Polizei die Weisung hatte, bei der Zerstörung von Synagogen und jüdischen Geschäften und Wohnungen nicht einzuschreiten und auch keine Ermittlungen anzustellen. Und da Schutzpolizei und Gendarmerie überdies mit der Verhaftung von Juden beschäftigt und meist nicht am Tatort anwesend waren oder das Geschehen - wie gelegentlich überliefert - nur aus weiter Entfernung verfolgten,[29] entstand ein rechtsfreier Raum, den die Täter nach Belieben nutzen konnten (Dok. 21).

Die Erkenntnis, daß die Juden an diesem Tag „vogelfrei“ seien, teilte sich auch Bürgern mit, die gar nicht zu den Einsatztrupps gehörten und auch nicht einmal Parteigenossen waren (Dok. 34b). Und mancher ließ sich auf Grund der Situation hinreißen, auf die bedrängten und wehrlosen Juden einzuschlagen.

Auch in den hessischen Städten und Gemeinden blieben die Ausschreitungen nicht auf die Zerstörung von Synagogen und jüdischen Geschäften und Wohnungen beschränkt. An zahlreichen Orten wurden Juden mißhandelt, verhöhnt, verspottet und bisweilen von einer fanatischen Menge unter entwürdigenden Umständen aus dem Ort getrieben. Nachdem die mit Äxten, Beilen und Eisenstangen ausgerüsteten Kommandos aus SA-Leuten und Parteigenossen in die jüdischen Geschäfte und Wohnungen eingedrungen waren, blieb es häufig nicht bei dem üblichen Zerstörungswerk, dem Mobiliar, Hausrat und Warenvorräte zum Opfer fielen. Die verängstigt in einer Ecke ihrer Wohnung harrenden Juden wurden häufig Opfer von Ohrfeigen und Schlägen. Auch ältere und gehbehinderte Juden wurden die Treppe hinabgestoßen und aus dem Haus gejagt. In Arheilgen sprang eine Jüdin, deren Peiniger ihren Vater mit dem Messer bedrohten, aus dem Fenster und verletzte sich dabei tödlich.[30] Da gab es innerhalb von SA und SS Schlägerbanden wie jenen Kirchhainer SS-Trupp, der schon am 8. November die jüdischen Wohnungen in Kirchhain und den umliegenden Orten Niederklein, Schweinsberg und Neustadt heimsuchte und die dort wohnenden Juden verprügelte.[31]

Nicht selten spielten sich schlimme Exzesse in aller Öffentlichkeit ab. Die Patienten der jüdischen Kuranstalt in Bad Soden wurden in Bademänteln und Schlafanzügen aus der Anstalt in den kalten Novembertag gejagt; anschließend wurde das Gebäude angezündet und brannte völlig aus.[32] Auch die Kinder, die in dem von Bertha Pappenheim gegründeten Heim des jüdischen Frauenbundes in Neu-Isenburg lebten, wurden hinausgetrieben, ohne daß man ihnen auch nur Zeit ließ, Mäntel anzuziehen; hier wurde ebenfalls ein Gebäude durch Brand zerstört.[33]

In Usingen drangen SA-Leute und Hitlerjungen in das Haus des jüdischen Ehepaares Hirsch ein. Der Kaufmann Julius Hirsch, der an beiden Armen kriegsbeschädigt war, und seine Ehefrau wurden unter Schlägen die Treppe hinunter auf die Straße getrieben. Dabei erhielt Frau Hirsch einen Stoß, so daß sie die Treppe hinunterfiel und sich beide Unterarme brach. Beide wurden dann von einer johlenden Menge unter Schlägen und Mißhandlungen aus der Stadt hinausgetrieben.[34]

Noch schlimmer erging es einem anderen jüdischen Ehepaar in Usingen: „Der Kaufmann Karl Rosenthal und seine Ehefrau Alice wurden von einer Gruppe von Männern und Halbwüchsigen mit Schlägen aus ihrem Haus in der Obergasse, in der sich eine große Menschenmenge angesammelt hatte, hinausgejagt. Während es der Ehefrau Rosenthal nach schweren Mißhandlungen seitens ihrer Verfolger gelang, die Stadt zu verlassen, wurde ihr Ehemann unter Schlägen und Tritten zum Schloßplatz getrieben und kam hier vor dem Brunnen zu Fall. Er raffte sich wieder auf und versuchte, durch das Gäßchen am Goldschmidtschen Haus zu entkommen. Seine Verfolger blieben ihm jedoch auf den Fersen. Sie stellten ihn auf dem Hof hinter dem Goldschmidtschen Haus und schlugen ihn zusammen. Unter ihnen befand sich der Angeklagte S. Dieser lud Rosenthal auf einen herbeigeschafften Handwagen, und zwar derart, daß die Füße nach vorne zeigten und der Kopf nach hinten überhing. Darauf zog er den Wagen, dem die Menschenmenge folgte, durch die Kirchhofgasse an der evangelischen Kirche vorbei in Richtung alter Friedhof. An der unteren Ecke des Weges wurde Rosenthal aus dem Wagen gekippt, unter Schlägen und Mißhandlungen zum Hahnenbach getrieben und in den Bach gestoßen.“[35]

Nicht immer waren Rotten von SS- und SA-Leuten oder HJ-Jungen die Täter. In Assenheim wurde der Jude Liebmann das Opfer eines 17jährigen Hilfsarbeiters, der keiner Parteiorganisation angehörte. Als Bauarbeiter im Westwall beschäftigt, war er auf Urlaub nach Assenheim zurückgekehrt und zufällig zu der Menschenmenge gestoßen, die am 10. November vor dem Haus des jüdischen Bürgers Liebmann stand. Mit anderen Männern ging er in das Haus und beteiligte sich an der Zerstörung der Wohnungseinrichtung. Als er wieder die Treppe hinunterging, bemerkte er, wie mehrere ihm unbekannte Männer auf den in eine Ecke gedrängten, blutenden Liebmann einschlugen. Dieser wehrte sich mit einem Spazierstock. Der junge Mann, der an der Gruppe vorbei wollte, fühlte sich angeblich dabei von Liebmann angegriffen. Zur Abwehr ergriff er den Stock, entwendete ihn dem Juden und schlug auf diesen ein. Wie es weiterging, schildert ein Gerichtsurteil aus dem Jahr 1946 wörtlich so: „Der so hart bedrängte Liebmann versuchte nun, das Freie zu gewinnen. Die Angreifer folgten ihm. Voran der Angeklagte, der den Flüchtenden einholte. Mit Tritten und Schlägen trieb er ihn vor sich her. Diese Jagd ging ungefähr 100 Meter so. Da hakte der Angeklagte mit dem immer noch in seiner Hand befindlichen Spazierstock das Bein des Verfolgten ein und brachte diesen dadurch zu Fall. Dann stürzte er sich selbst auf den wehrlos Daliegenden, um weiter auf ihn einzuschlagen. In diesem Augenblick griff der Zeuge K. ein, der den Angeklagten von seinem Opfer wegriß. Liebmann, der einige Zeit später seinen Sohn [...] im Arrestlokal besuchte, erzählte diesem, daß er schon kurze Zeit nach dem Eindringen der Menge ins Haus mit einem Beil einen Schlag quer unter der Stirn über die Nasenwurzel erhalten habe, der ihm das Augenlicht genommen habe.“[36]

An diesen Fällen wird deutlich: Es war die von Goebbels gewollte Pogromstimmung, weniger die unklare Befehlslage oder irgendwelche Mißverständnisse, die zu den schweren Verbrechen an Juden führte. Schon die Zerstörung von Synagogen,

Geschäften und Wohnungen war ohne die Mobilisierung krimineller Energien nicht denkbar, sie weckte die niedersten Instinkte der Beteiligten, führte zu Tätlichkeiten gegenüber den wehrlosen Opfern, um so mehr, als bei den Tätern und den Hunderten von dabeistehenden Menschen Aggressionen und Haßausbrüche gegenüber den bedrängten Juden ohnehin an der Tagesordnung waren.

Übrigens hatten alle SA-Männer, Parteimitglieder und sonstigen Täter, die an der Mißhandlung oder Ermordung von Juden beteiligt waren, gute Aussichten, straffrei davonzukommen. Denn Polizei und Staatsanwaltschaften durften im allgemeinen nur wegen Plünderungen, nicht aber wegen Gewalttaten gegen Juden ermitteln. Zwar mußte sich eine größere Anzahl von NS-Tätern vor den Parteigerichten rechtfertigen. Doch zeigte sich bald, daß mit einer ernsthaften Bestrafung nicht zu rechnen war. Das SS-Kommando, das schon am 8. November eigenmächtig in jüdische Häuser in Kirchhain und Umgebung eingedrungen war und jüdische Männer mit Gummiknüppeln mißhandelt hatte, wurde am 17. März 1939 von dem Gaugericht Kurhessen der NSDAP in Kassel freigesprochen, da „die Angeschuldigten im gebilligten Rahmen dieser Aktion gegen die Juden gehandelt haben" und „bei keinem der Angeklagten eine gemeine oder rohe Gesinnung festgestellt werden konnte".[37] Schon zuvor hatte das Oberste Parteigericht SA-Leute, die Juden entgegen gegebenem Befehl ermordet hatten, lediglich mit einer Verwarnung und der Aberkennung der Ämterfähigkeit auf drei Jahre bestraft (Dok. 77). Das Gericht hatte im übrigen den Führer gebeten, die Verfahren wegen Tötung von Juden nicht vor der staatlichen Strafgerichtsbarkeit weiterzuverfolgen. Zur Begründung verwies es darauf, daß in den meisten Fällen eine unklare Befehlslage geherrscht habe, weil jeweils „ein Mißverständnis in irgend einem Glied der Befehlskette" entstanden sei; unter diesen Umständen müsse „der unklare Befehl die Verantwortung nach oben verschieben". Für die Partei hätte es nur peinlich sein können, wenn dies in regulären Strafprozessen im einzelnen nachgeprüft worden wäre.

Dokumente

70. Rücksichtsloses Vorgehen gegen Plünderer

Blitz-Fernschreiben des Chefs der Sicherheitspolizei Heydrich an alle Staatspolizei(leit)stellen

Berlin, den 10. November 1938

Unter Bezug auf meine fernschriftliche Anordnung weise ich nochmals darauf hin, daß in allen jenen Fällen, in denen im Zuge der Protestaktionen geplündert worden ist, rücksichtslos vorzugehen ist, durch intensivste Ermittlungen die Täter festzustellen und festzunehmen sind und daß die Sachwerte sichergestellt werden.

Ich bitte, mir bis 11. November 1938, 8.00 Uhr, durch Fernschreiben die bereits bekannten Plünderungsfälle mitzuteilen unter Angabe des kurzen Sachverhalts und der etwa bereits festgestellten Täter.

Vor der Überstellung an den Ermittlungsrichter ist meine Weisung einzuholen.

Die Kripo kann erforderlichenfalls zur Klärung der Tatbestände herangezogen werden.

gez. Heydrich

71. Fahndung nach Wertgegenständen

Fernschreiben des Reichskriminalpolizeiamts Berlin an alle Leiter der Kripo-Stellen und -Leitstellen

Berlin, den 14. November 1938

Bei den letzten spontanen Abwehrmaßnahmen des Deutschen Volkes gegen jüdische Provokation haben einzelne verantwortungslose Elemente diese Situation zu Plünderungen benutzt und sich dabei durch Diebstahl persönlich bereichert. Auf Anordnung des Chefs der Sicherheitspolizei ist mit allem Nachdruck dafür zu sorgen, daß die gestohlenen Gegenstände, insbesondere Goldsachen, Edelsteine usw. wieder herbeigeschafft werden. Die Kriminalpolizei hat dabei die Tätigkeit der Staatspolizei zu unterstützen, und zwar nach drei Richtungen:

1. Durch Sachfahndung in Pfandleihen, Goldankaufstellen usw. ist eine laufende Kontrolle auszuführen. Die hierbei gefundenen, mutmaßlich aus diesen Diebstählen herrührenden Wertsachen sind zu beschlagnahmen und, falls es sich um geplünderte Sachen handelt, der zuständigen Staatspolizeistelle gegen Quittung zuzuleiten.

2. Werden bei der Kriminalpolizei Wertgegenstände freiwillig abgeliefert, so ist in gleichem Sinne zu verfahren.

3. Der Stellvertreter des Führers wird die Parteigliederungen anweisen, die Polizei, insbesondere die Kriminalpolizei bei der Sachfahndung durch Anzeigen oder Hinweise zu unterstützen. Bei entsprechenden Mitteilungen ist wie zu 1. zu verfahren. Ein Verzeichnis über von der Kriminalpolizei an die zuständige Staatspolizeistelle abgegebene beschlagnahmte Wertsachen ist unter gleichzeitiger Angabe des mutmaßlichen Wertes dem Reichskriminalpolizeiamt – Referat Roem, 2 C, umgehend zu übersenden.

i. V.
gez. Nebe

72. Rückgabe von Diebesgut

Der Bürgermeister von Bebra an die Bürgermeister in Breitenbach, Weiterode und Blankenheim

Bebra, den 18. November 1938

Die nachstehende Bekanntmachung bitte ich durch die Ortsschelle in geeigneter Form bekanntzugeben:

In jüdischen Wohn- und Geschäftshäusern in Bebra sind in den letzten Tagen in zahlreichen Fällen Sachen entwendet worden. Bei der Ortspolizeibehörde Bebra sind mehrere Personen namhaft gemacht worden, die als Täter in Frage kommen. Diese Personen werden aufgefordert, die entwendeten Sachen umgehend an die Ortspolizeibehörde zurückzugeben. Von einer Strafanzeige soll in diesen Fällen abgesehen werden. Gleichzeitig werden alle Volksgenossen, die zweckdienliche Angaben darüber machen können, wer in jüdischen Wohn- und Geschäftshäusern Sachen entwendet hat, gebeten, dieses der Ortspolizeibehörde Bebra umgehend anzuzeigen. Auf Wunsch werden die Namen der Anzeiger vertraulich behandelt.

Der Bürgermeister als Ortspolizeibehörde
Schwichtenberg

73. Plünderer sind dem Richter vorzuführen

Rundverfügung der Staatspolizeistelle Kassel an die Landräte und Oberbürgermeister

Kassel, den 19. November 1938

Vertraulich!

Vorgang: Rundverfügungen vom 14. und 17. November 1938

Unter Bezugnahme auf Ziffer 2 des Rundschreibens vom 14. d.M. wird mitgeteilt, daß Plünderer im Rahmen der dortigen allgemeinen polizeilichen Zuständigkeit unter Einleitung eines Strafverfahrens dem nächstzuständigen Richter zum Erlaß von Haftbefehlen vorzuführen sind. Mit allem Nachdruck ist dafür zu sorgen, daß die gestohlenen Gegenstände, insbesondere Goldsachen usw., wieder herbeigeschafft werden. Die sichergestellten Gegenstände sind vorläufig dort in Verwahrung zu nehmen. Sofern Parteigenossen oder Angehörige von Parteigliederungen beteiligt sein sollten, ist entsprechend den bestehenden allgemeinen Anordnungen zuvor mit der zuständigen Polizeidienststelle zwecks vorherigen Ausschlusses vor der Durchführung des Strafverfahrens in Verbindung zu treten. Über jeden festgenommenen Plünderer sind die Personalien, Tag seiner Festnahme und Vorführung vor den Richter sowie etwaige Zugehörigkeit zur Partei oder Gliederungen nach hier mitzuteilen, dgl. die sichergestellten Plünderungsgegenstände. Frist: 26. November 1938. Fehlanzeige nicht erforderlich.

[Unterschrift]

74. Keine Nachforschungen bei SS-Angehörigen?

A

Der Führer der 35. SS-Standarte an den Bürgermeister der Stadt Bebra

Bebra, [im November 1938]

Der Sturmbann wurde aufgefordert, über die bei dem SS-Angehörigen Hans B. vorgenommene Hausdurchsuchung wegen angeblichen Diebstahls anläßlich der

Demonstrationen gegen die Juden der Standarte Bericht zu erstatten. Der Sturmbann bittet darum um Bekanntgabe, auf wessen Anzeige oder Veranlassung hin die Hausdurchsuchung vorgenommen wurde. Der die Hausdurchsuchung vornehmende Polizeioberwachtmeister Götsch äußerte sich dabei, daß die Anzeige von den eigenen Kameraden erstattet worden sei und daß B. angeblich einen Mantel und einen Anzug mitgenommen habe. Er sei beobachtet worden, wie er diese Dinge über den Arm geschlagen weggetragen habe.

Der Sturmbann bittet um umgehende Erledigung, da Termin nach oben ansteht.

Heil Hitler!
[Unterschrift]
SS-Hauptsturmführer

B

Bericht des Polizeihauptwachtmeisters Götsch

Bebra, den 28. November 1938

Frau Kurth, Kirchkranz 8, meldete vor einiger Zeit auf der Polizeiwache, daß ihr Sohn Friedrich über den Verbleib eines Anzuges aus dem Hause des Juden Döllefeld nähere Angaben machen könnte. Friedrich Kurth nannte den Namen Hans B. Er selber habe gesehen, wie B. sich in der Wohnung Döllefeld zu schaffen machte und als letzte Person die Wohnung verlassen habe.

Ich ging gelegentlich in die Wohnung des B. und traf die Mutter an. Ich sagte ihr kurz, um was es sich handelte. Von einer Durchsuchung kann keine Rede sein, da mir die Mutter freiwillig das Zimmer und den Schrank zeigte. Ich habe zur Mutter gesagt, daß gute Freunde wieder einmal am Werke waren.

Von SS-Kameraden war überhaupt nicht die Rede. Ich habe überhaupt nicht gewußt, daß B. Angehöriger der SS ist, da sonst von meiner Seite keine Nachfrage stattgefunden hätte.

Götsch
Polizeihauptwachtmeister

75. SA-Plünderer vor dem Obersten Parteigericht

Am 16. Februar 1939 fand die Hauptverhandlung vor dem Sondersenat des Obersten Parteigerichts der NSDAP statt, die sich mit den umfangreichen Plünderungen befaßte, welche sich SA-Leute aus Usingen nach dem Pogrom hatten zuschulden kommen lassen. Nach Auffassung des Sondersenats war folgender Sachverhalt als erwiesen anzusehen:

Am 10. November 1938 vormittags teilte der Gendarmeriemeister K. dem Angeschuldigten Sch. als Ortsgruppenleiter, stellvertretendem Bürgermeister und Leiter der Ortspolizei mit, von der Geheimen Staatspolizei sei ein Befehl eingegangen des

Inhalts, die jüdischen Geschäfte seien zu schließen, über das Eigentum der Juden bestehe Handlungsfreiheit, Plünderungen seien zu verhindern. Der Angeschuldigte Sch. ließ darauf im Zusammenwirken mit dem Angeschuldigten R. als örtlichem SA-Führer die beiden in Usingen ansässigen jüdischen Geschäfte durch Polizei und SA besetzen und nach Waffen sowie den Kundenlisten durchsuchen. Weitere Maßnahmen verschob er auf den Abend, da er glaubte, untertags nicht die hierfür erforderlichen Männer zur Verfügung zu haben und er sich nach Arbeitsschluß mehr Wirkung von Demonstrationen versprach. Nachdem diese im Laufe des Nachmittags und Abends in ähnlicher Weise wie an anderen Orten abgelaufen waren, ließen die Angeschuldigten Sch. und R. vor den jüdischen Geschäften Hirsch und Baum, letzteres war am selben Tage in deutschen Besitz überführt worden, Wachen aufstellen. Deren Aufgabe klarzustellen, ist in der Hauptverhandlung nicht möglich gewesen. Auch die als Posten aufgestellen SA-Männer waren sich hierüber offenbar nicht im klaren. Sie waren auch über ihre Pflichten und Aufgaben nicht belehrt worden. Fest steht lediglich, daß die Wachen Befehl hatten, Fremde, die der SA nicht angehörten, nicht in die jüdischen Geschäfte hineinzulassen. Die Behauptung des Angeschuldigten R., der hauptsächliche Zweck der Wachen sei gewesen, Brandstiftungen zu verhindern, ist nicht zu widerlegen. Während vor den Häusern der Juden Wachen standen, trugen die Angeschuldigten die im einzelnen später aufgeführten Gegenstände durch den Hinterausgang davon. Im Laufe der Nacht wurden die Geschäfte plombiert, ohne daß dadurch dem Treiben Einhalt geboten wurde.

Als 2 Tage nach diesen Vorgängen, am 12. November 1938, die jüdischen Lager vom zuständigen Kreisleiter beschlagnahmt worden waren und auf die Kreisleitung in Weilburg verbracht werden sollten, haben einige Angeschuldigte, die mit beim Verladen tätig waren, auch die erneute Gelegenheit, sich Waren aus den Beständen der jüdischen Geschäfte anzueignen, ausgenutzt. Auch in der folgenden Nacht haben sie den jüdischen Geschäften ihre Besuche abgestattet und dort zum Teil absichtlich zu diesem Zweck zurückgelassene Gegenstände sich angeeignet.

Die nächtlichen Vorgänge blieben in der Bevölkerung nicht unbemerkt, so daß schnell Gerüchte entstanden und auch polizeiliche Ermittlungen durch die Staatspolizei angestellt wurden. Am 14. November 1938 ließ deshalb der Angeschuldigte R., der von den bevorstehenden polizeilichen Ermittlungen Kenntnis erhalten hatte, die beteiligten SA-Männer durch den Angeschuldigten M. in seiner Wirtschaft, die Sturmlokal war, zusammenrufen und besprach mit ihnen ihr Verhalten bei den bevorstehenden Vernehmungen. Nach außen wurde diese Besprechung als Schießabend bezeichnet. Es wurde jedoch nicht geschossen, sondern ausschließlich das Verhalten bei Vernehmungen besprochen. Der Angeschuldigte R. befahl hierbei den Beteiligten, alles abzustreiten. Die Gegenstände aus den jüdischen Geschäften müßten beiseite geschafft, versteckt oder verbrannt werden. Keiner dürfe etwas verraten, und sie müßten das Geheimnis mit in das Grab nehmen. Wer etwas verrate, dem schlage er die Knochen kaputt. An diese Weisung haben sich auch bei den ersten Vernehmungen die sämtlichen Angeschuldigten gehalten. Eine Aufklärung der Vorgänge war deshalb erst möglich, nachdem die Angeschuldigten R., St. und Gl. in Haft genommen worden waren.

Im einzelnen haben die Angeschuldigten nach ihrem anfänglichen Leugnen folgendes zugegeben:

Der Angeschuldigte St. hat in der Nacht vom 10. zum 11. November 1938 in den jüdischen Geschäften von Hirsch und Baum und nach dem Verladen des Lagerbestandes des Juden Hirsch am 12. November folgende Gegenstände sich angeeignet:

4 Pullover
2 Bettvorlagen
3 Anzüge
1 Herrenmantel
1 Ballen Barchent-Stoff
4 Bettüberzüge von rotem Damast
weißen Damast für 12 Kopfkissen
5 P. Herrenstrümpfe
5 P. Damenstrümpfe
3 Lüsterjacken
1 blaue Wolldecke und
1 Herrenfahrrad

Weitere von ihm entwendete Gegenstände hat er, um sie der Entdeckung zu entziehen, vernichtet. Zusammen mit den Angeschuldigten St. und Schr. hat er weiter die Ladenkasse im Geschäft des Baum geöffnet und sich nach seinem eigenen Geständnis 16,— RM daraus angeeignet.

Der Angeschuldigte H. hat bei denselben Gelegenheiten sich folgendes angeeignet:

2 Anzüge
1 Herrenmantel
2 Arbeitskittel
1 Lagerkittel
1 Windjacke
5 m Chiffon für 1 Damenkleid
1 Stück Futterstoff
1 Herrenhemd und
1 Lüsterjacke

Der Angeschuldigte Gl. hat sich am 10. und 12. November 1938 folgende Kleidungsstücke angeeignet:

1 Herrenanzug
2 Herrenmäntel
2 Lodenjoppen
10 Paar Herrenstrümpfe

1 schwarzen Pullover
4 Kittelschürzen
1 schwarzen Tuchrock
1 Ballen Futterstoff
5 m Anzugstoff
2 Pakete Damast

[*Auch die Angeklagten F., M. und Gn. haben sich zahlreiche Kleidungsstücke angeeignet.*]

Bei der Bemessung der Strafe ist das erkennende Gericht davon ausgegangen, daß es bei den vorgekommenen Eigennützigkeiten sich nicht um Plünderungen im üblichen Sinne des StGB handelt. Bei den Angeschuldigten, die sich etwas angeeignet haben, kann vielmehr unterstellt werden, daß ihnen auf Grund der besonderen Umstände des 9. November 1938 und der Billigung ihrer Vorgesetzten in weitem Umfange das Bewußtsein dafür fehlte, daß sie etwas Unrechtes und Verbotenes taten. Aus diesem Grunde ist in allen Fällen die Zubilligung mildernder Umstände am Platze, so daß niemals auf Ausschluß erkannt werden mußte. Die bereits wegen Diebstahls oder sonst schwer vorbestraften Angeschuldigten, die sich schon deshalb mehr Zurückhaltung hätten auferlegen müssen, sind ebenso wie die Angeschuldigten, die sich besonders große Mengen von Gegenständen angeeignet haben, mit der nach dem Ausschluß höchsten Strafe belegt worden, während die übrigen entsprechend milder bestraft werden konnten.

Der Angeschuldigte St. hat eine große Anzahl von Gegenständen an sich gebracht. Er ist schon zweimal wegen Diebstahls bestraft worden. Auch seine lange Partei- und SA-Zugehörigkeit hat deshalb kein Anlaß sein können, ihm noch weiter mildernde Umstände zuzubilligen als dies bereits allgemein erörtert worden ist. Dies rechtfertigt die ausgesprochene Strafe einer Verwarnung unter gleichzeitiger Aberkennung der Fähigkeit zur Bekleidung eines Parteiamtes auf die Dauer von 3 Jahren.

Auch der Angeschuldigte H. hat sich erhebliche Werte angeeignet. Es mußte aber allein auch mit Rücksicht auf seine schweren Vorstrafen seine Aufnahme in die NSDAP abgelehnt werden.

Der Angeschuldigte Gl. hat sich eine so große Anzahl von Gegenständen angeeignet, daß auch bei ihm auf die nach dem Ausschluß höchste Strafe hat erkannt werden müssen.

Der Angeschuldigte F. hat sich außer einem Geldbetrag von 5,— RM lediglich einige alkoholische Getränke und zwei Büchsen mit Fleischkonserven angeeignet. Mit Rücksicht auf seine erhebliche einschlägige Vorstrafe und sein Verhalten in Heddernheim hat das Gericht auch ihm nur auf eine Verwarnung unter gleichzeitiger Aberkennung der Fähigkeit zur Bekleidung eines Parteiamtes auf die Dauer von 3 Jahren als angemessene Strafe erkennen können.

Der Angeschuldigte M. müßte ebenfalls mit der nach Ausschluß höchsten Strafe belegt werden, da auch er sich erhebliche Mengen jüdischen Gutes angeeignet hat.

SS-S t a n d o r t
Frankfurt am Main
IA/O Az. 1/17.11.38.

Frankfurt a.M., den 30.11.1938.

Betr.: Judenaktion.
Bezug: diess. Schreiben IA/O Az. 1/17.11.38 vom 17.11.38.

S t a n d o r t v e r t e i l e r.

Anlässlich der Judenaktion sind zahlreiche Kraftwagen beschlagnahmt worden. In Ergänzung der bereits ergangenen Anweisung, dass die sichergestellten Kraftwagen sofort bei der Geheimen Staatspolizei abzuliefern waren, wird hiermit nochmals darauf hingewiesen, dass die Benutzung beschlagnahmter jüdischer Fahrzeuge sowohl für Zwecke der SS als auch persönlich unzulässig und strafbar ist.

\- Die Führer der Stürme melden bis zum 5.12.1938 direkt an die Standortführung, dass sie ihre Einheit nochmals belehrt haben.

Bash.

Der Führer des SS-Standortes
Frankfurt am Main
Ulrich[?]
SS-Standartenführer

Dok. 76 Ablieferung beschlagnahmter Kraftfahrzeuge an die Gestapo

Es ist aber nicht gerechtfertigt, einen Anwärter in die Partei aufzunehmen, der so schwer bestraft werden müßte, so daß das Oberste Parteigericht die Zustimmung zur Ablehnung der Aufnahme des Angeschuldigten M. in die NSDAP erteilt hat.

Der Angeschuldigte G. hat sich die größte Menge von Kleidungsstücken angeeignet. Auch für ihn kann deshalb nur eine Verwarnung unter gleichzeitiger Aberkennung der Fähigkeit zur Bekleidung eines Parteiamtes auf die Dauer von 3 Jahren als Strafe angemessen sein.

77. „Unlautere Motive konnten nicht festgestellt werden“

Am 13. Februar 1939 übermittelte der Oberste Parteirichter der NSDAP, Walter Buch, den folgenden Geheimbericht an Generalfeldmarschall Hermann Göring. Er enthielt eine zusammenfassende Stellungnahme zu den Morden und Sittlichkeitsverbrechen an Juden, die während des Pogroms im November 1938 geschehen und vor dem Obersten Parteigericht der NSDAP verhandelt worden waren. Da sich die NS-Täter häufig auf die ihnen erteilten Befehle berufen hatten, nahm das Oberste Parteigericht in diesem Bericht auch zu der Art und Weise Stellung, wie Reichsminister Josef Goebbels den Novemberpogrom inszeniert hatte.

Geheim!

Am Abend des 9. November 1938 teilte der Reichspropagandaleiter Pg. Dr. Goebbels den zu einem Kameradschaftsabend im Alten Rathaus zu München versammelten Parteiführern mit, daß es in den Gauen Kurhessen und Magdeburg-Anhalt zu judenfeindlichen Kundgebungen gekommen sei, dabei seien jüdische Geschäfte zertrümmert und Synagogen in Brand gesteckt worden. Der Führer habe auf seinen Vortrag entschieden, daß derartige Demonstrationen von der Partei weder vorzubereiten noch zu organisieren seien; soweit sie spontan entstünden, sei ihnen aber auch nicht entgegenzutreten. Im übrigen führte Pg. Dr. Goebbels sinngemäß das aus, was in dem Fernschreiben der Reichspropagandaleitung vom 10. November 1938, 12.30 Uhr bzw. 1.40 Uhr, niedergelegt ist.

Die mündlich gegebenen Weisungen des Reichspropagandaleiters sind wohl von sämtlichen anwesenden Parteiführern so verstanden worden, daß die Partei nach außen nicht als Urheber der Demonstrationen in Erscheinung treten, sie in Wirklichkeit aber organisieren und durchführen sollte. Sie wurden in diesem Sinne sofort – also geraume Zeit vor Durchgabe des ersten Fernschreibens – von einem großen Teil der anwesenden Parteigenossen fernmündlich an die Dienststellen ihrer Gaue weitergegeben. [...]

Ende November 1938 erhielt das Oberste Parteigericht durch Meldungen mehrerer Gaugerichte davon Kenntnis, daß es bei Durchführung der Demonstrationen vom 9. November 1938 in erheblichem Umfang u.a. zu Plünderungen und Tötungen von Juden gekommen war, die bereits Gegenstand polizeilicher und staatsanwaltschaftlicher Untersuchungen waren. Der Stellvertreter des Führers teilte die Auffassung des Obersten Parteigerichts, daß die bekanntgewordenen Ausschreitungen jedenfalls zunächst von der Gerichtsbarkeit der Partei zu untersuchen seien:

1. wegen des offenbaren Zusammenhangs der zu beurteilenden Vorgänge mit den Weisungen, die der Reichspropagandaleiter Pg. Dr. Goebbels während des Kameradschaftsabends im Rathaus-Saal gegeben hatte. Ohne Nachprüfung und Würdigung dieser Zusammenhänge schien eine gerechte Beurteilung der Täter nicht möglich. Diese Prüfung konnte aber nicht unzähligen staatlichen Gerichten überlassen werden, zumal die Kundgebungen inzwischen in der Öffentlichkeit als spontan aus der Volksstimmung heraus entstanden dargestellt waren;
2. muß es nach Auffassung des Obersten Parteigerichts grundsätzlich unmöglich sein, daß politische Straftaten, die primär das Interesse der Partei berühren, die - sei es auch nur vom Standpunkt des Täters aus - als illegale Maßnahmen von der Partei gewollt sind, von den staatlichen Gerichten festgestellt und abgeurteilt werden, ohne daß die Partei die Möglichkeit hat, sich vorher durch ihre eigenen Gerichte Klarheit über die Vorgänge und Zusammenhänge zu verschaffen, um gegebenenfalls rechtzeitig den Führer um Niederschlagung der Verfahren vor den staatlichen Gerichten bitten zu können. Aus solchen Erwägungen hat der Generalfeldmarschall Pg. Göring als Beauftragter des Führers Geheime Staatspolizei und Parteigerichtsbarkeit mit der Untersuchung der Ausschreitungen betraut.

Das Oberste Parteigericht hat sich die Untersuchung der Tötungen, schweren Mißhandlungen und Sittlichkeitsverbrechen vorbehalten.

Aufgrund der staatspolizeilichen Ermittlungen wurden von dem in zweifacher Besetzung tätigen Sondersenat des Obersten Parteigerichts im Schnellverfahren die bis zum 17. Januar 1939 ermittelten Fälle mit Hauptverhandlungen abgeschlossen. Gauleiter und Gruppenführer der Gliederungen haben als Schöffen bei den Verhandlungen und Entscheidungen mitgewirkt. Die Entscheidungen, die aus später zu behandelnden Gründen z.T. nur die Feststellungen des Tatbestandes enthalten, liegen an.

1. der Pg. Frey, Heinrich, Parteimitglied seit 1932, wohnhaft in Rheinhausen, Horst-Wessel-Straße 23, wurde aus der Partei ausgestoßen wegen Sittlichkeitsverbrechens und Rassenschande, begangen an der 13jährigen jüdischen Schülerin Ruth Kalter. Frey ist in Haft und dem Strafgericht überstellt.
2. Der Pg. Gerstner, Gustav, Parteimitgliedsnummer 3 135 242, SA-Oberscharführer, wohnhaft in Niederwerrn, z.Zt. Landgerichtsgefängnis Würzburg, wurde aus der NSDAP und SA ausgeschlossen wegen Diebstahls. Gerstner ist in Haft und dem staatlichen Gericht überstellt wegen Verdachts der Rassenschande.
3. Die Pgg. Schmidinger, Friedrich, SA-Sturmführer, wohnhaft in Linz, Eisenhandstraße 36, und Hintersteiner, Hans, Parteimitgliedsnummer 434 332, SA-Sturmhauptführer, wohnhaft in Linz, Hauptstraße 74, wurden wegen Sittlichkeitsverbrechens an der Jüdin Unger aus der NSDAP ausgeschlossen und sind in Schutzhaft.

4. Der Pg. Norgall, Franz, Parteimitgliedsnummer 342751, SA-Sturmführer, wohnhaft in Heilsberg (Ostpreußen), Neuhöferstraße 58, wurde mit Verwarnung und dreijähriger Aberkennung der Ämterfähigkeit bestraft wegen Disziplinwidrigkeit, Tötung der jüdischen Eheleute Seelig in Heilsberg, entgegen gegebenem Befehl.
5. Der Pg. Rudnik, Rudolf, Parteimitgliedsnummer 162948, SA-Sturmbannführer z.V., wohnhaft in Dessau, Zerbsterstraße 3/0, wurde mit Verwarnung und Aberkennung der Ämterfähigkeit auf die Dauer von 3 Jahren bestraft wegen Erschießung des 16jährigen Juden Herbert Stein nach beendeter Aktion entgegen gegebenem Befehl.

In den folgenden Fällen der Tötung von Juden wurden die Verfahren eingestellt oder geringfügige Strafen ausgesprochen:

6. der Pg. Frühling, August, Parteimitgliedsnummer ca. 4188000, SA-Scharführer, wohnhaft in Lesum, Deichweg 132, und der Mahlstedt, Bruno, SA-Rottenführer, wohnhaft in Lesum, wegen Erschießung des jüdischen Ehepaares Goldberg und wegen Erschießung des Juden Sinasohn.

[*Es folgen die Fälle 7–16, in denen es ebenfalls um die Tötung von Juden geht.*]

In den Fällen 3–16 bittet das Oberste Parteigericht den Führer, die Verfahren vor den staatlichen Strafgerichten niederzuschlagen. Der Herr Reichsminister der Justiz ist von dieser Bitte und den ihr zugrunde liegenden Entscheidungen des Obersten Parteigerichts in Kenntnis gesetzt.

In den Fällen 4–16 handelt es sich um Tötungen auf Befehl, aufgrund unklaren oder vermeintlichen Befehls, ohne Befehl aus Haß gegen den Juden und aus der Auffassung heraus, daß nach dem Willen der Führung Rache genommen werden sollte für den Tod des Pg. vom Rath, oder um Tötungen aufgrund plötzlichen, aus der Situation heraus in der Erregung gefaßten Entschlusses, wobei auch hier der innere Grund der erklärte Zweck der ganzen Aktion war und die Vorstellung, daß in irgendeiner Form Vergeltung für den Pg. vom Rath geübt werden sollte.

Soweit ein klarer Befehl vorliegt, bedarf die Bitte um Niederschlagung des Verfahrens gegen die unmittelbaren Täter keiner weiteren Begründung. Der Befehl muß die Verantwortung verlagern vom Handelnden auf den Befehlsgeber. Die Männer haben zudem vielfach schwerste innere Hemmungen niederkämpfen müssen, um den Befehl durchzuführen. Es ist – wie auch verschiedentlich von seiten der Täter zum Ausdruck gebracht wurde – eben nicht Sache unserer SA- und SS-Männer, nachts in Räuberzivil in Schlafzimmer einzudringen, um selbst den verhaßten politischen Gegner neben oder mit seiner Frau zu erledigen.

Die Nachprüfung der Befehlsverhältnisse hat ergeben, daß in all diesen Fällen ein Mißverständnis in irgendeinem Glied der Befehlskette entstanden ist, insbesondere dadurch, daß es dem aktiven Nationalsozialisten aus der Kampfzeit selbstverständlich ist, daß Aktionen, bei denen die Partei nicht als Organisator in Erscheinung treten will, nicht mit letzter Klarheit und in allen Einzelheiten befohlen werden. Er ist infolgedessen gewohnt, aus einem solchen Befehl mehr herauszulesen als wörtlich gesagt ist, wie es auch auf der Seite des Befehlsgebers vielfach Übung geworden ist, im Interesse der Partei - gerade wenn es sich um illegale politische Kundgebungen handelt - nicht alles zu sagen und nur anzudeuten, was er mit dem Befehl erreichen will. So hat wohl jeder der im Rathaussaal anwesenden Parteiführer die Weisung des Pg. Dr. Goebbels, daß die Partei diese Demonstration nicht zu organisieren habe, so aufgefaßt, daß die Partei als Organisator nicht in Erscheinung treten solle; Pg. Dr. Goebbels wird sie auch so gemeint haben, denn die politisch interessierten und darüber hinaus aktiven Kreise, die für solche Demonstrationen in Frage kommen, stehen eben in der Partei und ihren Gliederungen. Sie konnten selbstverständlich auch nur durch Dienststellen der Partei und der Gliederungen mobilisiert werden. - So hat auch eine Reihe von Unterführern die an sie mündlich oder fernmündlich gelangten, nicht immer sehr glücklich formulierten Befehle - z.B.: nicht der Jude Grünspan, das ganze Judentum trage die Schuld an dem Tod des Pg. vom Rath, das Deutsche Volk nehme infolgedessen Rache am gesamten Judentum, im ganzen Reiche brennten die Synagogen, jüdische Wohnungen und Geschäfte seien zu verwüsten, Leben und Eigentum der Arier müsse geschützt, ausländische Juden dürften nicht belästigt werden, die Aktion werde auf Befehl des Führers durchgeführt, die Polizei sei zurückgezogen, Pistole sei mitzubringen, bei geringstem Widerstand sei rücksichtslos von der Waffe Gebrauch zu machen, als SA-Mann müsse nun jeder wissen, was er zu tun habe usw. - so verstanden, daß nun für das Blut des Pg. vom Rath Judenblut fließen müsse, daß es jedenfalls nach dem Willen der Führung auf das Leben eines Juden nicht ankomme.

Es ist selbstverständlich, daß unter den geschilderten Umständen auch der unklare Befehl die Verantwortung nach oben verschieben muß. Das Gleiche gilt für den falschverstandenen Befehl.

Eine andere Frage ist die, ob der absichtlich unklar, in der Erwartung gegebene Befehl, der Befehlsempfänger werde den Willen des Befehlsgebers erkennen und danach handeln, nicht im Interesse der Disziplin der Vergangenheit angehören muß. In der Kampfzeit mochte er in einzelnen Fällen notwendig sein, um einen politischen Erfolg herbeizuführen, ohne dem Staat die Möglichkeit zu geben, die Urheberschaft der Partei nachzuweisen. Dieser Gesichtspunkt fällt heute weg. Auch die Öffentlichkeit weiß bis auf den letzten Mann, daß politische Aktionen wie die des 9. November von der Partei organisiert und durchgeführt sind, ob dies zugegeben wird oder nicht. Wenn in einer Nacht sämtliche Synagogen abbrennen, so muß das irgendwie organisiert sein und kann nur organisiert sein von der Partei. Der Soldat aber darf nicht in die Lage gebracht werden, Überlegungen anzustellen, was er nun eigentlich nach dem Willen des Befehlsgebers zu tun habe, ob der Befehl auch wirklich so gemeint sei, wie er lautet; denn möglicherweise kommen solche Überlegungen einmal in wichtigen Angelegenheiten zu einem falschen Ergebnis oder es werden Überlegungen angestellt, wenn der Befehlsgeber den Befehl nun wirklich wörtlich aufgefaßt und durchgeführt wissen will. In jedem Fall aber wird dadurch die soldatische und damit nationalsozialistische Auffassung von Disziplin und Verantwortung untergraben.

Auch in den Fällen, in denen Juden ohne Befehl oder befehlswidrig getötet wurden, konnten unlautere Motive nicht festgestellt werden. Die Männer waren innerlich der Überzeugung, ihrem Führer und der Partei mit ihrer Tat einen Dienst getan zu haben. Ein Ausschluß aus der Partei ist deswegen nicht erfolgt. Denn letzter Zweck der durchgeführten Verfahren und damit auch Maßstab für die Beurteilung muß nach Auffassung des Obersten Parteigerichts sein, diejenigen Parteigenossen zu decken, die aus anständiger nationalsozialistischer Haltung und Einsatzbereitschaft über das Ziel hinausgeschossen waren, und auf der anderen Seite einen Trennungsstrich zu ziehen zwischen der Partei und denjenigen, die den völkischen Freiheitskampf der Partei gegen das Judentum in schnöder Weise zu persönlichen Zwecken mißbraucht oder darüber hinaus aus verbrecherischen Motiven gehandelt haben. Es ist infolgedessen auch in den Fällen befehlswidrigen Vorgehens lediglich die Disziplinwidrigkeit mit Strafen, die unter dem Ausschluß liegen, geahndet worden. [...]

Der Bericht über das bisherige Ergebnis der Verfahren wird vorgelegt einmal, weil die polizeilichen Ermittlungen in den übrigen (insgesamt 91) Fällen von Tötungen noch nicht abgeschlossen sind, zum anderen, weil das bisherige Ergebnis – was insbesondere Beweggründe und Zusammenhänge betrifft – einen Ausschnitt und Überblick geben dürfte, in Sonderheit aber, weil der Senat künftig davon absehen möchte, Verfahren wegen Tötungen von Juden im Rahmen der Aktion vom 9. November 1938 überhaupt durchzuführen, wenn nicht aufgrund der polizeilichen Ermittlungen der Verdacht besteht, daß eigennützige oder verbrecherische Beweggründe vorliegen. Der Inhalt dieses Berichts begründet diese Auffassung. Darüber hinaus hat die letzte Hauptverhandlung in der Sache Schenk ergeben, daß der erste bekanntgewordene Fall der Tötung eines Juden, und zwar des polnischen Staatsangehörigen [Chaim Both], dem Reichspropagandaleiter Pg. Dr. Goebbels am 10. November 1938 etwa gegen 2 Uhr gemeldet und dabei der Auffassung Ausdruck gegeben wurde, daß etwas geschehen müsse, um zu verhindern, daß die ganze Aktion auf eine gefährliche Ebene abglitte. Pg. Dr. Goebbels hat nach der Aussage des stellvertretenden Gauleiters von München-Oberbayern sinngemäß darauf geantwortet, der Melder solle sich wegen eines toten Juden nicht aufregen, in den nächsten Tagen würden Tausende von Juden daran glauben müssen. In diesem Zeitpunkt hätten sich die meisten Tötungen durch eine ergänzende Anordnung noch verhindern lassen. Wenn dies nicht geschah, so muß aus dieser Tatsache wie aus der Äußerung an sich schon der Schluß gezogen werden, daß der schließliche Erfolg gewollt, mindestens aber als möglich und erwünscht in Rechnung gestellt wurde. Dann hat aber der einzelne Täter nicht nur den vermeintlichen, sondern den zwar unklar zum Ausdruck gebrachten, aber richtig erkannten Willen der Führung in die Tat umgesetzt. Dafür kann er nicht bestraft werden.

Schneider

Entrechtung auf dem Verordnungsweg

Als Goebbels am Abend des 10. November an die Bevölkerung die „strenge Aufforderung" richtete, von allen weiteren „Demonstrationen" abzusehen (Dok. 41), waren schon die Weichen gestellt, um die wirtschaftliche Existenz der Juden in Deutschland zu vernichten. Bereits am Nachmittag hatten sich Hitler und Goebbels darauf verständigt, daß unverzüglich die notwendigen Rechtsverordnungen erlassen werden sollten, um die Juden aus dem Wirtschaftsleben endgültig auszuschalten.[38] Damit hatte auch Göring das Ziel erreicht, das er seit dem Frühjahr angestrebt hatte. Bereits am 12. November erging eine Verordnung, die Juden vom 1. Januar 1939 an den selbständigen Betrieb von Geschäften und Handwerksbetrieben verbot. Juden durften auch nicht mehr Betriebsführer sein; soweit sie noch als leitende Kräfte in Wirtschaftsunternehmen tätig waren, konnten sie binnen sechs Wochen unter Wegfall aller Versorgungansprüche entlassen werden (Dok. 78).

Damit war den Juden die letzte Möglichkeit einer sinnvollen wirtschaftlichen Existenz in Deutschland genommen. Nähere Einzelheiten über die weitere Behandlung von Juden und über die bevorstehende „Arisierung" jüdischer Firmen legte eine Besprechung von Vertretern der Reichsministerien am 12. November fest, bei der Göring den Vorsitz führte und unter anderem auch Goebbels und Heydrich teilnahmen.[39] Göring hatte zu Beginn der Sitzung auf einen Brief Bormanns verwiesen, der ihm im Auftrag Hitlers mitgeteilt hatte, daß „die Judenfrage jetzt einheitlich zusammengefaßt werden soll und so oder so zur Erledigung zu bringen ist". Danach brachte Göring als erstes die schon erwähnte Ausschaltung der Juden aus dem Wirtschaftsleben zur Sprache und erläuterte die näheren Einzelheiten der bevorstehenden „Arisierung" des jüdischen Besitzes. Der Grundgedanke sei hier folgender: „Der Jude wird aus der Wirtschaft ausgeschieden und tritt seine Wirtschaftsgüter an den Staat ab. Er wird dafür entschädigt. Die Entschädigung wird im Schuldbuch vermerkt und wird ihm zu einem bestimmten Prozentsatz verzinst. Davon hat er zu leben."[40] Für die „Arisierung" jüdischer Fabriken, Gewerbebetriebe und Geschäfte sollten zentrale Richtlinien erlassen werden. Ein staatlicher Treuhänder werde den Wert der jüdischen Firmen schätzen und bestimmen, „welchen Betrag der Jude bekommt". Dieser Betrag sei „selbstverständlich an sich schon möglichst niedrig zu halten".[41] Wird dann die Firma von der Treuhand an einen „Arier" weiterveräußert, so sei von diesem der normale Verkehrswert zu bezahlen; den Differenzbetrag sollte der Staat kassieren. Damit wurde jetzt das Verfahren eingeschlagen, gegen das sich das Reichsfinanzministerium noch im Sommer 1938 gewehrt hatte, weil es gefürchtet hatte, daß viele Juden nach dem Verkauf ihrer Firmen von der Rente, die die „Arisierung" ihres Geschäftes für sie erbringen würde, nicht leben könnten.[42] Dies war jetzt um so wahrscheinlicher geworden, als das vorgesehene unfaire Schätzverfahren einer Ausplünderung der jüdischen Firmeninhaber gleichkam.

Verordnung
zur Ausschaltung der Juden aus dem deutschen Wirtschaftsleben.
Vom 12. November 1938.

Auf Grund der Verordnung zur Durchführung des Vierjahresplans vom 18. Oktober 1936 (Reichsgesetzbl. I S. 887) wird folgendes verordnet:

§ 1

(1) Juden (§ 5 der Ersten Verordnung zum Reichsbürgergesetz vom 14. November 1935 — Reichsgesetzbl. I S. 1333) ist vom 1. Januar 1939 ab der Betrieb von Einzelhandelsverkaufsstellen, Versandgeschäften oder Bestellkontoren sowie der selbständige Betrieb eines Handwerks untersagt.

(2) Ferner ist ihnen mit Wirkung vom gleichen Tage verboten, auf Märkten aller Art, Messen oder Ausstellungen Waren oder gewerbliche Leistungen anzubieten, dafür zu werben oder Bestellungen darauf anzunehmen.

(3) Jüdische Gewerbebetriebe (Dritte Verordnung zum Reichsbürgergesetz vom 14. Juni 1938 — Reichsgesetzbl. I S. 627), die entgegen diesem Verbot geführt werden, sind polizeilich zu schließen.

§ 2

(1) Ein Jude kann vom 1. Januar 1939 ab nicht mehr Betriebsführer im Sinne des Gesetzes zur Ordnung der nationalen Arbeit vom 20. Januar 1934 (Reichsgesetzbl. I S. 45) sein.

(2) Ist ein Jude als leitender Angestellter in einem Wirtschaftsunternehmen tätig, so kann ihm mit einer Frist von sechs Wochen gekündigt werden. Mit Ablauf der Kündigungsfrist erlöschen alle Ansprüche des Dienstverpflichteten aus dem gekündigten Vertrage, insbesondere auch Ansprüche auf Versorgungsbezüge und Abfindungen.

§ 3

(1) Ein Jude kann nicht Mitglied einer Genossenschaft sein.

(2) Jüdische Mitglieder von Genossenschaften scheiden zum 31. Dezember 1938 aus. Eine besondere Kündigung ist nicht erforderlich.

§ 4

Der Reichswirtschaftsminister wird ermächtigt, im Einvernehmen mit den beteiligten Reichsministern die zu dieser Verordnung erforderlichen Durchführungsbestimmungen zu erlassen. Er kann Ausnahmen zulassen, soweit diese infolge der Überführung eines jüdischen Gewerbebetriebes in nichtjüdischen Besitz, zur Liquidation jüdischer Gewerbebetriebe oder in besonderen Fällen zur Sicherstellung des Bedarfs erforderlich sind.

Berlin, den 12. November 1938.

Der Beauftragte für den Vierjahresplan
Göring
Generalfeldmarschall

Dok. 78 Ausschaltung der Juden aus dem deutschen Wirtschaftsleben

Die Verordnung über den Einsatz jüdischen Vermögens vom 3. Dezember 1938 beschleunigte diesen Prozeß, indem sie die „Zwangsarisierung" - gegebenenfalls auch durch einen von den Behörden eingesetzten Treuhänder - aller derjenigen jüdischen Betriebe verfügte, die bis dahin noch nicht veräußert oder aufgelöst waren.[43] Die Juden mußten ferner Bargeld, Wertpapiere, Schmuck und Wertgegenstände auf besonderen Sperrkonten deponieren, über die jede Verfügung genehmigungspflichtig war.[44]

Die Juden verloren aber nicht nur ihre wirtschaftliche Existenz, ihre Ausplünderung wurde auch mit einem beispiellosen Zynismus betrieben. Die „Verordnung über eine Sühneleistung der Juden deutscher Staatsangehörigkeit" vom 12. November erlegte ihnen eine Kontribution von einer Milliarde Reichsmark auf. Diese „Sühneleistung", die die unschuldigen und wehrlosen Opfer der brutalen Terroraktionen bezahlen mußten, wurde mit der „feindlichen Haltung des Judentums gegenüber dem deutschen Volk und Reich, die auch vor feigen Mordtaten nicht zurückschreckt", begründet (Dok. 79). Das „volkswirtschaftliche Debakel der Kristallnacht", in der in großem Umfang erhebliche Sachwerte zerstört worden waren, was nicht nur Göring angesichts des Mangels an Konsumgütern in dem nach „Autarkie" strebenden NS-Staat als schmerzlich empfand, wurde umgewandelt „in ein gewinnbringendes Geschäft für das Reich".[45] Hinzu kam, daß die Reichsregierung auch die Versicherungsleistungen beschlagnahmte, auf die die geschädigten Juden einen Rechtsanspruch hatten. Die Reichsregierung machte hier ein um so besseres Geschäft, als die deutschen Versicherungen zum Teil auch Leistungen von ausländischen Rückversicherern erwarten durften;[46] die begehrten Devisen wurden ebenfalls vom NS-Staat kassiert. Vielen Juden wurde durch diese brutale Ausplünderung nicht nur ein Überleben in Deutschland erschwert, sondern auch eine Auswanderung nahezu unmöglich gemacht, da die ausländischen Staaten die Erteilung eines Einwanderungsvisums häufig von einem Vermögensnachweis in bestimmter Höhe abhängig machten.

In dieser Situation erließ der Präsident der Reichsanstalt für Arbeitsvermittlung am 20. Dezember 1938 eine vertrauliche Rundverfügung, wonach die Arbeitsämter aufgefordert wurden, unverzüglich für die Beschäftigung arbeitsloser Juden bei öffentlichen und privaten Unternehmen zu sorgen, „da sie sonst unter Umständen aus öffentlichen Mitteln unterstützt werden müßten" (Dok. 85). In der Praxis lief dies auf eine Form von Zwangsarbeit hinaus, da die NSBO und andere fanatische Nationalsozialisten in den Unternehmen schon in den vergangenen Jahren eine Tätigkeit von Juden in „deutschen" Betrieben weitgehend verhindert hatten. Dementsprechend verfügte der vertrauliche Erlaß, daß die Juden „abgesondert von der Gefolgschaft", d.h. von „arischen" Mitarbeitern, eingesetzt werden sollten. Damit wurde die jüdische Arbeitskolonne, die zum Straßenbau, zum Schneeschippen usw. befohlen wurde, nun zum Maßstab jüdischer Erwerbstätigkeit. Die Reichsregierung tat in den folgenden Jahren ein übriges, die Arbeitsbedingungen für Juden zu verschlechtern, indem sie das Arbeitsrecht für jüdische Arbeitnehmer schrittweise außer Kraft setzte.

Verordnung
über eine Sühneleistung der Juden deutscher Staatsangehörigkeit.
Vom 12. November 1938.

Die feindliche Haltung des Judentums gegenüber dem deutschen Volk und Reich, die auch vor feigen Mordtaten nicht zurückschreckt, erfordert entschiedene Abwehr und harte Sühne.

Ich bestimme daher auf Grund der Verordnung zur Durchführung des Vierjahresplans vom 18. Oktober 1936 (Reichsgesetzbl. I S. 887) das Folgende:

§ 1

Den Juden deutscher Staatsangehörigkeit in ihrer Gesamtheit wird die Zahlung einer Kontribution von 1 000 000 000 Reichsmark an das Deutsche Reich auferlegt.

§ 2

Die Durchführungsbestimmungen erläßt der Reichsminister der Finanzen im Benehmen mit den beteiligten Reichsministern.

Berlin, den 12. November 1938.

Der Beauftragte für den Vierjahresplan
Göring
Generalfeldmarschall

Dok. 79 Die Juden müssen eine „Sühne" von 1 Milliarde Reichsmark zahlen

Dem Grundsatz einer möglichst totalen „Rassentrennung" entsprach auch ein Erlaß des Reichsministers für Wissenschaft, Erziehung und Volksbildung vom 15. November 1938, der „nach der ruchlosen Mordtat von Paris" den jüdischen Schülern mit sofortiger Wirkung den Besuch „deutscher" Schulen untersagte (Dok. 84).

Diese Maßnahmen wurden ergänzt durch das Gesetz über Mietverhältnisse von Juden vom 30. April 1939,[47] das Juden künftig den gesetzlichen Mieterschutz versagte und dem „arischen" Vermieter gestattete, Juden jederzeit mit der gesetzlichen Frist zu kündigen, wenn durch eine Bescheinigung der Gemeindebehörde nachgewiesen wird, daß eine anderweitige Unterbringung des jüdischen Mieters gesichert ist. Ziel des neuen Gesetzes war es, mit Hilfe der Stadt- und Gemeindeverwaltungen die Juden in bestimmten, nur von Juden bewohnten Häusern unterzubringen.

Insgesamt schränkten die Verordnungen, die auf den Pogrom folgten, das Leben der Juden in einer bis dahin nicht gekannten Weise ein, nahmen ihnen die letzte sinnvolle berufliche Betätigungsmöglichkeit und trieben sie nach dem Prinzip der Rassentrennung in eine so gut wie völlige Isolierung von der übrigen Bevölkerung.

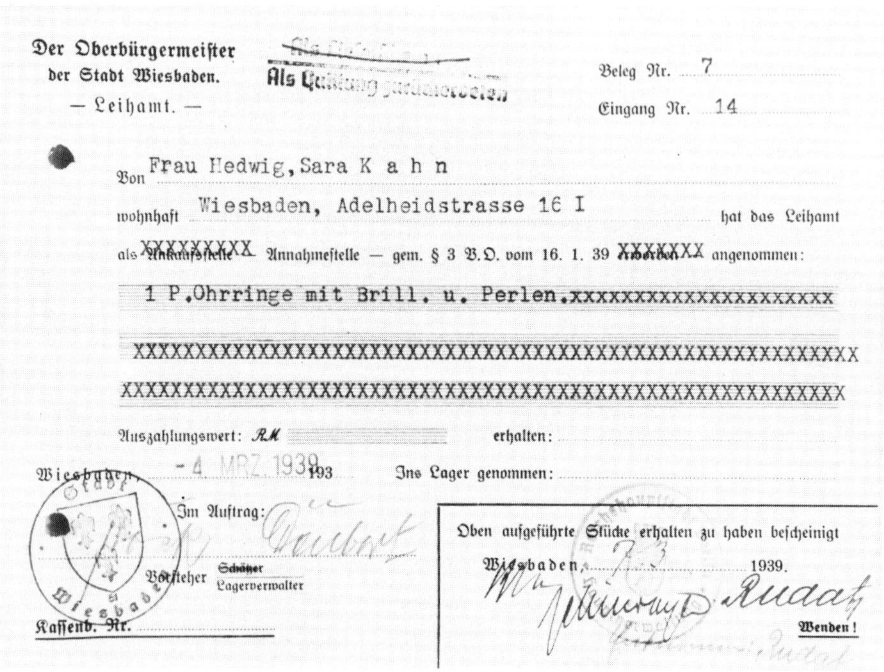

Der Oberbürgermeister
der Stadt Wiesbaden.
— Leihamt. —

Als Quittung ...

Beleg Nr. 7
Eingang Nr. 14

Von Frau Hedwig, Sara K a h n
wohnhaft Wiesbaden, Adelheidstrasse 16 I hat das Leihamt
als XXXXXXXXX Annahmestelle — gem. § 3 V.O. vom 16. 1. 39 XXXXXXX angenommen:

1 P.Ohrringe mit Brill. u. Perlen.xxxxxxxxxxxxxxxxxxxxx

XXXXXXXXXXXXXXXXXXXXXXXXXXXXXXXXXXXXXXXXXXXXXXXXXXXXXXX

XXXXXXXXXXXXXXXXXXXXXXXXXXXXXXXXXXXXXXXXXXXXXXXXXXXXXXX

Auszahlungswert: RM erhalten:

Wiesbaden, - 4. MRZ. 1939 193 Ins Lager genommen:

Im Auftrag:

Vorsteher Schätzer Lagerverwalter

Kassenb. Nr.

Oben aufgeführte Stücke erhalten zu haben bescheinigt
Wiesbaden, 7/3 1939.

Wenden!

Dok. 80 Schmuck, Edelmetall und Kunstgegenstände müssen die Juden zwangsverpfänden – Gemäß der Verordnung über den Einsatz des jüdischen Vermögens vom 16. Januar 1939 ausgestellter Pfandschein für eine Wiesbadener Jüdin

Dokumente

81. „Juden dürfen nicht in der Wirtschaft leben und arbeiten"

Bericht der Frankfurter Zeitung vom Donnerstag, den 17. November 1938, über eine Rede von Reichswirtschaftsminister Funk im „Heim der Flieger" in Berlin anläßlich der feierlichen Amtseinführung des neuen Leiters der Reichsgruppe Industrie, Generaldirektor Wilhelm Zangen.

In diesem Zusammenhang ging Reichswirtschaftsminister Funk auch auf die Judenfrage ein:

[...] Staat und Wirtschaft sind eine Einheit. Sie müssen nach den gleichen Grundsätzen geleitet werden. Den besten Beleg hierfür gibt die jüngste Entwicklung des Judenproblems in Deutschland. Man kann nicht die Juden aus dem Staatsleben ausschalten, sie aber in der Wirtschaft leben und arbeiten lassen. Daß die letzte gewaltsame Entladung der Empörung des Volkes auf Grund eines verbrecherischen jüdischen Anschlags gegen das deutsche Volk sich in einem Zeitpunkt ereignete, wo wir kurz vor dem Abschluß der wirtschaftlichen Maßnahmen zur Ausschaltung der Juden aus dem deutschen Wirtschaftsleben standen, ist eine Folge davon, daß wir in den vergangenen Jahren dieses Problem nicht rechtzeitig und konsequent angefaßt hatten. Jedenfalls hatten die Verordnungen des Beauftragten für den Vierjahresplan, Generalfeldmarschall Göring, der als erster die Bereinigung dieses Problems in Angriff genommen hat, bereits die Voraussetzungen für eine vollkommene Ausschaltung der Juden auch aus der Wirtschaft geschaffen. Inzwischen waren die Juden durch die unter behördlicher Aufsicht vorgenommenen Arisierungen bereits aus den Börsen und Banken ganz und aus den großen Geschäftshäusern und allen wichtigen Industrieunternehmungen nahezu völlig ausgeschieden. Von dem auf Grund der Verordnung über die Anmeldung des Vermögens von Juden festgestellten Nettovermögen von rund 7 Milliarden Reichsmark sind inzwischen schätzungsweise bereits 2 Milliarden Reichsmark in deutschen Besitz übergeführt worden.

Die bisher getroffenen Vorbereitungen ermöglichen es nunmehr, in einiger Zeit die Juden aus dem deutschen Geschäftsleben restlos auszuschalten und den noch vorhandenen jüdischen Besitz gegen eine Abfindung in Rentenwerten in deutsche Hände zu überführen. Hierbei wird besonders darauf geachtet werden, daß die für uns im Zeichen des Vierjahresplanes so überaus wichtigen und wertvollen Warenvorräte ohne Wert- und Substanzverminderung dem Verbrauch des deutschen Volkes sach- und zweckmäßig zugeführt werden, und es muß weiterhin verhindert werden, daß durch die Bewegung und Festlegung großer Kapitalien für die Arisierung der Kapitalmarkt für die notwendigen Investitionen und die Reichsanleihezeichnungen unerträglich eingeengt wird. [...]

82. „Arisierung" jüdischer Betriebe

Bericht der Frankfurter Zeitung vom Donnerstag, den 17. November 1938

Berlin, 16. November. Über die Einzelheiten der wirtschaftlichen Maßnahmen zur Lösung der Judenfrage in Deutschland sprach Ministerialdirektor Krüger vom Reichswirtschaftsministerium zu Pressevertretern. Bei den Arisierungen bleibe nach wie vor die Hauptforderung, daß das, was für die deutsche Volkswirtschaft notwendig sei, erhalten bleiben müsse. Aber nur der Staat könne über die Maßnahmen entscheiden, gleichgültig, ob es sich dabei um Liquidation oder um Überleitung der Geschäfte in andere Hände handle. Bei den bisher jüdischen Einzelhandelsgeschäften sei wohl damit zu rechnen, daß etwa zwei Drittel von ihnen überhaupt verschwinden würden. Bei der Bezahlung für die abzutretenden Geschäfte, d.h. also für diejenigen, die nicht liquidiert werden sollen, sondern in arisches Eigentum übergingen, werde man natürlich übersteigerte Preise vermeiden. Unter ein bestimmtes Niveau könne man aber nicht heruntergehen. Die bisherigen jüdischen Inhaber der Geschäfte werde man zur Abwicklung, zur Abrechnung der Schäden und zur Übergabe der Geschäfte heranziehen. Sie seien dafür verantwortlich, daß die Löhne und Gehälter bis Ende Dezember bezahlt würden. Man dürfe jedoch daraus nicht folgern, daß die Juden die Geschäfte bis Ende dieses Jahres fortführen dürften. Sie dürften sie nur abwickeln, damit Störungen der Wirtschaft vermieden würden.

Weitere Verordnungen, die die Juden auch aus dem Großhandel und aus dem Transithandel ausschalten sollen, seien vorbereitet. Dabei werde der Export in jeder Weise gesichert bleiben. Dies gelte überhaupt für alle Maßnahmen auf dem Gebiete der Arisierung der Wirtschaft. Schließlich müsse man feststellen, daß die Nachfrage nach dem Kauf jüdischer Betriebe in genügendem Umfang vorhanden sei. Um die restlose Überleitung zu sichern, werde man aber nötigenfalls Kredite, unter Umständen sogar aus Staatsmitteln, zur Verfügung stellen. Eine staatliche Auffanggesellschaft für jüdischen Grundbesitz werde für das alte Reichsgebiet zunächst abgelehnt.

Die Bestimmung, daß Juden keine Mitglieder von Genossenschaften mehr sein dürften, habe vor allem den Sinn, eine sofortige Lostrennung der jüdischen Mitglieder aus den Wohnungsgenossenschaften zu ermöglichen. Damit werde der Jude die ihm zur Verfügung gestellte Genossenschaftswohnung aufgeben müssen. Wohin der Jude ziehe, sei seine eigene Sache. Man könne aber an die Möglichkeit von Einquartierungen in Villen erinnern, soweit sie, wie beispielsweise im Berliner Westen, noch in jüdischem Besitz seien.

Über die Sühnezahlung von einer Milliarde Reichsmark könne im Augenblick noch nichts Weiteres gesagt werden. Erst Anfang der nächsten Woche werde voraussichtlich die Entscheidung darüber fallen, ob sie durch eine anteilsmäßige Erhöhung etwa der Einkommensteuer und der Vermögensteuer oder auf welche Weise sonst geschehen werde. Die beschlagnahmten Versicherungssummen würden nicht in den Betrag der Kontribution eingerechnet werden.

83. Das Ende der jüdischen Betriebe

Schnellbrief des Reichswirtschaftsministers an die Landesregierungen betr. Verordnung zur Ausschaltung der Juden aus dem deutschen Wirtschaftsleben vom 12. November 1938

Berlin, den 18. November 1938

1. Durch die Verordnung zur Ausschaltung der Juden aus dem deutschen Wirtschaftsleben vom 12. November 1938 scheiden die Juden vom 1. Januar 1939 ab als Unternehmer aus dem Einzelhandel, dem Handwerk und dem Marktverkehr endgültig aus. Soweit jüdische Einzelhandelsgeschäfte und Handwerksbetriebe infolge der Ereignisse am 8., 9. und 10. November geschlossen worden sind, sollen sie als jüdische Gewerbebetriebe grundsätzlich nicht wieder eröffnet werden. Ich ersuche dies schon aus polizeilichen Gründen zur Verhütung weiterer Ausschreitungen zu

verhindern. Eine Wiedereröffnung soll nur erfolgen, wenn die Überführung in nichtjüdische Hand gesichert ist. Eine solche Überführung soll mit Rücksicht auf die im Einzelhandel bestehende Übersetzung unter verschärfter Anwendung des Runderlasses vom 5. Juli 1938 - III Jd. 2818/38 - nur ausnahmsweise genehmigt werden, wenn die Weiterführung des Geschäfts aus allgemeinen volkswirtschaftlichen Gründen, insbesondere mit Rücksicht auf die Versorgung der Bevölkerung, erwünscht erscheint.

In allen Fällen ist jedoch darauf hinzuwirken, daß der jüdische Geschäftsinhaber seinen Betrieb ordnungsmäßig abwickelt, seine Verpflichtungen insbesondere gegenüber der Gefolgschaft erfüllt und etwaige Schäden beseitigen läßt. Eine Einsetzung von kommissarischen Verwaltern kommt regelmäßig nicht in Frage. Stößt die Verwertung vorhandener Warenläger auf Schwierigkeiten, so ist sofort die von mir mit Weisung versehene Wirtschaftsgruppe Einzelhandel zur Behebung der Schwierigkeiten heranzuziehen.

2. Auch jüdische Gaststätten ersuche ich in gleicher Weise geschlossen zu halten. [...]

4. Die Verordnung zur Ausschaltung der Juden aus dem deutschen Wirtschaftsleben vom 12. November 1938 umfaßt, wie aus der Fassung des § 1 klar hervorgeht, alle Juden, auch soweit sie eine ausländische Staatsangehörigkeit besitzen. Bei auftretenden Schwierigkeiten ist mir zu berichten. Insbesondere ist mir vor Schließung von Betrieben in allen Fällen zu berichten, bei denen es sich um Staatsangehörige der USA, des britischen Reiches oder Frankreichs handelt. [...]

84. „Juden ist der Besuch deutscher Schulen nicht gestattet"

Erlaß des Reichsministers für Wissenschaft, Erziehung und Volksbildung an die Unterrichtsverwaltungen der Länder betr. Schulunterricht für Juden

Berlin, den 15. November 1938

Nach der ruchlosen Mordtat von Paris kann es keinem deutschen Lehrer und keiner deutschen Lehrerin mehr zugemutet werden, an jüdische Schulkinder Unterricht zu erteilen. Auch versteht es sich von selbst, daß es für deutsche Schüler und Schülerinnen unerträglich ist, mit Juden in einem Klassenraum zu sitzen. Die Rassentrennung im Schulwesen ist zwar in den letzten Jahren im allgemeinen bereits durchgeführt, doch ist ein Restbestand jüdischer Schüler auf den deutschen Schulen übriggeblieben, dem der gemeinsame Schulbesuch mit deutschen Jungen und Mädeln nunmehr nicht weiter gestattet werden kann.

Vorbehaltlich weiterer gesetzlicher Regelung ordne ich daher mit sofortiger Wirkung an:

1. Juden ist der Besuch deutscher Schulen nicht gestattet. Sie dürfen nur jüdische Schulen besuchen. Soweit es noch nicht geschehen sein sollte, sind alle zur Zeit

eine deutsche Schule besuchenden jüdischen Schüler und Schülerinnen sofort zu entlassen.

2. Wer jüdisch ist, bestimmt § 5 der Ersten Verordnung vom 14. November 1935 zum Reichsbürgergesetz (Reichsgesetzbl. I S. 1333).
3. Diese Regelung erstreckt sich auf alle mir unterstellten Schulen einschließlich der Pflichtschulen.

85. Arbeitseinsatz von Juden

Runderlaß des Präsidenten der Reichsanstalt für Arbeitsvermittlung und Arbeitslosenversicherung an die Präsidenten der Landesarbeitsämter

Berlin, den 20. Dezember 1938

Vertraulich! Nicht zur Veröffentlichung geeignet!

Nach den mir vorliegenden Berichten hat sich die Zahl der arbeitslosen Juden erheblich vermehrt. Der Staat hat kein Interesse daran, die Arbeitskraft der einsatzfähigen arbeitslosen Juden unausgenutzt zu lassen und diese unter Umständen aus öffentlichen Mitteln ohne Gegenleistung zu unterstützen. Es ist anzustreben, alle arbeitslosen und einsatzfähigen Juden beschleunigt zu beschäftigen und damit nach Möglichkeit die Freistellung deutscher Arbeitskräfte für vordringliche, staatspolitisch wichtige Vorhaben zu verbinden. Der Einsatz erfolgt in Betrieben, Betriebsabteilungen, bei Bauten, Meliorationen usw., abgesondert von der Gefolgschaft. Ich ersuche Sie daher, unverzüglich bei den öffentlichen und privaten Unternehmern Ihres Bezirks auf die Bereitstellung solcher Arbeiten hinzuwirken.

Es ist sichergestellt, daß dem Unternehmer oder seinem Betrieb aus der Tatsache, daß er Juden beschäftigt, keinerlei Nachteile erwachsen. Als Juden im Sinne dieses Erlasses sind Juden deutscher Staatsangehörigkeit und staatenlose Juden (§ 5 der Ersten Verordnung zum Reichsbürgergesetz vom 14. November 1935 - Reichsgesetzblatt I S. 1333 -) anzusehen, die für einen Arbeitseinsatz geeignet sind.

Wegen der Bereitstellung geeigneter Arbeiten für Juden auch durch öffentliche Betriebe habe ich mich mit den in Frage kommenden Obersten Reichsbehörden in Verbindung gesetzt. Gleichzeitig habe ich den Herrn Reichswirtschaftsminister und den Herrn Reichsernährungsminister gebeten, die Unternehmer der privaten Wirtschaft auf die Notwendigkeit der beschleunigten Heranziehung der Juden zur Arbeit und der Bereitstellung entsprechender Arbeiten nachdrücklich hinzuweisen.

Dieser Erlaß ergeht mit ausdrücklicher Billigung des Beauftragten für den Vierjahresplan, Ministerpräsident Generalfeldmarschall Göring. Den Stellvertreter des Führers habe ich gebeten, die Parteidienststellen einschließlich der Gliederungen und angeschlossenen Verbände im Sinne dieses Erlasses zu unterrichten.

Abb. 29 Eine jüdische Arbeitskolonne beim Schneeschippen in Hanau im Winter 1941/42

IV. Opfer und Täter

Erinnerungen jüdischer Bürger

In der Erinnerung derjenigen Juden, die dem NS-Regime entkommen sind, blieb Zeit ihres Lebens das fassungslose Entsetzen lebendig über das, was an dem Tag des Pogroms geschah. Auch wenn Diskriminierungen, Demütigungen und mancherorts auch Gewalttätigkeiten schon in den Jahren zuvor zum jüdischen Alltag gehört hatten, auch wenn viele schon auf die Nachricht vom Pariser Attentat und nach den haßerfüllten Artikeln in der Morgenpresse des 8. November dunkle Ahnungen befallen hatten, war doch für die deutschen Juden der Ausbruch und das Ausmaß des Pogroms zunächst unfaßbar, in dem sie Objekt von unvorstellbarem Haß, Hohn und Brutalität wurden.

Gewiß war die Entrechtung in den vergangenen Jahren immer weiter fortgeschritten, waren die Berufsverbote immer zahlreicher und der Zwang zur Aufgabe der Geschäfte im Lauf der Jahre immer spürbarer geworden. Aber für viele stellte erst der Anblick ihrer geschändeten und brennenden Synagogen, die brutale Zerstörung ihrer beruflichen und oft auch ihrer privaten Lebenssphäre, die Verhaftung naher Angehöriger am Tage des Pogroms die endgültige Zäsur dar, die unwiderruflich das bevorstehende Ende ihrer Existenz in Deutschland deutlich machte. Die Hoffnung, die viele Juden in den ersten Jahren nach der Machtergreifung gehegt hatten, daß die Judenpolitik der Nationalsozialisten letztlich nur begrenzte Ziele verfolge und ihnen – trotz bitter empfundener rechtlicher Diskriminierungen – eine eingeschränkte Existenzmöglichkeit lassen würde, war nun dahin.

Die nachfolgenden Erinnerungen zweier Frankfurter Jüdinnen spiegeln das Entsetzen über die Ereignisse des Pogroms in der Großstadt wider und lassen gleichzeitig nachvollziehen, in welch verzweifelte Situation die Juden sich urplötzlich gestürzt sahen (Dok. 86, 87). Von den unmenschlichen und entwürdigenden Umständen des Transports von Frankfurt in das Konzentrationslager Buchenwald berichten die Aufzeichnungen eines Juden, dessen Name nicht überliefert ist (Dok. 88). In den Erinnerungen Gedalyah Nigals, der aus Neukirchen (Schwalm-Eder-Kreis) stammte und damals eine jüdische Schule in Frankfurt besuchte, wird deutlich, wie ein 11jähriger Junge den Pogrom als schicksalhaften Einschnitt im Leben der Familie erlebte (Dok. 89).

Wohl die meisten deutschen Juden entschlossen sich jetzt, Deutschland so rasch wie möglich zu verlassen. Zwar war schon in den vorangegangenen Jahren ein beträchtlicher Teil der jüdischen Bevölkerung emigriert. Man schätzt, daß von den rund 525 000 Juden, die Anfang 1933 im Deutschen Reich gelebt hatten, bis zum

Novemberpogrom 1938 rund 225 000 ausgewandert waren[1]. Es waren dies zunächst vor allem die jüngeren und tatkräftigeren Menschen gewesen, die diesen Schritt meist nach sorgfältiger Vorbereitung, zum Teil erst nach beruflicher Umschulung, taten. Nach der „Kristallnacht" wurde indessen die Auswanderung praktisch zur Flucht. Die meisten der damals noch im Altreich lebenden 300 000 Juden waren jetzt bereit, die nächstbeste Gelegenheit wahrzunehmen, um Deutschland möglichst rasch zu verlassen. Auf diese Weise konnten von November 1938 bis zum Kriegsausbruch am 1. September 1939 noch etwa 115 000 Menschen entkommen. Weitere 25 000 konnten noch in dem ersten Jahr nach Kriegsbeginn emigrieren[2]. Zurück in Deutschland blieben 160 000 – meist ältere – Juden, die seit Herbst 1941 „nach Osten" deportiert und zum größten Teil in Vernichtungslagern umgebracht wurden.

Dokumente

86. Alice Oppenheimer

Erinnerungen an den Novemberpogrom in Frankfurt a.M.

Alice Oppenheimer, geb. um 1894, lebte mit ihrem Mann, dem Arzt Dr. Siegfried Oppenheimer, und ihren sechs Kindern in Frankfurt. Nur wenige Tage vor der bereits genehmigten Auswanderung nach Palästina erlebt die Familie unter dramatischen Umständen den Novemberpogrom, von dem Siegfried Oppenheimer als Mitglied des Gemeindevorstands der Israelitischen Religionsgesellschaft besonders betroffen ist. Alice Oppenheimer kann mit den Kindern überstürzt am 11./12. November ausreisen, während ihr Mann eine zweiwöchige Haft im Konzentrationslager Buchenwald durchmacht und Deutschland erst später verläßt. Palästina wird zur neuen Heimat der Familie Oppenheimer.[a]

Am Morgen des 10. November, es war ein Donnerstag, hörten wir unaufhörlich die Feuerwehr vorbeifahren, von fünf Uhr früh an. Wir wohnten in Frankfurt a. M. in der Friedberger Anlage 22. Die Synagoge der Israelitischen Religionsgesellschaft war nicht weit entfernt. Es fiel uns auf, wie langsam die Feuerwehrautos fuhren, während sie doch normalerweise vorbeirasten. Wir hatten den Eindruck, daß die Wagen nur einfach hin und her fuhren.

Mein Mann, ein Frühaufsteher, der jeden Morgen zum Frühgottesdienst ging, weckte unsere beiden Söhne, zehn und dreizehneinhalb Jahre alt, damit sie ihn begleiteten. Die beiden Töchter und ich drängten meinen Mann, wegen des Tumultes, den man auf der Straße hören konnte, zu Hause zu bleiben – doch wir konnten ihn nicht davon abbringen, zur Synagoge zu gehen. Er und die beiden Jungen eilten davon, wir blieben zurück, ängstlich und besorgt. Ein paar Minuten später kamen sie zurück, und mein Mann rief verzweifelt: „Alice, die Synagoge brennt, Alice, unsere Synagoge brennt!" Mehr konnte er in diesem Augenblick nicht herausbringen. Ich wollte, daß er sich hinsetzte, um wieder Fassung zu gewinnen. „Nein, nein, Herr Bondi aus der Palmstraße (ganz in unserer Nähe) hat Jahrzeit. Ich muß mit den Kindern hingehen, sonst erreichen sie ihren Minjan[b] nicht."

Mein Mann, wir alle, alle deutschen Juden hatten keine Vorstellung, was in deutschen Städten seit fünf Uhr morgens vor sich ging, welche Tragödie uns bevorstand. Unwissend wie wir waren, ging mein Mann hinüber in die Palmstraße. Natürlich begleiteten die Söhne ihn.

Plötzlich klingelte es an der Haustür. Öffnen oder nicht öffnen? Es war keine Zeit zum Nachdenken – es klingelte wieder. Draußen waren zwei Männer. Ich glaubte, mir würde das Herz stehenbleiben. Zwei Männer – das hieß: Gestapo. „Wir möchten Dr. Oppenheimer sprechen." – „Mein Mann ist nicht da." – „Wo ist er?" – „Mein Mann", sagte ich, „kam verzweifelt nach Hause und erzählte mir, daß die Synagoge in der Friedberger Anlage brennt. Deshalb ging er wegen eines privaten Minjan in die Palmstraße." – „Sie meinen, er ist nicht da? Zeigen Sie uns alle Zimmer."

Es klingelte wieder. Diesmal waren es die beiden Jungen. „Papa hat uns zum Frühstück nach Hause geschickt, damit wir nicht zu spät in die Schule kommen." Ich ging mit den Kindern in die Küche, aber nicht, um ihnen das Frühstück zu machen, sondern um ihnen zuzuflüstern: „Geht zu Papa und sagt ihm, er soll nicht nach Hause kommen, die Gestapo ist hinter ihm her." Ich hatte keine Ahnung, daß in jedem jüdischen Haus nach jüdischen Männern gesucht wurde.

Die Gestapo mußte gemerkt haben, daß ich den Kindern etwas zuflüsterte. Plötzlich ertönte der Befehl: „Stillgestanden, keiner bewegt sich!" Wie lange wir so standen, weiß ich nicht mehr. Es erschien mir wie eine Ewigkeit. Zum Glück kam mein Mann nicht zurück. Mir fiel etwas Neues ein, wie ich ihm helfen könnte. „Meine Herren", sagte ich, „soweit ich weiß, ist mein Mann dann wieder zu der brennenden Synagoge gegangen. Ich weiß nicht, wie lange er dort bleiben wird. Da Sie ihn nicht kennen, wird einer meiner Söhne Sie begleiten. Er kann Ihnen seinen Vater in der Menge zeigen." Walter Yaacov wollte nicht gehen, aber die Männer waren des Wartens müde und ließen sich darauf ein. Ich hätte nie geglaubt, daß die Gestapo auf diese Finte hereinfallen würde, die ich mir ausgedacht hatte, während ich an der Wand stand. Das einzige, worauf es mir ankam, war, meinem Mann zu helfen. Wenn er zurückkommen würde, mußte die Gestapo schon aus dem Haus sein. Ich wußte, wo unsere Pässe waren – mein Plan war, ihm seinen zu geben, sobald er nach Hause kam, und ihm zu sagen, er solle verschwinden und versuchen, Deutschland so schnell wie möglich zu verlassen.

Die Gestapo verließ die Wohnung zusammen mit dem Jungen. Ein paar Minuten später kam mein Mann zurück. Aufgeregt erzählte ich ihm, was vorgefallen war, gab ihm seinen Paß, ein paar belegte Brote und sagte: „Um Himmels willen, geh, Siegfried! Die Gestapo kann jeden Augenblick zurückkommen, und wer weiß, was sie dann mit dir machen." – „Ich soll gehen?" Er sah mich entgeistert an. „Ich soll gehen? Ich, als Vorstandsvorsitzender der Israelitischen Religionsgesellschaft, und soll durch meine Abreise andere in Gefahr bringen? Alice, ich möchte keinen zweiten Fall van der Lubbe heraufbeschwören wie beim Reichstagsbrand. Wenn ich fliehe, würden sie mich den Brandstifter nennen. Und durch meine Pflichtvergessenheit müßte der ganze Vorstand die Bürde tragen." So wenig Ahnung hatten wir deutschen Juden, die wir noch in Deutschland lebten, von dem, was wirklich vor sich ging.

Mein Mann ging zum Telefon und ließ sich mit der Kriminalpolizei verbinden. „Hier ist Dr. Siegfried Oppenheimer. Ich wollte mitteilen, daß die Gestapo mich sucht." – „In Ordnung", war die Antwort, „machen Sie sich keine Sorgen, die Gestapo wird bald da sein." Wir armen Juden, wir wußten nichts, einfach gar nichts. Die Blitzbefehle Hitlers und seiner Lakaien stellten uns Juden wieder und wieder vor ein „Fait accompli". Keiner hatte eine Vorstellung davon, daß alle Synagogen in ganz Deutschland seit dem frühen Morgen brannten, daß die Nazis sie angesteckt hatten und das Feuer brennen ließen. Die Feuerwehrleute sollten nur aufpassen, daß die angrenzenden Häuser nicht auch Feuer fingen. Der Brand in der Synagoge aber durfte nicht verlöschen, ehe noch irgendetwas übrig war. Die Synagogenbrände ereigneten sich alle am selben Tag, zur selben Stunde, in ganz Deutschland – eine Tatsache, die allen Mitgliedern der NSDAP bekannt war, nur die deutschen Juden standen dem völlig ahnungslos gegenüber. Jeder Jude wußte, daß „seine" Synagoge brannte, aber was anderswo in Hamburg, Berlin, Frankfurt geschah – davon wußten sie nichts.

Nach dem Telefongespräch meines Mannes dauerte es nicht lange, bis es wieder klingelte. Zwei Männer. Sie zeigten ihre Dienstausweise und fragten: „Sind Sie Dr. Oppenheimer?" – „Jawohl." – „Kommen Sie mit!" Es gab kein Lebewohl, nichts ... Mein Mann war fort. Wohin? Niemand wußte es.

Je bedrückter die Kinder wurden, desto entschlossener verfolgte ich meinen Plan: den Juden zu helfen, dem Vorstand der Religionsgesellschaft! Ich schickte die Kinder mit den Adressen von Vorstandsmitgliedern in vier verschiedene Richtungen. „Bringt euch in Sicherheit", lautete meine Botschaft, „damit ihr nicht auch verhaftet werdet!"

Meine armen Kinder gingen schweren Herzens los; danach bereute ich es bitterlich, daß ich sie auf die Straße geschickt hatte. Aber als ich sie fortschickte, konnte ich mir unmöglich vorstellen, wie die Menschenmengen durch die Straßen zogen, aufgestachelt von den Nazis. Die Kinder hatten Angst, aber jung wie sie waren, wußten sie instinktiv, daß sie helfen mußten, wo sie konnten. Sie waren nicht überall willkommen – jedes Klingeln konnte bedeuten, daß die Nazis eine jüdische Wohnung heimsuchen wollten. Gott sei Dank kehrten sie wohlbehalten und unbelästigt zurück.

In der Zwischenzeit ereignete sich bei uns zu Hause eine Menge. Der Gemeindesekretär kam, weil er nicht wußte, wie er mit der Situation fertig werden sollte. Frauen von Vorstandsmitgliedern riefen an, deren Männer verhaftet worden waren. Sie kamen und wollten sich Rat holen, aber ich selbst war mit meiner Weisheit am

Ende. Ich war fixiert auf den Gedanken, daß mein Mann einen Paß und die Unterlagen für Palästina hatte und dies der Schlüssel zu seiner Freilassung sein könnte. Wir, das heißt Frau Stern – deren Mann ebenfalls Mitglied des Gemeindevorstands war – und ich, die unter all diesen aufgeregten Leuten am gefaßtesten war, beschlossen, einen jüdischen Rechtsanwalt aufzusuchen und unsere Pässe vorzuzeigen in der Absicht, unsere Männer freizubekommen. Wir, insbesondere ich, fanden es nur natürlich, auf die Freilassung zu hoffen, denn der Paß besagte eindeutig, daß wir beabsichtigten, uns am folgenden Mittwoch auf der „Lloyd Triestino" einzuschiffen. Heute war Donnerstag, so daß uns in Deutschland nur noch drei Tage blieben – am kommenden Sonntag würden wir über die Schweiz nach Triest abreisen. Warum sollten sie meinen Mann unnötig festhalten, wo doch seine Auswanderung unmittelbar bevorstand?

Wir riefen einige namhafte jüdische Rechtsanwälte an, aber keiner gab Antwort. Nur einer meldete sich; er war uns allen persönlich völlig unbekannt und wohnte in der Neuen Mainzer Straße. Der Sekretär der Israelitischen Religionsgesellschaft begleitete Frau Stern und mich zu dem Anwalt. Die Zustände in der Stadt waren unbeschreiblich. Nichts als Klirren, Schlagen, Rufen, Schreien. Wilde, zügellose Haufen füllten die Straßen. Noch heute schaudert mich, wenn ich an den aufgewiegelten Pöbel denke. Unser Sekretär, Herr Eschwege, wurde immer ängstlicher. Er bat uns umzukehren, und seine Furcht wurde ansteckend. Dann machten wir uns die Lage klar und schlugen ihm vor, nach Hause zu gehen und Frau Stern und mich alleine weitergehen zu lassen.

Nach vielen Umwegen erreichten wir schließlich die Neue Mainzer Straße. Ein Schild am Haus sagte uns, daß sich das Büro des Rechtsanwalts im obersten Stockwerk befand. Wir stiegen hinauf, klingelten und wurden in ein Zimmer voller Leute geschickt. Kaum waren wir drinnen, klingelte es wieder. Zwei Männer kamen herein. „Heil Hitler! Wohnt hier ein Rechtsanwalt Soundso?" An den Namen kann ich mich nicht mehr erinnern. – „Ja, was wünschen Sie?" Es war der schlimmste Augenblick für uns, den man sich denken konnte. Keiner von uns glaubte, jemals wieder heil hier herauszukommen. Zu dem Rechtsanwalt gewandt sagten die beiden Männer: „Sie sind verhaftet, kommen Sie mit." Und zu den umherstehenden Leuten: „Was tun die alle hier?" Jeder von uns erklärte den Grund seiner Anwesenheit. Plötzlich – ich stand unauffällig im Hintergrund – entdeckte mich einer der beiden. Mit vor Wut zitternder Stimme brüllte er mich an: „Was machen Sie, eine Christin, bei einem jüdischen Rechtsanwalt?" Immer hatte ich mich in all diesem Durcheinander inmitten des aufgeputschten Hitler-Pöbels bewegen können, ohne jemals auf Schwierigkeiten gestoßen zu sein – sie hatten mich dem Aussehen nach immer für eine von ihnen gehalten. „Ich wollte den Rechtsanwalt konsultieren." Ein scheußliches Lachen war die Antwort, und er erwiderte boshaft: „Sie, eine Arierin, hier bei einem Juden?" – „Entschuldigung, ich bin selbst Jüdin." Er lachte wieder höhnisch. „Haben Sie einen Paß? Zeigen Sie ihn her!" Er prüfte den Paß, schaute mich wieder an und konnte es nicht begreifen. Dann drehte er sich zu dem Anwalt um und sagte: „Kommen Sie mit, Sie sind verhaftet!"

– „Jawohl, aber ich muß mich erst noch um ein paar Dinge kümmern." – „Es gibt nichts für Sie zu tun außer mitzukommen." – „Aber entschuldigen Sie mich wenigstens einen Augenblick." Er durfte noch nicht einmal dies alleine tun; der zweite Beamte wurde mit ihm zur Toilette geschickt. Wir alle wurden aus dem Büro hinausgeworfen. Die beiden Beamten gingen mit dem Rechtsanwalt weg. Er durfte keinen Mantel anziehen, obwohl es November war.

Das Büro des Rechtsanwalts lag in einer Seitenstraße, in der es verhältnismäßig ruhig war. Wir mußten entscheiden, was als nächstes zu tun war. Frau Stern nannte den Namen eines „arischen" Anwalts auf der Zeil, einer der Hauptstraßen Frankfurts – eine verkehrsreiche Straße und an diesem außergewöhnlichen Tag voll johlender, aufgepeitschter Menschenhaufen. Zerbrochenes Glas lag überall herum, es war gefährlich, hier zu laufen. Schließlich fanden wir den christlichen Rechtsanwalt. Er war kühl und distanziert. Offensichtlich hatte er irgendeinen Posten in der Partei. Es war ihm sehr unangenehm, zwei jüdische Frauen in seinem Büro empfangen zu müssen. Was er sagte und wie er es sagte, machte uns weder klüger noch beruhigte es uns. Ich zeigte ihm den Paß meines Mannes mit der Schweizer Durchreiseerlaubnis – und dem festgesetzten Datum für unsere Einschiffung auf der „Lloyd Triestino". Nachdem er alles durchgesehen hatte, riet er mir, am nächsten Morgen, einem Freitag, zur Gestapo zu gehen, den Paß meines Mannes vorzulegen und um seine Freilassung zu bitten. „Heute", sagte er, „arbeiten sie dort nicht, dazu ist keine Zeit."

Ich kann mich wirklich nicht erinnern, wie ich nach Hause kam. Das einzige, was sich in meiner Erinnerung festgesetzt hat, sind die schreienden, kreischenden Weiber, der zerstörerisch wütende Pöbel im Schein der brennenden Synagogen. Zuerst ging ich in die Wohnung meiner Schwester im Erdgeschoß. Ich benutzte, wie fast immer, die Hintertreppe und klopfte an der Küchentür. Meine Nichte, Margarethe Mainz, und Fräulein de Beer, die Erzieherin, öffneten die Küchentür. „Wo ist dein Vater, Margarethe?" – „Fortgegangen." – „Hat die Gestapo ihn geholt, wie Onkel Siegfried?" – „Gegen sechs Uhr früh ist er telefonisch gewarnt worden, und dann hat er Bühlmeister, seinen Chauffeur, gebeten, sich mit ihm an einer völlig anderen Straßenecke zu treffen, ist dann zu der vereinbarten Stelle gegangen und mit dem christlichen Chauffeur weggefahren." – „Er ist weggefahren?" – „Ja, er ist weggefahren."

Meine Nichte war immer wortkarg gewesen, aber jetzt spürte ich, daß sie mich nicht zur Mitschuldigen machen wollte. Ich ging zu meiner Schwester ins Zimmer. Man merkte, wie aufgeregt sie war, aber nach außen blieb sie ruhig und sachlich. Sie wußte schon vom Schicksal meines Mannes. Sie hatte auch gerüchteweise gehört, daß alle verhafteten Männer in die Festhalle gebracht worden waren. Was konnten wir Frauen jetzt tun?

„Wo ist Aba, Sittah?" – „Er ist mit Bühlmeister weg." – „Wohin?" Gereizt antwortete sie: „Ich weiß nicht." – „Und Hellmut, dein Sohn?" – „Als sie zurückkamen, um Aba zu suchen, und die Wohnung auf den Kopf stellten, ist Hellmut gerade nach Hause gekommen. Sie haben ihn sofort verhaftet."

[In der Wohnung Oppenheimer ist inzwischen Frau Franke eingetroffen, die christliche Sprechstundenhilfe. Sie nimmt die vier Kinder von Alice Oppenheimer mit zu ihrer eigenen Tochter nach Eschersheim, damit sie sich den Tag über in Sicherheit befinden.] Heute kann man sich kaum mehr vorstellen, welcher Gefahr sich diese Familie aussetzte, indem sie jüdischen Kindern Zuflucht gewährte.

Dann klopfte es verhalten an der Wohnungstür. Draußen standen zwei Männer. Sehr höflich, aber irgendwie kriecherisch. „Sind Sie Frau Oppenheimer?" Mein Herz begann wie wild zu schlagen. „Ja. Was kann ich für Sie tun?" Ich hatte sie bis jetzt nicht hereingebeten. Aber sie verlangten Eintritt - und äußerst liebenswürdig begannen sie mich über meinen Schwager Aba Mainz auszufragen. Ob er vielleicht bei mir sei oder ob ich wüßte, wo er sein könnte. „Meine Herren", erwiderte ich, „Sie können die ganze Wohnung durchsuchen, ich habe mit Herrn Mainz nichts zu tun. Er wohnt eine Etage tiefer. Hier wohnt Dr. Oppenheimer." - „Das wissen wir. Wir dachten nur, daß Sie uns ein paar Auskünfte geben könnten." Eine halbe Stunde lang suchten sie in der ganzen unteren Wohnung nach meinem Schwager. Für meine Schwester war es die Hölle. Am Nachmittag wurde sie verhaftet, sozusagen als Geisel für ihren Mann.

Es mag drei oder vier Uhr nachmittags gewesen sein - die genaue Zeit habe ich vergessen -, als wir eine Menschenmenge mit Holzstöcken, Steinen und Äxten kommen sahen. Im Geiste sehe ich immer noch lebhaft das Bild von Käthe Kollwitz „Die aufrührerischen Bauern"[c] vor mir - genauso sah dieser Haufen aus. Wir wohnten in einer breiten Villenstraße. Man konnte die rasenden Leute von fern sehen, wie sie wie Betrunkene durch die Anlagen kamen, denn die Bäume waren kahl und ermöglichten einen guten Blick. Wir standen am Fenster hinter der Gardine und sahen den gewalttätigen Haufen näher und näher kommen. Man konnte ihre Rufe, ihre ständigen Schreie hören: „Nieder mit den Juden!", gefolgt von scheußlichem Gelächter. Sie kamen quer durch den Park auf unser schönes Haus zu, aber plötzlich schwenkten sie in eine Seitenstraße ein. Kein einziger Stein wurde gegen unser Haus geworfen, keine einzige Fensterscheibe zerbrach. Es blieb völlig unversehrt, wie durch ein Wunder. Aber hinter unserem Haus, in den umliegenden jüdischen Wohnungen, raubten, plünderten, zerstörten sie. Die Synagoge am Hermesweg, in der es bereits gebrannt hatte, wurde noch einmal geschändet. Dann wandte der Haufen sich in die Fichtestraße. Der Lärm sagte uns genau, wo die wilde Horde war. „Oh Gott", rief ich, „das ist genau da, wo Rabbi Horowitz mit seinen vielen Kindern wohnt. Was wird passieren?" Man konnte hören, wie Glas zersprang und mit Äxten auf Holz eingeschlagen wurde. Plötzlich wurde es still, und die Leute wandten sich einem anderen Viertel zu.

Als es dämmerte, ging ich hin - das Haus des Rabbis war nur fünf Minuten von uns entfernt. Entsetzen überwältigte mich. Die Mauern des Hauses waren unversehrt, aber kein Fensterrahmen war in den Angeln geblieben. Der Boden war mit Glasscherben übersät. Die Türen waren ausgehängt, zertrümmert, und die Tische in Stücke geschlagen. Eine wertvolle Sammlung geistlicher Bücher war Stück für Stück entzweigerissen. Die Blätter lagen zerfetzt im Vorgarten und wurden vom

Wind umhergeweht. In einem der Zimmer sah ich die Frau des Rabbis mit einem Säugling auf dem Schoß; die anderen Kinder standen weinend um sie herum. Der Rabbi selbst war nicht da – die verstörte Frau verriet nichts über seinen Aufenthaltsort. Er mußte sich versteckt halten, aber sie enthüllte das Geheimnis nicht. Alle Nahrungsmittel, sogar das bißchen Milch, das sie hatten, waren ausgeschüttet oder weggeworfen worden.

Ich war wie betäubt beim Anblick dieser unglücklichen Frau, der weinenden, verängstigten Kinder. Der Wind heulte durch die leeren Zimmer und offenen Türen und Fenster, wehte die hebräischen Seiten aus der „Gemaroth" umher und blies sie hinaus. Eine Cousine, die wie ich durch die Straßen lief, hielt mich an und sagte: „Bist du beim Rabbi gewesen?" – „Da komme ich gerade her." – „Alice", sagte sie, „laß uns rasch Essen von uns holen und es der Frau und den Kindern bringen." Wir hatten nicht den Mut, noch mehr für sie zu tun und die Kinder mit zu uns zu nehmen. Jeder Augenblick brachte neue Schrecken für uns Juden. Man durfte keine zusätzliche Bürde auf sich laden, und jede gute Tat konnte in einer Katastrophe enden.

[Am Abend bringt Frau Franke die vier Kinder wohlbehalten zurück.] Um halb neun ungefähr kam meine Schwester zurück. Sie war mit vielen anderen festgenommen worden, darunter vielen Frauen, die anstelle ihrer Männer, die sich versteckt hatten, von der Polizei verhaftet worden waren. Gegen Abend hatten einige Frauen gebeten, nach Hause gehen zu dürfen, um sich um ihre unversorgten Kinder zu kümmern. Einige erhielten die Erlaubnis, und so kam auch meine Schwester nach Hause. Ihre Verfassung war beklagenswert – sie war mit den Nerven völlig am Ende. „Sittah, geh gleich ins Bett!" – „Ja, aber du auch. Niemand weiß, was heute Nacht oder in den nächsten Tagen noch passiert." Völlig verstört und verängstigt ging jeder in seine Wohnung.

[Mitten in der Nacht klingeln zwei jüdische Frauen, denen die Nazis die Wohnung verwüstet haben, und bitten um Unterschlupf. Alice Oppenheimer gibt ihnen das Zimmer der Töchter, während die beiden Mädchen in das leere Bett des Vaters umziehen.]

Es mag fünf Uhr morgens gewesen sein, als das Telefon [neben dem Bett meines Mannes] klingelte. „Mutter, soll ich abnehmen?" Es klingelte zum zweitenmal. – „Ja, gib mir den Hörer. Wer ist dort?" Eine heisere Stimme sagte: „Sind Sie Frau Oppenheimer?" – „Ja, wer sind Sie?" – „Tut nichts zur Sache", sagte die Stimme. „Ich soll Sie von Ihrem Mann grüßen." – „Was sollen Sie?" Ich konnte es einfach nicht glauben, daß ich um fünf Uhr morgens von meinem Mann Grüße bekommen sollte. Außerdem ließ mich die krächzende, tiefe Stimme eine Gänsehaut bekommen. „Mit wem spreche ich?" Die beiden Mädchen saßen aufrecht im Bett und beobachteten mich und das Telefon mit vor Schreck aufgerissenen Augen. Die Stimme am Telefon sagte wieder: „Kümmern Sie sich nicht um meinen Namen, ich muß mit Ihnen sprechen, machen Sie schnell!" – „Was wollen Sie denn von mir?" – „Gute Frau, hören Sie zu und beeilen Sie sich!", und mit noch mehr Nachdruck: „Ich muß mit Ihnen sprechen, und zwar sofort. Sie verstehen doch – ich soll

Sie von Ihrem Mann grüßen." – „Wollen Sie herkommen, oder wo soll ich hingehen?" Ein Augenblick Stille, er schien zu überlegen. Zuerst nannte er eine Seitenstraße, der ich nicht zustimmen wollte, dann die Promenadenanlage vor der Frankfurter Oper. Immer noch zögerte ich, dann antwortete ich: „Wie soll ich Sie finden, ich kenne Sie nicht." – „Um Himmels willen, beeilen Sie sich – wir könnten abgehört werden!" Wieder packte mich die Angst. Trotzdem antwortete ich: „In Ordnung, ich komme. Damit Sie mich erkennen können, werde ich einen Handschuh in der rechten Hand schwenken." – „Ja, und kommen Sie gleich." – „Es wird ein bißchen dauern, ich muß mich anziehen und ein Taxi bestellen." – „Aber schnell, und bringen Sie den Paß Ihres Mannes mit." Angstvoller Zweifel überkam mich. War dies eine Falle, oder konnte es wirklich Hilfe für meinen Mann bedeuten? Plötzlich fielen mir Gerüchte ein, von denen ich gehört hatte. Es war die Rede von Speditionsarbeitern gewesen, die Leuten zu helfen versuchten, ins Ausland zu kommen. Mein Mann hatte zwei Praxen, eine in unserem Haus, die andere in der Mainzer Landstraße. Dort war ein Arbeiterviertel. Es konnte möglich sein, dachte ich, daß ein Patient ihm helfen wollte. [Alice Oppenheimer gibt ihren Töchtern Verhaltensmaßregeln, nimmt etwas Geld und den Paß ihres Mannes und fährt mit dem Taxi in die Stadt].

Ich ließ das Taxi an der Ecke Bockenheimer Straße halten, noch bevor wir zum offenen Platz vor der Oper kamen. Die ganze Sache sollte so unverdächtig wie möglich aussehen, denn ich wußte nicht, ob wir am Telefon abgehört worden waren. Als ich die Autotür öffnete, stand plötzlich ein riesenhafter Kerl wie aus dem Boden geschossen da. Er beobachtete alles, was ich machte, ging vor mir, dann hinter mir her, beobachtete mich unaufhörlich, aber sprach mich niemals an. Das ist die Gestapo, kam es mir plötzlich – arme Kinder, armer Siegfried. Ich bin rettungslos verloren!

Trotzdem ging ich weiter. Ich überquerte den offenen Platz und erreichte den Anfang der Promenade. Nicht weit von einer Straßenlaterne stand ein Mann mit einer Pudelmütze. Sein Gesicht war von einem wollenen Schal vollständig bedeckt. Mein Schatten ging jetzt vor mir her und schien mich nicht zu beachten, aber zwischen der Promenade und der Bockenheimer Landstraße nahm er Aufstellung. Ich ging ein paar Schritte zurück, denn ich glaubte, der Mann mit dem Schal wäre der, der mich angerufen hatte, und schwenkte meinen Handschuh hin und her. Ich kam mir vor wie eine Prostituierte. Plötzlich flüsterte der andere Mann, der seine Stellung nicht verändert, aber mich unaufhörlich beobachtet hatte: „Pst, pst!" Er hob einen Finger und winkte mich heran. Schweren Herzens ging ich zu ihm hin. Wie einer alten Bekannten schüttelte er mir kräftig die Hand. Mit derselben heiseren Stimme wie am Telefon sagte er: „Guten Tag, Frau Oppenheimer. Ich bin in Eile. Wir müssen es schnell machen." – „Ja," antwortete ich, „ich weiß, wir werden beobachtet. Lassen Sie uns weiter in die dunkle Straße hier gehen." Wir waren in der pechschwarzen Finsternis, der Wind pfiff durch die Bäume, sonst gab es keinen Laut außer der Stimme des Mannes: „Also, geben Sie mir den Paß Ihres Mannes!" – „Können Sie ihn retten?" fragte ich. – „Ja, aber fragen Sie mich nicht soviel. Haben

Sie den Paß dabei?" - „Ja, aber ich werde ihn nicht hergeben." - „Glauben Sie mir nicht?" - „Nein!" sagte ich ohne zu zögern. Ich stand völlig ruhig und gefaßt da. - „Wenn ich Ihnen die Schlüssel Ihres Mannes gebe als Beweis, daß ich die Wahrheit sage, würden Sie mir dann glauben?" Er holte einen Schlüsselbund aus der Hosentasche und zeigte ihn mir. - „Ich kann hier im Dunkeln nichts sehen", sagte ich. Ich machte ein paar Schritte zu der Straßenlaterne am Anfang der Promenade. Zuerst protestierte er, aber ich ließ mich nicht beirren. Ich trat ins Licht, erkannte unseren Briefkastenschlüssel und den Sicherheitsschlüssel zu unserer Wohnung, verglich andere mit meinem eigenen Schlüsselbund, den ich dabei hatte, und sah, daß sie zusammenpaßten. Ich ging in die Dunkelheit und zu dem Fremden zurück - zu dem Mann, dessen Miene ich nicht erkennen konnte, aber der Hoffnungsschimmer, meinem Mann helfen zu können, ließ alle Zweifel verschwinden. „Ja, Sie haben recht, das sind die Schlüssel meines Mannes." - „Na also, dann geben Sie mir den Paß. Sie sagen selbst, daß wir beobachtet werden!" Zögernd gab ich ihm den Paß. - „Haben Sie vielleicht ein bißchen Geld bei sich? Es kostet alles so viel!" Ich gab ihm alles, was ich bei mir hatte, bis zum letzten Pfennig. „Grüßen Sie meinen Mann bitte herzlich von mir!" - „Geht in Ordnung. Wenn wir Glück haben, komme ich übermorgen zu Ihnen und erzähle Ihnen alles." Wir trennten uns mit einem festen Handschlag. So aufgeregt wie ich war, erinnere ich mich nicht mehr, wie ich nach Hause kam.

[Gegen sieben Uhr morgens kommt Alice Oppenheimer nach Hause zurück und erzählt ihrer Schwester Sittah, was sich ereignet hat. Sittah überzeugt sie davon, daß sie offensichtlich einem Betrug aufgesessen ist und am besten versuchen soll, mit der Ausreise nicht bis zum vorgesehenen Termin zu warten, sondern noch am selben Tag mit den Kindern Deutschland zu verlassen. Alice Oppenheimer schickt die beiden Frauen fort, die sie in der Nacht aufgenommen hat, und packt überstürzt die letzten Koffer. Mit Hilfe von Frau Franke gelingt es ihr, einen Zug in die Schweiz zu bekommen. Nach einem Zwischenaufenthalt in Zürich reist sie weiter nach Triest, von wo aus sie wie vorgesehen die Überfahrt nach Palästina antritt.]

Nach zwei Tagen an Bord telegrafierte meine Schwester: „Nachricht von Siegfried, er lebt!" In den folgenden Tagen fühlte ich mich wie im siebenten Himmel. Hätte ich gewußt, was meiner Schwester wörtlich mitgeteilt worden war, dann wäre ich vor Kummer gestorben. Erst viel, viel später erfuhr ich, daß alle Gefangenen im Konzentrationslager Buchenwald vorgedruckte Postkarten an ihre nächsten Verwandten schicken mußten, nur um sie einzuschüchtern. Auf diesen Karten wurde der Familie verboten, Nachforschungen über die Gefangenen anzustellen, verbunden mit der Drohung, daß die Inhaftierten selbst für jede Übertretung dieses Verbots büßen müßten. Der vorgedruckte Text wurde von jedem Gefangenen persönlich unterschrieben. Genau die gleiche Karte bekam meine Schwester von ihrem Sohn Hellmut.

[Während Alice Oppenheimer in Palästina eintrifft und dort auch ihre beiden ältesten Söhne wiederfindet, wird Siegfried Oppenheimer nach 16 Tagen Haft schließlich aus dem Konzentrationslager entlassen.] Wie viele andere wurde mein Mann aus Buchenwald entlassen, weil er die Unterlagen für Palästina hatte. Sie mußten eine Erklärung unterschreiben, daß sie über alles Schreckliche, das sie im Lager durchgemacht, gehört oder gesehen hatten, weder sprechen noch es in irgendeiner Form an die Öffentlichkeit bringen würden. Zu Hause in der Friedberger Anlage fand er unsere Wohnung verlassen vor. Aber die Hausmeistersfrau war noch da, und zum Glück wohnte meine Schwester noch im Erdgeschoß. Sie kümmerte sich um ihn und berichtete ihm von unserer Ankunft in Palästina. Was immer mein Mann auch zu meiner Schwester sagte, er begleitete es mit den Worten: „Ich habe ja meinen Paß für Palästina, ich werde keine Schwierigkeiten haben, hier wegzukommen."

Meine Schwester ließ ihn in diesem Glauben, erzählte ihm nichts von meinem Abenteuer in der Promenadenanlage und wie ich den Paß hergegeben hatte. Sie wollte, daß er eine friedliche Nacht in seinem eigenen Bett verbringen könnte nach allem, was er durchgemacht hatte. Mein Mann jedoch suchte den ganzen Abend und die halbe Nacht nach seinem Paß. Am nächsten Tag ging er gleich zu meiner Schwester und fragte sie um Rat, weil er seinen Paß nicht finden könne. Da erst sah sie sich genötigt, ihm alles zu erzählen und nichts vorzuenthalten, damit er wüßte, welche Mittel und Wege zu seiner Entlassung ergriffen worden waren. Plötzlich wurde ihm klar, warum er in Buchenwald beim Appell niemals aufgerufen worden war, um den Umschlag mit seinem Namen und mit Geld, Schlüsseln usw. in Empfang zu nehmen, alles, was er in der Festhalle in Frankfurt abgeliefert hatte. Sein Umschlag hatte einen großen Geldbetrag enthalten, denn am Tag vor seiner Verhaftung hatte er Geld für die Reise abgehoben und weil er beim Juwelier noch die Reparatur zweier goldener Uhren bezahlen wollte. Außerdem hatte er alles mögliche sonst in der Tasche, darunter den Schlüsselbund, auf den ich dann hereinfallen sollte. Mit wenigen Ausnahmen wurden in Buchenwald alle aufgerufen und bekamen ihre Umschläge zurück. Nicht aber mein Mann. Er verlor kein Wort darüber, um sich nicht unnötigerweise verdächtig zu machen, und immer versuchte er, sich am Ende der Reihe zu halten, um keine Aufmerksamkeit auf sich zu ziehen. Höchstwahrscheinlich war sein wohlgefüllter Umschlag unterschlagen worden, und man nutzte auch noch mich aus, um den Paß und Geld zu bekommen.

[Es gelingt Siegfried Oppenheimer, neue Auswanderungspapiere zu bekommen und ebenfalls nach Palästina auszureisen.]

87. Elisabeth Bamberger

Erinnerungen an den 10. November 1938 in Frankfurt a.M.

Elisabeth Bamberger, geb. 1889 in Saaz/Böhmen, war mit dem Inhaber der Frankfurter Bekleidungsfirma Bamberger & Hertz, Heinrich Bamberger (1877–1934), verheiratet. Sie erlebte die NS-Zeit in Frankfurt, bis ihr 1940 die Flucht nach Südamerika gelang.[a]

Am Morgen dieses 10. November 1938, einem der schwärzesten Tage in der an Tragödien reichen Geschichte der Juden, ging ich morgens auf die Mansarde, um in den dort befindlichen Koffern und Kisten zu kramen. Da stürzte Frau H. herein, meine Freundin aus demselben Hause: „Frau Bamberger, gehen Sie heute nicht in die Stadt, die Synagogen brennen und man demoliert die jüdischen Geschäfte!" Ich fühlte, wie ich blaß wurde, während Frau H. mit dunkelrotem Gesicht vor mir stand. Meine Putzfrau ergänzte die Berichte schaudernd: „Die SA tritt mit den Kanonenstiefeln die Schaufenster ein, die Straßen liegen voll mit allen möglichen Waren." Man warf nicht nur Kleider, Wäsche, Schuhe und dergleichen hinaus, sondern Schreibmaschinen, Radios, sogar Klaviere flogen auf die Straße. Die Berichte, z.T. mündlich, z.T. telefonisch übermittelt, überstürzten sich. Die Synagogen brannten lichterloh, und das Schlimmste war, daß alle jüdischen Männer, deren man habhaft werden konnte, in ihren Wohnungen, Geschäften oder auf der Straße verhaftet wurden. Man brachte sie in die Festhalle, und was sich dort abspielte, sickerte erst nach und nach durch und ließ das Blut erstarren. Am ersten Tag hat man in Frankfurt so viele Männer geholt, daß man vom zweiten Tage ab nur die im Alter von 18 bis 60 dort behielt und die Älteren und Jüngeren wieder nach Hause schickte.

Ich blieb den ganzen Tag zu Hause, erst abends zog ich mich unauffällig an und schlich durch dunkle Wohnstraßen zur Westendsynagoge. Der Himmel war vom Widerschein der brennenden Gebäude gerötet. Auf dem Gehsteig gegenüber der Synagoge stand eine Menschenmenge, unter die ich mich mischte, und auf der Straße patrouillierten Polizei und Feuerwehrleute auf und ab. Sie paßten auf, daß – die umliegenden Gebäude nicht in Brand gerieten.

Ich schlich wieder nach Hause, die Straßen waren wie ausgestorben. Um 9 Uhr klingelte es. Ich öffnete, und ein Freund von Franz, Willi K. stand vor mir. Er kam herein und legte stillschweigend Hut und Mantel ab. Dann erst sagte er: „Diesen Tag werde ich nie vergessen, und wenn ich 100 Jahre alt werde." Dann erzählte er. Seine Mutter war am Morgen im jüdischen Krankenhause von dem bekannten Frauenarzt Dr. R. operiert worden. Willi saß mit Vater und Schwester in ihrer Wohnung beim Frühstück. Da drang SA herein und führte den Vater ab. Der Junge fuhr ins Krankenhaus und sah von der Trambahn aus die Plünderung der Geschäfte. Seine Mutter war aus der Narkose erwacht und fragte nach dem Vater. Willi sagte ihr, daß der Vater da gewesen sei, während sie noch geschlafen habe. Er verabschiedete sich und fuhr nach Hause. Während der Fahrt quer durch die Stadt sah er die Synagoge in der Friedberger Anlage brennen. Kinder trieben sich davor herum, die sich Zylinder aufgesetzt hatten und mit ironischen Gebärden die orthodoxen Juden kopierten, die diese Synagoge zu besuchen pflegten. Auf der Weiterfahrt sah er die Synagoge am Börneplatz in Flammen und später die schöne alte Rothschild-Synagoge. In dem Hause, in dem seine Familie wohnte, hatte ein jüdischer Metzger sein Geschäft. „Man" war schon da gewesen, und in dem Laden war keine Glasscheibe und kein Stuhlbein mehr ganz und die Ware lag auf der Straße.

Inzwischen war die SA auch im jüdischen Krankenhaus gewesen. Man hatte die anwesenden Ärzte wie sie waren, d.h. in den weißen Kitteln, in die Festhalle geschleppt. Allerdings kamen sie am nächsten Tage zurück. Man hatte wohl doch ein wenig menschliches Einsehen, denn sie waren unentbehrlich. Dr. R., der morgens Frau K. operiert hatte, war nicht anwesend. Er kam später ins Krankenhaus, und man berichtete ihm, daß die SA nach ihm gefragt habe. „Schon gut", sagte er und zog sich in sein Zimmer zurück, um etwas auszuruhen. Eine selbstgemachte Injektion beförderte ihn rasch vom Leben zum Tode.

Dieses große, moderne, schöne Krankenhaus war während der nächsten Zeit der Schauplatz furchtbarer Bilder. Nicht nur Frankfurter Verletzte schleppten sich hin, sondern aus der ganzen Umgebung Südwestdeutschlands, besonders aus den kleinen Orten Hessens und Bayerns, aus dem Taunus und dem Westerwald kamen Scharen von Mißhandelten und Verletzten an. Nicht nur in Zimmern und Sälen, sondern auch in den breiten Gängen und im Schwesternhaus lagen die Menschen dicht nebeneinander auf Matratzen, und die Schwestern arbeiteten Tag und Nacht, um allem gerecht zu werden.

88. Transport in das KZ Buchenwald

Bericht eines unbekannten Verfassers über den Transport von Frankfurt in das Konzentrationslager Buchenwald in der Nacht vom 11. zum 12. November 1938

Viele Hunderte von jüdischen Männern befanden sich am 11. November in der Festhalle in Frankfurt. Blaue und Grüne Polizei hatte sie, gleich wilden Tieren, in den Häusern und Straßen aufgespürt, in den Hotels und an den Bahnhöfen verhaftet und sie aus Bahnzügen und Trambahnen herausgeholt. In kleineren Trupps waren sie von benachbarten Städten und Dörfern eingeliefert worden. Zur selben Zeit, wenn sie sich sonst zum Empfang des Sabbat in die Synagogen begaben, standen sie in langen Reihen in der Halle, mußten ihre Personalien angeben, ihre Taschen ausleeren und durch Unterschrift bestätigen (was die Polizei, als Empfänger, eigentlich hätte tun müssen), daß sie die Eigentümer dieser Gelder, goldenen Uhren, Ringe, Messer und Brieftaschen waren. Die Gegenstände wurden in große gelbe Amtskuverts getan und diese dann geschlossen. Nicht alle diese Umschläge kamen wieder in die Hände der Eigentümer zurück. Und aus vielen, die nach einigen Tagen im KZ ausgehändigt wurden, waren die wertvollsten, durch das Papier hindurch als solche leicht feststellbaren Wertsachen herausgenommen worden. Da diese Bestandsaufnahme lange Zeit in Anspruch nahm, kamen die SS-Leute auf die Idee, die wartenden Juden durch Turnübungen ein wenig zu beschäftigen. Alle, bis hinauf zu den Sechzigjährigen – die Älteren wurden später entlassen – mußten Kniebeugen, Arm- und Beinbewegungen machen oder die Halle im Laufschritt durchqueren. Eine kleine Pause trat ein, als die SS den Wanderredner der Agudah, Rabbiner Mayer, der in Hinsicht auf den bereits begonnenen Sabbat seine Unterschrift verweigert hatte, so lange durch die Halle hetzen ließen, wobei er sich auch im Niederlegen und Aufspringen üben mußte, bis er nahe dem Zusammenbruch war.

Etwa um 9 Uhr wurden die für das KZ bestimmten Häftlinge in großen Autobussen zum Südbahnhof gebracht. Zivilpersonen, die ihre Ankunft erwartet hatten, überschütteten sie mit einer Flut der übelsten Beschimpfungen. Die dort aufgestellte Grüne Polizei machte sich das Vergnügen, den Gefangenen beim Aussteigen ein Bein zu stellen oder mit einem starken Faustschlag nachzuhelfen, wenn ihnen die Leerung des Fahrzeugs zu langsam vorzugehen schien. Auf dem Gleise wartete schon ein unübersehbar langer Personenzug. Gegen 11 Uhr war er vollkommen gefüllt. In großen Eimern wurde vor der Abfahrt Wasser hereingereicht. Grüne Polizei und SS-Leute stiegen in jeden, bis zum letzten Sitz gefüllten Wagen und nahmen zunächst die letzten Plätze ein. Dann rollte der Zug durch die Nacht. Keiner von den Juden wußte wohin. Bis gegen 1 Uhr herrschte tiefe Stille in dem Durchgangswagen. Niemand sprach. Ein Mann, der anscheinend ein Schlafmittel genommen hatte, schwankte in schwerem Schlaf hin und her und wurde von seinen Nachbarn festgehalten, damit er nicht von der Holzbank herunterfalle. In einer Ecke saß einer, dem das geronnene Blut das ganze Gesicht verschmiert hatte. Ein Grüner hatte ihm kurz vorher einen Faustschlag in die Augengegend versetzt. Kleinere und größere Koffer lagen in den Gepäcknetzen. Sie enthielten Kleider, Wäsche und einige Lebensmittel, die eine der Verzweiflung nahe Ehefrau schnell zusammengerafft hatte. Mancher hatte, trotz der Eile, auch nicht seinen Gebetmantel, seine Gebetriemen und ein hebräisches Buch vergessen. Da saßen Männer mit grauem Haar und Bart und Jünglinge, die kaum aus der Schule waren. Braune Vorhänge verhüllten die Fenster. Die alten Bahnwagen ächzten, und die Räder schlugen in den ohne Aufenthalt passierten Stationen hart auf die Weichen.

Da fiel es einem SS-Mann ein, durch den Waggon zu gehen. Er sah den im Schlafe wankenden Mann, und es behagte ihm offenbar nicht, daß dieser sich der harten Wirklichkeit nicht bewußt werde. Deshalb befahl er dessen Nachbarn, ihn durch Rippenstöße aufzuwecken. Da der Schlafende durch die sehr rücksichtsvoll erteilten Püffe nicht munter wurde, befahl der SS-Mann, diese durch kräftige Ohrfeigen zu ersetzen. Als aber der Gefährte das Gesicht des halb Bewußtlosen mehr streichelte als verletzte, gab ihm der Offizier einen solch heftigen Schlag, daß sein Kopf mit einem dumpfen Krach gegen die hölzerne Rückenlehne stieß. „Entweder Du oder ich", sagte der Nazi. Aber bald wendete sich seine Aufmerksamkeit allen Häftlingen zu. Während die Eisenbahnwagen hinüber- und herüberschwankten, mußten alle, nacheinander, rechtsum und linksum, tiefe Kniebeugen und andere Turnübungen machen oder sich an den Füßen der Holzbänke, auf dem Bauche liegend, durch den Mittelgang entlangziehen. Ein älterer Mann, einem solchen Befehl nachkommend, sein Gesicht mit Schweiß bedeckt, mit röchelndem Atem, war dem Zusammenbruch nahe. Die Nazis, dieser Art von Unterhaltung müde, sahen sich nach anderen Zirkusspielen um. Da sahen sie einige schwere Koffer in den Gepäcknetzen. Die Eigentümer derselben wurden gezwungen, sie bei ausgestrecktem

Arm für eine fast unmöglich lang erscheinende Zeit hinauszuhalten. Um sie zu einer letzten Kraftanstrengung anzustacheln, hielten die Peiniger ihre „Ehrendolche", mit der scharfen Spitze nach oben, nicht mehr als 1 bis 2 cm entfernt unter den Arm des Opfers.

Aus dem vorderen Wagen, in den man durch die Glasteile der Türen hineinsehen konnte, drangen Chorgesang und Sprechchöre herüber. Die Häftlinge dort mußten jene Teile des Nazi-Liedes singen, das die in Aussicht genommene Behandlung der Juden in die Worte faßt: „Bis das Judenblut vom Messer spritzt ...", und wieder und wieder bestätigen: „Wir sind Mörder, Betrüger und Blutsauger!"

Wer ein Bedürfnis verrichten wollte, mußte vor einem der Offiziere in soldatischer Haltung Aufstellung nehmen und sagen: „Der Jude N. N. bittet um die Erlaubnis, den Abort besuchen zu dürfen!" Wehe dem, der auch nur ein Wort dieser vorgeschriebenen Formel ausließ! Er durfte sich stundenlang nicht hinsetzen und hatte, wenn er sich nicht mehr zurückhalten konnte, nur e i n e Möglichkeit! Ein Mann brach deshalb ohnmächtig zusammen. Wenn die Wächter der Quälereien für kurze Zeit müde waren, hielten sie Ansprachen, in denen sie die Minderwertigkeit der Juden zu beweisen versuchten. Dabei benützten sie Ausdrücke und Wörter, die, besser als alles andere, deutlich machten, daß sie Kreisen entstammten, wo jedes Schamgefühl aufgehört hatte und Verbrechen und Vertiertheit daheim waren.

Nur zwei Männer waren von den Quälereien verschont geblieben. Der mit dem Blutgerinnsel in seinem Stoppelbart und sein Nachbar zu seiner Linken. Dieser hatte seinen Mantel, gleich Napoleon, um seine Schultern geschlagen. In seinen Augen stand das Entsetzen, und sein Gesicht hatte die Blässe eines Toten. In dem Knopfloch seines Rockes leuchteten die Bänder zum Eisernen Kreuz und der Bayerischen Verdienstmedaille. Die ganze Nacht hindurch saß er vollkommen bewegungslos. Vielleicht haben ihn die Wachhunde für eine Leiche gehalten.

Morgens gegen 6 Uhr rollte der Zug in eine große Station. Es war Weimar. „Reinigt den Boden des Wagens von Eurem Dreck", sagten die Offiziere. „Nehmt Eure Hände, Ihr Faulenzer! Ihr bekommt dann einen warmen Kaffee!" Die Türen wurden aufgerissen. Von der Plattform kam ein scharfer Befehl: „Raus, Ihr Schweinehunde!" Dort standen SS-Leute, Säbel, Stecken und Gewehrkolben zum Schlage erhoben. Wie irrsinnig sprangen die Häftlinge die breite Steintreppe hinunter, die zu einer Unterführung führte. Viele von ihnen stürzten. Die Nachdrängenden traten auf ihre Hände, Füße und Rücken. Jeder versuchte den herabsausenden Schlägen zu entrinnen. Die einzige Rettung schien darin zu bestehen, die Unterführung zu erreichen. Aber – diese war am anderen Ende durch Grüne Polizei abgeriegelt worden. Wie Schafe, gehetzt von den Wölfen, standen die Häftlinge zusammengedrängt in der Unterführung, die in ihrer ganzen Länge von ihnen angefüllt war. Nur ein Gang war frei, in welchem Grüne Polizei und SS-Männer hin und her patrouillierten. Da, ein anderer Befehl: „Hüte und Brillen herunter!" Ging's zum Beten? Weit hinten an der Mauer stand jener leichenblasse Jude und rezitierte bereits das Sabbat-Morgengebet. Schon fielen die ersten Schläge. Die Gefangenen, von drei Seiten von ihren Quälern und an der vierten von der Mauer eingeschlossen, konnten sich nach keiner Richtung hin bewegen. Die Schläge fielen in schneller Folge auf ihre bloßen Köpfe und auf ihre Rücken und trafen auch das Gesicht. Die Nazis schlugen mit Gewehrkolben, Säbelscheiden, Peitschen und schweren Stöcken. Herzzerreißende Schreie durchschnitten die Luft. Schreie, wie Tiere sie ausstoßen in ihrer Todesangst. Schreie, die dem Hörer den Atem wegnehmen. Schreie, denen man eher entlaufen möchte als dem Sterben. Wie lange die Marter dauerte? Niemand von den Opfern wußte es. Das Hirn versagte seinen Dienst.

Das Pfeifen der Lokomotiven von oben her schrillte und mischte sich mit dem Stöhnen der Unglücklichen. Über die Schienen rollten Schnellzüge. Die Reisenden darin hatten keine Ahnung von dem, was einige Schritte von ihnen entfernt in der Unterführung vorging. Sie unterhielten sich in den gepolsterten Wagen, rauchten oder schliefen. In den Häusern der Stadt Weimar - der Stadt Schillers und Goethes - räkelten sich die Bewohner noch in ihren Betten. Keine hundert Schritte davon weg versuchten Unmenschen ihre Opfer zu überzeugen, daß sie - die Peiniger - zu der Herrenrasse gehörten.

Unterdessen war der Morgen angebrochen. Sein fahler Schein fiel durch das andere Ende der Unterführung. Im Dämmerlicht des unsäglich traurigen Novembermorgens mußten die Gefangenen mit Planen überdeckte Lastkraftwagen besteigen, die sie vor die Tore des Konzentrationslagers Buchenwald brachten. Als die dort aufgestellten SS-Leute die aussteigenden Juden sahen, ließen sie ihre Knüppel sinken. Die wankenden, hinkenden, mit Blut überströmten Gestalten hatten nur ganz wenig Ähnlichkeit mit Menschen.

89. Gedalyah Nigal

Erinnerungen an den Novemberpogrom in Frankfurt a. M. und Neukirchen

Gedalyah Nigal wurde als Gerhard Nagel 1927 in Kassel geboren. Er war der Sohn eines Kaufmanns und wuchs in Neukirchen (Schwalm-Eder-Kreis) auf. Um dem Sohn die zunehmenden Demütigungen in der allgemeinen Volksschule des Heimatortes zu ersparen, schickten die Eltern ihn nach Frankfurt a. M. in Pension, damit er dort eine jüdische Schule besuchen konnte. Nach dem Novemberpogrom gelangte Gerhard Nagel 1939 mit einem Kindertransport nach Palästina, während die Eltern 1942 deportiert wurden und später den Tod fanden. Gedalyah Nigal wirkt heute als Professor für Hebräische Literatur in Israel. Seine Erinnerungen schrieb er 1983 nieder und widmete sie seinen Eltern.

Wir bringen das Dokument als Zeugnis dafür, wie ein elfjähriges Kind von dem Schicksal seiner Familie mitbetroffen wurde, auch wenn es persönlich von den Ereignissen des Pogroms verschont geblieben ist.

Am 9. November 1938 lag ich krank im Krankenzimmer der Pension, da hörte ich, daß die Nazis die Synagoge an der Friedberger Anlage verwüstet hätten. Wir Schüler beteten samstags dort, auch meine sel. Mutter hatte dort als junges Mädchen gebetet, und meine sel. Großeltern – Michael und Henriette Schuster – gehörten zu den Juden, die anfangs des 20. Jahrhunderts diese Synagoge erbauten. Das Gebäude blieb mir als sehr schön im Gedächtnis, ich erinnere mich an die Männer in Zylindern, die in der Synagoge in großer Andacht beteten, und an den Rabbiner Herrn Horowitz, dessen zarte Figur auf mich einen großen Eindruck machte, wenn er am „Simchath-Thora" mit einer kleinen Thora-Rolle tanzte. Wie gesagt lag ich krank im Krankenzimmer, und plötzlich öffnete sich die Tür und meine Mutter kam herein. Ich glaube nicht, daß ich ahnte, was passiert war, aber es ist eine Tatsache, ich war plötzlich gesund, meine Krankheit war weg.

Meine Mutter erzählte mir, was sich in Neukirchen abgespielt hatte. In der verruchten „Kristallnacht" kamen Nazis von anderen Plätzen nach Neukirchen. Sie verwüsteten die Synagoge, und dann wollten sie die Wohnungen der Juden in Neukirchen plündern und verwüsten. Diese Leute fanden natürlich in Neukirchen „freiwillige Helfer", die ihnen gerne zeigten, wo Juden wohnten. Das Gerücht, daß die Bande schon diesen und jenen „besucht" hatte, hatte Flügel, und die anderen Familien bekamen Angst. Als sich die Bande vor dem Haus des sel. Julius Bachrach (sein Laden war unten in seinem Haus am Marktplatz gegenüber der Kirche) versammelte, stand der Mann oben auf dem Dach und rief nach unten, daß jeder, der eindringe, Holzstücke auf seinen Kopf bekommen würde. Er schmiß wirklich Brennhölzer herunter und verletzte einigen Nazis, die die untere Tür einbrechen wollten, die Hände. Es half aber nicht viel, und bald waren sie in seinem Laden drin. Herr Bachrach nahm eine Axt und drohte, daß er diejenigen, die heraufkommen würden, um seine Wohnung zu plündern, erschlagen würde. Seine Frau, Meta Bachrach, flehte ihn an wegzulaufen, er könne nicht gegen so viele Leute kämpfen. Er hörte auf sie und entlief über die Dächer, er versteckte sich im Wald, ging dann nach Darmstadt, und dadurch wurde er nicht verhaftet und war nicht in Buchenwald. Er war der einzige Jude aus Neukirchen, dem eine Haft in Buchenwald erspart blieb.

Unser Haus hatte drei Stockwerke. Unten lebte eine christliche ältere Familie namens Kunz. Im ersten Stock wohnten meine sel. Eltern und im zweiten Stock waren einige Zimmer vermietet. Damals wohnte dort eine alleinstehende ältere jüdische Dame namens Emma Nussbaum. Die Frau Kunz unten war herzleidend, und als die Bande an unser Haus kam, nahm ihr Schwiegersohn (dessen Name Adam Trieschmann war) eine Axt in die Hand und schrie, daß er jeden, der in dieses Haus eindringe, erschlagen würde: „Meine Schwiegermutter ist todkrank und kann aus Panik sterben." Dieser tapfere Mann stand stundenlang so da, und wirklich wagte keiner nahezukommen, sie gingen in andere Häuser. Als sie aber noch unten standen, schlich sich mein Vater in den Keller, um zu sehen, wer dort draußen steht. Er kannte keinen. Da sagte eine Frau Sch., sie war als Nazi bekannt: „Werft ihnen doch wenigstens die Fenster ein." Geschwind öffneten meine Eltern die Fenster, da sahen die Nazis die offenen Fenster und warfen keine Steine.

Inzwischen hatten jüdische Männer gehört, daß unser Haus beschützt sei, und sie kamen durch die Höfe zu uns. Meine Mutter, die befürchtete, daß die Nazis zurückkommen würden und daß sie in diesem Falle vielleicht auch einbrechen würden und das Leben meines Vaters in Gefahr kommen könnte, da er sich sicher wehren und die Einbrecher angreifen würde, bat meinen Vater und die anderen Männer, in den Wald zu gehen. Sie taten es wirklich. Aber morgens, als sie keinen Radau mehr hörten und dachten, daß die Bande weg sei, kamen sie vom Wald zurück und jeder ging in sein Haus.

In Neukirchen gab es einen Polizisten, Herrn Rossmann, der kam morgens an und sagte: „Nagel, im Namen des Gesetzes, Sie sind verhaftet!“ Er gab meinem Vater einige Minuten, um Wäsche etc. zu holen, und nahm ihn dann mit. Alle jüdischen Männer wurden in der Feuerwehrbaracke eingesperrt. Die Leute waren sehr deprimiert, aber mein Vater ermunterte sie und sang mit ihnen hebräische und zionistische Lieder. Kurz danach wurden die Leute nach Kassel geschickt, und von Kassel ging es nach Buchenwald.

Meine Mutter kam nach Frankfurt, um bei mir zu sein. Wir fuhren nach Würzburg zu Verwandten und einige Tage später nach Neukirchen zurück. Wir kamen abends an und hörten, daß die Behörden alle jüdischen Läden und Warenlager beschlagnahmt hätten. Unser Warenlager war in einem Zimmer unserer Wohnung. Da anzunehmen war, daß am nächsten Morgen auch unsere Ware beschlagnahmt werden würde, füllte meine Mutter unseren Schrank mit Wäsche, Unterwäsche, Handtüchern usw., alles Sachen, die wir in den nächsten Jahren brauchen könnten. Wir bekamen aber eine Bescheinigung, die einen spottbilligen Preis nannte, so viel wäre die Ware wert. Niemals sahen meine Eltern das Geld, jedoch als mein Vater aus Buchenwald zurückkam, sah er verschiedene Bauern, die Anzüge aus seinem Warenlager trugen. Auf seine Frage erzählten ihm diese Leute, daß sie diese Ware für spottbilliges Geld erhalten hätten.

Es waren traurige Tage für uns. Nur eine Postkarte kam von meinem Vater an. Sie war an meine Tante Bertha Sonn, Schwester meines Vaters, gerichtet, um auch ihr mitzuteilen, daß sich ihr einziger Sohn, mein Cousin Ludwig (heute in Israel lebend), mit meinem Vater zusammen in Buchenwald befand. Mein Cousin war der jüngste aller jüdischen Männer aus Neukirchen, die arrestiert waren, er war 18 Jahre alt. Mein Vater bat, ihm Nadel und Faden zu senden! Was natürlich nicht möglich war.

Nach ungefähr vier Wochen hörte ich einen Pfiff unter unserem Fenster. Es war die Tochter eines jüdischen Nachbarn, die heraufrief, mein Vater komme sofort. Wir sprangen aus den Betten, und schon stand mein Vater vor uns. Dieses Bild der Wiedervereinigung (leider auf solch kurze Zeit) kann ich nicht vergessen. Mein Vater glich mehr einer Leiche als einem lebendigen Menschen. Seine Haare waren abgeschnitten, sein Gesicht fahl, eingefallen und verhungert. Als erstes bat er, sich waschen zu können. Vier Wochen hatte er keine Seife und kein Bad gesehen.

Später noch am selben Tag nahm mich mein Vater zur Seite und sprach so (ungefähr) zu mir: „Mein liebes Kind, ich bin mir bewußt, daß es vielleicht unpädagogisch ist, mit dir darüber zu reden. Du bist ein junges Kind und in deinem Alter solltest du über ganz andere Sachen hören und dich interessieren. Aber leider leben wir in einer nicht normalen Zeit, und es muß sein. Also höre: Du bist unser einziges Kind, und daher wollen wir alles tun, um auf jeden Fall dich zu retten. Du sollst draußen in der großen Welt dann erzählen, was uns die Nazis angetan haben."

So erzählte mir mein Vater über Buchenwald. Nachts dort angekommen, warf man die Leute in eine schmutzige Waschküche. Während der Nacht kamen noch Transporte, einige Leute in Pyjamas oder Nachthemden. Je intelligenter oder angesehener ein Jude aussah, desto mehr wurde er mißhandelt. Später wurden die Juden - unter ihnen mein Vater und mein Cousin - in eine große Scheune überführt. Fast alle Holzliegestätten waren besetzt, so daß sie bis unters Dach klettern mußten, um zwei freie Plätze zu finden. Am Ende stellte sich heraus, daß es zum Guten war. Die Leute bekamen nämlich tagelang nichts zu trinken - einige tranken ihren Urin! -, wer jedoch nahe am Dach war, konnte ein wenig Schnee tauen und etwas trinken. Das Hoch-oben-liegen hatte noch einen Vorteil: es war dort sicherer. Denn jede Nacht kamen Nazis in die Scheune, mißhandelten Juden, und einige wurden erschossen oder an das Gitter gehetzt, das unter Strom gesetzt war. Die Opfer waren selbstverständlich die Leute, die unten lagen.

Mein Vater erzählte mir von täglichen stundenlangen Appellen, die die Leute über sich ergehen lassen mußten, obwohl sie keine Kraft hatten, dort zu stehen, und oft zusammenbrachen. Stundenlang mußten die Häftlinge auch anstehen, um etwas Suppe zu bekommen. Wer Geld hatte, konnte nach einiger Zeit Wasser und andere Sachen für enorme Preise in der Kantine kaufen. Mein Vater hatte „Glück": Nach vier Wochen Verhaftung wurde er als Schwerkriegsbeschädigter und ehemaliger deutscher Frontkämpfer entlassen. Er sollte vorher noch unterschreiben, daß ihm in Buchenwald nichts passiert sei und er gut behandelt worden sei; er weigerte sich, dies zu tun.

Wieder bei Frau und Kind, war mein Vater entschlossen, dieses „Vaterland", das ihn für seine Dienste in solcher Weise belohnte, so geschwind wie möglich zu verlassen. Er hatte auch schon vorher viel an den zionistischen Weg gedacht und sich bemüht, den Neukirchener Juden die zionistische Idee zu erklären, leider nicht mit viel Erfolg. Jetzt war es ihm selbst unmöglich, nach Palästina auszuwandern: Zertifikate bekamen nur junge Menschen - Chaluzim -, die das Land in der Landwirtschaft aufbauen konnten, aber meine Eltern waren nicht mehr jung, und mein Vater auch körperlich behindert. So dachte er an andere Alternativen, vielleicht Südamerika, vielleicht USA, ja er wäre sogar in den Dschungel gegangen, um aus Deutschland zu kommen. Er fing an Spanisch zu lernen, und da er sprachlich sehr begabt war, baten ihn Juden aus der Umgebung (Oberaula, Niederaula), ihnen auch spanischen Unterricht zu geben, und mein Vater konnte es nicht verweigern. Er sprach fließend Englisch und Französisch, auch unterrichtete er mich als Kind in Hebräisch nach dem damals sehr bekannten Lehrbuch „Sfat Amenu" von Herrn Rath. Nebenbei gesagt hätten ihm seine Sprach-Talente einmal fast geschadet: Es war in meiner Kindheit, als mein Vater eines Tages sein Knie nicht mehr beugen konnte. Er wurde in ein Hospital gebracht und dort operiert. Wieder zu Hause erzählte er uns, einer der Ärzte hätte ihm nach der Operation gesagt, er habe Glück gehabt, daß seine Kollegen nicht die Fremdsprache - die er in seiner Narkose gesprochen hatte - beherrschten. Anscheinend hatte mein Vater über das Nazi-Regime gesprochen ... Auch noch in Narkose war es meinem Vater sehr schwer, den Mund zu halten, er glaubte, die Wahrheit ginge über alles. Meine Mutter hatte öfters mit ihm auf diesem Gebiet zu kämpfen und mußte ihn warnen, daß das, was er dem christlichen Nachbarn über die Nazis sage, ganz geschwind an andere kommen könne. Viele Leute hatten Angst, in Verbindung mit Juden zu stehen, andere sagten zu ihm: „Ja, Herr Nagel, Sie sind ja wirklich ein ehrlicher Mann, aber die anderen Juden ..."

Wie ich oben erwähnte, wollten meine sel. Eltern aus Deutschland auswandern, aber leider ging es nicht. Am Ende entdeckten sie einen weitläufigen Verwandten (einen Cousin oder Großcousin meiner sel. Großmutter mütterlicherseits), einen Herrn Max Adler aus South-Bend, Indiana/USA, der sich bereit erklärte, ihnen ein Affidavit zu schicken. Da kam die Quoten-Geschichte, man mußte sich im amerikanischen Konsulat in Stuttgart einschreiben und bekam eine „Warte-Nummer", da für USA nur eine bestimmte Zahl Emigranten angenommen wurde (ich glaube 500!). Bis dies meine Eltern erfuhren, bis sie hinschrieben, verging so viel Zeit, daß sie eine Wartenummer über 10000 erhielten, das war leider - heute wissen wir es - ein Todesurteil, denn nach einer Reihe von Monaten, die sie hatten warten müssen, war der Krieg da. Manche bestachen den Portier in dem Konsulat, die Akten vorzuziehen, und man erzählte sich, daß dessen Frau Diamantringe an allen Fingern trug. Leider konnte auch so nur wenigen Leuten geholfen werden. Ich war schon in Palästina, also im Jahr 1939, als meine Eltern das Affidavit in Stuttgart bekamen. Sie sollten durch Italien fahren, ich dachte schon, ihren nächsten Brief aus Italien zu erhalten, da stellten die Nazi-Behörden die Forderung, die Fahrt usw. mit Devisen zu bezahlen. Meine Eltern hatten kein deutsches Geld, bestimmt keine Dollars. Da das Affidavit nicht benutzt wurde, sollten sie Geld zahlen, um es zu erneuern. Doch Geld war nicht da, und mein Vater schrieb in einem seiner letzten Briefe: „Um schmutziges Geld müssen wir hierbleiben."

Was geschah mit mir seit der „Kristallnacht"? Nachdem mein Vater aus Buchenwald zurück war, sollte ich wieder nach Frankfurt in die Pension und an die Schule. In Frankfurt angekommen, stellte es sich jedoch heraus, daß der Herr Meier nach Palästina ausgewandert und die Pension liquidiert war. Die Jungen wurden in die „Israelitische Waisenanstalt" (wir nannten es kurz Waisenhaus) geschickt, die am Röderbergweg lag. Ich ging also dorthin und fand viele Bekannte vor. Das Waisenhaus wurde durch Familie Marx geleitet, wir nannten den Herrn Isidor Marx einfach „Onkel" und seine Frau „Tante Rosa" und fühlten auch so. Obwohl ich nur etliche Monate dort wohnte, weinte ich beim Abschied von Tante Marx wie beim Abschied von den nächsten Verwandten, so liebevoll waren diese unvergeßlichen Menschen. Die „Tante" packte persönlich jeden Koffer ihrer „Kinder", die ins Ausland fuhren. Auch als wir schon in Palästina waren, erhielten wir Briefe, die mit einem langen Strich endeten, und danach lasen wir weiter, was die „Tante“ schrieb: „... es ist schon zwei Uhr nachts, ich bin mitten im Schreiben eingeschlafen ...“ Leider ist auch sie in Auschwitz umgekommen; der Onkel, der uns nach Palästina brachte, konnte wegen des Kriegsausbruchs nicht nach Deutschland zurück, lebte zuletzt in den USA und ist vor einigen Jahren dort verstorben.

Man hatte Familie Marx einige Male vorgeschlagen, ins Ausland zu gehen; sie antworteten aber, daß sie erst an sich selbst denken würden, wenn alle Kinder ausgewandert wären. Obwohl von Zeit zu Zeit ein Transport abging, war ein leeres Waisenhaus undenkbar, weil - wie auch in meinem Falle - immer wieder jüdische Kinder hinzukamen. So hat sich Familie Marx bewußt geopfert, und der „Tante Rosa“ hat es das Leben gekostet.

Da ich unter jüdischen Kindern im Waisenhaus und in der Schule lebte, war ich in gewissem Maße vor dem Antisemitismus geschützt. Jedoch auf der Straße, auf dem Weg zur Schule wurden wir oft mit ihm konfrontiert. In einem vergitterten Kasten (damit niemand etwas herunterriß) war der „Stürmer“ angeklebt, dessen Überschriften schrien: „Die Juden sind unser Unglück“, und: „Die Juden sind Ehebrecher, Diebe, Mörder“. Einen besonderen Eindruck machte es auf mich - zehnjährig -, hebräische Texte in dem Stürmer zu sehen und „Zitate“ aus dem Talmud - von dem ich damals nichts verstand -, die sozusagen beweisen sollten, daß die Antisemiten recht hätten in allem, was sie über Juden sagten. Eines Tages sah ich eine große Statue (aus Holz?), die einen Juden vorstellen sollte. Das Gesicht verzerrt, unordentlich angezogen, krumme Nase, scheußliches Gesicht, einen Buckel, kurz: alles was Antipathie erwecken konnte. Das sollte der typische Jude sein. Diese Statue war auf einem viereckigen Sockel gebaut, und an den verschiedenen Seiten waren Adressen christlicher Leute angebracht, in deren Häusern immer noch Juden wohnten. Die Leute wurden aufgefordert, die Juden sofort herauszuschmeißen.

Eines Tages, es war in einer Pause in der Schule, hörte ich, daß bald ein Kindertransport nach Palästina gehen würde. Ich dachte nicht an mich, da ich ja erst vor kurzem ins Waisenhaus gekommen war und also bestimmt nicht „an der Reihe“ war. Jedoch nach einigen Tagen wandte sich plötzlich im Korridor ein Hauslehrer an mich mit der Frage, ob meine Eltern mir erlauben würden, mit einem Transport nach „Erez“ (so nannten wir Palästina) auszuwandern. Es stellte sich heraus, daß die Eltern eines Jungen, der in der Liste war, plötzlich anders entschieden hatten und wollten, ihr Sohn sollte lieber nach Holland statt in ein fernes Land gehen. Man mußte sofort einen anderen Namen hinzufügen, und das war mein Glück, daß ich der erste war, den der Lehrer traf. Ich sagte sofort zu, versicherte dem Hauslehrer, meine Eltern würden hundertprozentig ihr schriftliches Einverständnis schicken, und war überglücklich. Unsere Fahrt sollte Mitte April 1939 stattfinden. Meine Eltern bekamen eine Liste von Kleidern, Wäsche usw., die ich mitbekommen sollte. Sie kamen nach Frankfurt, um den letzten Sonntag mit mir zu verbringen, und waren bei unseren Verwandten. Ich war auf dem Weg vom Röderbergweg zur Brüder-Grimm-Straße - wo Onkel und Tante Schuster wohnten -, da erfaßten mich ein paar Bengel, rissen mir meine Mütze vom Kopf und schmissen sie weg. Ich lief meiner Mütze nach; das war anscheinend eine „Frechheit“ in ihren Augen. So kamen sie auf mich, und einer gab mir einen „Box“ ins Auge, so daß ich „Sterne“ sah. Mit blauem Auge hatten jetzt meine Eltern nochmals den Beweis (aber er fehlte ihnen ja nicht), wie wichtig es war, mich so geschwind wie möglich herauszuschikken. Mein Vater sagte: „So, jetzt kannst du im Ausland deutlich zeigen, wie man sich hier gegen uns benimmt.“

Meine Mutter konnte den Abschied seelisch nicht ertragen; ich verabschiedete mich von ihr, und sie fuhr nach Neukirchen zurück. Mein Vater brachte mich an den Bahnhof, wo der Transport abging. Von Frankfurt fuhren wir nach München, dort hatten wir Aufenthalt und saßen in einer Halle, dann ging es in einem anderen Zug weiter. An der Grenze hielt der Zug. Herr Marx kam ganz nervös in die verschiedenen Wagen und bat, sofort alle Fenster zu schließen und kein Wort zu reden. Es stellte sich heraus, daß man uns drohte, uns nicht aus Deutschland zu lassen und uns zurückzuschicken, denn wir hätten bei unserem Aufenthalt in München Hitler verflucht.

Als der Zug wieder fuhr, atmeten wir alle mit Erleichterung auf, doch die Angst, zurückgeschickt zu werden, verließ mich nicht, sogar als wir schon auf einem italienischen Schiff waren (Deutschland und Italien waren ja im Bündnis). Auch noch in Palästina, wo wir im April 1939 landeten, machten wir noch viele Wochen die Fenster zu, bevor wir uns erlaubten, etwas über Politik und Nazis zu sprechen.

Meine sel. Eltern kamen nicht heraus. Bevor sie im Jahre 1942 in Richtung Minsk (Rußland) deportiert wurden, schrieben sie mir zwei Briefe, die nach Kriegsende in meine Hände kamen. Sie hatten die dunkle Ahnung, daß ihre Zukunft nicht gut enden werde, sie dankten Gott, wenigstens mich, ihr einziges Kind, gerettet zu haben, und mein sel. Vater hoffte - in seinen letzten Zeilen -, daß am Ende doch ein jüdischer Staat ersteht, damit ein so schreckliches Schicksal, wie es die Juden in Deutschland traf, nie mehr möglich sei.

Die Nationalsozialisten

Nach dem Pogrom schien es merkwürdigerweise so, als ob fast niemand aus der Staats- und Parteiführung so recht glücklich über die Ereignisse vom 9. und 10. November gewesen sei - außer Goebbels natürlich, der der eigentliche Urheber war, und Hitler, der durch seinen Besuch bei Goebbels am 14. November demonstrativ zu erkennen gab, daß er mit Goebbels' Handlungsweise einverstanden sei.[3] Selbst der fränkische Gauleiter Julius Streicher, der als einer der fanatischsten Antisemiten bekannt war, der im Frühjahr 1933 das zentrale Boykottkomitee geleitet und später wiederholt in Franken Aktionen und Hetzkampagnen gegen die Juden initiiert hatte, behauptete später, daß er den Novemberpogrom nicht gebilligt habe. Himmler, der anscheinend um den Erfolg seiner Auswanderungspolitik fürchtete, betrieb gemeinsam mit Heydrich und einigen Reichsministern erfolglos die Entlassung von Goebbels,[4] was heuchlerisch genug war, da Himmler und Heydrich ja den Pogrom für die brutale Verhaftungsaktion genutzt hatten. Am lautstärksten trug Göring seine Kritik an dem Pogrom vor. Er benutzte dazu die Konferenz von Vertretern verschiedener Reichsministerien am 12. November 1938, an der auch Goebbels teilnahm. Göring nahm wie üblich kein Blatt vor den Mund und erklärte gleich zu Beginn, er habe „diese Demonstrationen satt. Sie schädigen nicht den Juden, sondern schließlich mich, der ich die Wirtschaft als letzte Instanz zusammenzufassen habe." Wenn ein jüdisches Geschäft zerstört würde, trage die deutsche Versicherung den Schaden, und die Konsumgüter, die vernichtet worden seien, würden der deutschen Volkswirtschaft fehlen. „Dann", so Göring, „kann ich auch gleich die Rohstoffe anzünden, wenn sie hereinkommen."[5]

Solche kritischen Bemerkungen zu dem Pogrom - die drastischen Worte Görings sind später in der Literatur gern zitiert worden - dürfen aber nicht darüber hinwegtäuschen, daß die NS-Führung in den folgenden Tagen, wie wir sahen, mit einer geradezu brutalen Konsequenz nicht nur die Ausschaltung der Juden aus dem Wirtschaftsleben, sondern auch ihre Isolierung und „Rassentrennung" - so wörtlich der Reichsminister für Wissenschaft und Erziehung in seinem Erlaß vom 15. November 1938 (Dok. 84) - betrieb. In der Sitzung der Vertreter der Reichsministerien am 12. November wurden Maßnahmen zur weiteren Entrechtung der Juden in einer geradezu zynischen Weise erörtert. Dies galt nicht nur für Goebbels, der den Juden auch das Betreten des „deutschen Waldes" verbieten wollte.[6] Daß es Göring bei seiner Kritik an dem Pogrom keineswegs etwa um eine humanere Behandlung der Juden ging, hat er selbst in makabrer Weise im Verlauf der Sitzung deutlich gemacht. Als die Rede auf immer neue Schäden kam, die in der Kristallnacht angerichtet wurden, äußerte er: „Mir wäre lieber gewesen, Ihr hättet 200 Juden erschlagen und hättet nicht solche Werte vernichtet."[7]

Wenn in der NS-Führung nachträglich Unbehagen und Kritik an dem Pogrom aufkam, so lag dies freilich nicht nur an der sinnlosen Zerstörung von Sachwerten, sondern auch daran, daß die Aktion allzu deutlich die Parolen widerlegte, mit denen man der Bevölkerung die „Sauberkeit der Partei" und den NS-Staat als Garanten für Recht und Ordnung anzupreisen pflegte. Darüber hinaus war auch die Disziplinlosigkeit der eigenen Organisationen in einem beunruhigenden Umfang zutage getreten, der zu zahlreichen Parteigerichtsverfahren führte. Diese Tatsache veranlaßte das Oberste Parteigericht der NSDAP, in einem Bericht eine grundsätzliche Kritik an dem Pogrom zu äußern (Dok. 77). Auch wenn das Gericht sicherlich kein besonders einflußreiches Organ war, gab es vermutlich Stimmungen wieder, die auch in maßgeblichen Parteikreisen geäußert worden waren. Die Kritik richtete sich prinzipiell gegen die Art und Weise, wie Goebbels den Pogrom inszeniert hatte. Wenn Goebbels versucht habe, auf diese Weise die Urheberschaft des Pogroms zu vertuschen, sei dies sinnlos gewesen, denn: „Auch die Öffentlichkeit weiß bis auf den letzten Mann, daß politische Aktionen wie die des 9. November von der Partei organisiert und durchgeführt sind, ob dies zugegeben wird oder nicht." Zum anderen bedauerte das Parteigericht, daß wegen der unklaren Befehlslage und den sich daraus ergebenden Mißverständnissen in der Befehlskette von oben nach unten Disziplinlosigkeiten und brutale Handlungen vorgekommen seien, die geeignet gewesen seien, „in jedem Fall ... die soldatische und damit nationalsozialistische Auffassung von Disziplin und Verantwortung zu untergraben" (Dok. 77).

Da das Oberste Parteigericht hauptsächlich Goebbels die Schuld an der für die Parteidisziplin bedenklichen Situation gab und den Tätern im allgemeinen eine lautere Gesinnung bescheinigte, konnte es auch Mörder und Totschläger mit Verwarnungen oder noch milderen „Strafen" davonkommen lassen und zugleich dafür eintreten, daß die Täter nicht der staatlichen Strafjustiz überstellt würden – mit Ausnahme von lediglich zwei SA-Leuten, die sich der Vergewaltigung von Jüdinnen und damit zugleich des nach nationalsozialistischer Auffassung besonders schlimmen Delikts der „Rassenschande" schuldig gemacht hatten. Im übrigen aber blieben auch schlimmste Disziplinlosigkeiten, selbst Verbrechen wie die Ermordung von Menschen entgegen ausdrücklichem Befehl praktisch straflos. Wie konnte dies freilich auch anders sein in einem Herrschaftssystem, in dem schon in den vorangegangenen Jahren nicht nur jeder SA-Führer nach Belieben zu einer Hetzjagd auf die ortsansässigen Juden aufrufen konnte – wenn nicht gerade „Einzelaktionen" aus außenpolitischen Gründen unerwünscht waren –, sondern 1934 bereits im sogenannten „Röhmputsch" der „Führer als oberster Gerichtsherr" die Ermordung von Dutzenden von SA-Führern und zahlreichen Persönlichkeiten des öffentlichen Lebens angeordnet hatte. So machten auch die Vorgänge um die „Kristallnacht" deutlich, daß sich die Partei- und Staatsführung jederzeit über die geltende Rechtsordnung hinwegsetzen konnte, wenn es um die Erreichung bestimmter politischer Ziele und insbesondere um die Verfolgung einer unliebsamen Minderheit ging.

*

Wie aber rekrutiert man in einem Land, das auf eine rund hundertjährige Tradition als bürgerlicher Rechtsstaat zurückblicken konnte, Tausende von Männern, die bereit sind, gewaltsam in fremde Wohnungen einzudringen, das Mobiliar zu zerschlagen oder aus dem Fenster zu werfen und andere kriminelle Handlungen zu begehen, während Frauen und Kinder angstvoll in einer Ecke stehen und dem Zerstörungswerk zuschauen? Wie findet man Tausende von Männern, die auf Befehl bereit sind, Gotteshäuser zu schänden und anzuzünden? Der Verlauf der „Kristallnacht" zeigt, daß dies ohne größere Schwierigkeiten möglich war. Und zwar nicht nur in den Reihen der SA, die paramilitärisch organisiert und auf die strikte Befolgung von Befehlen gedrillt war und die schon früher in zahlreichen Orten „Einzelaktionen" gegen die Juden durchgeführt hatte. Auch die Ortsgruppenleiter hatten im allgemeinen keine Schwierigkeiten, genügend Parteimitglieder zu mobilisieren und gegen Synagogen und jüdische Geschäfte und Wohnungen einzusetzen. Zwar wurde später vor Gericht von nicht wenigen Angeklagten geltend gemacht, daß sie gegen den erteilten Auftrag zunächst Einwände erhoben hätten. Doch genügte im allgemeinen der Hinweis auf den gegebenen Befehl, die Berufung auf den dem „Führer" geleisteten Eid bzw. die Beschimpfung als „Feigling" oder ein ähnlicher „Anpfiff", um dem Befehl Geltung zu verschaffen. Selten übrigens auch, daß SA-Leute oder Parteigenossen sich der Aktion entzogen, indem sie sich in Schweijkscher Manier bei der erstbesten Gelegenheit „verdrückten". Im allgemeinen folgten Parteimitglieder und SA-Männer dem Befehl und führten ihn mit blindem Gehorsam aus; nur dadurch konnte die Aktion fast überall, wo Synagogen standen und Juden wohnten, flächendeckend durchgeführt werden. Die Befolgung offenkundig rechtswidriger Befehle und ihre Ausführung in aller Öffentlichkeit durch NSDAP und SA war somit - wie der Pogrom zeigte - schon in Friedenszeiten kein Problem.

Dabei gab es unter den SA-Männern und Parteimitgliedern nicht nur fanatische und brutale Antisemiten. So verbreitet zweifellos eine allgemeine antisemitische Grundhaltung war, hätten sich doch viele sicherlich gegenüber Juden nie etwas zuschulden kommen lassen, wenn es ihnen nicht befohlen worden wäre. Insofern ist es auch glaubwürdig, wenn in späteren Gerichtsverfahren von den Angeklagten häufig beteuert wurde, daß sie zunächst Einwände gegen die Teilnahme an der Aktion gegen die Juden erhoben hätten.

Dies gilt übrigens auch für Teile des Führungskorps. Bekanntlich gab es in Hamburg keine „Kristallnacht", weil der dortige Gauleiter Karl Kaufmann Ausschreitungen verhinderte. Erinnert sei in diesem Zusammenhang auch an den Ortsgruppenleiter und Bürgermeister von Heldenbergen, der persönlich in der Nacht vom 9./10. November zusammen mit dem Ortsgendarm vor der Synagoge Wache stand, um diese vor der Zerstörung zu bewahren (Dok. 25). Selbst am 10. November haben ja manche Ortsgruppenleiter nach den Besprechungen auf der Kreisleitung in ihrer Gemeinde keine Aktionen gegen die Juden angeordnet.[8]

Wie schon die „Einzelaktionen" vergangener Jahre zeigten, gab es andererseits vor allem bei SA-Leuten, aber auch bei anderen NS-Funktionären eine spontane Bereitschaft zu Gewalttaten gegen Juden, die keines Befehls bedurfte und jede sich bietende Gelegenheit nutzte, um die wehrlosen Opfer zu mißhandeln oder zu erniedrigen. Die Bandenmentalität mancher SA-Trupps zeigte sich während des Pogroms nicht nur bei wohlorganisierten Plünderungen (Dok. 76), sondern auch bei der brutalen Mißhandlung von Juden. Hinzu kamen sadistische Quälereien, wie sie bei der Scheinerschießung von Juden in Bad König,[9] aber auch von dem SS-Wachpersonal in der Frankfurter Festhalle und auf dem Transport der Juden in die Konzentrationslager bekannt geworden sind (Dok. 88).

Verwaltung, Polizei und Justiz

Nach 1945 haben nicht nur viele Verwaltungsbeamte, sondern auch Polizei- und Justizangehörige geltend gemacht, in ihrem Bereich sei auch während des „Dritten Reiches" im wesentlichen korrekt nach Recht und Gesetz gearbeitet worden und sie hätten mit der Willkürherrschaft der „Partei“ so gut wie nichts zu tun gehabt. Daran ist grundsätzlich richtig, daß der nationalsozialistische Staat in der Tat gewissermaßen ein Doppelstaat gewesen ist. Neben den herkömmlichen Staatsapparat, der die üblichen Verwaltungsaufgaben in traditioneller Form und auch teilweise noch nach Gesetzen und Verordnungen aus der Zeit vor 1933 erledigte, war ein anderer Machtapparat getreten, der seine politischen Ziele auf Grund von Führerbefehlen oder Weisungen anderer hoher Parteiinstanzen durchsetzte, wobei die Rücksicht auf das geltende Recht oft keine Rolle spielte.[10]

Indessen waren diese beiden Gewalten keineswegs säuberlich voneinander getrennt. Nicht nur, daß die nationalsozialistische Regierung vielfach Gesetze erlassen hat, die mit dem Geist des traditionellen Rechtsstaates unvereinbar waren – wie zum Beispiel über die Diskriminierung von Menschen anderer „Rasse“ –, es gab auch auffallende institutionelle Verbindungen zwischen der hergebrachten Staatsverwaltung und dem Parteiapparat. Wir sahen schon, daß die Bürgermeister in den kleineren Landgemeinden häufig auch Ortsgruppenleiter der NSDAP waren. Solche Verbindungen gab es auch in größerem Rahmen. So war Heinrich Himmler seit 1936 als Reichsführer SS zugleich Chef der deutschen Polizei. Eine ähnliche Doppelfunktion hatte auch Heydrich, der vor 1933 als SS-Standartenführer den Sicherheitsdienst (SD), d.h. die Nachrichtenabteilung der SS, aufgebaut hatte. Nach der „Machtergreifung“ vollzog sich sein weiterer Aufstieg in enger Verbindung mit Heinrich Himmler: Er wurde 1934 Leiter des Geheimen Staatspolizeiamtes in Berlin und zwei Jahre später „Chef der Sicherheitspolizei“, dem nun neben der Gestapo auch die Kriminalpolizei unterstand. Damit war seit 1936 nicht nur die Kriminalpolizei mit der Gestapo unter einem Dach vereinigt, beide waren auch zusammen mit der Schutzpolizei und der Gendarmerie dem Reichsführer SS Himmler unterstellt.

Dagegen blieb das Justizwesen scheinbar von spektakulären Veränderungen verschont, wenn man von der Einrichtung des Volksgerichtshofes im Jahr 1934 absieht. Vermutlich wäre der NS-Staat zusammengebrochen oder zumindest in eine schwere Vertrauenskrise gestürzt worden, wenn nicht die bürgerliche Rechtssicherheit weiterhin durch die traditionellen Instanzen von den Gerichten bis zum Grundbuchamt gewahrt worden wäre. Allerdings waren schon 1933 neben den üblichen Strafgerichten auch Sondergerichte eingesetzt worden; nach 1939 wuchs ihre Zahl stark an, und ihre Zuständigkeit wurde so erweitert, daß die Staatsanwaltschaft fast jede Straftat als „Gefährdung der deutschen Abwehrkraft“ vor ein Sondergericht bringen konnte. Die Sondergerichte überwucherten infolgedessen nicht nur die übrige Strafjustiz, sondern wurden durch die willkürliche Verhängung von Todesurteilen und schwersten Zuchthausstrafen in verhängnisvoller Weise Teil des nationalsozialistischen Unrechtsstaates. Aber auch die „regulären“ Strafkammern haben schon bald nach 1933 neues nationalsozialistisches Recht praktiziert und beispielsweise nach anfänglichem Zögern den durch die Nürnberger Gesetze von 1935 geschaffenen Straftatbestand der „Rassenschande“ häufig mit großem Eifer und harten Strafen durchgesetzt.[11]

Selbst Beamte auf dem Grundbuchamt, die natürlich auch im „Dritten Reich" ganz im traditionellen Sinne weiterarbeiten konnten, blieben von Maßnahmen der nationalsozialistischen Judenpolitik nicht ganz unberührt, wenn z. B. im Zusammenhang mit der „Arisierung" jüdischen Grundbesitzes merkwürdige Vorgänge über ihren Schreibtisch liefen.

Die Verstrickung von Verwaltung, Polizei und Justiz in das NS-Herrschaftssystem wird besonders während des Novemberpogroms deutlich. Eine der folgenschwersten Aktionen im Rahmen des Pogroms - nämlich die Verhaftung von Zehntausenden von Juden und ihre Deportation in Konzentrationslager - setzte von vornherein die Mitwirkung der Kriminalpolizei, der Schutzpolizei und der Gendarmerie voraus. Der Polizei war überdies - wie wir sahen - ganz offiziell über die Regierungspräsidenten mitgeteilt worden, daß „Handlungsfreiheit gegen Eigentum deutscher Juden" bestehe. Nur Brandschäden, Plünderungen und Personenschaden seien zu verhindern (Dok. 13) - und auch diesem Auftrag ist die Polizei nur unzulänglich gerecht geworden. Einbezogen war aber auch der Justizapparat. Die Justizvollzugsanstalten waren angewiesen, die von der Gestapo grundlos verhafteten Juden aufzunehmen, sofern diese nicht über andere Sammelpunkte wie die Frankfurter Festhalle direkt in die Konzentrationslager transportiert wurden. Die Staatsanwaltschaften waren instruiert, „keine Ermittlungen in Angelegenheiten der Judenaktionen vorzunehmen" (Dok. 14). Die praktische Folge solcher Anweisungen war, daß letztlich „Handlungsfreiheit" nicht nur gegen jüdisches Eigentum bestand, wie es der Erlaß der Regierungspräsidenten formulierte, sondern daß auch bei darüber hinausgehenden Ausschreitungen, bei Mißhandlungen und sogar auch bei der Ermordung von Juden kein nachträgliches Einschreiten der Justiz zu befürchten stand.

Betroffen waren davon vor allem die unschuldigen und wehrlosen Opfer des Pogroms. Betroffenheit über Form und Durchführung dieser Aktion hätten aber auch alle diejenigen empfinden müssen, die an diesem Tage in Verwaltung, Justiz und Polizei ihren Dienst verrichteten. Und so sehen Staatsanwälte tatenlos zu, wie Synagogen brennen, Fensterscheiben zersplittern und Geschäfte zerstört werden. Auch gewisse Bemühungen der Justiz, im Falle von schweren Gewalttaten wie der Ermordung von Juden sowie bei Plünderungen zu ermitteln, scheitern an Kompetenzschwierigkeiten mit der Gestapo und den Parteigerichten, die selbst die Entscheidung darüber beanspruchen, ob solche Fälle der Strafjustiz übergeben werden sollen.[12] Da ordnen Landräte und Bürgermeister die Verhaftung von Juden an, ohne daß eine rechtliche Begründung erkennbar ist, und Polizisten und Gendarmeriewachtmeister machen sich in Begleitung von SA-Leuten auf, um Juden festzunehmen (Dok. 67, 68). Da beziehen Bürgermeister und Ortsgendarm in der Nähe des Tatorts Position und schauen dem Treiben der Einsatztrupps zu. Dies ist doppelt fatal: Denn durch ihre Anwesenheit legitimieren sie die Aktion gegen die Juden, zugleich macht es ihnen ihre Distanz zum Tatort unmöglich, einzuschreiten, wenn die braunen Horden die Grenzen des „erlaubten" Zerstörungswerkes überschreiten. Da werden nicht wenige Bürgermeister, die in kleineren Gemeinden zugleich Ortsgruppenleiter sind, selbst zu Werkzeugen des Terrors, indem sie auf Weisung der NS-Kreisleiter Einsatztrupps aus SA-Leuten und Parteigenossen zusammenstellen und ihnen den Auftrag erteilen, die Synagogen und jüdischen Geschäfte und Wohnungen zu zerstören. Da wird Feuerwehrleuten von Landräten oder Parteifunktionären untersagt, die brennenden Synagogen zu löschen, und manchmal erhalten sie sogar vom Bürgermeister und Ortsgruppenleiter die Anweisung, sich selbst an dem Zerstörungswerk zu beteiligen.

Staats- und Stadtbauämter treffen nach dem Pogrom Anordnungen für den Abriß von Synagogen, den dann häufig Angehörige der Technischen Nothilfe ausführen (Dok. 56). Die Polizei bleibt selbst dort passiv, wo ihr Erlasse der vorgesetzten Stellen Handeln zwingend vorschreiben. So fordert Heydrich in Erlassen vom 10. und 14. November ein scharfes Vorgehen gegen Plünderer; dennoch beteuert ein Ortsgendarm nach Intervention der örtlichen SS, er hätte natürlich wegen des Verdachts auf Plünderung nicht ermittelt, wenn er gewußt hätte, daß der Verdächtige ein SS-Mann sei (Dok. 74). Ausdrücklich verboten hatte Heydrich auch die Mißhandlung von Juden im Rahmen der Verhaftungsaktion, dennoch erstattet der Gendarmeriebeamte, der gemeinsam mit SA-Leuten Juden verhaftet hat, keine Anzeige gegen den SA-Mann, der dabei einen Juden geschlagen hat (Dok. 68).

Freilich, so tief auch die Verstrickung des Verwaltungs-, Polizei- und Justizapparats in das System des NS-Staates war, so sehr gilt es, sich vor pauschalen Urteilen gegenüber der Beamtenschaft zu hüten. Es gab zweifellos nicht wenige Beamte, die sich innerlich noch der immer rechtsstaatlichen Tradition der Weimarer Republik verpflichtet gefühlt und unter den Verhältnissen und Zumutungen der NS-Diktatur gelitten haben. Es gab auch in der Kristallnacht Polizisten, die rettend eingriffen und bedrängten Juden Schutz gewährt haben; nicht wenige Bürgermeister und Gendarmeriebeamte haben noch in der Nacht vom 9./10. November - also bevor die Goebbelsrede eine neue Situation schuf - durch ihren persönlichen Einsatz Synagogen und jüdische Wohnungen mit Erfolg geschützt.[13]

Am 10. November genügte dann aber im allgemeinen ein ausdrücklicher Befehl, um noch vorhandene Bedenken zu zerstreuen. In einigen Fällen ist allerdings Bestürzung spürbar. So ruft am Vormittag des 10. November der Bürgermeister Richberg aus Idstein bei dem zuständigen Landrat an. Er war bereits frühmorgens von der beabsichtigten Inbrandsetzung der Idsteiner Synagoge informiert worden. Jetzt teilt er mit, die Inneneinrichtung des jüdischen Gotteshauses sei zerstört, er fürchte weitere „Demonstrationen“ und bitte um polizeiliche Verstärkung. Der Landrat weist ihn indessen darauf hin, „daß auf zentralen Befehl einheitlich im ganzen Reich Aktionen gegen Juden durchgeführt würden. Diese Aktionen seien zu dulden, die Polizei habe sich nicht einzuschalten.“[14]

Ein Beamter der SD-Außenstelle Wolfhagen notierte am 10. November um 15 Uhr folgenden Anruf des dortigen Bürgermeisters Vaihinger: „Soeben erfahre ich vom Herrn Landrat Dr. Elze, daß heute abend auf dem Marktplatz ein Feuer angezündet werden soll, wo die auf die Straße geworfenen jüdischen Inventarstücke verbrannt werden sollen. Dieses muß ich Ihnen hiermit polizeilich untersagen. Im übrigen müßte er seine tiefste Abneigung dagegen ausdrücken, daß die SS an der Spitze dieser Aktion gestanden hätte. Es wäre kein Volkszorn mehr gewesen, sondern der reinste Vandalismus. Er sei gewiß kein Judenfreund, aber dieses Vorgehen fände seine Zustimmung absolut nicht. In weiter erhobenem Tonfall sagte er dann zu mir: Ich wüßte ja, was ich gemacht hätte, und das Weitere würde sich noch finden."[15]

Solche Äußerungen legen die Frage nahe: Waren auch Täter mitunter Opfer des NS-Systems? Diese Frage stellt sich gerade auch bei Verwaltungsbeamten, die als Glied in der Befehlskette unrechtmäßige Anordnungen trafen und weitergaben, die sie in einem Rechtsstaat nie erteilt hätten. Neben fanatischen Nationalsozialisten, neben Opportunisten und Gleichgültigen gab es zweifellos nicht wenige Beamte, die durch offensichtlich rechtswidrige Befehle in schwere Gewissenskonflikte gestürzt wurden. Zu erinnern ist hier an den stellvertretenden Landrat des Kreises Gießen, der befehlsgemäß die Verhaftung von Juden anordnet, obwohl er nach eigenem Bekunden der Bekennenden Kirche angehört und dem Nationalsozialismus ablehnend gegenübersteht (Dok. 67). Er handelt möglicherweise in einem Gewissenskonflikt, der allerdings im Jahr 1948 vor Gericht auf Grund der gegebenen Rechtslage nicht deutlich werden kann. Es ist ein schwerer Mangel der Gerichtsverfahren gegen Richter, Verwaltungs- und Polizeibeamte nach 1945 gewesen, daß auf Grund der Rechtslage Schuldfragen nicht in einer moralisch angemessenen Weise erörtert und geklärt und eine Aufarbeitung des Geschehenen dadurch nicht gefördert werden konnte. Wie sich in den entsprechenden Verfahren nach 1945 zeigte, wäre ein Landrat oder ein Polizist wegen der grundlosen Verhaftung von Juden nur verurteilt worden, wenn er zugegeben hätte, daß er die Aktion für rechtswidrig gehalten hätte. Wenn er dagegen vor Gericht beteuerte, daß er beispielsweise die Massenverhaftungsaktion gegenüber der jüdischen Minderheit im November 1938 für eine Form der - schon in der Zeit der Weimarer Republik üblichen - „Schutzhaft" und daher für rechtmäßig gehalten habe, hatte er gute Aussichten, vor Gericht freigesprochen zu werden, da ihm das Unrechtsbewußtsein gefehlt habe (Dok. 67).

Die Reaktion der Bevölkerung

Niemand konnte später sagen, er hätte davon nichts gewußt. Unter den vielen Gewalttaten und Massenverbrechen, die in der NS-Diktatur begangen wurden, stellte der Novemberpogrom eine singuläre Aktion dar: Im ganzen Reichsgebiet wurden die Gotteshäuser, Geschäfte und Wohnungen einer Minderheit zerstört - und alles dies geschah größtenteils am hellichten Tag und vor einer Kulisse von Hunderten, ja oft von Tausenden von Zuschauern. Und die Nachricht von den brennenden Synagogen und den zerstörten Geschäften erreichte zweifellos auch jene Menschen, die in Städten und Dörfern wohnten, die schon „judenfrei" waren. Die Frage ist, wie die Masse einer Bevölkerung darauf reagierte, in der es zwar einen weitverbreiteten Antisemitismus gab, die aber auch seit langen Jahrzehnten an die Normen des bürgerlichen Rechtsstaats gewöhnt war.

Die Forschung hat sich bis heute schwer getan, eine befriedigende Antwort auf diese Frage zu finden. Dies ist teilweise damit zu erklären, daß lange die Darstellung der Aktionen der Terrorkommandos und die Rekonstruktion der Befehlswege im Vordergrund stand, galt doch das Bemühen der Forschung zunächst verständlicherweise dem Ziel, die Behauptung der NS-Propaganda zu widerlegen, es habe sich um das Werk einer spontanen Volksbewegung gehandelt. Die Forschung ist freilich auch später dieser Frage empirisch kaum nachgegangen. Die Quellen aber, die am ehesten über den genauen Hergang des Pogroms und die Beteiligung der Bevölkerung berichten können, nämlich die Gerichtsurteile, haben der Forschung anfangs nicht immer zur Verfügung gestanden.

Nach dem Krieg neigte man zunächst in der Forschung zu der These, daß sich die große Mehrheit des Volkes ablehnend verhalten habe.[16] Diese Ansicht konnte sich auf so gewichtige Quellen wie die Sopade-Berichte stützen, die seinerzeit feststellten: „Die brutalen Maßnahmen gegen die Juden haben große Entrüstung in der Bevölkerung ausgelöst."[17] Diese Feststellung konnte sich vor allem auf spontane Äußerungen des Protestes aus der Berliner Bevölkerung stützen. Auch aus anderen Großstädten sind zumindest unterschiedliche Reaktionen der Bevölkerung bekannt. So berichtet Fliedner von einer distanzierten Haltung der Mannheimer Bevölkerung; die Aktion habe bis weit in die Parteikreise hinein „keinen positiven Widerhall" gefunden.[18] Aus der Neuen Mannheimer Zeitung kann er sogar ein Gedicht über den „Herbst" zitieren, das als versteckte Kritik an dem Pogrom zu interpretieren ist - gewiß eine bemerkenswerte Rarität in der von Goebbels' Propagandaministerium beherrschten Presselandschaft.[19]

Schon früh ist der Forschung allerdings auch deutlich geworden, daß an diesem Tag nicht nur braune Einsatztrupps aktiv waren, daß es weder an sensationslüsternen Zuschauern noch an der Beteiligung eines „Straßenmobs" mangelte.[20] Mit diesem Wort brachte man zum Ausdruck, daß es sich dabei um eine Art Pöbel, gewissermaßen um Menschen mit den niedersten Instinkten und aus der untersten Gesellschaftsschicht gehandelt haben müsse.

Eine wichtige weitere Quelle sind amtliche Berichte über die Stimmung der Bevölkerung, wie sie zum Beispiel aus Bayern und Franken aus den Wochen nach dem Pogrom bekannt geworden sind.[21] Sie lassen ohne Zweifel eine vielfältige Kritik an den Vorgängen während des Novemberpogroms zumindest bei Teilen der Bevölkerung erkennen. Die Forschung ist heute indessen eher zurückhaltend, wenn es um die Wertung solcher Berichte geht, und versteht die darin enthaltene Kritik nicht in jedem Fall als Ausdruck des Mitgefühls mit den verfolgten Juden. Auch andere Motive für eine Distanzierung erscheinen durchaus naheliegend. Einmal die Empörung über den Vandalismus, wie er in der Zerstörung von Schaufenstern, Wohnungen und Waren aller Art zum Ausdruck kam. Auch die Tatsache, daß in manchen Gegenden die Spenden anläßlich des üblichen Eintopfsonntags nach der

„Kristallnacht" auffallend zurückgingen, könnte zuallererst als Protest gegen die sinnlose Vernichtung von Sachwerten während des Pogroms verstanden werden.[22] Nicht wenige Menschen, auch wenn sie gegen die nationalsozialistische Judenpolitik wenig einzuwenden hatten, mögen erschrocken gewesen sein über die zutage getretene Gewalttätigkeit rabiater Elemente aus Kreisen der Partei und Bevölkerung. Auch sind Berichte überliefert, aus denen die Sorge um die Autorität der staatlichen Organe und die Bewahrung der bürgerlichen Rechts- und Werteordnung spricht.

Und in der Tat: Selten hatte sich das hinter der Fassade der NS-Propaganda verborgene Potential an Brutalität so deutlich enthüllt wie an dem Tage des Novemberpogroms. Dies war erschreckend und wurde wohl auch von nicht wenigen Menschen so empfunden. Die Frage blieb indessen, wie rasch der einzelne dieses Erlebnis auch wieder verdrängt hat. Daß der Pogrom wenigstens bei einem begrenzten Teil der Bevölkerung einen grundlegenden Wandel in der Einstellung zu dem NS-Herrschaftssystem bewirkt hätte, dies hat sich nicht feststellen lassen.

*

Wie aber war in hessischen Städten und Gemeinden die Reaktion am Pogromtag selbst? Auch hier waren die Straßen schwarz von Menschen. Wo immer Synagogen angezündet, jüdische Geschäfte und Wohnungen zerstört wurden, stets waren Hunderte oder Tausende von Menschen Augenzeugen dessen, was an diesem Tag geschah. Es gibt Zeugen, die berichten, wie in Wiesbaden Tausende von Menschen schweigend zuschauten, als die Synagoge am Michelsberg ausbrannte. Offenkundig herrschte hier eine gedrückte Stimmung.[23] Auch hier mögen die Gefühle der Menschen unterschiedlich gewesen sein. Sympathie mit den bedrängten Juden und stille Entrüstung über das Anzünden eines Gotteshauses mögen die einen empfunden haben, andere vielleicht nur Ratlosigkeit oder Sorge, wie sie bei Gewaltaktionen des NS-Regimes in der Bevölkerung häufig zutage trat: „Werden wir einmal die Folgen dafür tragen müssen?"[24]

Doch gab es in Wiesbaden und in anderen hessischen Großstädten nicht nur bedrückte und fassungslose Menschen. Auch hier berichten Augenzeugen, daß sich neben den Einsatztrupps auch Teile der Bevölkerung - nicht nur der „Mob", sondern beispielsweise auch zahlreiche Kleinbürger - aktiv am Pogrom beteiligten. Doch geben die Gerichtsverfahren, die wegen dieser Ausschreitungen nach 1945 geführt worden sind, meist nur kleine Ausschnitte des Geschehens wieder, so daß genauere Aussagen nicht möglich sind.

Weitaus besser und genauer sind wir über die Situation in Kleinstädten und Landgemeinden unterrichtet. Die Prozeßakten machen deutlich, daß sich in vielen Orten Teile der Bevölkerung aktiv an den Ausschreitungen beteiligt haben, und zwar oft ohne daß es gezielter Provokationen durch die örtliche Parteiführung bedurft hätte. Die Menschen schauten nicht nur sensationslüstern dem Treiben der Einsatztrupps zu, verfolgten nicht nur schreiend und johlend, wie Juden abgeführt und ihre Wohnungen demoliert wurden, sondern beteiligten sich auch selbst an dem Zerstörungswerk oder begannen zu plündern.

Und es ist keineswegs der „Mob“, der dies tut. Schon Rebentisch/Raab haben in der Dokumentation über Neu-Isenburg darauf hingewiesen, daß die Angeklagten, die später wegen der Ausschreitungen vor Gericht standen, durchaus bürgerliche Berufe hatten; unter ihnen waren Handwerker, Kaufleute, Angestellte und auch ein Jurist.[25] In den Prozessen aus anderen Orten dominiert unter den Angeklagten ebenso das breite Spektrum des Mittelstandes, insbesondere das Kleinbürgertum, ganz gleich übrigens, ob es sich um Parteigenossen handelt oder nicht.

Selten wird in einem Urteil erwähnt, daß ein Teil der Bevölkerung diesen Vorgängen offensichtlich ablehnend gegenüberstand.[25a] Doch gibt es auch Beispiele, daß Menschen den verfolgten Juden ihre Sympathie zu erkennen gaben: Ein Wiesbadener Studienrat entschuldigte sich bei einer jüdischen Schülerin aus Wiesbaden für das, was man der jüdischen Bevölkerung in der „Kristallnacht“ angetan hatte.[26] In Neu-Isenburg wurden den jüdischen Kindern, die am Pogromtag aus dem Kinderheim des jüdischen Frauenbundes vertrieben worden waren, die Lebensmittel von Neu-Isenburger Kaufleuten ohne Bezahlung zur Verfügung gestellt.[27] Häufig aber haben auch die wenigen, die in einer Landgemeinde ihre Distanz gegenüber dem Pogrom zu erkennen gaben, nachher ihre Außenseiterrolle zu spüren bekommen; sie wurden als „Judenfreunde“ angepöbelt oder diskriminiert.[28] Ein katholischer Pfarrer in Gelnhausen, der nach der „Kristallnacht“ von einem jüdischen Notar Akten zur Aufbewahrung übernommen hatte, wurde von einer Menschenmenge zusammen mit einem Kaplan aus der Wohnung geholt, von zwei Polizeibeamten in „Schutzhaft“ genommen und von der johlenden Menge unter Beschimpfungen und Tätlichkeiten zur Polizeiwache geleitet.[29] Auch der Landwirt aus Ellar, der eine jüdische Familie aufgenommen hatte, konnte ihr keinen Schutz bieten; er wurde selbst aus dem Haus geholt, verprügelt und abgeführt (Dok. 19).

Handelte es sich hier um Aggressionen, die plötzlich ausbrechen und Leute zu kriminellen Handlungen treiben, zu denen sie unter normalen Umständen gar nicht fähig wären? Oder kommen hier Haßgefühle zum Ausbruch, die auf einen tiefverwurzelten Antisemitismus zurückgehen und die Ursache dafür sind, daß viele Mittäter am Tage des Pogroms die bisherige Hemmschwelle überwinden und mitunter sogar gegen ihren jüdischen Nachbarn tätlich werden?

Daß der Grund in dem Antisemitismus der Angeklagten zu suchen sei, haben auch die Richter häufig angenommen, die nach 1945 über das Verhalten der bis dahin meist unbescholtenen Bürger zu befinden hatten. Sie haben diesen Antisemitismus allerdings überwiegend auf die NS-Propaganda seit 1933 zurückgeführt – und es mitunter sogar als Grund für eine Strafmilderung angesehen, daß die Angeklagten in den vorangegangenen Jahren unter massivem propagandistischen Einfluß gestanden hätten: „Die Angeklagten sind bisher unbestraft und sind, wie zahlreiche andere deutsche Volksgenossen, zweifellos der maßlosen Propaganda in Wort und Schrift erlegen. Es konnte daher auf eine Gefängnisstrafe erkannt werden“, so die Richter in einem Strafverfahren wegen eines Vorfalls in Darmstadt-Arheilgen, bei dem einer der Angeklagten unter anderem einen Juden mit dem Messer bedroht und dessen Tochter beim Sturz aus dem Fenster tödliche Verletzungen erlitten hatte.[30]

Aber war der Antisemitismus in hessischen Gemeinden wirklich ein neues, erst durch den Nationalsozialismus verbreitetes Phänomen? Oder war nur die Möglichkeit neu, ihn hemmungslos und ohne Rücksicht auf rechtsstaatliche Normen gegenüber dem jüdischen Nachbarn auszutoben?

Sehen wir zum Beispiel an, was eines Abends in Bindsachsen geschah. An diesem Abend hatten vier SA-Leute in Gelnhaar den Befehl erhalten, sich umgehend nach Bindsachsen zu begeben, weil eine „Abrechnung" mit dem jüdischen Bürger Isidor Felsenthal geplant war. Weisungsgemäß hatten sie keine Uniform angezogen. In Bindsachsen trafen sie in der Gastwirtschaft Schnuth, dem SA-Sturmlokal, mit weiteren SA-Leuten zusammen, die zum Teil aus benachbarten Ortschaften gekommen waren. Den weiteren Hergang schildert das Gericht so:

„Von der Gastwirtschaft Schnuth aus begaben sich die SA-Leute, die meisten von ihnen im Gesicht geschwärzt, zu dem Haus Felsenthal. Dort hatte sich bereits ein großer Teil der Einwohnerschaft Bindsachsens eingefunden, um dem beabsichtigten Treiben der SA, von dem man inzwischen erfahren hatte, zuzusehen. Als die SA an dem Haus Felsenthal ankam, mußte man feststellen, daß Isidor Felsenthal, der von dem bevorstehenden Überfall durch Freunde in Kenntnis gesetzt war, seine Haustür, die gleichzeitig zur Gastwirtschaft führte, verschlossen hatte. Der Angeklagte S. schoß daraufhin ohne lange zu zögern mit der von seinem Schwager mitgeführten Pistole auf das verschlossene Türschloß. Als sich hiernach die Tür immer noch nicht öffnen ließ, wurde sie von mehreren SA-Leuten unter Beifallsrufen vieler anwesender Zuschauer kurzerhand gewaltsam aufgebrochen. Die SA-Leute, unter ihnen die Angeklagten S., G., L. und B., drangen sodann in das Haus Felsenthal ein. Der Angeklagte M. hielt sich unwiderlegt unmittelbar vor dem Hause auf. Im Innern des Hauses wurden ein Teil des Inventars der Gastwirtschaft sowie sonstige Einrichtungsgegenstände zerschlagen. Gleichzeitig plünderte man die Warenbestände des Kolonialwarenladens aus. Weiterhin wurden andere Wertsachen, die bei dem Durchstreifen des Hauses vorgefunden wurden, mitgenommen. Darüber hinaus kam es zu schweren Tätlichkeiten gegen Isidor Felsenthal, der mit blutender Kopfwunde sein Heil in der Flucht in ein hinter seinem Haus liegendes Anwesen suchte. Er war hierbei genötigt, den Nebenausgang seines Hauses zu benutzen, da er beim Verlassen des Haupteinganges Gefahr laufen mußte, von der ständig zunehmenden Menschenmenge vor seinem Haus möglicherweise noch weiter geschlagen zu werden. Seine verheiratete Tochter, Frau Ullmann, die damals hochschwanger war, gab schließlich dem Angeklagten S. einen Betrag von etwa 50,— RM. Daraufhin bequemte sich die Bande zum Abzug."[31]

Das Auftreten des gewalttätigen SA-Trupps, die sensationslüstern zuschauende Menge, die bereit scheint, jeden Augenblick selbst aktiv zu werden, erinnert an Vorgänge, wie sie sich während des Novemberpogroms hundertfach in Deutschland ereigneten. Nur fand das Ereignis in Bindsachsen schon am 27. März 1933, wenige Wochen nach der Machtergreifung Hitlers, statt.

V. Nach 1945 - Sühne oder Vergessen?

Das Dritte Reich hatte 1945 nicht nur in einer totalen militärischen Niederlage, sondern auch in einer unvorstellbaren moralischen Katastrophe geendet. Als die Konzentrations- und Vernichtungslager von den alliierten Truppen besetzt wurden, erfuhr die Öffentlichkeit von kaum glaublichen Greueltaten des NS-Regimes. Unter diesen Umständen waren die Besatzungsmächte von Anfang an bemüht, Vorkehrungen zu treffen, die das Wiedererstehen einer faschistischen Diktatur in Deutschland verhindern sollten. Zu groß schien ihnen die Massenbasis der NS-Organisationen gewesen, zu sehr das Regime Hitlers auch von den führenden gesellschaftlichen Schichten mitgetragen worden zu sein, als daß sie einfach die politischen Verhältnisse in Deutschland ohne einschneidende Veränderungen hätten hinnehmen wollen. Auch deutschen Politikern schien der Neuaufbau einer Demokratie nur möglich, wenn die unter der nationalsozialistischen Herrschaft begangenen Verbrechen gesühnt und die Führungsschicht in Verwaltung und Justiz personell verändert würde. Daher haben die Besatzungsmächte zunächst dafür gesorgt, daß Beamte, Richter und leitende Angestellte in der Wirtschaft, die Funktionäre oder Mitglieder in NS-Organisationen gewesen waren, zum Teil entlassen wurden.[1] Während das politische Verhalten des einzelnen Parteifunktionärs und -mitglieds unter der NS-Diktatur in Spruchkammerverfahren überprüft wurde, dessen Ergebnis zunächst auch über die Wiedereinstellung in den öffentlichen Dienst entschied, sollten die von der NS-Diktatur begangenen Verbrechen von der Strafgerichtsbarkeit geahndet werden und so ihre gerechte Sühne finden.

Der Durchführung der Strafverfahren wegen nationalsozialistischer Gewaltverbrechen stellten sich freilich eine Fülle rechtlicher und praktischer Schwierigkeiten entgegen. Zunächst stand einer Verfolgung dieser Verbrechen der Umstand im Wege, daß diese nach dem geltenden Recht häufig schon verjährt waren. Hier schuf in Hessen das „Gesetz zur Ahndung nationalsozialistischer Straftaten" vom 29. Mai 1946 Abhilfe, indem es die Verjährung von Verbrechen und Vergehen aufhob, die insbesondere „mit Gewalttaten und Verfolgungen aus politischen, rassischen und religionsfeindlichen Gründen verbunden" waren.[2] Der Gesetzgeber verzichtete im übrigen darauf, rückwirkend neue Strafbestimmungen zur Ahndung dieser Verbrechen zu erlassen - eine Entscheidung, die dem traditionellen Rechtsgrundsatz „nulla poena sine lege" entsprach, aber die Justizbehörden vor schwierige juristische Probleme stellte.[3] Daß eine Staats- und Parteiführung verbrecherische Taten in großem Ausmaß initiiert und legalisiert, daß regierungsamtliche Erlasse das Eigentum einer Minderheit zur Zerstörung freigeben, daß Terrorbanden der SA und anderer Organisationen einer regierenden Partei zum Anzünden von Synagogen und zum Demolieren jüdischer Geschäfte und Wohnungen losgeschickt werden - einen solchen Fall hatten die Schöpfer des Strafgesetzbuches seinerzeit nicht vorhergesehen. Die wichtigste Strafvorschrift, die den Gerichten in dieser Situation zur Verfügung stand, war der Landfriedensbruchparagraph § 125 StGB in der bis 1970 gültigen Fassung. Er sah für Rädelsführer und Täter, die aus einer sich öffentlich zusammenrottenden Menschenmenge „mit vereinten Kräften gegen Personen und Sachen" Gewalttätigkeiten begehen, Zuchthausstrafen zwischen ein bis zehn Jahren vor, wenn nicht mildernde Umstände gegeben waren; sonstige Teilnehmer an solchen Zusammenrottungen waren mit Gefängnis bis zu fünf Jahren zu bestrafen.

Diese Strafvorschriften waren ursprünglich gegen revolutionäre oder oppositionelle Massenbewegungen und Aktionen gerichtet, deren Teilnehmer sich gegenüber der Staatsautorität unbotmäßig oder gewalttätig verhalten hatten. Um sie nach 1945 auf Ausschreitungen und Gewalttaten anwenden zu können, die von der Staats- und Parteiführung angeordnet oder provoziert worden waren, mußten die Justizbehörden nachweisen, daß tatsächlich eine „öffentliche Zusammenrottung" von Menschen vorlag. Die Gerichte haben sich daher bemüht, bei den in der „Kristallnacht" begangenen Delikten die näheren Umstände der Tat genau festzustellen und insbesondere zu prüfen, ob z. B. bei der Demolierung von jüdischen Geschäften und Wohnungen durch einen SA-Trupp die Anwesenheit oder die Mitbeteiligung einer größeren oder kleineren Menschenmenge am Tatort gegeben war. Man mag es als eine Ironie der Geschichte ansehen, daß eine Verurteilung von SA-Einsatztrupps wegen Landfriedensbruchs gerade dann möglich war, wenn die Zerstörung einer Synagoge oder eines jüdischen Geschäftes nicht von einem geschlossenen SA-Kommando, sondern - im Sinne des von Goebbels inszenierten Pogroms - unter Mitwirkung einer größeren oder kleineren Menschenmenge erfolgt war. Rechtlich und moralisch unbefriedigend war es indessen, wenn ein Gericht auf Grund der geltenden Rechtslage einen SA-Trupp wegen der gleichen Tat freisprach, weil die spontane Mitwirkung weiterer Mittäter aus der Bevölkerung nicht nachgewiesen werden konnte und auch eine Verfolgung dieser Straftaten z. B. wegen Hausfriedensbruchs oder Sachbeschädigung daran scheiterte, daß der hierfür notwendige Strafantrag fehlte, weil der betroffene jüdische Kaufmann oder Hausbesitzer inzwischen in einem Vernichtungslager ermordet worden war.

Trotz der erheblichen juristischen Probleme fanden in Hessen wegen Straftaten im Zusammenhang mit dem Novemberpogrom über 230 Prozesse statt,[4] in denen die Angeklagten - nicht selten waren es mehr als zwei Dutzend Täter aus einem Dorf - überwiegend wegen Landfriedensbruchs angeklagt waren. Die große Zahl von Prozessen darf freilich nicht über die Schwierigkeiten hinwegtäuschen, denen die Ermittlungsbehörden und Gerichte bei der Aufklärung der Vorgänge in der Kristallnacht gegenüberstanden. Auffallend ist schon, daß in Nordhessen vor den Landgerichten Kassel, Marburg und Fulda kaum mehr als zwei Dutzend Prozesse geführt worden sind, während es in Südhessen rund zweihundert waren. Bereits dies deutet an, wie wenig selbstverständlich es war, daß aus dem Ort des Geschehens selbst eine Anzeige erstattet wurde. Dies war aber notwendig, damit überhaupt ein Strafverfahren in Gang kam, da die hessischen Justizbehörden nach 1945 von sich aus keine systematischen Ermittlungen über NS-Verbrechen anstellten.

Zwar waren die Geschehnisse während des Novemberpogroms in hessischen Städten und Dörfern nicht vergessen. Manche Vorgänge aus der „Kristallnacht" waren schon in den Entnazifizierungsverfahren gegen frühere NS-Funktionäre zur Sprache gekommen; es fehlte auch nicht an Zeitgenossen, die die Ausschreitungen mit eigenen Augen gesehen hatten, und nicht selten standen auch jüdische Zeugen zur Verfügung. Aber oft stießen die Ermittlungen auf eine Mauer des Schweigens, wurde gegenüber Aussagewilligen an die Solidarität der Dorfgemeinschaft, an persönliche Abhängigkeiten und Beziehungen appelliert, wurde mancher Zeuge bis an die Tür des Gerichtssaals bedrängt, niemanden zu belasten (Dok. 34 B).[5] Jedes Verfahren zumal in einer Landgemeinde beschwor Konflikte in der Dorfgemeinschaft herauf, setzte oft auch ein Aufbrechen der politischen und hierarchischen Struktur voraus. Gewiß hatten sich die politischen Verhältnisse umgekehrt; es gab einen anderen Bürgermeister und auch einen anderen Gemeindevorstand, und wer früher als „Judenfreund" geschmäht worden war, den bedrängten jetzt die früheren Parteimitglieder, ihnen einen „Persilschein" für das Entnazifizierungsverfahren auszustellen. Doch ein großer Teil der Bevölkerung hatte äußerstes Interesse daran, daß an der Vergangenheit nicht gerührt wurde, und so hatten die Gerichte häufig Anlaß, darüber zu klagen, daß sich die Vorgänge während des Novemberpogroms nur mangelhaft aufklären ließen, weil sich Zeugen angeblich nicht mehr erinnerten oder von früheren Aussagen wieder abrückten. Charakteristisch der Hinweis in einem Gerichtsurteil, der Zeuge wolle sich offenbar nur an Täter erinnern, die verstorben oder im Krieg gefallen seien.[6] Auch wer als Einsatzleiter fungiert hatte und deshalb als Rädelsführer angeklagt war, erklärte möglichst einen Vorgesetzten für verantwortlich, der nicht mehr am Leben war.

Auch in größeren Städten wurden die während des Novemberpogroms begangenen Verbrechen in sehr unterschiedlichem Grade gesühnt. Nur in einigen Städten wie z.B. in Wiesbaden, Hanau, Offenbach und Fulda stand wenigstens ein Teil der Funktionäre vor Gericht, die für die Organisation des Pogroms und die Brandlegung der Synagogen verantwortlich waren. Dagegen ist aus Kassel, wo der Pogrom schon am 7. November begann, überhaupt kein Prozeß bekannt. In Frankfurt und Limburg waren nur Täter angeklagt, die am Rande des Pogroms mitgewirkt hatten.

Aber auch wo Ermittlungen stattfanden und Anklage erhoben wurde, haben sich die Gerichte ihrerseits ambivalent verhalten: Eine statistische Untersuchung, die Klaus Moritz anhand der Urteile in hessischen NSG-Verfahren vorgenommen hat, zeigt eine erstaunliche Abhängigkeit der Gerichte von der politischen Entwicklung und dem sich wandelnden gesellschaftlichen Umfeld der Nachkriegszeit. Während in den Jahren 1945 bis 1947 die Beweisanforderungen an einen Schuldspruch geringer waren und die Strafen höher ausfielen, kehrte sich dieses Verhältnis in den folgenden Jahren drastisch um: Seit 1948 ist eine deutliche Abkehr von der rigorosen Verfolgungspraxis der vorhergehenden Jahre festzustellen. Ab 1950 schließlich zeichnen sich die Urteile „durch lange Ausführungen zum Tatbestand, zur Beweiswürdigung und zur rechtlichen Beurteilung aus, ohne daß es noch zu nennenswerten Bestrafungen kommt".[7]

Dieser Wandel in der Rechtsprechung ist auf den ersten Blick um so erstaunlicher, als die Gerichte die Straftaten, die im Rahmen des Novemberpogroms 1938 begangen worden waren, als unpolitische Delikte behandelten und das Schwergewicht vor allem auf die Ahndung konkreter Taten wie Zerstörung von Mobiliar und Waren, Mißhandlung und Plünderung legten.[8] Auch entsprach es gerade der Neubesinnung auf die Prinzipien des Rechtsstaates nach 1945, daß der Gesetzgeber keine rückwirkenden Strafbestimmungen zur Ahndung der NS-Verbrechen erlassen hatte, damit der Anschein einer „politischen" Justiz vermieden würde. Gleichwohl zeigte sich die Rechtsprechung außerordentlich abhängig von dem sich verändernden politischen Umfeld.

Die Gründe dafür sind unterschiedlicher Art. Sie sind einmal in der politischen Entwicklung der Nachkriegszeit zu suchen. In den ersten Jahren standen die Verfahren gegen NS-Täter im Blickpunkt der politischen Öffentlichkeit. Der Druck der amerikanischen Besatzungsmacht auf Sühnemaßnahmen gegenüber NS-Verbrechern war groß, ebenso auch das Bedürfnis deutscher Stellen zu beweisen, daß die junge, im Aufbau befindliche deutsche Demokratie zur moralischen „Selbstreinigung" in der Lage war. Daher fanden die Prozesse, die wegen NS-Verbrechen geführt wurden, nicht nur die Aufmerksamkeit einer kritischen Öffentlichkeit, sondern wurden auch von der US-Militärregierung beobachtet, die sich das Recht auf Aufhebung von Urteilen vorbehielt. Wenn dies auch nur ganz ausnahmsweise praktiziert wurde, bedeutete dies doch einen gewissen Druck auf die Rechtsprechung, zumal die Richter wie andere Justiz- und Verwaltungsbeamte einer Beschäftigungsgenehmigung durch die amerikanische Besatzungsmacht bedurften.

Bereits 1948 änderte sich im Zeichen des beginnenden „Kalten Krieges" die politische Lage entscheidend. Dies zeigte sich besonders auffallend daran, daß die amerikanische Besatzungsmacht an der Fortführung der Entnazifizierung nicht mehr interessiert schien. Auch auf deutscher Seite erlahmte das Interesse an der Entnazifizierung; insbesondere hatte sich in Hessen wie in den übrigen Ländern der US-Zone gezeigt, daß diese in der von den Amerikanern im Jahr 1946 vorgeschriebenen Form praktisch nicht durchzuführen war, weil die Spruchkammern die massenhaften Verfahren in angemessener Zeit nicht bewältigen konnten. Dies hätte aber eigentlich die Strafverfahren wegen nationalsozialistischer Gewaltverbrechen nicht behindern dürfen; denn so umstritten Form und Zielsetzung der Entnazifizierung in der deutschen Öffentlichkeit von Anfang an gewesen waren, so selbstverständlich hatten deutsche Poliktiker stets die Notwendigkeit betont, daß die unter der NS-Diktatur begangenen Verbrechen bestraft werden müßten. Ende 1949 jedoch verabschiedete der Deutsche Bundestag ein „Straffreiheitsgesetz", das leichtere Straftaten nicht nur aus der Nachkriegszeit, sondern auch aus der NS-Zeit amnestierte.[9] Obwohl anhängige Strafverfahren nur dann einzustellen waren, wenn lediglich eine Freiheitsstrafe bis zu sechs Monaten zu erwarten war, beeinflußte dieses Gesetz die noch ausstehenden Verfahren gegen NS-Täter in einer überraschend starken Weise, da die Gerichte seine Bestimmungen extensiv handhabten und im Zweifel das Verfahren einstellten. Die Prozesse gegen NS-Täter gerieten jetzt der Justiz zur „bloßen Pflichtübung".[10] Was bei den Spruchkammerverfahren in der Öffentlichkeit scharf kritisiert und als Indiz für ihren politischen Charakter angesehen wurde, galt nun auch für die scheinbar unpolitischen Strafprozesse: Je später der NS-Täter vor Gericht kam, desto günstiger waren seine Aussichten auf einen Freispruch oder zumindest auf ein sehr mildes Urteil.[11]

Doch war die veränderte politische Situation nicht der einzige Grund für den Wandel der Rechtsprechung. Die überlieferten Urteile zeigen, daß die Strafprozesse wegen der in der „Kristallnacht" begangenen Verbrechen nicht wenige Richter, obwohl sie sie als unpolitische Delikte zu behandeln suchten, offenkundig vor erhebliche politische und moralische Probleme stellte. Zwar fehlt es in den Urteilen durchaus nicht an Wertungen, die das Geschehen der „Kristallnacht" in angemessener Weise charakterisieren, wie die folgenden Ausführungen einer Darmstädter Strafkammer aus dem Jahr 1946 zeigen: „Diese Aktion war ein Verbrechen, wie es die deutsche Geschichte noch nie auch nur annähernd gekannt hat; ging sie doch von höchster deutscher Stelle aus und erstreckte sich über das ganze Reich, so daß ihr Hunderte von Synagogen und jüdischen Gemeinden zum Opfer fielen. Darüber hinaus bildete diese Straftat aber die völlig geglückte Generalprobe für all die nachfolgenden Verbrechen, deren sich das nationalsozialistische Regime schuldig gemacht hat. Denn der Judenpogrom des 9./10. November 1938 hat der Führung der Partei gezeigt, daß sich genug willige Werkzeuge finden, die vor keinem Verbrechen zurückschrecken."[12] Andererseits muß nachdenklich stimmen, daß – wie Klaus Moritz feststellt – in den Urteilen fast durchgehend eine Würdigung des Leids der betroffenen Juden fehlt: „Die Juden erscheinen nur als Opfer bei der Schilderung der Tat, selten als Zeugen, fast nie wird das Schicksal der Juden bei der Strafzumessung bedacht".[13]

Zwar gibt es gelegentlich Ansätze, die das Geschehen der „Kristallnacht" als ein Verbrechen gegen die Menschlichkeit werten, wie dies eine Wiesbadener Strafkammer im Jahr 1946 zum Ausdruck bringt: „Ein derartiges Vorgehen gegenüber der damals als wehr- und rechtlos gebrandmarkten Minderheit des deutschen Volkes stellt ein Verbrechen gegen die Menschlichkeit dar, an dessen Auswirkungen und Folgen das deutsche Volk heute zu leiden hat".[14] Der Gedanke, der hier im Nebensatz anklingt, ist in anderen Gerichtsurteilen die Hauptsache, nämlich die Betonung der „tragischen Folgen, die für alle Deutschen aus den Vorgängen des 10. November 1938 entstanden sind".[15] So beklagt das Oberlandesgericht Frankfurt, „daß das Ansehen Deutschlands als Kulturnation in der Welt sehr stark gelitten hat".[16] Und das Landgericht Gießen registriert: „Die Gewalttaten gegen die Juden, deren Besitz und ihre Einrichtungen im Zuge der Novemberdemonstrationen haben auf das Ausland derart abscheuerregend gewirkt, daß Deutschland bei allen gesitteten Völkern das Gesicht verloren hat. Außerdem ist dadurch ein sehr großer

Verlust an Sachwerten und Volksvermögen verursacht worden".[17] Als eigentliches Opfer der Vorgänge in der „Kristallnacht" erscheint somit das deutsche Volk, weil nämlich die NS-Täter - so eine Strafkammer des Landgerichts Hanau - „durch ihre Tat das Ansehen Deutschlands in der Welt geschändet und dazu beigetragen haben, daß die Völker uns verachten lernten".[18]

Doch ist das deutsche Volk an seiner katastrophalen Lage tatsächlich schuld? Das Landgericht Wiesbaden stellte gegenüber solchen Vorwürfen schon 1946 fest: „Das deutsche Volk verabscheute die Ausschreitungen gegen die Juden am 10. November 1938 fast ausnahmslos. Wenn auch die Masse des Volkes sich nicht offen dagegen aussprach, sondern sich wegen der allgemeinen Zwangslage passiv verhielt, so gab es doch Staatsbürger, die offen diese Ausschreitungen kritisierten und als Schmach und ewiges Unrecht für den deutschen Namen vor der Geschichte brandmarkten. Nur ein geringer Teil von Staatsbürgern fand sich bereit, als Werkzeug der Partei ihrem Willen gemäß zu handeln".[19] Solche Ausführungen, die ein betont positives Bild von dem Verhalten der deutschen Bevölkerung während des Pogroms zeichnen und auch von manchem zeitgenössischen Politiker oder Historiker stammen könnten, sind nicht untypisch für die deutsche Nachkriegsgesellschaft. Auch das Entsetzen über die Verbrechen des NS-Regimes und die Einsicht in die bitteren politischen und moralischen Folgen, die der NS-Terror und der verlorene Krieg für das deutsche Volk hatten, konnte nach 1945 nur einen Teil der Bevölkerung zu einer wirklichen Neubesinnung bewegen. Statt selbstkritischer Aufarbeitung war zunächst Rechtfertigung gefragt. Vielen fiel es schwer, persönliche und kollektive Schuld einzugestehen, sie reagierten außerordentlich empflindlich auf Vorwürfe, die ihnen überzogen oder pauschal erschienen. Umgekehrt neigten sie in ihrem Streben nach Rechtfertigung ihrerseits zu recht pauschalen Thesen. Behauptungen wie z. B., daß die deutsche Wehrmacht an Kriegsverbrechen weder beteiligt war, noch von ihnen gewußt habe, daß die Verwaltung auch unter der NS-Diktatur sich im allgemeinen korrekt verhalten und im Gegenteil gegen nationalsozialistische Übergriffe und Zumutungen des NS-Regimes zur Wehr gesetzt habe, wurden von den betroffenen Zeitgenossen lange aufrechterhalten und sind teilweise bis heute Gegenstand kritischer Auseinandersetzung.

Ähnliches gilt nach 1945 teilweise auch für christliche Kreise, obwohl gerade in den Kirchen viele Menschen eine Zuflucht fanden, die nach dem Zusammenbruch eine neue Orientierung suchten. Als Beispiel mag an die heftige innerkirchliche Reaktion auf das Stuttgarter Schuldbekenntnis der evangelischen Kirche von Oktober 1945 erinnert werden. In deutschnationalem Denken befangene Kirchenvorstände widersprachen heftig und scheuten sich nicht zu erklären, dieses Schuldbekenntnis stamme aus dem „Geistesgut unserer bittersten Feinde".[20] Aber gerade angesichts der nationalsozialistischen Judenverfolgung stellte sich die Frage, inwieweit in gewissem Grade eine kollektive Mitschuld weiter Bevölkerungskreise gegeben war. Denn jeder Deutsche war nach 1933 Zeuge der fortschreitenden Diskriminierung und Entrechtung der jüdischen Minderheit geworden, die nicht nur auf gesetzlichem Wege erfolgte, sondern auch im Alltag spürbar war. In der Kristallnacht hatte der befohlene Pogrom an zahlreichen Orten – und niemand wußte dies besser als die Richter – durch die spontane Mittäterschaft von Sympathisanten und Zuschauern erst einen kollektiven Charakter erhalten. Häufig hatten in hessischen Städten und Gemeinden nicht nur Hunderte und Tausende von Menschen beifällig dem Treiben der NS-Einsatztrupps zugeschaut, sondern sich teilweise an der Zerstörung von Synagogen, Geschäften und Wohnungen beteiligt; nur dadurch war der Rechtsprechung die Anwendung des Landfriedensbruchparagraphen, der ja das gemeinschaftliche Handeln einer Menschenmenge voraussetzte, möglich geworden.

Gleichwohl neigten die Gerichte dazu, die im Rahmen des Novemberpogroms begangenen Delikte von der Inbrandsetzung der Synagogen bis zu Plünderungen und Mißhandlungen nur als individuelle Straftaten einiger Weniger anzusehen und diese als Außenseiter einer im Kern guten und anständigen Gesellschaft zu betrachten, die auch unter der NS-Diktatur die richtigen Wertmaßstäbe bewahrt hat. Daher fanden auch die harten Strafen, die die Gerichte in den Jahren 1946 und 1947 wegen der in der „Kristallnacht" verübten Delikte verhängten, ihre moralische Legitimation.

Aber waren die Täter der „Kristallnacht" wirklich „Außenseiter" der Gesellschaft? Die Justizbehörden mußten ja von Anfang an die Erfahrung machen, daß vor ihnen keineswegs nur SA-Männer standen, denen Brutalität und kriminelle Neigungen sozusagen ins Gesicht geschrieben waren. Oft mußten sich Dutzende von Männern aus kleinen Orten vor Gericht verantworten, die jüdische Geschäfte und Wohnungen zerstört und geplündert hatten. Es waren nicht nur Parteifunktionäre, sondern auch einfache Parteimitglieder und schlichte „Volksgenossen". Und vor Gericht stand nicht der „Mob", sondern ein Spiegelbild der deutschen Gesellschaft: Ärzte, Juristen, Schulrektoren, Förster, Handwerksmeister, Bauern, Landarbeiter und Hilfsarbeiter – Männer, die ganz überwiegend bisher unbescholten waren. Dies brachte viele Richter offenkundig bald in eine Konfliktsituation. Denn abgesehen von Tätern, die den Pogrom zu kriminellen Exzessen genutzt hatten, handelte es sich bei den Angeklagten oft um angesehene Bürger, die bisher nie mit dem Strafgesetzbuch in Konflikt gekommen waren; sie hatten nach Auffassung vieler Richter eine – oft schwerwiegende – Fehlhandlung in einer ungewöhnlichen, durch besondere polititsche Umstände bedingten Situation begangen, die so kaum wiederkehren würde. Sollte diese Angeklagten wirklich die ganze Schwere des Gesetzes treffen? Dies empfanden offenbar die Gerichte im Lauf der Jahre immer problematischer, insbesondere nachdem die Nürnberger Prozesse und die Entnazifizierung praktisch beendet waren und auch die deutsche Öffentlichkeit an den Prozessen gegen NS-Täter kaum noch interessiert schien.

Wie die hessischen Gerichte von dieser politischen Entwicklung beeinflußt wurden und sich in ihrer Rechtsprechung anzupassen suchten, spiegelt sich in den Urteilspassagen wider, in denen es um die Festlegung des konkreten Strafmaßes und seine Begründung geht.[21] Als strafschärfende Gründe pflegten die Urteile unter anderem die Verwerflichkeit der Tat und die Schädigung des Ansehens des deutschen Volkes im Ausland zu nennen, als strafmildernde Gründe dagegen, daß die Täter unter dem Einfluß der NS-Propaganda gestanden und auf Befehl gehandelt, daß sie bisher „einwandfrei durch das Leben gegangen seien“,[22] oder sich zumindest seit 1945 gut geführt hätten. Aber auch das Argument findet sich, daß die Tat schon lange zurückliege und das Sühnebedürfnis nicht mehr so groß sei.[23]

Bezeichnend für den Wandel der Rechtsprechung im Lauf der Jahre ist nun, daß die strafschärfenden Argumente seit 1948/1949 keinen konkreten Einfluß mehr auf das Strafmaß haben, wohl aber die strafmildernden - ein Verfahren, das natürlich eine deutliche Senkung des Strafmaßes ermöglicht. Die Strafen pendeln sich jetzt am unteren Rand des gesetzlichen Strafrahmens ein, was ähnlich in den 60er Jahren auch bei den Prozessen wegen schwerer Tötungsdelikte beobachtet werden konnte, die gegen Angehörige von Einsatzgruppen und Vernichtungslagern geführt wurden.[24]

Noch erstaunlicher ist aber, wie die Gerichte einerseits die Auseinandersetzung mit dem Antisemitismus der Angeklagten vermeiden und ihn andererseits als Strafmilderungsgrund behandeln. Ganz überwiegend neigen nämlich die Gerichte dazu, den Angeklagten zu bescheinigen, daß ihre Taten unter dem Einfluß der „gewissenlosen“ und „verbrecherischen“ NS-Propaganda gegenüber den Juden erfolgt seien, um diesen Umstand dann strafmildernd zu bewerten. So wurde dem Rektor einer Schule in Großen-Linden - dieser hatte es zugelassen, daß in seiner Schule ein NS-Funktionär zu einem „Demonstrationszug“ aufforderte, an dem rund zweihundert Lehrer und Schüler teilnahmen und war im übrigen auch zugegen, als seine Schüler in ein jüdisches Anwesen eindrangen und die Fenster des Gebäudes mit Steinen einwarfen - ebenso wie den übrigen Angeklagten vom Gericht zugute gehalten: „Bei der Strafzumessung ist zugunsten aller Angeklagten berücksichtigt worden, daß sie seit Jahren unter dem Einfluß einer mit allen verfügbaren Mitteln von Partei und Staat betriebenen judenfeindlichen Propaganda gestanden haben, die schließlich ihre Wirkung auch nicht verfehlt und die beabsichtigte Verwirrung in den Köpfen nicht nur der einfachen Menschen hervorgerufen hat. So sind auch die bisher unbestraften Angeklagten dieser systematischen Hetze erlegen und haben sich hinreißen lassen, an den üblen Ausschreitungen teilzunehmen, die dann das deutsche Ansehen im Ausland so schwer geschädigt haben“.[25]

Als Opfer erscheinen somit in den Urteilen nicht nur die betroffenen Juden, sondern auch das deutsche Volk - letztlich aber auch die Angeklagten selbst, weil sie den Parolen der nationalsozialistischen Propaganda erlegen seien. Dabei folgen viele Richter einem in jener Zeit gängigen apologetischen Muster, wenn sie den Angeklagten wegen ihrer offenkundig antisemitischen Haltung mildernde Umstände gewähren: Sie rechnen sie zu jenen Deutschen, die idealistisch und gutgläubig der NS-Führung gefolgt sind und unter dem Einfluß einer verbrecherischen Propaganda gar nicht erkennen konnten, welches Unrecht um sie oder durch sie geschah.

Unerörtert blieb indessen, warum bis dahin unbescholtene Menschen sich von einer - wie die Gerichte betonen - „gewissenlosen“ und „verbrecherischen“ Propaganda[26] so beeinflussen ließen, daß sie während der „Kristallnacht" – auf Befehl oder sogar spontan – kriminelle Handlungen gegenüber Angehörigen der wehrlosen jüdischen Minderheit begehen. Hätte nicht gerade eine „verbrecherische" Propaganda Widerspruch und innere Distanz zum NS-Regime provozieren müssen? Und hätte nicht angesichts der Tradition der christlichen Judenfeindschaft und des Böckelschen Antisemitismus im hessischen Raum die Frage nahegelegen, ob es auch lange in die Zeit vor 1933 zurückreichende antisemitische Ressentiments waren, die die Bevölkerung zur aktiven Beteiligung am Novemberpogrom getrieben hatten? Nur ausnahmsweise kommt es vor, daß sich eine Strafkammer länger mit Erziehung und Lebenslauf eines Angeklagten beschäftigt, und es ist ein seltener Fall, daß das Landgericht Marburg im Jahr 1946 einem Angeklagten bescheinigt, „daß er entgegen seinen Angaben antisemitisch eingestellt war und daß ihm die Gelegenheit, aktiv gegen Juden vorzugehen, in jeder Weise willkommen war".[27]

Hätten die Gerichte eingestanden, daß es im hessischen Raum einen tief verwurzelten Antisemitismus gab, wäre freilich auch die Fiktion nicht aufrecht zu erhalten gewesen, daß es sich bei den Tätern nur um Außenseiter innerhalb einer Bevölkerung gehandelt habe, die die Verfolgung der jüdischen Minderheit durch die NS-Führung in ihrer großen Mehrheit abgelehnt habe. Sie hätten dann die Angeklagten nicht nur als Opfer einer verbrecherischen Propaganda der Nazis behandeln dürfen, sondern auch fragen müssen, wie weit ihr Verhalten während des Pogroms auf eigene tiefverwurzelte Ressentiments gegenüber einer Bevölkerungsminderheit zurückzuführen ist, mit der sie seit Jahrhunderten in enger Nachbarschaft gelebt hatten. Zumindest moralisch angeklagt wäre dann nicht nur der Einzeltäter, sondern auch eine Gesellschaft gewesen, bei der der Antisemitismus in den letzten Jahrzehnten immer stärker gesellschaftsfähig geworden war.

Kehren wir zum Ausgangspunkt der Prozesse gegen NS-Täter im Jahr 1945 zurück. Die Strafverfahren, die nach 1945 zunächst von seiten vieler Staatsanwälte und Richter engagiert begonnen worden waren, sollten ursprünglich über die Ahndung verbrecherischer Handlungen hinaus auch den Beweis liefern, daß die Deutschen zu einer geistigen und moralischen Auseinandersetzung mit der nationalsozialistischen Vergangenheit fähig sind. Nur anfänglich jedoch hatten harte Strafen dem Bedürfnis nach Sühne für die gegenüber den Juden begangenen Verbrechen Rechnung getragen. Bald jedoch begannen die Gerichte, die NS-Täter verständnisvoller als andere Angeklagte zu behandeln, weil sie diese selbst als das Opfer einer besonderen politischen Situation ansahen und eine wirkliche Auseinandersetzung mit dem Antisemitismus der Angeklagten und seinen Ursachen scheuten. Als dann der Druck der Alliierten und das Interesse der demokratischen Öffentlichkeit nachließen und Ende 1949 das Straffreiheitsgesetz erging, wurden die Strafen immer milder, wenn nicht die Verfahren überhaupt eingestellt wurden.

Die geringe Neigung der Gerichte, Anfang der 50er Jahre Angeklagte noch wegen Delikten in der Kristallnacht zu verurteilen, mag folgender Fall verdeutlichen. In Neustadt (Kreis Marburg) hatte die örtliche SA am 8. November 1938 Ausschreitungen gegen die jüdische Bevölkerung organisiert, in deren Verlauf auch der um die Synagoge errichtete Zaun umgestürzt und der Davidstern samt Sockel mit einem Seil von der Spitze der Synagoge heruntergeholt und anschließend von einer Menschenmenge demonstrativ durch die Straßen der Stadt getragen worden war. Die Mittäterschaft des Angeklagten - eines SS-Mannes - stand unzweifelhaft fest. Nachdem aber Ende 1949 das Straffreiheitsgesetz ergangen war, hielt das Gericht eine Verurteilung des Angeklagten nur für möglich, wenn er nach Absatz 2 des Landfriedensbruchparagraphen 125 StGB a.F. bei der „Zerstörung" von Sachen mitgewirkt hatte. Diese Voraussetzung sah das Gericht indessen als nicht gegeben an. Das Gitter sei „nicht in sich und in seinen Bestandteilen zerstört, sondern nur mit dem Pfosten, an dem es befestigt war, gestürzt. Wenn dadurch auch der Zweck des Gitters, die Umfriedung des Synagogengrundstücks zu gewährleisten, aufgehoben war, so war das Gitter doch nicht für diesen Zweck überhaupt und völlig, sondern lediglich vorübergehend unbrauchbar geworden. Zur Wiederherstellung des ursprünglichen Zustandes wäre nicht einmal die Neuherstellung von einzelnen Teilen, sondern nur die Wiederaufrichtung des umgestürzten Steinpfostens und die Wiederbefestigung des Gitters daran notwendig gewesen". Auch der Davidstern sei „nach der unwiderlegten Einlassung des Angeklagten von dem Aufprall in den Synagogenvorgarten nur leicht verbogen" worden; der Stern hätte sich „nach Überzeugung der Kammer ohne Schwierigkeit wieder auf der Kuppel anbringen lassen".[28] Für eine Verurteilung sei aber eine teilweise Zerstörung keineswegs ausreichend, sondern - so das Gericht unter Berufung auf eine frühere Reichsgerichtsentscheidung - eine totale Zerstörung notwendig.

Eine derart veränderte Rechtsprechung entsprach indessen dem politischen und geistigen Wandel der Nachkriegsgesellschaft. Aus den Millionen von Parteigenossen, Mitläufern und Sympathisanten des NS-Regimes formierte sich eine neue bundesrepublikanische Gesellschaft, die den prominenten Nationalsozialisten ebenso ausschloß wie den engagierten Antifaschisten. Demokratische Politiker mußten um 1950 enttäuscht registrieren, daß die Phase fruchtbarer geistiger Unruhe, des Fragens nach den Ursachen der Katastrophe und des Suchens nach einer Neuorientierung einer weit verbreiteten politischen Lethargie, der „Ohne-mich-Stimmung", Platz machte.

Ein neues Bemühen um die Ahndung von NS-Verbrechen setzte erst wieder ein, als sich herausstellte, daß die Alliierten die Massenmorde, die in den Vernichtungslagern sowie durch Einsatzgruppen in den besetzten Gebieten begangen worden waren, unzureichend geahndet hatten, und zahlreiche Mörder und KZ-Bewacher nicht bestraft worden waren. Im Jahr 1958 kam es auf Initiative demokratischer Politiker zur Einrichtung der Zentralen Stelle der Landesjustizverwaltung zur Aufklärung nationalsozialistischer Verbrechen in Ludwigsburg. Während bisher die Ermittlungen gegen NS-Täter unsystematisch betrieben worden waren und meist nur auf Anzeigen aus der Bevölkerung in Gang kamen, begann jetzt - dreizehn Jahre nach Kriegsende - erstmals eine systematische Ermittlungsarbeit, die den Auschwitzprozeß und andere sorgfältig vorbereitete Strafverfahren gegen Angeklagte aus Vernichtungslagern und Einsatzgruppen ermöglichte. Hier ging es allerdings nur noch um Verfahren wegen Mord; die übrigen nicht geahndeten Verbrechen aus der Zeit der Kristallnacht waren inzwischen verjährt.

*

Vor diesem politischen und gesellschaftlichen Hintergrund stellten sich auch der historischen Aufarbeitung der Vorgänge während des Novemberpogroms 1938 schwer überwindbare Hindernisse in den Weg. Zwar hat die wissenschaftliche Forschung schon früh bedeutsame Beiträge geleistet. Bereits Mitte der 50er Jahre erschienen die ersten Untersuchungen zur Geschichte des Novemberpogroms von Graml und Kochan. Und es fehlt auch nicht an wissenschaftlichen Werken, die die Ursachen für das Scheitern der Weimarer Republik ebenso wie Politik und Struktur des NS-Staates kritisch untersucht haben. Aber die Auseinandersetzung mit der Vergangenheit findet nicht nur in wissenschaftlichen Standardwerken statt. Weite Kreise der Bevölkerung waren lange Zeit mehr an Rechtfertigung als an Aufklärung interessiert. Und so mußte die wissenschaftliche Literatur in der breiteren Öffentlichkeit mit Memoiren und apologetischen Darstellungen konkurrieren, die von ehemaligen nationalsozialistischen und deutschnationalen Politikern und Generälen nach 1945 verfaßt wurden und oft hohe Auflagen erlebten – ganz zu schweigen von jenem Schrifttum, das gezielt antidemokratisches, völkisches und nationalsozialistisches Gedankengut verbreitete und wiederum Vaterland und Volksgemeinschaft, Rasse und Elite, Autorität und Ordnung beschwor, wie es zum Teil schon die deutschnationale Rechte in der Weimarer Republik und später die Nationalsozialisten getan hatten.

Die Auseinandersetzung mit der Geschichte oder aber das Verschweigen der Vergangenheit findet auch im engeren räumlichen Bereich, in Städten und Gemeinden statt. So stellt sich abschließend die Frage, wie man nach 1945 in jenen hessischen Orten der Geschichte der Juden und ihrer Verfolgung unter der NS-Diktatur gedacht hat, die Schauplatz des Geschehens der „Kristallnacht" gewesen waren? Wie erinnerte man sich nach 1945 der früheren jüdischen Mitbürger in den Städten und Gemeinden, in denen sie oft jahrhundertelang in enger Nachbarschaft mit der christlichen Bevölkerung gelebt hatten?

Es sind vor allem größere Städte, in denen der Gedenktag der „Reichskristallnacht" alljährlich von den Repräsentanten der Stadtverwaltung, von Politikern aller demokratischen Parteien und Mitgliedern der neu entstandenen jüdischen Gemeinden gemeinsam begangen wird. Nur hier sind nach 1945 wieder größere jüdische Gemeinden auf Dauer entstanden. Hier vor allem bemühten sich die Stadtverwaltungen auch auf vielfältige Weise, den Kontakt mit früheren jüdischen Bürgern zu pflegen. Neben kleineren Dokumentationen und Gedenkbroschüren, die von verschiedenen Städten herausgegeben wurden, wurde im Jahr 1963 die bedeutende Dokumentation über die Geschichte der Frankfurter Juden von 1933–1945 von

Eleonore Sterling und Dietrich Andernacht veröffentlicht – eine der ersten großen Dokumentationen über Leben und Schicksal der Juden unter der NS-Diktatur, die in der Bundesrepublik erschienen sind.

Betrachtet man indessen kleinere Städte und Gemeinden, so blieben hier die nationalsozialistische Vergangenheit und das Schicksal der einheimischen Juden lange von bleiernem Schweigen verhüllt. Die Ursache liegt auf der Hand. Je kleiner die Gemeinde, desto genauer wußte jeder, was der andere in der NS-Zeit getan oder unterlassen hatte. Dies gilt insbesondere für die Vorgänge während des Novemberpogroms 1938. Während die Ausführung anderer NS-Gewaltverbrechen in der Hand Weniger lagen und vor der Öffentlichkeit absichtlich verborgen gehalten wurden, sollten die antijüdischen Aktionen in der „Kristallnacht" nach dem Willen von Goebbels die Bevölkerung in den Pogrom einbeziehen. Nicht überall ist dies gelungen; oft haben SA- oder SS-Leute das Zerstörungswerk als geschlossenes Kommando verrichtet. Die Strafverfahren, die wegen des Novemberpogroms geführt wurden, zeigten indessen auf, daß es in vielen hessischen Städten und Gemeinden anders war. Hier haben nicht nur Hunderte und Tausende von Menschen dem Zerstörungswerk zugeschaut – manche bedrückt, andere schreiend, johlend und anfeuernd. Viele andere aber beteiligten sich an der Demolierung jüdischer Geschäfte und Wohnungen und plünderten Möbel und Waren. Andere beteiligten sich sogar am Heraustragen von Kultgegenständen aus den Synagogen, um sie auf dem Festplatz oder dem Sportplatz öffentlich zu verbrennen, manche halfen bei dem Abreißen des Gotteshauses noch am Pogromtag. Daß sich hier unbescholtene Menschen massenhaft zu kriminellen Handlungen hinreißen ließen, war nicht nur das Werk der NS-Propaganda. Wenn diese eine solche Wirkung entfalten konnte, so lag ein wesentlicher Grund darin, daß sie auf älteren antisemitischen Ressentiments der Bevölkerung aufbauen konnte und dies auch ganz bewußt tat. Wie bei keiner anderen NS-Aktion gegenüber den Juden wirkten in dem von Goebbels provozierten, in aller Öffentlichkeit stattfindenden Novemberpogrom Befehl und spontane Beteiligung, NS-Terror und eine in der Bevölkerung tiefverwurzelte antisemitische Tradition zusammen. Diese Erblast traditioneller Vorurteile und Ressentiments, die sich auf die jahrhundertealte christliche Judenfeindschaft und den wirtschaftlich begründeten Antisemitismus der Böckelbewegung ebenso stützte wie auf Deutschtümelei und Nationalismus, trug zu dem Ausbruch blanken Hasses gegenüber Menschen bei, die in Hessen seit vielen Generationen als Mitbürger und Nachbarn gelebt und hier ihre Heimat gefunden hatten.

Lange Zeit vermied man in kleineren Städten und Landgemeinden die Erinnerung an die nationalsozialistische Epoche. Auch in der reichen ortsgeschichtlichen Literatur, die – oft zu Festen und Jubiläen – nach 1945 entstanden ist, bestand zunächst wenig Neigung, auf das Schicksal der Juden und ihre Beziehungen zu der christlichen Bevölkerung einzugehen. In den ersten Jahrzehnten nach 1945 pflegte die Geschichte der jüdischen Bevölkerung, sofern dies überhaupt geschah, mit einer Vielzahl historisch-statistischer Daten abgehandelt zu werden, Probleme des Zusammenlebens zwischen christlicher und jüdischer Bevölkerung wurden indessen kaum berührt. Bei der Darstellung der NS-Zeit gedachten Ortsgeschichten der 50er und 60er Jahre zwar ausführlich der im 2. Weltkrieg gefallenen Soldaten, die aus der Heimatgemeinde stammten, und der Bomben, die alliierte Flieger abgeworfen hatten, kaum aber der anderen Opfer der Jahre 1933 bis 1945. Allenfalls erwähnten sie die Verfolgung der Juden und die zerstörten Synagogen mit wenigen stereotypen Wendungen, sofern nicht ihr Schicksal überhaupt verschwiegen wurde.

Es blieb einer jüngeren Generation vorbehalten, die Spur der heute verschwundenen jüdischen Minderheit wiederaufzunehmen. Und so mehrten sich im letzten Jahrzehnt die örtlichen Initiativen, die Leben und Schicksal der jüdischen Einwohner aufzuklären bemüht sind, und nicht selten werden sie jetzt auch von den Stadtverwaltungen gefördert; als eine der ersten örtlichen Dokumentationen über die NS-Zeit erschien im Jahr 1978 das Werk von Rebentisch und Raab über Neu-Isenburg. Seit 1980 sind zahlreiche Dozenten und Studenten der Gesamthochschule Kassel gemeinsam in dem Forschungsprojekt „Kassel in der Zeit des Nationalsozialismus" tätig.

Doch auf der anderen Seite entstehen immer noch Konflikte, wenn es in Kleinstädten und ländlichen Gemeinden um die Anbringung einer Gedenktafel geht, die an eine zerstörte Synagoge oder an die Verfolgung jüdischer Mitbürger erinnern soll. Angeblich, so heißt es, seien die historischen Vorgänge nicht eindeutig geklärt. Mancher wird es als bedrückend empfinden, daß die Front zwischen Aufklärung und Verschweigen, die in den ersten Jahren nach 1945 zwischen Demokraten und ehemaligen Nationalsozialisten verlief, heute zwischen oder innerhalb demokratischer Parteien verläuft. So wurde z. B. noch im Jahre 1987 in Bad Soden eine öffentliche Diskussion darüber geführt, ob es „Nationalsozialisten" oder aber „Bad Sodener Nationalsozialisten" gewesen seien, die in der „Kristallnacht" die Synagoge zerstört und die Insassen einer jüdischen Heilanstalt aus ihren Betten gejagt und aus dem Ort getrieben hatten – auch wenn längst ein Gerichtsurteil veröffentlicht worden ist,[29] das die Täterschaft führender Bad Sodener Nationalsozialisten eindeutig belegt. Nur historische Wahrhaftigkeit indessen kann verhindern, daß das Schicksal der verfolgten und ermordeten jüdischen Mitbürger zum Thema vordergründiger politischer Auseinandersetzung wird. Nur eine objektive Darstellung der Geschichte der nationalsozialistischen Zeit, wie sie auch in der „Kristallnacht" vor Ort erlebt wurde, kann auch die Fragen junger Menschen beantworten und ihnen zugleich helfen, die Last vieler Menschen der älteren Generation zu begreifen. Nur wer die Erinnerung an die Opfer eines unmenschlichen Regimes wachhält, wird die Gefahren erkennen, die aus Voreingenommenheit und mangelnder Toleranz gegenüber Minderheiten erwachsen können.

Literatur

Adam, Uwe Dietrich: Judenpolitik im Dritten Reich, Düsseldorf 1972.

Adam, Uwe Dietrich: Wie spontan war der Pogrom?, in: Der Judenpogrom 1938, Frankfurt a.M. 1988, S. 74ff.

Altaras, Thea: Die Synagogen in Hessen - Was geschah seit 1945? Königstein i.Ts. 1988.

Arnsberg, Paul: Die jüdischen Gemeinden in Hessen. Anfang - Untergang - Neubeginn, 2 Bde. Frankfurt a.M. 1971.

Barkai, Avraham: Vom Boykott zur „Entjudung". Der wirtschaftliche Existenzkampf der Juden im Dritten Reich 1933-1943, Frankfurt a.M. 1988.

Barkai, Avraham: „Schicksalsjahr 1938". Kontinuität und Verschärfung der wirtschaftlichen Ausplünderung der deutschen Juden, in: Der Judenpogrom 1938, Frankfurt a.M. 1988, S. 94ff.

Benz, Wolfgang: Der Rückfall in die Barbarei. Bericht über den Pogrom, in: Der Judenpogrom 1938, Frankfurt a.M. 1988, S. 13ff.

Blau, Bruno: Das Ausnahmerecht für die Juden in Deutschland 1933-1945, 3. Aufl. Düsseldorf 1965.

Chotjewitz, Peter O. und *Chotjewitz-Häfner,* Renate: Die mit Tränen säen. Israelisches Reisejournal, München 1980 (verwertet Quellen und Erinnerungen früherer jüdischer Bürger aus Rhina).

Debus, Karl-Heinz: Die Reichskristallnacht in der Pfalz. Schuldbewußtsein und Ermittlungen, in: Zeitschrift für die Geschichte des Oberrheins 129, 1981, S. 445ff.

Diamant, Adolf: Zerstörte Synagogen vom November 1938, Frankfurt a.M. 1978.

Dokumente zur Geschichte der Frankfurter Juden 1933-1945, hrsg. von der Kommission zur Erforschung der Geschichte der Frankfurter Juden, Frankfurt a.M. 1963.

Das Dritte Reich. Dokumente zur Innen- und Außenpolitik, hrsg. von Wolfgang Michalka. Bd. 1: „Volksgemeinschaft" und Großmachtpolitik 1933-1939, Frankfurt a.M. 1985.

Düwell, Kurt: Die Rheingebiete in der Judenpolitik des Nationalsozialismus vor 1942. Beitrag zu einer vergleichenden zeitgeschichtlichen Landeskunde, Bonn 1968.

Faust, Anselm: Die „Kristallnacht" im Rheinland. Dokumente zum Judenpogrom im November 1938, Düsseldorf 1987.

Fest, Joachim C.: Hitler. Eine Biographie, Frankfurt-Berlin-Wien 1973.

Fliedner, Hans-Joachim: Die Judenverfolgung in Mannheim 1933-1945, 2 Bde. Stuttgart-Berlin-Köln-Mainz 1971.

Fraenkel, Ernst: Der Doppelstaat. Frankfurt a.M. 1974.

Frei, Norbert: Der Führerstaat. Nationalsozialistische Herrschaft 1933-1945, München 1987.

Gebhard, Wolfgang: Geschichte der Rimbacher Juden, Rimbach 1987.

Genschel, Helmut: Die Verdrängung der Juden aus der Wirtschaft im Dritten Reich, Göttingen 1966.

Geschichte und Schicksale der Juden zu Höchst, hrsg. vom Gemeindevorstand Höchst i. Odw., Höchst i. Odw. 1985.

Graml, Hermann: Der 9. November 1938. „Reichskristallnacht", 6. Aufl. Bonn 1958 (Schriftenreihe der Bundeszentrale für Heimatdienst, Heft 2).

Grein, Gerd J.: Geschichte der jüdischen Gemeinde Langen und ihrer Synagoge - eine Dokumentation, Langen 1978.

Grosshut, Sina: Mosaik eines Lebens, London-Worms 1987.

Gruchmann, Lothar: Justiz im Dritten Reich 1933-1940. Anpassung und Unterwerfung in der Ära Gürtner, München 1988 (Quellen und Darstellungen zur Zeitgeschichte, hrsg. vom Institut für Zeitgeschichte Bd. 28).

Hamburg, Paul: Bureaucratic persecution: Jewish life in Frankfurt a. M. 1933-1938, Ms. Harvard University 1967.

Heiber, Helmut: Der Fall Grynszpan, in: Vierteljahrshefte für Zeitgeschichte 5, 1957, S. 134 ff.

Heide, Helmut: Zur Geschichte der Groß-Karbener Juden, in: Karben. Geschichte und Gegenwart, Karben 1973, S. 278 ff.

Heyne, Kurt: Judenverfolgung in Gießen und Umgebung 1933-1945, in: Mitteilungen des Oberhessischen Geschichtsvereins Gießen NF 69, 1984, S. 1 ff.

Hitler, Adolf: Mein Kampf, 775.-779. Aufl. München 1943.

Hoos, Hans-Helmut: Zur Geschichte der Friedberger Juden 1933-1942, in: Von Schwarz-Weiß-Rot zum Hakenkreuz. Studien zur nationalsozialistischen Machtergreifung, zur Judenverfolgung und zum politisch-militärischen Zusammenbruch in Friedberg, Friedberg 1984, S. 37 ff.

(IMT) Der Prozeß gegen die Hauptkriegsverbrecher vor dem Internationalen Militärgerichtshof Nürnberg 14. November 1945 - 1. Oktober 1946, Bd. 25, 27, 31, 32, Nürnberg 1947-1948.

Jäckel, Eberhard: Hitlers Weltanschauung. Entwurf einer Herrschaft, Tübingen 1969.

Jäckel, Eberhard: Hitlers Herrschaft. Vollzug einer Weltanschauung, Stuttgart 1986.

Jude. Materialien zum 40. Jahrestag der Synagogenzerstörung in Hessen, hrsg. von der Jüdischen Gemeinde Frankfurt a. M. und dem Landesverband der Jüdischen Gemeinden in Hessen, Frankfurt a. M. 1978.

Der Judenpogrom 1938. Von der „Reichskristallnacht" zum Völkermord, hrsg. von Walter H. Pehle, Frankfurt a. M. 1988.

Judenverfolgung und nichtjüdische Bevölkerung 1933-1944, in: Bayern in der NS-Zeit. Soziale Lage und politisches Verhalten der Bevölkerung im Spiegel vertraulicher Berichte, hrsg. von Martin Broszat, Elke Fröhlich, Falk Wiesemann, Bd. 1 München-Wien 1977, S. 427 ff.

Kaufman, Menachem: Kristallnacht in a small town: Groß-Gerau November 1938, in: The Jewish Quarterly 33, 1986, S. 47 ff.

Kern, Brigitte A. A. (Hrsg.): Diskussionsbeiträge aus dem jüdischen Lehrhaus in Frankfurt am Main. Eine Sammelschrift, Frankfurt a. M. 1986.

Kershaw, Ian: Antisemitismus und Volksmeinung. Reaktionen auf die Judenverfolgung, in: Bayern in der NS-Zeit, Bd. 2 München-Wien 1979, S. 281 ff.

Kieser, Harro: Die Synagoge in Bad Homburg. Anläßlich des 40. Jahrestages ihrer Zerstörung, in: Alt-Homburg 21, 1978, S. 182 f.

Knauß, Erwin: Die jüdische Bevölkerung Gießens 1933-1945, 4. Aufl. Wiesbaden 1987.

Kochan, Lionel: Pogrom - 10. November 1938, London 1957.

Kolb, Stephan: Die Geschichte der Bad Nauheimer Juden. Eine gescheiterte Assimilation, Bad Nauheim 1987.

Die Kristallnacht 1938 in Schlüchtern, in: Bergwinkel-Bote, Heimatkalender für den Kreis Schlüchtern 14, 1962, S. 52ff.

Kromer, Joachim: Der 10. November 1938. Darstellung der Entwicklungen und der Aktionen gegen Juden in Bad Soden a.Ts. nach den Akten des Prozesses vom Juni 1949, Bad Soden 1988.

Kropat, Wolf-Arno: Die hessischen Juden im Alltag der NS-Diktatur 1933-1939, in: Neunhundert Jahre Geschichte der Juden in Hessen. Beiträge zum politischen, wirtschaftlichen und kulturellen Leben, Wiesbaden 1983, S. 411ff.

Kropat, Wolf-Arno: Jüdische Gemeinden, Wiedergutmachung, Rechtsradikalismus und Antisemitismus nach 1945, in: Neunhundert Jahre Geschichte der Juden in Hessen. Beiträge zum politischen, wirtschaftlichen und kulturellen Leben, Wiesbaden 1983, S. 447ff.

Kropat, Wolf-Arno: Hessen in der Stunde Null 1945-1947. Politik, Wirtschaft und Bildungswesen in Dokumenten, Wiesbaden 1979.

Lauber, Heinz: Judenpogrom. „Reichskristallnacht" November 1938 in Großdeutschland, Gerlingen 1981.

Mack, Rüdiger: Otto Böckel und die antisemitische Bauernbewegung in Hessen 1887-1894, in: Neunhundert Jahre Geschichte der Juden in Hessen. Beiträge zum politischen, wirtschaftlichen und kulturellen Leben, Wiesbaden 1983, S. 377ff.

Merz, Gerhard: „Ich fühle mich in diesen Dingen bestimmt schuldlos." Zur Geschichte der jüdischen Gemeinde in Groß-Bieberau, in: 1200 Jahre Groß-Bieberau. Beiträge zu seiner Geschichte, Groß-Bieberau 1987, S. 269ff.

Metzendorf, Wilhelm: Geschichte und Geschicke der Heppenheimer Juden, Lorsch 1982.

Mitscherlich, Margarethe: Erinnerungsarbeit. Zur Psychoanalyse der Unfähigkeit zu trauern, Frankfurt a.M. 1987.

Mommsen, Hans: Was haben die Deutschen vom Völkermord an den Juden gewußt?, in: Der Judenpogrom 1938, Frankfurt a.M. 1988, S. 176ff.

Monumenta Judaica. 2000 Jahre Geschichte und Kultur der Juden am Rhein, hrsg. von Konrad Schilling, Köln 1963.

Moritz, Klaus und *Noam,* Ernst: NS-Verbrechen vor Gericht 1945-1955. Dokumente aus hessischen Justizakten, Wiesbaden 1978.

Nipperdey, Thomas und *Rürup,* Reinhard: Antisemitismus, in: Geschichtliche Grundbegriffe. Historisches Lexikon zur politisch-sozialen Sprache in Deutschland, Bd. 1 Stuttgart 1972, S. 129ff.

Noam, Ernst und *Kropat,* Wolf-Arno: Juden vor Gericht 1933-1945. Dokumente aus hessischen Justizakten, Wiesbaden 1975.

Oppenheimer, Max; *Stuckmann,* Horst; *Schneider,* Rudi: Als die Synagogen brannten. Zur Funktion des Antisemitismus gestern und heute, Frankfurt a.M. 1978.

Oppenheimer, Max: Die Generalprobe. Die organisierte Spontaneität, in: Diskussionsbeiträge aus dem jüdischen Lehrhaus in Frankfurt am Main, Frankfurt a.M. 1986, S. 76ff.

Pingel-Rollmann, Heinrich: Widerstand und Verfolgung in Darmstadt und der Provinz Starkenburg 1933–1945. Darmstadt und Marburg 1985 (Quellen und Forschungen zur hessischen Geschichte 54).

Prinz, Wolfgang: Die Judenverfolgung in Kassel, in: Volksgemeinschaft und Volksfeinde 2, 1987, S. 144 ff.

Rauschning, Hermann: Gespräche mit Hitler, Wien-Zürich-New York 1940.

Rebentisch, Dieter: Der Gau Hessen-Nassau und die nationalsozialistische Reichsreform, in: Nassauische Annalen 89, 1978, S. 128 ff.

Rebentisch, Dieter und *Raab,* Angelika: Neu-Isenburg zwischen Anpassung und Widerstand. Dokumente über Lebensbedingungen und politisches Verhalten 1933–1945, Neu-Isenburg 1978.

Rehme, Günther und *Haase,* Konstantin: ... mit Rumpf und Stumpf ausrotten. Zur Geschichte der Juden in Marburg und Umgebung nach 1933, Marburg 1982.

Die Reichskristallnacht, 9. November 1938 – 9. November 1978, hrsg. vom Evangelischen Arbeitskreis Kirche und Israel in Hessen und Nassau, Frankfurt a.M./Mainz 1978.

Richarz, Monika: Jüdisches Leben in Deutschland, Bd. 3: Selbstzeugnisse zur Sozialgeschichte 1918–1945, Stuttgart 1982.

Sauer, Paul (Bearb.): Dokumente über die Verfolgung der jüdischen Bürger in Baden-Württemberg durch das nationalsozialistische Regime 1933–1945, 2 Bde. Stuttgart 1966.

Sauer, Wolfgang: Die Mobilmachung der Gewalt, in: Die nationalsozialistische Machtergreifung. Studien zur Errichtung des totalitären Herrschaftssystems in Deutschland 1933 bis 1934, Frankfurt a.M.-Berlin-Wien 1974.

Scheffler, Wolfgang: Judenverfolgung im Dritten Reich 1933–1945, Berlin 1964.

Schild, Karl und *Wöll,* Walter: Judenpogrom in Offenbach, Frankfurt a.M. 1978.

Schön, Eberhart: Die Entstehung des Nationalsozialismus in Hessen, Meisenheim am Glan 1972.

Schubert, Kurt: Juden in Kirchhain. Geschichte der Gemeinde und ihres Friedhofs, Wiesbaden 1987.

Schultheis, Herbert: Die Reichskristallnacht in Deutschland nach Augenzeugenberichten, Bad Neustadt a.d. Saale 1986.

Simmert, Johannes: Die nationalsozialistische Judenverfolgung in Rheinland-Pfalz 1933 bis 1945, in: Dokumentation zur Geschichte der jüdischen Bevölkerung in Rheinland-Pfalz und im Saarland von 1800 bis 1945, Bd. 6 Koblenz 1974, S. 1 ff.

(Sopade) Deutschland-Berichte der Sozialdemokratischen Partei Deutschlands 1934–1940. 7 Bde. Paris und Prag 1934–1940, Nachdruck Salzhausen und Frankfurt a.M. 1980.

Summa, Rudolf: Der Novemberpogrom 1938 in Hünfeld und Burghaun, in: Buchenblätter. Beilage der Fuldaer Zeitung für Heimatfreunde 59, 1986, S. 101 f.

Thalmann, Rita und *Feinermann,* Emmanuel: Die Kristallnacht, Frankfurt a.M. 1987.

Ursachen und Folgen. Vom deutschen Zusammenbruch 1918 und 1945 bis zur staatlichen Neuordnung Deutschlands in der Gegenwart, Bd. XII: Das Dritte Reich, Berlin o.J.

Volksgemeinschaft und Volksfeinde. Kassel 1933–1945. Bd. 1: Dokumentation, Bd. 2: Studien, hrsg. von Wilhelm Frenz, Jörg Kammler und Dietfried Krause-Vilmar, Fuldabrück 1984 und 1987.

Walk, Josef (Hrsg.): Das Sonderrecht für die Juden im NS-Staat. Eine Sammlung der gesetzlichen Maßnahmen und Richtlinien – Inhalt und Bedeutung, Heidelberg-Karlsruhe 1981.

Weg und Schicksal. Aus der Geschichte der Wiesbadener Juden, Wiesbaden o.J. (1966).

Willertz, John R.: Marburg unter dem Nationalsozialismus (1933–1945), in: Marburger Geschichte, hrsg. von Erhart Dettmering und Rudolf Grenz, Marburg 1980, S. 593ff.

Wippermann, Wolfgang: Die nationalsozialistische Judenverfolgung. Darstellung, Dokumente und didaktische Hinweise, Frankfurt a.M. 1986 (Das Leben in Frankfurt zur NS-Zeit Bd. 1).

Anmerkungen

Einleitung

1 Vgl. die Studie von Rüdiger Mack, Otto Böckel und die antisemitische Bauernbewegung in Hessen 1887–1894, in: Neunhundert Jahre Geschichte der Juden in Hessen, Wiesbaden 1983, S. 377ff.
2 Ebenda S. 389ff.
3 Schön S. 201ff.
4 Graml S. 20.
5 Diese Auffassung vertritt Graml S. 18ff.
6 So z.B. Graml S. 29 und Thalmann S. 84.
7 Siehe unten S. 22ff., bes. S. 28f.
8 Siehe dazu Moritz/Noam S. 28.
9 Ebenda S. 28f.
10 Ebenda S. 38.

I. Die nationalsozialistische Judenpolitik bis 1938

1 Hitler, Mein Kampf S. 628f.
2 Nipperdey/Rürup S. 150; Jäckel, Hitlers Weltanschauung S. 66ff.
3 Jäckel, Hitlers Weltanschauung S. 89.
4 Ebenda S. 89f.
5 Rauschning S. 129; Fest S. 930.
6 Stenographische Berichte des Reichstags 1939, S. 16.
7 Adam, Judenpolitik S. 310ff.
8 Gerhard Szczesny, Die Erweckung des Unheimlichen, in: Süddeutsche Zeitung Nr. 12 vom 16./17. 1. 1988, S. XIII.
9 Siehe die Zusammenstellungen bei Blau und Walk.
10 Genschel S. 79ff.
11 RGBl. I S. 1146.
12 Ebenda.
13 Adam, Judenpolitik S. 160.
14 Genschel S. 174.
15 Das Dritte Reich, Bd. 1 S. 164.
16 Adam, Judenpolitik S. 177.
17 Ebenda S. 181.
18 Ebenda S. 182.
19 Genschel S. 150ff.
20 RGBl. I S. 823f.; Walk II Nr. 500.
21 Über Hitlers Verknüpfung von Kriegsplanung und Rassenpolitik siehe Adam, Judenpolitik S. 159ff.
22 Ebenda S. 183.
23 Ebenda S. 204.
24 Ebenda S. 205 und Anm. 2.
25 Barkai, Boykott S. 138.

26 Sauer, Mobilmachung S. 234.
27 Nach einem veröffentlichten Erlaß des Preußischen Innenministers Göring vom 22. Februar 1933, siehe Sauer, Mobilmachung S. 239 und Anm. 217.
28 Ebenda S. 218.
29 Ebenda Anm. 127.
30 RGBl. I S. 39, 186.
31 RGBl. I S. 1348.
32 Moritz/Noam S. 3f. – So z.B. in Allendorf a.d. Lumda, Staatsarchiv Darmstadt Abt. H 13, Staatsanwaltschaft Gießen Nr. 480.
33 Moritz/Noam Dok. 2 S. 44ff.
34 So in Büdingen am 15. März 1933 (Staatsanwaltschaft Gießen).
35 Moritz/Noam Dok. 4 S. 65ff.
36 Zur Ermordung zweier jüdischer Kaufleute in Wiesbaden am 21. und 22. April 1933 siehe Moritz/Noam Dok. 5 S. 72ff. und Grosshut S. 36. Über das Schicksal des Rechtsanwalts Max Plaut in Kassel, der Ende März 1933 an den Folgen schwerer Verletzungen starb, siehe Volksgemeinschaft und Volksfeinde 1 S. 230ff.
37 Moritz/Noam Dok. 3 S. 54ff.
38 Adam, Judenpolitik S. 114f.
39 Über diesen Zusammenhang siehe Adam, Judenpolitik S. 46.
40 Siehe Kropat, Alltag S. 424ff.
41 Adam, Judenpolitik S. 200.
42 Frei S. 124ff.
43 Ebenda S. 125.
44 Adam, Judenpolitik S. 201.
45 Ebenda.
46 Genschel S. 288.

II. Die „Kristallnacht" in Hessen

Erste Pogrome vom 7. bis 9. November 1938

1 Siehe darüber zuletzt Thalmann S. 41ff.
2 Ebenda S. 37f. und Sauer, Dokumente II S. 8f.
3 Sauer, Dokumente II S. 10f.; Walk II Nr. 569.
4 Thalmann S. 38ff.
5 Thalmann S. 51ff.
6 Faust S. 56.
7 Der jüdische Student David Frankfurter hatte im Februar 1936 den nationalsozialistischen Landesleiter Wilhelm Gustloff in Davos ermordet.
8 Gemeint ist die Zeit vor der Konferenz in München vom 29. September 1938.
9 Volksgemeinschaft und Volksfeinde 1 S. 248. Prinz S. 193 weist auf Aussagen von Zeitzeugen hin, die eine Beteiligung von Angehörigen der Kasseler Gestapo und von SS-Männern aus Arolsen an den Kasseler Ausschreitungen wahrscheinlich machen.

9 a Die Datierung ergibt sich aus der Aussage des ehemaligen Wolfhagener Bürgermeisters Vaihinger vom 10. 2. 1948 (Staatsarchiv Marburg 274 Kassel Acc. 1983/86 Nr. 117). Da bisher über die Täter nichts Näheres bekannt ist, muß offen bleiben, ob auch hier Arolser bzw. Kasseler SS beteiligt war, wie dies für Kassel und Bebra zu vermuten ist.

10 Viele Gerichtsurteile sind falsch datiert, weil den Richtern der Ablauf der Ereignisse am 9. und 10. November nicht klar gewesen ist. Auch Gramls Schilderung der Vorgänge, die sich am 8. und 9. November 1938 in Hessen abgespielt haben sollen, ist vom Zeitablauf her teilweise unzutreffend. Dies gilt insbesondere für die Pogrome in Münzenberg, Beienheim, Schupbach und wohl auch in Groß-Zimmern, die erst am 10. November stattgefunden haben. Graml (S. 18 ff.) hat nicht berücksichtigt, daß sich die Gerichte oft nicht die Mühe gemacht haben, die Vorgänge auf den Tag genau zu datieren. Weil der 9. November gemeinhin als Datum der „Reichskristallnacht" gilt, haben die Richter häufig die Ereignisse auf diesen Tag datiert, auch wenn sie erst am 10. November stattgefunden haben können, weil ja die Rede von Goebbels erst am späten Abend des 9. November stattfand und die Befehlsübermittlung danach oft einen halben Tag und länger in Anspruch nahm. Die Ausschreitungen in hessischen Orten sind nur dann sicher auf den 8. und 9. November zu datieren, wenn zusätzliche Kriterien dafür sprechen, z. B. wenn im Urteil festgehalten ist, daß sie sich nach der Übertragung der Hitlerrede ereigneten (8. November) oder im Anschluß an die üblichen örtlichen Gedenkveranstaltungen, die am 9. November stattfanden. Auch die Art der Befehlsübermittlung läßt Rückschlüsse zu, an welchem Tag die örtliche Aktion tatsächlich durchgeführt wurde.

11 Siehe Dok. 1. – Wie sich aus dem Text des Dokumentes ergibt, handelt es sich eigentlich um zwei Berichte der Gestapo Kassel, die vermutlich im Geheimen Staatspolizeiamt in Berlin zusammengefaßt und dann an den Chef des Sicherheitsdienstes Heydrich weitergeleitet worden sind.

12 Den Hinweis auf dieses Dokument erhielt ich von Dr. Dieter Rebentisch, Frankfurt. Ihm und Dr. Volker Eichler vom Hessischen Hauptstaatsarchiv bin ich für wertvolle Anregungen und Quellenhinweise auf die frühen nordhessischen Pogrome vom 7. bis 9. November zu großem Dank verpflichtet.

13 Hessisches Hauptstaatsarchiv Wiesbaden Abt. 501 Nr. 1969.

13 a Staatsarchiv Marburg Abt. 274 Kassel Acc. 1958/61 Nr. 18.

13 b Auch die Ausschreitungen in Hoof, Guxhagen und Borken werden in Gerichtsurteilen bereits auf den 8. November datiert (Staatsarchiv Marburg Abt. 274 Acc. 1983/86 Nr. 94, 96 und 102). Zur Problematik der Datierung der Ereignisse während des Novemberpogroms in Gerichtsurteilen siehe Anm. 10.

13 c Nach einer Aussage des früheren Kreisleiters Braun hat er am 8. November Ausschreitungen in Melsungen beobachtet.

13 d Vgl. Volksgemeinschaft und Volksfeinde 1 S. 248. Prinz S. 194 Anm. 429 nennt ferner die Orte Baumbach, Frankenberg, Heinebach, Sontra und Treysa, in denen noch vor dem Abend des 9. November Pogrome stattgefunden haben sollen (ohne nähere Quellenangabe).

14 Bericht des Bürgermeisters von Neustadt an den Landrat des Kreises Marburg/L. vom 9. November 1938 (Staatsarchiv Marburg Abt. 180 Marburg Nr. 4829); Kreisblatt für den Kreis Ziegenhain vom 9. 11. 1938.

15 Zu Gladenbach siehe Moritz/Noam Dok. 6 S. 77ff., zu Rhina Kropat, Alltag S. 436f. und Chotjewitz passim.

16 Zu Hanau und Gelnhausen siehe Hessisches Hauptstaatsarchiv Wiesbaden Abt. 483 Nr. 10010 und 10012; zu Langen das Urteil des Landgerichts Darmstadt vom 25. 2. 1948 (Staatsanwaltschaft Darmstadt).

17 Kochan S. 34f.

18 Moritz/Noam Dok. 14 b S. 145.

19 Staatsarchiv Marburg Abt. 274 Acc. 1983/86 Nr. 111. Prinz S. 194 vermutet wie schon das Landgericht Kassel eine überörtliche Organisation der dortigen Ausschreitungen.

19a Staatsarchiv Marburg Abt. 274 Marburg Acc. 1981/57 Nr. 327.

20 Aus der Strafprozeßakte (Staatsarchiv Marburg Abt. 274 Marburg Acc. 1984/19 Nr. 125) ist nicht ersichtlich, weshalb es eine „privatdienstliche Aktion“ gewesen sein soll, die die beiden SD-Männer aus Kassel nach Marburg führte, wie Graml S. 21 meint. Übrigens scheint die Mission der beiden SD-Männer nicht mit dem Gespräch mit SA-Standartenführer Stollberg am Vormittag des 9. November beendet gewesen zu sein, sie sind offensichtlich auch noch in der Nacht vom 9. und 10. November in Marburg anwesend. Wie Zeugenaussagen ergeben, halten sie sich vermutlich um Mitternacht vor dem Fronhof auf. Hier befindet sich das SA-Sturmlokal, in dem SA-Standartenführer Stollberg und SA-Sturmführer Steih das Anzünden der Synagoge anordnen und vorbereiten. Ob sie darüber hinaus auch an der Brandlegung der Synagoge beteiligt sind, muß offen bleiben. Tatsache ist jedoch, daß es in der Synagoge bereits brennt, als der von SA-Sturmführer Steih zusammengestellte Einsatztrupp nach Mitternacht in die Synagoge eindringt (Dok. 5). Wir wissen jedoch über diese erste Brandstiftung, die unabhängig von dem Vorgehen Stollbergs und Steihs erfolgte, nichts Näheres, weil sie nie gerichtlich untersucht wurde. Erst der SA-Trupp Steih sorgte dafür, daß die Marburger Synagoge endgültig durch Brand zerstört wurde.

21 Staatsanwaltschaft Kassel. – Eine zweite Brandstiftung, die zur endgültigen Zerstörung der Synagoge führte, fand am gleichen Morgen zwischen 4 und 6 Uhr in Gegenwart des Fuldaer Kreisleiters Ehser statt, der zugleich als Bürgermeister auch der zuständige Dezernent für die Feuerwehr war und dafür sorgte, daß diese erst verspätet zum Einsatz kam. Ehser berief sich vor Gericht später ebenfalls auf Anweisungen vorgesetzter Stellen. Er erklärte, daß ihn der Kreispropagandaleiter Kemmler schon am 8. November auf Aufforderung des Gaupropagandaleiters in Kassel bedrängt habe, die „Synagoge als Ausdruck des spontanen Volkswillens zu zerstören“; die Kasseler Stelle wiederum habe sich auf eine Anordnung des Reichspropagandaministeriums berufen. In diesem Sinne sei Ehser dann am 9. November von der Gaupropagandaleitung in Kassel direkt bedrängt worden. In diesem Zusammenhang sei erwähnt, daß sich nach Aussage des Marburger SA-Standartenführers Stollberg auch die beiden Kasseler SD-Männer darauf beriefen, es läge ein Befehl des Reichspropagandaministeriums vor (Staatsarchiv Marburg Abt. 274 Acc. 1984/19 Marburg Nr. 26 und 125; Verhandlung vom 8. 8. 1950).

22 Siehe Urteil vom 22. 1. 1949 (Staatsarchiv Marburg Abt. 274 Kassel Acc. 1983/86 Nr. 117). Über den empörten Anruf des Wolfhagener Bürgermeisters Vaihinger bei der SD-Außenstelle Wolfhagen siehe S. 240f.

23 Es ist das Verdienst von Wolfgang Prinz, durch Befragung von Zeitzeugen Hinweise auf die Beteiligung von Kasseler Gestapoleuten und Arolser SS-Männern an den Ausschreitungen in Kassel gefunden zu haben (Prinz S. 193). Siehe auch Anm. 9.

23 a Wie sich aus dem Vernehmungsprotokoll ergibt, handelte es sich nach Aussage des Schuhmachermeisters und Hilfspolizisten Heerdt (oder Hardt) tatsächlich um ein „Auto mit SS-Männern von Kassel". Wie aus weiteren Zeugenaussagen hervorgeht, hatte Kreisleiter Erich Braun in der Nacht vom 7./8. November und wohl auch in der Nacht vom 9./10. November vor oder während der Ausschreitungen in Bebra Besprechungen mit unbekannten „Herren aus Kassel" geführt (Staatsarchiv Marburg Abt. 274 Kassel Acc. 1983/86 Nr. 73).

24 Für die Ausschreitungen in Grebenstein nahe Kassel (s. Anm. 13 a) am 8. November hielt das Gericht den dortigen SS-Führer für einen der beiden Hauptverantwortlichen, konnte ihm dies aber nicht mit letzter Sicherheit nachweisen. Bei den Ausschreitungen eines SS-Trupps am 8. November in Kirchhain und Umgebung (Dok. 4) ging das Oberlandesgericht Frankfurt in einem Urteil vom 25. April 1951 (Moritz/Noam Dok. 25 C S. 202) davon aus, daß für diese Aktion die „erforderliche Genehmigung der SS-Standarte" vorlag. Einer der Hauptverantwortlichen, der SS-Schulungsleiter B., hatte sich darauf berufen, daß diese Aktion von der SS-Standarte in Kassel angeordnet worden sei. Allerdings tat er dies erst in einem späten Stadium des Prozesses; auch unterstand Kirchhain nicht direkt der SS-Standarte in Kassel. B. hatte die Aktion allerdings mit dem in Kirchhain lebenden SS-Obersturmführer T. abgesprochen, der persönlich bei der 35. SS-Standarte in Kassel geführt wurde (Staatsarchiv Marburg Abt. 274 Acc. 1981/57 Nr. 324).

25 Die Vorgänge um die Brandlegung der Synagoge und der jüdischen Schule in Witzenhausen sind bisher nicht geklärt. In einem Spruchkammerverfahren hatte der Zeuge D. ausgesagt, er habe den Leiter der Witzenhäuser Feuerwehr und einige Feuerwehrmänner dabei beobachtet, wie sie nach der Brandlegung der Synagoge in der benachbarten jüdischen Schule Feuer gelegt hätten. Bei dem einzigen Strafprozeß, der im Zusammenhang mit dem Novemberpogrom 1938 geführt wurde, ging es nur um die Richtigkeit dieser Aussage. Da ein anderer Zeuge Ähnliches beobachtet hatte, aber aussagte, es habe sich nicht um Feuerwehrleute, sondern um Polizisten in Uniform gehandelt, wurde der Zeuge D. wegen leichtfertiger Anschuldigung zu einer Freiheitsstrafe von einem Monat verurteilt. Der Hinweis, daß Polizisten (oder vielleicht aber andere Männer in dunkler Uniform) die Schule angezündet hätten, ist von den Justizbehörden offenkundig nicht weiterverfolgt worden.

26 Siehe S. 54ff.

Dokumente 1–9

1 Bundesarchiv Koblenz R 43 II/897 a.

2 A Hessisches Hauptstaatsarchiv Wiesbaden Abt. 483 Nr. 10026.

2 B Staatsarchiv Marburg Abt. 274 Kassel Acc. 1983/86 Nr. 73.
a Wie an anderer Stelle aus dem Urteil hervorgeht, handelte es sich um den Kreisleiter Erich Braun.
b Aus der Zeugenaussage in der Gerichtsverhandlung ergibt sich, daß in dem PKW SS-Leute aus Kassel gekommen waren.

2 C Staatsarchiv Marburg Abt. 274 Kassel Acc. 1983/86 Nr. 77.
a Gemeint ist das Attentat auf den Legationssekretär der Deutschen Botschaft in Paris Ernst vom Rath.

3 Hessisches Hauptstaatsarchiv Wiesbaden Abt. 483 Nr. 2948.

4 A Staatsarchiv Marburg Abt. 180 Marburg Nr. 4829.

4 B Moritz/Noam Dok. 25 D S. 207.

5 Staatsarchiv Marburg Abt. 274 Marburg Acc. 1984/19 Nr. 125. Das Urteil ist vollständig wiedergegeben bei Rehme/Haase S. 108 ff.

6 Hessisches Hauptstaatsarchiv Wiesbaden Abt. 471 Nr. 168.
a Ein weiteres Urteil gegen 15 Angeklagte wegen Beteiligung an dieser Aktion war am 17. März 1947 ergangen, s. Moritz/Noam Dok. 14 B S. 143 ff.
b Die Datierung der Vorgänge durch das Gericht auf den 8. November ist nicht ganz zweifelsfrei. Siehe dazu Moritz/Noam Dok. 14 B S. 145 und Anm. S. 358.
c Es handelte sich nicht um eine Verfügung des Reichspropagandaministers Dr. Goebbels, sondern um eine Verfügung des Gauleiters Sprenger, die aber vermutlich erst am 9. November erging (siehe Dok. 24).

7 Staatsarchiv Marburg Abt. 180 Hünfeld Nr. 2740.

8 Staatsarchiv Darmstadt Abt. H 13, Staatsanwaltschaft Darmstadt Nr. 949.
a Die Datierung der Vorgänge auf die Nacht vom 9. auf den 10. November erscheint hier glaubwürdig, weil die Tat von einer Gedenkveranstaltung ausging, wie sie üblicherweise am 9. November stattfand, auch wenn die Behauptung des angeklagten Ortsgruppenleiters T., die Tat wäre von dem SA-Führer Treusch angeordnet worden, der sich wiederum auf höheren Befehl berufen habe, zu diesem Datum für den südhessischen Raum ungewöhnlich ist und möglicherweise eine bloße Schutzbehauptung des Angeklagten T. darstellt, zumal die Befehle der SA-Gruppe Kurpfalz zur Inbrandsetzung der Synagogen die örtliche SA-Führung in Rimbach erst mehrere Stunden nach Mitternacht erreicht haben dürften.
b Daß es sich tatsächlich um 12 Uhr nachts handelte, geht auch aus dem Urteil des Landgerichts Darmstadt (KLs 127/46) vom 23. 12. 1946 hervor.

9 Hessisches Hauptstaatsarchiv Wiesbaden Abt. 483 Nr. 2948.

Der 10. November 1938

27 Benz S. 19; Graml S. 23 ff.

27 a Es mag dahingestellt bleiben, ob Goebbels zu diesem Zeitpunkt tatsächlich Informationen über „in Brand gesteckte“ Synagogen aus dem Gau Kurhessen vorlagen oder ob es seinem zerstörerischen Willen entsprach, daß brennende Synagogen zum Fanal des von ihm inszenierten Pogroms werden sollten. Nach der bisher bekannten Überlieferung ist am 7. und 8. November zwar die Inneneinrichtung mehrerer Synagogen demoliert worden, die ersten Synagogenbrände – nähmlich in Witzenhausen und Wolfhagen – sind aber erst vom Abend des 9. November überliefert.

28 Graml S. 27.
29 Ebenda S. 28.
30 Thalmann S. 83f., Graml S. 36.
31 Graml S. 37. Vgl. Dok. 77.
32 Graml S. 28.
33 So schon Graml S. 29.
34 Siehe den von Adam rekonstruierten Zeitplan (Adam, Pogrom S. 78).
35 RGBl. I S. 1573.
36 Adam, Pogrom S. 78.
37 Vgl. Anm. 33.
38 RGBl. I S. 414f.
39 Barkai, Boykott S. 150.
40 Darüber u.a. Thalmann S. 163ff.
41 Adam, Pogrom S. 93.
42 Kochan S. 34.
43 Adam, Pogrom S. 81f.
44 Siehe S. 18.
45 Moritz/Noam Dok. 26 S. 213f.
46 Ebenda Dok. 21 A S. 180; vgl. Hessisches Hauptstaatsarchiv Wiesbaden Abt. 418 Nr. 1564.
47 Siehe Dok. 36 und Moritz/Noam Dok. 19 S. 166ff.
48 Hessisches Hauptstaatsarchiv Wiesbaden Abt. 468 Nr. 264.
49 Adam, Pogrom S. 90.
49a Auch im Rheinland unternahmen SS-Einheiten selbständige Aktionen gegen die Juden (Faust S. 54). Vom brutalen Antisemitismus von SS-Leuten zeugt Dok. 50.
50 Zum Problem der Datierung der Gerichtsurteile siehe Anm. 10.
51 Siehe S. 21ff.
52 So z.B. in Heldenbergen (Dok. 25) und Lengfeld (Dok. 31).
53 Moritz/Noam Dok. 7 S. 92.
54 Auch in Allendorf a.d. Lumda erteilte der Ortsgruppenleiter den Befehl, die Juden zu mißhandeln (Staatsarchiv Darmstadt Abt. H 13, Staatsanwaltschaft Gießen Nr. 480).
55 Typisch für die lokale Presseberichterstattung über den Pogrom ist Dok. 20 A.
56 Graml S. 30f.
57 Ebenda.
58 Staatsanwaltschaft Wiesbaden 2 KLs 29/50.
59 Hessisches Hauptstaatsarchiv Wiesbaden Abt. 468 Nr. 260.
60 Staatsarchiv Darmstadt Abt. H 13, Staatsanwaltschaft Gießen Nr. 553.
61 Staatsanwaltschaft Wiesbaden 4 KLs 5/49.
62 Graml S. 31f.
63 Wenn in solchen Prozessen, wo nur Randtäter und keine Rädelsführer angeklagt waren, große Menschenmengen erwähnt werden, die sich durch die Straßen bewegen und jüdische Geschäfte und Wohnungen zerstören, entsteht beim Leser leicht der Eindruck, als sei der Pogrom spontan und nicht auf Initiative der Parteistellen entstanden. Im Gegensatz zu Graml S. 20 teile ich diese Auffassung nicht (siehe S. 6).

64 Siehe z. B. Dok. 22.
65 Siehe Dok. 2 C, 8, 22 und Moritz/Noam Dok. 7 S. 92 ff. und Dok. 8 A S. 95 f.
66 Staatsarchiv Darmstadt Abt. H 13, Staatsanwaltschaft Darmstadt Nr. 884.
67 Moritz/Noam Dok. 29 A S. 232.
68 Hessisches Hauptstaatsarchiv Wiesbaden Abt. 468 Nr. 264.
69 Ebenda Nr. 265.
70 Staatsanwaltschaft Wiesbaden 4 KLs 24/49.
71 Hessisches Hauptstaatsarchiv Wiesbaden Abt. 463 Nr. 1163.
72 Staatsarchiv Darmstadt Abt. H 13, Staatsanwaltschaft Gießen Nr. 488.
73 Hessisches Hauptstaatsarchiv Wiesbaden Abt. 463 Nr. 922.
74 Moritz/Noam Dok. 10 S. 118 ff.
75 Ebenda Dok. 23 S. 190 ff.
76 Hessisches Hauptstaatsarchiv Wiesbaden Abt. 418 Nr. 1564.
77 Dok. 33. – Die Ereignisse in Münzenberg sind von Graml S. 21 falsch datiert auf den 9. November; siehe zur Datierung Dok. 33 Anm. a.
78 Moritz/Noam Dok. 28 S. 226.
79 Staatsarchiv Darmstadt Abt. H 13, Staatsanwaltschaft Gießen Nr. 489.
80 Landgericht Limburg.

Dokumente 10–40

10 Hessisches Hauptstaatsarchiv Wiesbaden Abt. 418 Nr. 1564.
  a Im Text „auf“, korrigiert in „auch“.
11 A IMT Bd. 25 S. 377 f. Dok. 374-PS.
11 B IMT Bd. 31 S. 516 ff. Dok. 3051-PS.
12 Hessisches Hauptstaatsarchiv Wiesbaden Abt. 418 Nr. 1564.
13 Hessisches Hauptstaatsarchiv Wiesbaden Abt. 418 Nr. 1564.
  a Siehe Dok. 10.
14 IMT Bd. 31 S. 519 Dok. 3051-PS.
15 Hessisches Hauptstaatsarchiv Wiesbaden Abt. 461 Nr. 30021.
16 Staatsanwaltschaft Darmstadt.
17 Staatsarchiv Darmstadt Abt. H 13, Staatsanwaltschaft Gießen Nr. 482.
  a Vermutlich handelt es sich nicht um den 8., sondern um den 10. November. Zur Problematik der Datierung der Vorgänge während des Novemberpogroms durch die Gerichte siehe Kap. II Anm. 10.
18 Staatsarchiv Darmstadt Abt. H 13, Staatsanwaltschaft Darmstadt Nr. 929.
19 Hessisches Hauptstaatsarchiv Wiesbaden Abt. 463 Nr. 1167.
  a Möglicherweise fanden die Ausschreitungen in Ellar schon am 10. November statt. Zur Problematik der Datierung der Vorgänge während des Novemberpogroms durch die Gerichte siehe Kap. II Anm. 10.
20 A Frankfurter Zeitung, Stadtblatt v. 11. November 1938.
20 B Moritz/Noam Dok. 28 S. 223 ff.
  a Das Urteil ist a.a.O. ausführlicher abgedruckt.
21 Hessisches Hauptstaatsarchiv Wiesbaden Abt. 471 Nr. 175.
22 Staatsarchiv Darmstadt Abt. H 13, Staatsanwaltschaft Darmstadt Nr. 905.
23 Hessisches Hauptstaatsarchiv Wiesbaden Abt. 471 Nr. 172.

24 Hessisches Hauptstaatsarchiv Wiesbaden Abt. 471 Nr. 171/3.
a Siehe S. 26.
25 Staatsarchiv Darmstadt Abt. H 13, Staatsanwaltschaft Gießen Nr. 592.
26 A Staatsarchiv Darmstadt Abt. H 13, Staatsanwaltschaft Darmstadt Nr. 944.
a Höchstwahrscheinlich fanden die geschilderten Vorgänge nicht am Morgen des 9., sondern am 10. November statt. Zur Problematik der Datierung der Vorgänge während des Novemberpogroms durch die Gerichte siehe Kap. II Anm. 10.
26 B Staatsarchiv Darmstadt Abt. H 13, Staatsanwaltschaft Darmstadt Nr. 896.
27 Staatsarchiv Darmstadt Abt. H 13, Staatsanwaltschaft Darmstadt Nr. 972.
28 Staatsarchiv Darmstadt Abt. H 13, Staatsanwaltschaft Darmstadt Nr. 885.
29 Staatsarchiv Darmstadt Abt. H 13, Staatsanwaltschaft Darmstadt Nr. 967.
30 Staatsarchiv Darmstadt Abt. H 13, Staatsanwaltschaft Gießen Nr. 427.
31 Staatsarchiv Darmstadt Abt. H 13, Staatsanwaltschaft Darmstadt Nr. 920.
32 Staatsarchiv Darmstadt Abt. H 13, Staatsanwaltschaft Darmstadt Nr. 938.
33 Staatsarchiv Darmstadt Abt. H 13, Staatsanwaltschaft Gießen Nr. 493.
a Die Datierung ist offensichtlich unrichtig. Der Pogrom in Münzenberg hat sicherlich nicht am 9. November stattgefunden. Wie so häufig bei den Prozessen wegen des Novemberpogroms hat das Gericht die Vorgänge nicht genau datieren können. Da der eine Chauffeur berichtete, er habe zuvor die Ausschreitungen in Butzbach beobachtet, kann es sich nur um den 10. November handeln. An diesem Tag wurden von der Kreisleitung in Gießen Pogrome in Gambach, Griedel und Butzbach organisiert (Staatsanwaltschaft Gießen). Unzutreffend auch die Datierung bei Graml. S. 21.
34 a Hessisches Hauptstaatsarchiv Wiesbaden Abt. 468 Nr. 262.
34 b Hessisches Hauptstaatsarchiv Wiesbaden Abt. 468 Nr. 262.
35 Staatsarchiv Darmstadt Abt. H 13, Staatsanwaltschaft Darmstadt Nr. 911.
a Im Urteil ist irrtümlicherweise die Nacht vom 8./9. November angegeben.
36 Staatsarchiv Darmstadt Abt. H 13, Staatsanwaltschaft Darmstadt Nr. 936.
a Nähere Aufschlüsse über die Rolle dieses SS-Kommandos gibt das Urteil des Landgerichts Darmstadt vom 16. Juli 1948, das bei Moritz/Noam Dok. 19 S. 167 ff. abgedruckt ist.
37 Staatsarchiv Darmstadt Abt. H 13, Staatsanwaltschaft Darmstadt Nr. 908.
38 Hessisches Hauptstaatsarchiv Wiesbaden Abt. 468 Nr. 263.
39 Hessisches Hauptstaatsarchiv Wiesbaden Abt. 468 Nr. 272.
a Das Urteil des vorliegenden Strafprozesses gegen den ehemaligen SA-Gruppenführer Fust ist auszugsweise abgedruckt bei Moritz/Noam Dok. 26 S. 212 ff. Die Anklageschrift ist deshalb interessant, weil sie den Befehlsweg genauer nachzeichnet.
40 Staatsarchiv Darmstadt Abt. H 13, Staatsanwaltschaft Gießen Nr. 522.

Die Ausschreitungen in der Nacht vom 10. zum 11. November 1938

81 Völkischer Beobachter Nr. 315 vom 12. November 1938 (Berliner Ausgabe).
82 Z.B. in Groß-Bieberau (Dok. 22), Lengfeld (Dok. 31), Einhausen (Dok. 18), Laubach (Dok. 30), Büttelborn, Goddelau, Urberach (Staatsanwaltschaft Darmstadt), Schotten (Staatsanwaltschaft Gießen), Usingen (Dok. 75).

83 Siehe z. B. Dok. 16, 23, 34 a und b, 36 und 40. An manchen Orten fanden auch noch in den folgenden Tagen Ausschreitungen statt, so z. B. am 12. November in Groß-Gerau (Staatsarchiv Darmstadt Abt. H 13 Staatsanwaltschaft Darmstadt Nr. 904).

Dokumente 41–42

41 Faust S. 66.
42 IMT Bd. 31 S. 519 Dok. 3051-PS.

III. Der Pogrom und seine Folgen

Die Beseitigung der Spuren

1 Dok. 48. – Vgl. Ursachen und Folgen XII S. 600 ff.
2 Ursachen und Folgen XII S. 596.

Dokumente 43–52

43 IMT Bd. 32 S. 1 Dok. 3058-PS.
44 Hessisches Hauptstaatsarchiv Wiesbaden Abt. 418 Nr. 1564.
45 Hessisches Hauptstaatsarchiv Wiesbaden Abt. 418 Nr. 1564.
46 RGBl. 1938 I S. 1581.
47 Hessisches Hauptstaatsarchiv Wiesbaden Abt. 418 Nr. 1564.
48 Hessisches Hauptstaatsarchiv Wiesbaden Abt. 418 Nr. 1564.
49 Hessisches Hauptstaatsarchiv Wiesbaden Abt. 483 Nr. 10024.
50 Hessisches Hauptstaatsarchiv Wiesbaden Abt. 483 Nr. 10026.
51 Staatsarchiv Marburg Abt. 180 Eschwege Nr. 1523.
52 Hessisches Hauptstaatsarchiv Wiesbaden Abt. 483 Nr. 1800 e.

Das Schicksal der Synagogen

3 So z. B. Jäckel, Hitlers Herrschaft S. 93, Thalmann S. 99.
4 So verbot der Landrat von Offenbach durch Erlaß vom 10. November 1938 der Feuerwehr, brennende Synagogen zu löschen (Rebentisch/Raab S. 240).
5 Siehe für Idstein Moritz/Noam Dok. 21 A S. 180.
6 Ebenda.
7 Siehe Kap. II Anm. 79.
8 Altaras S. 6 und S. 26 ff.
9 Altaras S. 6.
10 Staatsanwaltschaft Wiesbaden 4 KLs 1/49.
11 Dok. 62. – Vgl. Sauer, Dokumente II S. 42 Nr. 305 und Walk III Nr. 9.
12 Altaras S. 26.

Dokumente 53–59

53 IMT Bd. 27 Nr. 1721-PS.
54 Kurhessische Landeszeitung v. 12. November 1938.
55 Stadtarchiv Gießen.
56 Stadtarchiv Gießen.
57 Staatsarchiv Marburg Abt. 180 Marburg Nr. 4825.
58 Staatsarchiv Darmstadt Abt. H 24 Friedberg.
59 Stadtarchiv Gießen.

Verhaftung und Konzentrationslager

13 Kochan S. 76ff., Thalmann S. 163ff.
14 Moritz/Noam Dok. 18 S. 165.
15 Staatsarchiv Darmstadt Abt. H 13, Staatsanwaltschaft Gießen Nr. 496.
16 Moritz/Noam Dok. 15 S. 150f.
17 Ebenda Dok. 27 S. 219 – Als weitere Beispiele seien hier Mißhandlungen im Arresthaus in Hungen (ebd. Dok. 18 S. 163) und im Spritzenhaus in Willingshausen (Staatsarchiv Marburg Abt. 274 Marburg Acc. 1984/19 Nr. 64) erwähnt.
18 Ebenda Dok. 20 S. 173f.
19 Kochan S. 76f.
20 So waren im Gefängnis in Kirchhain noch am 1. Dezember Juden inhaftiert, die während des Pogroms festgenommen worden waren (Staatsarchiv Marburg Abt. 180 Marburg Nr. 4827).
21 Siehe Anm. 13.
22 Staatsarchiv Darmstadt Abt. H 13, Staatsanwaltschaft Gießen Nr. 579.
23 Auch in einem Strafverfahren wegen der Festnahme jüdischer Bürger in Hungen kam das Landgericht Gießen zu einem Freispruch (Moritz/Noam Dok. 18 S. 163ff.). Verurteilt wurden dagegen ein Schuldiener aus Großen-Buseck (Staatsanwaltschaft Gießen), ein Bahnpolizist aus Ennerich, der ohne dienstlichen Befehl bei Verhaftungen in Villmar mitwirkte (Staatsanwaltschaft Limburg) sowie Parteimitglieder aus Messel, die im Auftrag des Ortsgruppenleiters Juden verhafteten (Staatsarchiv Darmstadt Abt. H 13 Staatsanwaltschaft Darmstadt Nr. 890); ausschlaggebend für die Verurteilung war hier der Gesichtspunkt, daß Verhaftungen nicht zu dem dienstlichen Aufgabenbereich der Angeklagten gehörten.

Dokumente 60–68

60 Hessisches Hauptstaatsarchiv Wiesbaden Abt. 418 Nr. 1564.
61 Staatsarchiv Marburg Abt. 180 Marburg Nr. 4827.
62 Staatsarchiv Marburg Abt. 180 Marburg Nr. 4829.
63 Staatsarchiv Marburg Abt. 180 Marburg Nr. 4827.
64 Hessisches Hauptstaatsarchiv Wiesbaden Abt. 483 Nr. 10026.
65 Staatsarchiv Marburg Abt. 180 Marburg Nr. 4827.
66 Staatsarchiv Marburg Abt. 180 Marburg Nr. 4829.
a In dem Schreiben heißt es irrtümlich „Stadthalle“.

67 Staatsarchiv Darmstadt Abt. H 13, Staatsanwaltschaft Gießen Nr. 579.
a § 357 Amtsmißbrauch und Pflichtverletzung des Vorgesetzten
(1) Ein Amtsvorgesetzter, welcher seine Untergebenen zu einer strafbaren Handlung im Amte vorsätzlich verleitet oder zu verleiten unternimmt, oder eine solche strafbare Handlung seiner Untergebenen wissentlich geschehen läßt, hat die auf diese strafbare Handlung angedrohte Strafe verwirkt.
(2) Dieselbe Bestimmung findet auf einen Beamten Anwendung, welchem eine Aufsicht oder Kontrolle über die Amtsgeschäfte eines anderen Beamten übertragen ist, sofern die von diesem letzteren Beamten begangene strafbare Handlung die zur Aufsicht oder Kontrolle gehörenden Geschäfte betrifft.
b § 341 Freiheitsberaubung im Amte
Ein Beamter, welcher vorsätzlich, ohne hierzu berechtigt zu sein, eine Verhaftung oder vorläufige Ergreifung und Festnahme oder Zwangsgestellung vornimmt oder vornehmen läßt, oder die Dauer einer Freiheitsentziehung verlängert, wird nach Vorschrift des § 239, jedoch mindestens mit Gefängnis von drei Monaten bestraft.
68 Staatsarchiv Darmstadt Abt. H 13, Staatsanwaltschaft Gießen Nr. 527.

Mißhandlungen und Plünderungen

[24] Völkischer Beobachter, Berliner Ausgabe, Nr. 315 vom 12. November 1938.
[25] Nach den Erinnerungen von Joseph B. Levy, Manuskript im LBI New York.
[26] Siehe dazu Ursachen und Folgen XII S. 597 f.
[26 a] Über Plünderungen von NS-Funktionären in Groß-Gerau siehe Staatsarchiv Darmstadt Abt. H 13 Staatsanwaltschaft Darmstadt Nr. 904.
[27] Siehe z. B. Moritz/Noam Dok. 9 B S. 107 ff.
[28] Siehe S. 63.
[29] Moritz/Noam Dok. 16 S. 153 ff.
[30] Moritz/Noam Dok. 8 S. 99 ff.
[31] Ebenda Dok. 25 S. 198 ff.
[32] Ebenda Dok. 24 S. 194 ff.
[33] Rebentisch/Raab S. 264 ff.
[34] Moritz/Noam Dok. 29 S. 232.
[35] Ebenda S. 232 f.
[36] Ebenda Dok. 12 S. 133.
[37] Ebenda Dok. 25 A S. 199 ff.

Dokumente 69–77

69 Hessisches Hauptstaatsarchiv Wiesbaden Abt. 483 Nr. 1800 b.
70 IMT Bd. 31 S. 518 Dok. 3051-PS.
71 Hessisches Hauptstaatsarchiv Wiesbaden Abt. 483 Nr. 10026.
72 Hessisches Hauptstaatsarchiv Wiesbaden Abt. 483 Nr. 10026.

73 Staatsarchiv Marburg Abt. 180 Eschwege Nr. 1523.
74 Hessisches Hauptstaatsarchiv Wiesbaden Abt. 483 Nr. 10026.
75 Hessisches Hauptstaatsarchiv Wiesbaden Abt. 461 Nr. 31999.
76 Hessisches Hauptstaatsarchiv Wiesbaden Abt. 483 Nr. 1079 e.
77 IMT Bd. 32 S. 21 ff. Dok. 3063-PS.

Entrechtung auf dem Verordnungsweg

38 Adam, Judenpolitik S. 208.
39 Ursachen und Folgen XII S. 588 ff.
40 Ebenda S. 589.
41 Ebenda S. 590.
42 Siehe S. 11 ff.
43 Barkai, Boykott S. 115 f.
44 Barkai, Schicksalsjahr S. 116.
45 Genschel S. 186.
46 Ebenda.
47 RGBl. I S. 864 f.

Dokumente 78–85

78 RGBl. 1938 I S. 1580.
79 RGBl. 1938 I S. 1579.
80 Stadtarchiv Wiesbaden.
81 Frankfurter Zeitung v. 17. November 1938, Morgenblatt, Nr. 587, S. 2 Sp. 2.
82 Frankfurter Zeitung v. 17. November 1938, Morgenblatt, Nr. 587, S. 3 Sp. 2.
83 Sauer, Dokumente II S. 208.
84 Sauer, Dokumente II S. 259.
85 Sauer, Dokumente II S. 72.

IV. Opfer und Täter

Erinnerungen jüdischer Bürger

1 Barkai, Boykott S. 11 und S. 123.
2 Ebenda S. 168.

Dokumente 86–89

86 LBI Memoir Collection, Alice Oppenheimer.
a Die Erinnerungen wurden zwischen 1963 und 1965 in englischer Sprache niedergeschrieben und für diese Veröffentlichung von Christiane Heinemann ins Deutsche übertragen. Die Wiedergabe des stellenweise ausgeprägt literarischen Textes erfolgt in leicht überarbeiteter und gestraffter Form.

b Erforderliche Mindestzahl von zehn männlichen Personen über 13 Jahren zur Abhaltung des Gottesdienstes.
c Gemeint ist vermutlich das Bild „Aufruhr“ von 1899.
87 LBI Memoir Collection, Elisabeth Bamberger.
a Aus den Erinnerungen von Elisabeth Bamberger wird hier nur der Teil über den Novemberpogrom abgedruckt.
88 Yad Vashem, Jerusalem, Sammlung Simon Brückheimer.
89 Kommission für die Geschichte der Juden in Hessen, Wiesbaden.

Die Nationalsozialisten

3 Adam, Judenpolitik S. 207 Anm. 18.
4 Ebenda S. 207.
5 Ursachen und Folgen XII S. 589.
6 Ebenda S. 595.
7 Ebenda S. 600.
8 Siehe S. 62.
9 Siehe S. 168 ff.

Verwaltung, Polizei und Justiz

10 Siehe z. B. Jäckel, Hitlers Herrschaft S. 63; Fraenkel passim.
11 Noam/Kropat S. 114 ff.
12 Gruchmann S. 484 ff.
13 Siehe z. B. Dok. 7 und Dok. 25.
14 Moritz/Noam Dok. 21 A S. 180.
15 Hessisches Hauptstaatsarchiv Wiesbaden Abt. 483 Nr. 10039.

Die Reaktion der Bevölkerung

16 So z. B. Sauer, Dokumente II S. 9.
17 Das Dritte Reich, Bd. 1 S. 166 f.
18 Fliedner 1 S. 201 f.
19 Neue Mannheimer Zeitung vom 10. November 1938.
20 Siehe Anm. 16.
21 Benz S. 47 ff.; Kershaw S. 326 ff.
22 Benz S. 50.
23 Ergebnis einer Zeitzeugenbefragung durch Dr. Bernhard Post, Wiesbaden.
24 Während der Luftangriffe des 2. Weltkrieges erinnerten sich die Menschen in den Bombennächten häufiger schuldbewußt an die Verfolgung der Juden durch die Nationalsozialisten (Kershaw S. 341).
25 Rebentisch/Raab S. 240.
25 a Siehe Dok. 26 B und 36.
26 Mitteilung von Frau Opfermann, Houston/Texas.
27 Rebentisch/Raab S. 264 f.

28 Mitteilung von Frau E. aus Laufenselden.
29 Hessisches Hauptstaatsarchiv Wiesbaden Abt. 471 Nr. 198.
30 Moritz/Noam Dok. 8 A S. 98, vgl. ebenda Dok. 9 A S. 106f.
31 Staatsanwaltschaft Gießen.

V. Nach 1945 – Sühne oder Vergessen?

1 Siehe zur Entnazifizierung in Hessen: Kropat, Hessen S. 235ff.
2 GVBl. für Groß-Hessen S. 136.
3 Zur juristischen Behandlung der nationalsozialistischen Gewaltverbrechen durch die hessische Justiz (insbesondere auch der Straftaten, die in Hessen während des Novemberpogroms begangen wurden) siehe die vorzügliche Einleitung von Klaus Moritz in Moritz/Noam, NS-Verbrechen vor Gericht 1945–1955, Wiesbaden 1978, S. 16ff. – Zur Nachkriegsjustiz allgemein zuletzt Ingo Müller, Furchtbare Juristen. Die unbewältigte Vergangenheit unserer Justiz, München 1987.
4 Moritz/Noam S. 354 Anm. 109.
5 Siehe ebenda Dok. 3 K S. 63f.
6 Hessisches Hauptstaatsarchiv Wiesbaden Abt. 471 Nr. 165.
7 Moritz/Noam S. 20.
8 Ebenda S. 33.
9 Gesetz über die Gewährung von Straffreiheit vom 31. Dezember 1949 (BGBl. I 1950 S. 37).
10 Moritz/Noam S. 36.
11 Ebenda S. 21ff.
12 Ebenda Dok. 13 S. 140.
13 Ebenda S. 37.
14 Ebenda Dok. 11 C S. 130.
15 Ebenda Dok. 20 S. 177.
16 Ebenda Dok. 9 C S. 115.
17 Ebenda Dok. 9 D S. 116f.
18 Ebenda Dok. 14 B S. 147.
19 Ebenda Dok. 11 A S. 125.
20 Nach: „Am Ende des Sonderweges“, von Martin Broszat, Klaus-Dietmar Henke und Hans Woller, in: Süddeutsche Zeitung Nr. 138 vom 18./19. Juni 1988.
21 Moritz/Noam S. 31.
22 Ebenda Dok. 27 A S. 221.
23 Ebenda S. 31.
24 Ebenda.
25 Ebenda Dok. 23 S. 192.
26 Siehe die Dokumente bei Moritz/Noam passim.
27 Ebenda Dok. 10 S. 122. Übrigens handelte es sich um einen Täter, der im Jahr 1938 erst 21 Jahre alt gewesen war; ihm konnte daher das Gericht in plausibler Weise bescheinigen, daß er „seit seinem 16. Lebensjahr unter dem Einfluß der unheilvollen Nazipropaganda gestanden“ habe; in diesem Fall hatte der Angeklagte seine politische Erziehung tatsächlich erst im NS-Staat erhalten.
28 Staatsarchiv Marburg Abt. 274 Marburg Acc. 1984/19 Nr. 83.
29 Moritz/Noam Dok. 24 B S. 194ff.

Abbildungsnachweis

Abb. 1–3, 11 a	Foto Carl Eberth, Kassel
Abb. 4–5	Magistratspresseamt Marburg
Abb. 6	Deutsche Bauzeitung 1907
Abb. 7	Stadtarchiv Darmstadt
Abb. 8	Stadtarchiv Eschwege
Abb. 9–11	Stadtarchiv Friedberg
Abb. 12	Stadtarchiv Frankfurt a. M.
Abb. 13–14	Kreisbildstelle Hanau
Abb. 15	Stadtverwaltung Heppenheim
Abb. 16	Stadtverwaltung Höchst i. O.
Abb. 17	Stadtarchiv Wiesbaden
Abb. 18	Foto Carl Eberth, Kassel
Abb. 19	Museum Wiesbaden
Abb. 20	Hessisches Hauptstaatsarchiv Wiesbaden, Bildersammlung
Abb. 21, 22, 24	Foto Rudolph, Wiesbaden
Abb. 23	Stadtarchiv Kassel
Abb. 25–28	Hessisches Hauptstaatsarchiv Wiesbaden Abt. 461 Nr. 31982/6
Abb. 29	Kreisbildstelle Hanau

Der Einband zeigt die brennende Synagoge am Michelsberg in Wiesbaden (Abb. 21).

Abkürzungen

ALR	Allgemeines Landrecht für die preußischen Staaten von 1794
BDM	Bund Deutscher Mädel
BGBl.	Bundesgesetzblatt
DAF	Deutsche Arbeitsfront
Dok.	Dokument
FS	Fernschreiben
Gestapo	Geheime Staatspolizei
GVBl.	Gesetz- und Verordnungsblatt
HJ	Hitlerjugend
IMT	International Military Tribunal
KdF	„Kraft durch Freude“
KZ	Konzentrationslager
LBI	Leo Baeck Institute, New York
MStGB	Militärstrafgesetzbuch
NS	Nationalsozialismus bzw. nationalsozialistisch
NSBO	Nationalsozialistische Betriebszellen-Organisation
NSDAP	Nationalsozialistische Deutsche Arbeiterpartei
NSG-Verfahren	Strafverfahren wegen Nationalsozialistischer Gewaltverbrechen
NSKK	Nationalsozialistisches Kraftfahrer-Korps
NSV	Nationalsozialistische Volkswohlfahrt
Pg.	Parteigenosse, Mitglied der NSDAP
PVG, Pr.V.Ges.	Preußisches Polizeiverwaltungsgesetz
RGBl.	Reichsgesetzblatt
RM	Reichsmark
SA	Sturmabteilung der NSDAP
SD	Sicherheitsdienst
SS	Schutzstaffel der NSDAP
StGB = StGB a.F.	Strafgesetzbuch vom 18. Mai 1871 = alte Fassung bis zum 31. August 1969
StPO	Strafprozeßordnung vom 1. Februar 1877

Verzeichnis der Dokumente

Ortsregister

Der Autor

Dr. Wolf-Arno Kropat, geboren 1932 in Görlitz, studierte Geschichte, Latein und Philosophie an den Universitäten Marburg und Freiburg i. Br. Seit 1976 ist er Leiter des Hessischen Hauptstaatsarchivs in Wiesbaden. Er veröffentlichte unter anderem: Frankfurt zwischen Provinzialismus und Nationalismus 1866–1871 (Frankfurt 1971); Juden vor Gericht 1933–1945 (zusammen mit Ernst Noam, Wiesbaden 1975); Hessen in der Stunde Null 1945–1947 (Wiesbaden 1979).

Neunhundert Jahre Geschichte der Juden in Hessen

Beiträge zum politischen, wirtschaftlichen und kulturellen Leben

1983. 520 S., Ln. ISBN 3-921434-05-X.

Nahezu ein Jahrtausend jüdischer Geschichte in Hessen und am Mittelrhein wird in diesem Bande durchschritten – es ist die tragische Geschichte des jahrhundertelangen Ringens einer Minderheit um das Leben und Überleben in einer andersgläubigen Gemeinschaft. Der Bogen spannt sich von der mittelalterlichen Judengemeinde im rheinhessischen Worms bis zum Wiedererstehen jüdischer Gemeinden in Hessen nach 1945. Dargestellt werden in ausgewählten Kapiteln jüdisches Leben und jüdische Kultur ebenso wie das spannungsreiche Verhältnis der christlichen Bevölkerung zur jüdischen Minderheit. Dies spiegelt sich z. B. in den frühneuzeitlichen Judenordnungen – rigorosen Richtlinien für das „Wohlverhalten" der Juden, die in der Feudalzeit am Rand der christlichen Gesellschaft leben mußten. Berichtet wird auch über die Möglichkeiten und Grenzen jüdischer Tätigkeit in Handwerk und Wissenschaft vor 1800. Das aufstrebende Hofjudentum wird repräsentiert durch Josef Süß Oppenheimer („Jud Süß"). Erst im 19. Jahrhundert brachte der liberale Rechtsstaat den Juden die Gleichberechtigung und ermöglichte ihnen den gesellschaftlichen Aufstieg in das Bürgertum. Doch die Phase der Emanzipation mündete in die fast vollständige Vertreibung und Vernichtung auch des hessischen Judentums unter der nationalsozialistischen Diktatur. Besonders ausführlich wird auch das Wiederentstehen jüdischer Gemeinden in Hessen nach 1945 dargestellt.

Ernst Noam – Wolf-Arno Kropat

Juden vor Gericht 1933–1945

1975. 327 S., Ln. ISBN 3-921434-01-7.

Im „Dritten Reich" stand die Rechtsprechung im Widerstreit zwischen der NS-Rassenpolitik und der Forderung nach Gleichheit aller Menschen vor dem Gesetz. Diesen Konflikt dokumentieren über 50 Urteile von hessischen Gerichten, die die Handhabung typischer Straftatbestände der NS-Zeit – Rassenschande, Devisenvergehen, politische Delikte u. a. – durch die Justiz deutlich machen. Zugleich geben die veröffentlichten Prozeßakten Aufschluß über Leben und Schicksal hessischer Juden in der Zeit der Verfolgung. Die wissenschaftliche Einleitung unterrichtet über die antisemitische Gesetzgebung und die Entwicklung der Rechtsprechung auf wichtigen Gebieten, u. a. bei Anwendung des Blutschutzgesetzes, Scheidung von Mischehen und Kündigung jüdischer Arbeitnehmer.